고려시대 의료의 형성과 발전

동아대학교 석당학술총서 20

고려시대 의료의 형성과 발전

이 경 록

혜안

책 머리에

이 책을 펼치는 사람들이 모두 의료사를 전공하거나 고려시대에 관심이 있는 것은 아니다. 아마도 이 머리말만 읽어보는 데 그치거나 목차를 훑어보는 경우가 대부분일 것이다. 글쓴이가 고려시대 의료를 도대체 뭐라고 설명하는지 궁금해 하는 것이다. 나 역시 궁금하였다. 고려에서 의료제도는 어떻게 편성되었고 의학의 수준과 의술의 실상은 어떠하였으며, 더 깊이 파고든다면 고려에서 의료는 어떠한 사회적 의미를 지니는지 알고 싶었다.

내가 하고 싶은 말은 이 책 전체에 걸쳐 있지만, 굳이 압축하자면 결론만 읽어도 된다. 몇 쪽짜리 결론조차 읽기 어렵다면 결론의 마지막 문단이면 충분하고, 마지막 문단마저 길다고 느끼면 마지막 문장만 읽어도 된다. 고려의 다른 분야와 마찬가지로 의료 역시 끊임없이 진보해 왔으며 의료제도의 구조와 운영은 고려의 사회질서를 반영한다는 이야기다. 총괄하는 문장 하나로만 고려시대 의료를 이해하는 게 너무 추상적이라면 역으로 결론 마지막 문단이나 결론 전체를, 나아가 본문을 읽는 수밖에 없을 것이다.

다 아는 이야기이지만 책 머리말은 본문을 마무리 지은 다음 출간하기 직전에 쓴다. 이 머리말도 마찬가지이다. 머리말은 논지 전개에 지나치게 얽매이지 않고 자유롭게 이 책을 설명하라는 공간이다. 글쓴이의 의도를 이해하는 데는 약간의 췌언이 도움이 될 수도 있기 때문이다.

학부 시절에 나는 고려시대 사회경제사를 공부하고 싶었다. 고려시대는 한국사의 허리에 해당하는 시기이며 사회경제사는 그 사회의 본질을 이해하는 데 필수적이라는 판단이었다. 석사과정에서 고려시대 화폐를 소재로 삼아 상업사 관련 논문을 쓴 것은 그 관성의 힘이었다.

나는 석사과정 중에 연세대학교 의과대학에서 의료사와 관련된 일을 생업으로 시작하게 되었다. 완전한 우연이었다. 그곳 내부에서 소속이 한번 바뀌기는 했지만 의료사 관련 일은 계속 이어져 현재 내가 일하는 곳으로 옮기기 전까지 7년이나 지속되었다. 우연이라기보다 필연에 가까웠다는 생각도 든다. 그 기간 동안 석사 논문을 제출했지만, 주어진 업무는 근현대 서양의료 도입사에 관한 것이었고 자료 정리와 더불어 짧은 논문들도 쓰는 기회가 주어졌다. 인연으로 얽히는 중이었다. 낮에는 근현대 의료사를 조사하고 밤에는 고려시대 상업사를 공부하는 셈이었는데, 밤보다는 낮이 길어서 의료사에 매달리는 시간이 많아졌다. 본말이 전도된 것이다.

본말의 전도가 한순간에 찾아온 것은 아니었다. 서서히 나도 의료사에 많은 흥미를 느끼고 있었다. 의료사의 연구 성과를 검토하면서 전근대 한국 의료사에 대한 내 나름의 문제의식이 갖추어지고 있던 것도 사실이었다. 결국 고려시대 의료사를 전공하기로 마음을 굳혔다. 공부를 시작한 고려시대는 그대로 유지하면서도, 생업 때문에 시작한 의료사는 시기를 소급하는 방식이었다. 절충(折衷)이라는 말 그대로였다.

고려시대 의료사를 공부하면서 내가 화두로 삼은 것은 바로 '향약(鄕藥)'이었다. 누구나 이야기하지만 제대로 다루어진 적은 없는 개념이다. 내가 가다듬은 화두는 이러했다. '향약은 한국에서 구현된 동아시아의료인 동시에 외래 의학을 소화하면서 형성한 한국의료이다.' 이 책은 이에 대한 내 공부를 서툴게나마 정리한 결과물이다.

일부러 소망이라는 표현을 쓰자면, 나는 의료사가 한국사의 한 분야로 자리 잡는데 이 책이 조금이라도 기여하기를 소망한다. 아직까지 의료사는 한국사에서 그다지 주목받는 분야가 아니기 때문이다. 이 책을 쓰는 동안 나는 의료가 고려 사회의 한 요소로서 존재하고 나름의 합법칙인 발전 과정을 밟아왔음을 계속 염두에 두었다. 고려시대사 연구의 성과가 의료사에 반영되어야 하듯이 고려 의료사의 연구는 고려시대사 일반에 대한 풍부한 이해에 활용되어야 한다.

역사 연구 역시 유행이 있다. 요즘의 한국사 연구 경향은 '필연'보다는 '우연'에 관심이 크다. 연구 성과의 포장에 있어서도 『~ 연구』라는 딱딱한 표현 대신 말랑말랑한 표현을 선호한다. 나의 박사학위 논문인 『고려시대 의료사 연구』를 수정한 이 책이 『고려시대 의료의 형성과 발전』이라는 제목으로 바뀐 것도 시류에 편승하는 사례이다. 하지만 이 책 제목에도 들어 있듯이 나는 '발전'과 '필연'에 여전히 주목한다. 의료사 연구 수준을 가늠하자면 아직도 한국 의료사는 변화와 발전의 관점에서 수미일관 정리될 필요가 있다.

고려시대 의료를 주제로 삼았지만 이 책에서 미처 다루지 못한 과제들이 꽤 있다. 다양한 사례로 보는 민간 의료의 실상, 불교나 도교 같은 종교의학의 면모, 여말선초 의료 변동의 양상 같은 것들이 그 예이다. 가장 큰 문제는 향약과 동아시아의료와의 상호 관계를 본격적으로 서술하지 못한 것이다. 내 공부가 부족한 탓이다. 빈틈을 메울 수 있도록 더욱 정진하겠다는 다짐을 한다.

이 책이 나오기까지 많은 분들의 은혜를 입었다. 가장 먼저 석사과정과 박사과정의 지도교수이셨던 하현강 선생님과 조동원 선생님께 감사를 드린다. 내가 연구자로서의 자세와 자질을 갖추는 데 입은 학은(學恩)은 말할 수 없이 크고 깊다. 아울러 박사학위 논문의 심사위원이셨던 송상용 선생님, 박용운 선생님, 신해순 선생님, 김영하 선생님께서는 이 책의 논지와 논증과 논거 전반에 걸쳐 치밀한 가르침을 베풀어주셨다.

감사드리는 분들 가운데 미키 사카에(三木榮) 선생과 김두종 선생을 빼놓을 수 없다. 나는 이 분들을 한 번도 만난 적이 없다. 미키 사카에 선생은 자신의 『조선의학사급질병사(朝鮮醫學史及疾病史)』를 근역(槿域)의 학자들에게 헌정할 정도로 한국에 대한 애정이 각별하였고, 김두종 선생은 일흔의 나이에 『한국의학사(韓國醫學史)』를 완성하였다. 그 연구

성과가 학문적으로는 엄격히 비판되어야겠으나 한국 의료사 연구에 남긴 큰 족적은 존중되어야 마땅하다. 옛사람과 책을 통해 교류하는 것을 상우(尚友)라고 한다. 미키 사카에와 김두종 두 분이 나에게는 상우에 해당한다.

이 책이 학위 논문의 초고일 때부터 박진훈, 박윤재, 엄동명, 김대식, 이태훈 선생님은 유익한 논평을 해주셨다. 이 분들의 날카로운 눈길을 거치지 않았다면 이 책은 훨씬 엉성한 모습을 띠게 되었을 것이다. 따뜻한 호의와 따끔한 지적에 진심으로 감사드린다. 여기에서 일일이 적지는 못한다고 해서, 항상 나를 격려해주시던 분들을 내가 잊는 것은 아니다. 더욱 노력하는 모습으로 그 애정에 답하고자 한다.

이 책은 동아대학교 석당학술원의 출판지원에 힘입어 세상에 나오게 되었다. 이제까지 나는 동아대학교와 특별한 인연이 없었다. 단지 출판계획서만 보고 지원을 해주신 데 대해 내가 더욱 감사하는 이유이다. 표와 사진으로 번잡해진 원고를 책으로 매끄럽게 다듬어준 도서출판 혜안에 감사드린다.

2010년 8월에 이경록 쓰다.

차 례

책머리에 5

I. 서 론 17
　1. 연구 현황 17
　2. 연구 방향 32

II. 고려시대 의료제도의 배경 39
　1. 신라의 의료 상황 39
　　1) 「신라촌락문서」와 신라인의 삶 39
　　2) 신라 중·하대의 질병 대응 양상 45
　　3) 당 의학의 유입 50
　2. 삼국의 의술과 고대 동아시아의료 56
　　1) 삼국의 의서에 나타난 의술 56
　　2) 고대 동아시아의료의 구조 62
　3. 중국 의료제도의 변천 67
　　1) 수·당의 의료제도 67
　　2) 송의 의료제도 76

III. 중앙집권적 의료제도의 성립 85
　1. 중앙의료제도의 등장 85
　　1) 광종대 의료제도의 구축 86
　　　(1) 의업의 실시 86
　　　(2) 상의원의 운영 90
　　　(3) 대민구료의 시작 : 제위보 93

2) 성종대 의료제도의 확대　101
　　　　(1) 태의감과 상약국의 분화　101
　　　　(2) 의학박사 파견과 외관출관의　104
　　　　(3) 대민구료의 확충 : 의창과 향례　106
　　2. 지방의료제도의 정비　114
　　　1) 의관 파견과 약점사 배정　114
　　　　(1) 성종대 의학박사 파견과 의사 배치　114
　　　　(2) 현종대 의사와 약점사의 이원구조 형성　121
　　　2) 의직의 세분화와 약점사로의 일원화　131
　　　　(1) 문종대 의학 배치와 약점사의 세분화　131
　　　　(2) 예종대 약점사로의 일원화　136
　　3. 대민의료정책과 지배체제　141
　　　1) 대민의료기구의 운영　141
　　　　(1) 제위보　143
　　　　(2) 동서대비원　145
　　　　(3) 혜민국　148
　　　2) 의료의 사회적 기능과 대민지배체제　153
　　　　(1) 안집정책 : 권농과 존휼　153
　　　　(2) 부렴정책 : 수조와 취렴　165

Ⅳ. 의료제도의 발전과 의료의 활성화　175
　　1. 의료관제의 변동과 의료인 육성　175
　　　1) 의직 운용의 추이　175
　　　2) 중앙의료기구의 운영　182

(1) 태의감　182
            (2) 상약국　193
        3) 의업의 전개와 의학교육　199
            (1) 의업의 경과와 응시자격의 변동　199
            (2) 간행 의서들과 의업 교과목　209
    2. 의료 환경의 변화　217
        1) 약재의 증가와 수취구조　217
        2) 민간의 약재 유통과 치료의 대중화　228
        3) 송 의학의 유입　233

Ⅴ. '향약'의 성장과 의료사적 의의　253
    1. '향약'에 대한 자각　253
        1) 『제중입효방』과 치료의 일상화　253
        2) 『신집어의촬요방』과 송 의학의 수용　260
            (1) 『신집어의촬요방』의 편찬　260
            (2) 『신집어의촬요방』의 지향　265
            (3) 『신집어의촬요방』과 송 의학의 영향　273
    2. '향약론'의 전개　283
        1) 『향약구급방』과 향약의 활용　283
            (1) 『향약구급방』의 간행　283
            (2) 『향약구급방』의 체재　291
            (3) 『향약구급방』의 임상적 가치　297
            (4) 『향약구급방』과 향약의 자주성　304

2)『비예백요방』과 향약론의 구조　313
        (1)『비예백요방』의 복원　313
        (2)『비예백요방』과 의술의 발전　318
        (3)『비예백요방』의 향약론과 그 의의　324

Ⅵ. 결 론　335

　참고문헌　341

　부 록
        <부록 1> 신라의 교역약재 일람표　353
        <부록 2> 고려의 토산약재 일람표　355
        <부록 3>『신집어의촬요방』의 처방 약재 일람표　358
        <부록 4>『향약구급방』의 처방 약재 일람표　367

　ABSTRACT　373

　찾아보기　379

표 차례

<표 2-1> 「신라촌락문서」 4개 촌의 시기별 인구변동표 41
<표 2-2> 「신라촌락문서」 A촌 1개 공연의 가족 모형 44
<표 2-3> 당 상약국의 관직표 71
<표 2-4> 당 태의서의 관직표 73
<표 3-1> 현종 9년 향리직 배치표 125
<표 3-2> 문종 5년 향리직 배치표 133
<표 3-3> 충렬왕 15년 2월의 과렴표 169
<표 3-4> 고려시대 국가-일반 민들 사이의 관계망 170
<표 4-1> 목종 원년과 문종 30년의 의직 관련 전시 지급표 176
<표 4-2> 문종 30년의 의직 관련 녹봉 지급표 178
<표 4-3> 인종대에 갱정된 의직 관련 녹봉 지급표 179
<표 4-4> 목종~인종대 태의감 의관의 전시 및 녹봉 비교표 186
<표 4-5> 공양왕 3년과 조선 태조 3년의 과전 지급표 192
<표 4-6> 문종 12년·13년에 간행된 고려의서 일람표 212
<표 4-7> 인종 14년 의업식과 주금업식 교과목 일람표 215
<표 4-8> 고려와 외국의 의업 교과목 일람표 216
<표 5-1> 『향약구급방』,『향약구급방』「방중향약목초부」,『향약채취월령』의 향명 비교표 290
<표 5-2> 『의방유취』,『신집어의촬요방』,『향약구급방』의 내용 비교표 291
<표 5-3> 『향약구급방』과 『신집어의촬요방』의 주요 약재 비교표 303

I. 서 론

1. 연구 현황

　인간의 삶을 압축하는 표현으로 흔히 '생로병사(生老病死)'를 거론한다. 탄생과 죽음 사이에 깃든 질병(疾病)은 삶의 순환을 이루는 고리라고 할 수 있다. 죽음을 피할 수 없는 한 질병은 삶의 본래적 조건인 셈이다. 마찬가지로 질병에 대응하려는 의료(醫療) 역시 삶의 필수적 활동이다. 질병이 일상이듯 의료도 일상이다.

　의료는 질병의 예방과 치유를 통해 건강을 지키려는 일체의 행위이다.[1] 초기의 의료는 질병에 대한 단편적인 대응에 그치거나 특별한 계층의 전유물에 머물렀다. 치유활동의 지속적인 반복과 계승을 통해 의료는 사회제도로 본격 확립된다. 한국에서 의료가 사회제도로서의 의미를 광범위하게 획득한 시기는 아무래도 고려시대라고 할 수 있다.

　고려에서는 중앙의료기구가 체계화되었고 의학교육과 의관 선발이 확대되었으며 지방의료제도 정비를 통해 전국적인 의료제도가 그 모습을 드러냈다. 무엇보다도 대민의료가 본격적으로 주목되면서 일반 민들이

---

1) 의료체계는 건강을 증진하기 위한 일체의 사회제도와 문화 전통을 가리키며, 특정 의료체계에 의해 건강하게 되는가의 여부는 문제로 삼지 않는다. 환경위생과 영양교육, 그리고 이들의 기초가 되는 지식도 의사의 치료행위와 마찬가지로 의료체계의 중요한 부분이며, 상하수도·오물처리장·신선한 식료품·스포츠 등의 생활수준의 향상도 의료체계에 포함된다(조지 M. 포스터 외, 구본인 옮김, 1994, 『의료체계』, 『의료인류학』, 한울).

의료망으로 적극 포섭되는 양상을 보였다. 고려에 들어 의료는 '구료(救療)'라는 명분으로 시행한 대표적인 대민정책이었으며, 구휼(救恤) 및 진대(賑貸)와 함께 실시되었다. 바로 제위보(濟危寶), 동서대비원(東西大悲院), 혜민국(惠民局), 약점(藥店) 등이 순차적으로 등장한 대민의료기구였다. 물론 고려 사람들이 모두 의료의 혜택을 받은 것은 아니었고, 설립 시기에 따른 차이와 편제상의 차별도 있었지만 대민의료제도를 구축하려는 의지만큼은 분명하였다. 그 결과 조선에서는 국초부터 대민의료기구인 제생원(濟生院)이나 혜민서(惠民署)가 설치되었다. 고려를 거치면서 국왕과 귀족층을 주된 치료 대상으로 삼았던 단계에서 벗어나 의료의 대상이 급속히 확대되어간 것이다. 고려에 들어 바야흐로 의료의 시대가 열리고 있었다.

  고려시대 의료는 제도적인 측면 외에 의술 자체에서도 변화가 두드러졌다. 고려시대 내내 의료 현안으로 제기되었던 의료기구의 성쇠, 불완전한 약재 수급과 대체약재의 확보, 의술 습득의 대중국 의존성과 처방의 토착화, 숙련된 의료인과 의서에 대한 갈망, 민간의료의 활성화 등은 역설적으로 의료에 대한 관심 증대로 인해 도출되는 현상이었다. 특히 고려시대에는 중국 의학의 강력한 영향에 대응하면서 적지 않은 의서들이 편찬되는 등 의료 자체가 새로운 모습을 띠게 되었다. 이른바 '향약(鄕藥)'이 등장한 것이다.

  '향약(鄕藥)'은 글자 자체로는 '토산약재(土産藥材)'라는 뜻에 불과하다. 하지만 그 함의는 자못 깊다. '향약'은 중국 의학의 유입을 전제로 성립하는 문화접변(文化接變)의 한 예에 속한다. 중국 의학을 수용하려는 의지는 물론이려니와 중국 의학을 소화할 수 있는 토양이 마련되어야 향약이 등장할 수 있다. 고려에서 '고려 의학'과 '중국 의학'은 별도로 존재하는 게 아니었다. 향약은 고려에 이식된 중국 의학인 동시에 중국 의학을 소화하면서 형성된 고려의 고유의학이기도 하다. 달리 표현하면 향약은 고려라는 개별 지역에서 펼쳐진 동아시아의료의 한 형태이다.

따라서 '향약'은 한국 의료로서는 외래 의학에 대한 자주성(自主性)의 문제이지만, 동아시아로서는 의료의 전파를 드러내는 국제성(國際性)의 문제이기도 하다. 자주성과 국제성이 향약에서 어떻게 결합되어 있으며 그 전개 양상은 어떠한가를 이해하는 것이 바로 한국 의료사의 핵심 과제이다. 즉 향약이 등장하게 된 사회적·역사적 배경과 향약의 전개 과정에 대한 천착은 한국 의료사의 뼈대를 살피는 작업에 해당한다. 아울러 향약은 조선 전기의 의료에 직접 계승되므로 향약의 발전은 고려와 조선의 의료사를 일관되게 이해하기 위해서도 주목할 필요가 있다. 이를테면 '향약'은 고려시대 의료사를 관통하는 화두이다.

의료 부문에서 중국 문물의 수용을 고찰하면서 주의해야 할 점은 중국 의학이 우수(優秀)하거나 우월(優越)한 의료가 아니라 우세(優勢)한 의료였다는 것이다. 즉 중국 의학은 올바르거나 진리 자체인 의료가 아니라 유입 당시에 한국 의료를 압도하는 새로운 의료였을 뿐이다.

한국에 유입된 중국 의학이 우세할 수 있었던 이유는 두 가지이다. 첫째는 중국 의학이 중국 문물의 일부로서 의료 영역에 밀물처럼 들이닥쳤기 때문이다. 7세기 신라에서는 유학생 파견이나 사신 왕래를 통해 당과의 교류를 확장해 나갔는데 중국 의학을 교육하는 '의학(醫學)'은 국학(國學)·산학(算學) 등 다른 교육기관들과 나란히 출범하였다. 이처럼 중국 의학은 의료 부문으로 한정된 하나의 파도가 아니라 사회 전 영역에 걸친 수많은 파도에 속해 있어 그 파괴력이 너울처럼 컸다고 할 수 있다.

둘째는 중국 의학의 현란한 이론 때문이었다. 중국 의학의 이론적인 골격은 천인상응론(天人相應論)과 음양오행론(陰陽五行論)이다. 중국 의학에서는 인간이 자연을 반영한 존재라는 천인상응론에 기반하여 인체를 소우주(小宇宙)로 인식하며, 인체의 구조와 운동원리에서는 음양(陰陽)과

오행(五行)이 작동하고 있다고 설명한다. 인간과 자연을 포괄하는 소우주론의 논리구조나 후대로 갈수록 정치화(精緻化)되는 오운육기설(五運六氣說) 등은 이전의 한국 의학이 제시하지 못했던 의학이론이었다. 당시 한국인들에게 중국 의학의 생리론(生理論)과 병인론(病因論)은 세련되고 심오한 이론을 넘어 진리(眞理)로 비추어졌다. 즉 우세(優勢)하게 들어온 중국 의학이 우수(優秀)한 의료체계로 탈바꿈한 것이다. 중국 의학의 수용이 진리의 수용 문제로 치환되자, 중국 의학은 반드시 배우고 따라야만 하는 표준이 되어버린다.

하지만 중국 의학의 습득이 당위였더라도 그 수용 양상은 단계별로 달라질 수밖에 없었다. 필요한 약재를 모두 수입하려는 맹목적인 추종(追從) 단계를 거치면서 중국 의학은 한국의 실정에 맞게 적용된다. 당재(唐材)에 상응하는 대체약재의 적극적인 모색이 준용(遵用) 단계라면 중국 의서의 처방에 변화를 주거나 고유 처방을 개발하려는 의식적인 노력은 변용(變用) 단계라고 할 수 있다. 모든 단계에서 반복적으로 이루어지는 치료와 검증을 통해 중국 의학의 유일성이 의심되면서 한국만의 독자 의학을 정립하는 단계로 나아간다. 따라서 중국 의학의 수용 과정은 의료제도, 의술, 의학 지식 등의 측면에서 나름의 합법칙성과 발전 논리를 내포하고 있을 것이다.

최근 들어 상당한 양의 의료사 논문들이 발표되고 있음에도 불구하고 고려시대 의료사 연구 성과가 다른 분야처럼 많다고는 할 수 없다. 연구자 가운데 미키 사카에(三木榮), 김두종(金斗鍾), 손홍열(孫弘烈)은 고려시대 의료사 전체를 꿰뚫은 연구자로 기억할 만하다.[2] 뛰어난 연구역량을 바탕으로 이들은 고려시대 의료사를 이해하는 큰 틀을 제시하였다. 이들 선학은 의료 기사를 충실하게 수집하는 데 관심을 쏟으면서 고려시대 중앙의료

---

2) 三木榮, 1963,『朝鮮醫學史及疾病史』, 自家 出版 ; 金斗鍾, 1966,『韓國醫學史 全』, 探求堂 ; 孫弘烈, 1988,『韓國中世의 醫療制度硏究』, 修書院.

기구의 치폐(置廢)와 의료제도의 실체를 규명하였다. 구체적으로 태의감, 상약국, 동서대비원 등 다양한 의료기구의 성립 경위를 비롯하여 그 조직 구성과 변동 과정이 상세히 밝혀졌다. 제도적인 측면에 집중하여 1차 사료를 연대별로 치밀하게 정리한 결과였다. 현재까지도 후학들에게 많은 영향을 미치는 이들의 관점과 논지에 대한 검토는 연구의 지평을 확장하기 위해 필수적이다.3)

미키 사카에는 1928년 조선에 건너온 이래 임상 진료와 병행하여 한국 의료사 연구에 매진하였다. 그의 연구는 1955년에 발행된『조선의학사급질병사(朝鮮醫學史及疾病史)』에 집약되어 있는데, 이 책은 1963년에 다시 개정(改定)되었다.

이마니시 류(今西龍)의 시기 구분에 따라 미키는 고려시대를 전기(918~1170년)와 후기(1171~1392년)로 나눈다.4) 미키에 따르면 고려 의료제도의 단서는 태조대의 학원(學院)이며 광종대에 의업(醫業)을 창시하고, 성종대에 기초를 안정시킨 후 목종대에는 다시 장려책을 강구했다. 거란과 여진의 침입으로 고려 의료는 정체되었다가 문종대에 내외(內外)가 정돈되고 송의 의관이 초빙되면서 본격적인 의학교육이 행해졌고, 인종대에는 과거 규정이 확립되면서 의료제도의 발전이 정점에 달했다. 그 후 무신집

---

3) 미키 사카에의 연구 성과에 대해서는 다음 연구가 참고된다(김호, 2002,「미키 사카에의『조선의학사연구(朝鮮醫學史硏究)』」,『문헌과 해석』19호 ; 김호, 2005,「醫史學者 三木榮의 생애와 朝鮮醫學史及疾病史」,『醫史學』14권 2호 ; 신동원, 2005,「미키 사카에(三木榮)의 한국의학사 연구-성취와 문제점-」,『역사문화연구』21호). 김두종의 연구 성과에 대해서는 다음 연구가 참고된다(대한의사학회, 1998,『봄철 학술대회 초록집』(일산 김두종 선생 추모 심포지움) ; 여인석, 1998,「一山 金斗鍾 선생의 생애와 학문」,『醫史學』7권 1호 ; 奇昌德 編, 2000,「一山 金斗鍾 博士 醫史學 論文集」, 아카데미아 ; 이종찬, 2004,「동아시아 의학사의 발생론과 인식론」,『동아시아 의학의 전통과 근대』, 문학과지성사).

4) 미키 사카에는 고려시대를 세분하여 고려 전기는 제1기(태조~성종 말년, 918~993년), 제2기(성종 말년~의종, 994~1170년), 후기는 제1기(명종~고종, 1171~1259년), 제2기(원종~공민왕, 1260~1374년), 제3기(우왕~공양왕, 1375~1392년)로 나눈다(三木榮, 1963,『朝鮮醫學史及疾病史』, 自家 出版, 41쪽).

권기를 거쳐 원의 번왕국이 되면서 국세(國勢)가 쇠미해지고 악폐가 쌓이면서 멸망에 이르렀다고 한다.

미키는 외래 의학의 영향력을 크게 주목한다. 그에 따르면 고려 초에는 신라 의학이 계승했던 당(唐) 의학, 그 후에는 송(宋)·원(元) 의학이 차례로 영향을 미쳤지만, 고려는 요(遼)·금(金) 때문에 송과의 교통이 원활하지 못하였고 원에 대해서는 일개 번국(藩國)이어서 중국의 영향을 깊이 수용하지 못함에 따라 "독자적으로 반도색이 비교적 농후하게 발달하게 되었다"라고 한다.5) 특히 예종 13년(1118)에는 의인(醫人)의 양성 및 고려 의학의 혁신을 목적으로 '분과전문화(分科專門化)된 신흥(新興) 송 의학'이 전래되었다고 강조하였다. 향약과 관련해서 미키는 고종대의 급박한 정세로 인해 송 의학을 연찬(研鑽)할 여유가 전혀 없었고, 수입 약재도 확보가 어렵게 되자 자체적으로 치료하면서 나타난 일시적 현상으로 이해하였다. 그 후 조선에 들어 정치가 안정되자 송 의학과 금원사대가(金元四大家)의 의학이 다시 전면에 등장하게 된다는 설명이다. 요컨대 미키는 고려 의료에는 신라 이래 수입된 당 의학 외에도 차례로 송·원 의학이 영향을 미쳤는데 송 의학의 영향이 가장 크다고 인식하면서, 향약(鄕藥)이란 정세 불안에 따라 중국 의학의 유입이 끊어진 동안에 명멸하는 현상이라고 파악한다.

고려시대 의료사에 대한 미키의 서술에는 사실(史實)과 추측(推測)이 뒤섞여 있다. 특히 중국 의학 부분은 일면 타당하면서도 선언적인 예단이 적지 않아서 검증이 필요하다. 이 글 본문에서 다룰 내용이기도 하다. 미키의 고려시대 의료사 관점은 이른바 식민사관(植民史觀)의 연장선상에서 있다. 미키에 따르면 한국 고유의학[鄕方]이 있기는 하지만, 중국 의학은 한국에서 항상 압도적이며 한국은 중국에게 시종일관 사대적(事大的)이라

---

5) 三木榮, 1963, 『朝鮮醫學史及疾病史』, 自家 出版, 41쪽.

고 한다.6) 중국 의학이 수입되지 않는다면 향약 같은 고유의학이 드러나고 발전하지만, 그 고유의학이란 중국 의학에 비해 너무나 미약한 상태에 불과했을 뿐만 아니라 한의학의 특성상 자발적 근대화는 불가능해서 한국 의료의 근대화는 먼저 서구화된 일본 의료의 영향 아래 진행된다는 주장이었다.

　미키의 한국사관에 영향을 미친 학자들은 그의 책에 소개되어 있다.7) 미키는 책 앞머리에서 자신에게 도움을 준 여러 학자들에게 감사를 표시하고 있는데 이들 중 상당수가 식민사학(植民史學)을 개발하고 전파하는 데 앞장선 일본인 학자들이었다. 스에마쓰 야쓰카즈(末松保和), 이나바 이와키치(稻葉岩吉), 후지타 료사쿠(藤田亮策), 미시나 아키히데(三品彰英) 등이 그들이다. 미키가 고려시대 시기구분에서 결정적으로 의지하고 있는 이마니시 류(今西龍)도 마찬가지였다. 이마니시는 조선사편수회(朝鮮史編修會) 회의에서 발해를 한국사에서 배제하자고 주장하였으며, 그 결과 『조선사강좌』에서 발해는 제외되었다.8) 미키의 책에서도 발해는 송·금·원 같은 외국 국가로 간주되고 있을 뿐더러 발해 의료는 잘 알 수 없다는 이유로 서술이 생략되어 있다.9) 실제로 미키는 한국 의료를 설명할 때 '반도의학(半島醫學)'이란 표현을 즐겨 사용한다. 당시 대부분의 일본인 연구자들은 한국 문화가 일본 문화의 발전에 기여했음을 인정하면서도, 한국 문화는 독자적인 것이 아니라 중국 문화를 전수받아 일본에 중계하는 역할에 불과했다고 간주하였다.10)

---

6) 三木榮, 1963, 「綜序」, 『朝鮮醫學史及疾病史』, 自家 出版, 2쪽.
7) 三木榮, 1963, 「綜序」, 『朝鮮醫學史及疾病史』, 自家 出版, 5쪽.
8) 김영하, 2007, 『新羅中代社會硏究』, 일지사, 72~73쪽.
9) 三木榮, 1963, 『朝鮮醫學史及疾病史』, 自家 出版, 100쪽.
10) 한말 이래 일본인 연구자들의 한국 인식과 식민사학의 내용에 대해서는 다음 연구가 참고된다(金容燮, 1963, 「日帝官學者들의 韓國史觀」, 『思想界』 1963년 2월호 ; 李萬烈, 1976, 「日帝官學者들의 植民史觀」, 『韓國의 歷史認識』 下, 創作과批評社 ; 이만열, 2007, 「일제 강점기 일본인의 한국사 연구」, 『한국 근현대 역사학의

미키의 저작을 읽어보면, 그가 개인으로서는 한국과 한국 학자들에게 따뜻한 애정을 지니고 있는 것을 쉽게 느낄 수 있다. 연구 시각에 대해 그는 "특정의 사관(史觀)이라는 것을 설정하고 있지 않다"라고 천명했다.[11] 하지만 미키의 고려시대 의료사 나아가 한국 의료사 이해를 규정하는 시각은 타율성론(他律性論)과 정체성론(停滯性論)을 바탕으로 하는 식민사관이라고 결론지을 수밖에 없다.

김두종은 고려 의학을 전기(태조~목종, 918~1009년), 중기(현종~고종, 1010~1259년), 말기(원종~공양왕, 1260~1392년)로 구분한다. 고려 전기에는 당 의학의 영향을 받은 신라 의학을 토대로 의료제도가 정비되었고, 중기에 들어 송 의학을 섭취하는 동시에 송상과 아라비아상인을 통해 서역 및 남방열대산의 약품들이 수입되면서 송, 인도, 아라비아, 일본, 거란 및 여진의 의약 지식을 융합한 결과 고려 의학은 점차 자주적으로 발전하였다고 설명한다. 고려 말기에는 원 의학이 영향을 미쳤는데, 송 의학에 비해 그 영향은 아주 미미하였으며, 고려 의학은 더욱 독자적 태세를 발휘하면서 의학 자립의 기초를 굳게 닦아 조선 전기까지 발양된다고 이해하였다.

이러한 김두종의 견해는 고려시대 의료의 국제성을 부각시키는 데 특징이 있다. 통일신라 이래 한국 의학은 고유의학 외에도 한의학, 도교 의학, 불교 의학, 남방 및 서역 의학 등으로 구성되어 있어서 국제적인 성격을 띤다는 설명이었다. 그는 다양한 의료의 유입 기록을 뽑아 서술함으로써 고려 의료사를 세계사적인 관점에서 조망하고 있다.

고려시대 의료의 국제성에 덧붙여 김두종은 한국 의료의 자주성을 매우 강조한다. 한국 의료사에 대한 김두종의 입론은 고유의학의 자주적

흐름』, 푸른역사 ; 旗田巍, 李基東 譯, 1983, 「日本에 있어서의 韓國史硏究의 傳統」, 『日本人의 韓國觀』, 一潮閣).
11) 三木榮, 1963, 「序說」, 『朝鮮醫學史及疾病史』, 自家 出版, 2쪽.

발전과 외래 의학의 막강한 영향력 사이의 대립구도를 설정하는 것인데, 그의 논지는 양축 사이에서 끊임없이 흔들린다. 즉 고조선시대까지의 전통적인 '민간의학'은 주술적인 것과 경험적인 것이 있는데, 한의학이 들어온 이후에도 신라에서는 온존하다가, 결국 우월한 '한의학'과 '불교의학'으로 대체되었다고 설명한다. 삼국 고유의 토착의학은 수·당 의학에 의해 바뀌고, 고려시대에는 송 의학의 영향권에 들었다가 '향약'이 등장하며, 여말선초에는 다시 명 의학의 지대한 영향을 받는다는 것이다. 그리고 『동의보감(東醫寶鑑)』의 탁월한 의학적 성취에도 불구하고 한국 의료의 근대화는 서양의학에 의해서 가능하다고 주장했다.

한국 의료의 독자적인 발전을 증명하고자 했던 김두종은 고대 이래 민간의학, 토착의학, 향약, 『동의보감』, 실학파의 자주성에 주목함으로써 타율성론을 극복하려고 하였다. 하지만 김두종은 이들 현상이 중국과 완전히 일치하지 않으므로 자주적이라는 단순한 논리를 되풀이할 뿐이다. 또한 한국 의학이 중국 의학으로부터 독립했다는 근거로 그는 외래 의학들의 혼입에 따른 국제성을 제시하는 데 그치고 있다. 김두종은 한국 의료의 연원을 따지면서도 자주성의 내적 논리를 깊이 파고들지는 못하였다.

한국 의학이 중국 의학과 서양의학의 유입에 따라 부단히 흔들리다가 결국 종속되는 것으로 서술하게 되는 이유는 김두종 자신이 한국 의료의 독자성을 확신하지 못했기 때문이다. 여러 나라의 의학이 뒤섞였다고 해서 그것이 한국만의 독자 의학이 되는 것은 아니다. 그는 한국 의료의 성장 가능성, 즉 의술 발전을 통한 독립된 의학의 수립이나 의료의 자발적 근대화 가능성을 부정한다.[12] 요컨대 김두종은 한국 의료의 자주성을

---

12) 한국 의료사를 발전의 측면에서 이해한다고 해서 한국 의료의 자발적 근대화를 곧바로 인정하는 것은 아니다. 전근대 한의학의 자발적인 근대화 여부는 별도로 논의할 주제이다. 이에 대해서는 이미 다른 글에서 다룬 바 있다(이경록, 2005, 「이제마의 의학론과 그 시대적 성격」, 『醫史學』 14권 2호).

부각시킴으로써 타율성론에서 벗어나고자 하지만, 그 스스로가 한국 의료의 발전에 대해서는 회의함으로써 정체성론에서 빠져나오지 못했다.

그런데 미키 사카에와 김두종의 한국 의료사 연구 뒤에는 또 다른 의료사 연구자가 숨어있다. 1904년 『일본의학사(日本醫學史)』를 쓴 후지카와 유우(富士川游)이다.13)

미키는 『조선의학사급질병사』에서 후지카와 유우의 지도를 직접 받았다고 밝히고 있으며, 감사드리는 사람들 명단의 첫째 인물 역시 후지카와였다. 미키가 빈번하게 후지카와의 『일본의학사』를 인용하고 있음은 물론이다. 예를 들어 불교의설(佛敎醫說)의 6가지 질병 서술은 후지카와의 논의를 그대로 인용한 것이며,14) 한의학의 질병 구분법을 증후분류(證候分類), 병인분류(病因分類), 부위분류(部位分類)로 나눈 것도 후지카와의 설명이었다.15) 더 깊이 들어가서 시대상에 대한 평가를 비교해 보면, 문화가 신라에서는 귀족에게만 향유되다가 고려에 들어 국민 일반에게 침윤하게 되었다는 미키의 설명은 후지카와가 가마쿠라(鎌倉)시대의 의료사적 의의를 평가한 것과 똑같다.16)

후지카와 유우의 저작을 탐독한 것은 김두종도 마찬가지였다. 김두종은 후지카와에 대해 "일본의사학(日本醫史學)의 창시자이며, 또 최고권위자이다. 사학계(斯學界)에 남긴 공적은 다시 누설(累說)을 요(要)치 않으려니와

---

13) 富士川游, 朴炅・李相權 共譯, 2006, 『日本醫學史』, 法仁文化社. 한국 의료사에 대한 후지카와 유우의 막강한 영향력은 최남선이나 홍순원이 『日本醫學史』를 인용하는 데서도 확인된다(崔南善, 1947, 『朝鮮常識問答續編』(삼성문화재단 출판부, 1972) ; 홍순원, 1981, 『조선보건사』, 과학백과사전출판사(청년세대, 1989)).

14) 三木榮, 1963, 『朝鮮醫學史及疾病史』, 自家 出版, 100쪽 ; 富士川游, 朴炅・李相權 共譯, 2006, 『日本醫學史』, 法仁文化社, 181쪽.

15) 三木榮, 1963, 「朝鮮疾病史」, 『朝鮮醫學史及疾病史』, 自家 出版, 122쪽 ; 富士川游, 朴炅・李相權 共譯, 2006, 『日本醫學史』, 法仁文化社, 757~758쪽.

16) 三木榮, 1963, 『朝鮮醫學史及疾病史』, 自家 出版, 41쪽 ; 富士川游, 朴炅・李相權 共譯, 2006, 『日本醫學史』, 法仁文化社, 175쪽.

그 외 『일본질병사(日本疾病史)』, 『내과사(內科史)』 등도 사학(斯學)의 연구에 다대(多大)한 편익(便益)을 주었다"라고 격찬한다.17) 실제로 김두종이 쓴 『동서의학사대강(東西醫學史大綱)』의 몇 개 장은 후지카와의 『일본의학사』를 요약한 것이다.18) 김두종의 대표 저작인 『한국의학사』 역시 후지카와의 『일본의학사』를 전범으로 삼고 있다. 김두종이 서양의학의 과별 분류나 서양의 질병명을 『한국의학사』 서술의 근간으로 삼는 점은 후지카와의 서술방식과 일치하며,19) 조선 후기 의료사에서 경험을 중시하면서 해부에 기초한 실증의학을 찾으려는 시도 역시 후지카와가 고증학에 주목하면서 사형수의 해부를 '실험에 의한 해부학'이라고 강조하는 것과 동일한 논의방식이다.20) 즉 미키 사카에와 김두종의 한국 의료사 인식을 규정하는 연구자가 바로 후지카와였다.

일본 의료사에 대한 후지카와의 기본 논지는 분량에 비해 복잡하지 않다. 후지카와는 일본 의학이 한국을 통한 간접 수입이나 중국으로부터의 직접 수입을 통해 많은 영향을 받은 것은 사실이지만 끊임없는 토착화 노력으로 독자적인 의학이론을 제출할 만큼 발전했다. 에도시대에는 고증학이라는 비판적인 노력을 통해 실험의학이 자발적으로 등장하는데 여기

---

17) 김두종, 1947, 「東西各國(獨, 英, 美, 中, 日, 우리나라)의 醫史學에 關한 主要文獻」, 『朝鮮醫報』 제1권 제2호, 朝鮮醫報社(奇昌德 編, 2000, 『一山 金斗鍾 博士 醫史學 論文集』, 아카데미아, 62쪽).
18) 金斗鍾, 1979, 「한의학의 한국 및 일본과의 상호교류관계」, 「일본 중세의학」, 「일본 근세의학」, 『東西醫學史大綱』, 探求堂.
19) 전근대의 각 시기에 대한 김두종과 후지카와의 서술을 살펴보면 해부학, 생리학, 병리학 등의 정리 순서까지 일치한다(金斗鍾, 1966, 『韓國醫學史 全』, 探求堂, 3편 4장 ; 富士川游, 朴炅·李相權 共譯, 2006, 『日本醫學史』, 法仁文化社, 4장 참고).
20) 金斗鍾, 1966, 『韓國醫學史 全』, 探求堂, 275쪽, 328쪽, 339쪽 ; 富士川游, 朴炅·李相權 共譯, 2006, 『日本醫學史』, 法仁文化社, 445~453쪽 참고. 흥미롭게도 홍순원 역시 후지카와가 제시하는 근대의학의 지표를 그대로 따른다. 즉 홍순원은 한의학의 한계를 '인체해부와 실험에 기초하지 못했다'라고 지적하고 있다(홍순원, 1981, 『조선보건사』, 과학백과사전출판사(청년세대, 1989), 240쪽).

에 서양의학을 적극 수입함에 따라 근대화에 성공했다고 이해한다. 특히 그는 에도시대에 본격적으로 서양 책을 읽거나 연구함으로써 서양의학이 직접 일본에 유입되는 것을 "일본 의학의 역사상 뚜렷한 변혁"이라고 지적하였으며, 중국 의학을 비판하는 일본 내 흐름이 서양의학의 해부학과 만나면서 "실험기재학(實驗記載學)에 의한 것을 얻었다는 것은 다행스런 일"이라고 평가하였다.21) 이러한 서양의학 우월주의는 아마도 당시의 시대적 분위기, 즉 후쿠자와 유키치(福澤諭吉, 1835~1901)의 탈아입구론(脫亞入歐論)과 짝을 이루는 시각일 것이다. 한마디로 후지카와는 의료사의 측면에서 볼 때 일본은 아시아의 다른 나라와 다르다고 주장한다.

일본 의료의 자주적인 발전과 자발적인 근대화를 적극 인정하는 후지카와의 견해에는 타율성론과 정체성론이 들어설 틈이 없었다. 하지만 후지카와처럼 서양의학 우월주의의 관점에 서서 한국 의료사를 서술할 때 한국 의료사는 미키와 같이 타율성론과 정체성론에 빠져든다. 근대화의 성취 여부에 대한 결과를 가지고 한국 의료사를 재단(裁斷)하게 되기 때문이다. 김두종은 한국 의료의 자주성을 강조함으로써 타율성론은 극복하려 했지만, 서양의학에 의해서만 근대화가 가능하다는 정체성론은 극복하지 못했다. 김두종처럼 일본의 근대화 형식을 한국 의료사에 그대로 대입하게 되면, 일본과 흡사한 흔적을 찾느라 신경을 집중하게 된다. 해부학의 활성화처럼 비슷한 사실(史實)을 충분히 발견하지 못하자 그는 자발적 근대화가 불가능했다는 극단적인 결론에 이르렀다.

손홍열은 고려시대 의료의 특징을 의료제도 정비, 국립·민간 구료기관의 존재, 지방의료기구의 확대, 의학교육의 실시, 의관의 높은 사회적 지위, 의학교류에서 송과 원 사이의 차별성, 『제중입효방』 간행 등에서 보이는 고려 의학의 독자성 획득, 종교의학의 병행으로 정리하였다.22)

---

21) 富士川游, 朴炅·李相權 共譯, 2006, 『日本醫學史』, 法仁文化社, 434쪽, 445쪽.
22) 孫弘烈, 1988, 『韓國中世의 醫療制度研究』, 修書院, 162~164쪽.

고려시대를 넘어 한국 의료사에 대한 손홍열의 결론은 명쾌하다. 한국의 의료제도는 시대에 따라 분화 발전했다, 의료제도는 위민정책(爲民政策)의 소산이다, 의료인의 사회적 지위는 고려에서 조선까지 점차 하강하면서 중인층이 되었다는 주장이다. 또한 손홍열은 고려시대 향약을 그리 주목하지 않았다. 고려 중기까지만 하더라도 당·송의 의학 지식이 토대가 되었으나 후기에 이르게 되면 "자국산 약재를 이용한 의학 연구가 활발히 진행되어 이를 권장하였고, 또 약(藥)의 조제에 있어서도 풍토(風土)와 인성(人性)에 맞게 함으로써, 선초(鮮初) 의학 발달에 큰 영향을 주었다"라는 설명에 그칠 뿐이다.23) 김두종과 달리 손홍열은 향약을 부각시키거나 의학의 자주적 측면을 강조하지 않는다.

손홍열의 문제의식은 제도나 사상적 측면에서 의료를 분석하면서 각 사회의 시대상을 드러내는 것이었지만, 그의 연구를 개괄하면 제도의 규명에 치중하였다. 말하자면 그는 의료의 사회적 기능이나 위상을 검토함으로써 그 시대상을 드러내지는 못했다. 의료제도는 '위민정책의 소산'이라는 도덕적인 결론을 미리 내림으로써 논의의 진전을 스스로 차단하였기 때문이다. 손홍열의 본래 문제의식에 따라 고려 의료제도의 사회적 기능과 정치적 의미를 밝히고 시대적 특성을 검토할 필요성이 제기된다. 또한 손홍열은 각 왕조 내의 변화를 그다지 중요하게 생각하지 않는다. 고려시대를 '전기와 후기' 혹은 '전기, 중기, 후기'로 나누면서도 시기구분의 근거는 명확하게 제시하지 않은 채 고려 의료기구의 본질적인 기능이 고려 전기와 후기는 동일했다고 설명한다.24) 고려의 의료제도 역시 시기별로 변화와 발전의 관점에서 이해할 필요가 있다.

현재까지도 미키 사카에를 비롯한 세 연구자의 견해는 고려시대 의료사를 이해하는 데 많은 영향을 미치고 있다. 하지만 연구의 시각과 논지에서

---

23) 孫弘烈, 1988, 『韓國中世의 醫療制度硏究』, 修書院, 153쪽.
24) 孫弘烈, 1988, 『韓國中世의 醫療制度硏究』, 修書院, 88쪽.

는 한계점도 분명히 존재한다. 미키 사카에는 정체성론과 타율성론에 갇혀 있고, 김두종은 정체성론의 늪에서 빠져나오지 못하였다. 그들의 연구 환경이 식민사학의 영향에서 자유롭지 못한 데다 서양의학 전공자라는 데서 기인한 한계를 극복하지 못한 탓이다. 손홍열은 역사학 전공자답게 의료기구와 제도의 내용은 치밀하게 정리하였지만, 의료의 역사적 의미에 대해서는 깊이 파고들지 못하였다. 세 연구자 모두 의료제도의 현상에는 눈을 돌렸지만 고려시대 의료의 본질에는 그다지 천착하지 않은 결과가 되었다.

이상의 선구적인 업적 외에도 고려시대 의료사 연구는 여러 측면에서 진행되었다.[25] 무엇보다 고려 의료를 사회적 맥락에서 이해하려는 노력들이 있다.[26] 이 연구들은 관점이나 대상 시기가 일치하지는 않지만 의료의 사회적 기능과 역사성에 주의를 기울이고 있다. 법제적인 측면에서는 고려시대 의료제도의 변천과[27] 의료인의 사회적 지위에[28] 대한 논의가 심화되었다.

의료의 원인에 해당하는 전염병과 의술에서도 적지 않은 연구 성과가 축적되었다. 고려시대 질병의 양상과 대처방안의 연구 외에도[29] 전염병의

---

25) 고려시대 의료사 연구 동향은 다음 글이 참고된다(이정숙, 2006, 「고려사회와 전염병」, 『한국문화연구』 10집, 이화여자대학교 한국문화연구원 ; 신동원, 2010, 「한국 전근대 의학사 연구 동향」, 『의사학』 19권 1호).
26) 홍순원, 1981, 『조선보건사』, 과학백과사전출판사(청년세대, 1989) ; 金南柱, 1988, 『高麗時代에 流行된 傳染病의 史的 硏究』, 서울대학교 박사학위논문 ; 이태진, 2002, 『의술과 인구 그리고 농업기술』, 태학사 ; 이경록·신동환, 2001, 「고려시대의 의료제도와 그 성격」, 『醫史學』 10권 2호 ; 이경록, 2007, 「고려 전기의 대민의료 체제」, 『韓國史硏究』 139호.
27) 이미숙, 2002, 「高麗 中央醫官의 職制」, 『白山學報』 63호 ; 李美淑, 2002, 『高麗時代 技術官 硏究-醫官과 譯官을 中心으로-』, 상명대학교 박사학위논문 ; 이경록, 2007, 「고려전기의 지방의료제도」, 『醫史學』 16권 2호 ; 李京錄, 2008, 「고려초기 구료제도의 형성-광종대와 성종대를 중심으로-」, 『大東文化硏究』 61집.
28) 宋春永, 1996, 「元 干涉期의 自然科學-醫學을 중심으로-」, 『國史館論叢』 71집 ; 이미숙, 2001, 「高麗時代 醫官의 임무와 사회적 지위」, 『湖西史學』 31집.

창궐과 그 영향에 관한 연구가 기획되어30) 고려시대 질병의 실상을 자세히 밝혔다. 고려 사회의 다양한 질병관이나31) 민간의료의 구체적인 실태32) 역시 연구자들의 관심을 끌었다.

의서(醫書)와 관련해서는 고려의 대표적 의서인『향약구급방(鄕藥救急方)』연구가 예전부터 진행되어 왔다.『향약구급방』약재에 대한 식물학계의 업적을 필두로33) 한의학계와 국문학계에서 판본 복원과 약재명 표기에 많은 관심을 기울였는데,34) 역사학계에서는 간행 경위와 편찬자를 추정하면서 의서로서의 성격에 주목하였다.35)『향약구급방』외에도 고려시대 의학 자료의 재정리 작업이 꾸준히 추진되었으며,36) 그 결과『비예백요방』

---

29) 宋浤禎, 2000,「高麗時代 疫疾에 대한 硏究 -12·13세기를 중심으로-」,『명지사론』11·12합집 ; 姜到炫, 2004,「高麗後期 性理學 수용과 疾病 대처 양상의 변화」, 서울시립대학교 석사학위논문.

30) 이현숙, 2007,「전염병, 치료, 권력 : 고려 전염병의 유행과 치료」,『梨花史學硏究』34집 ; 김순자, 2007,「고려시대의 전쟁, 전염병과 인구」,『梨花史學硏究』34집 ; 이정숙, 2007,「고려시대 전염병과 치병의례」,『梨花史學硏究』34집 ; 김영미, 2007,「고려시대 불교와 전염병 치유문화」,『梨花史學硏究』34집.

31) 박경안, 2006,「고려인들의 다양한 금기와 질병을 대하는 태도」,『역사와 현실』59호.

32) 이현숙, 2007,「고려시대 官僚制下의 의료와 民間의료」,『東方學志』139집.

33) 李德鳳, 1963,「鄕藥救急方의 方中鄕藥目 硏究」,『亞細亞硏究』6권 1호, 고려대학교 아세아문제연구소 ; 李德鳳, 1963,「鄕藥救急方의 方中鄕藥目 硏究(完)」,『亞細亞硏究』6권 2호, 고려대학교 아세아문제연구소.

34) 申榮日, 1994,「『鄕藥救急方』에 對한 硏究」, 경희대학교 박사학위논문 ; 李恩揆, 1993,「『鄕藥救急方』의 國語學的 硏究」, 효성여자대학교 박사학위논문 ; 孫炳胎, 1996,「鄕藥 藥材名의 國語學的 硏究」, 영남대학교 박사학위논문 ; 南豊鉉, 1999,「『鄕藥集成方』의 鄕名에 대하여」,『震檀學報』87집.

35) 洪榮義, 1997,「高麗後期 大藏都監刊『鄕藥救急方』의 刊行經緯와 資料性格」,『韓國史學史硏究』, 나남출판 ; 이현숙·권복규, 2007,「고려시대 전염병과 질병관-『향약구급방』을 중심으로-」,『史學硏究』88호.

36) 신순식 외, 1995,『韓國韓醫學史 再定立』상·하, 한국한의학연구소 ; 申舜植 외, 1996~1997,『歷代 韓醫學文獻의 考證』I·II, 한국한의학연구소 ; 안상우·최환수, 2000,『어의촬요연구 - 실전의서 복원총서 I -』, 한국한의학연구원 ; 하정용 외, 2008,「崔宗峻의 年表 作成을 위한 역사적 고찰-『御醫撮要方』의 복원을 위한 선행과제-」,『한국한의학연구원논문집』14권 3호.

이 고려 의서로 판명되기도 하였다.[37]

의료제도, 전염병과 의술, 질병관, 의서 등 다양한 영역에 걸친 연구들은 모두 고려시대 의료의 실상에 다가서려는 노력이었다. 앞으로의 고려시대 의료사 연구는 이전 연구에서 다루지 못했던 내용은 채워 넣고, 빠진 틈새는 깁고, 잘못 이해된 부분은 바로잡음으로써 진전될 수 있다. 구체적으로 기존 연구의 미진한 부분을 지적하자면 두 가지로 정리할 수 있다. 첫째 고려 초기 의료제도의 성립과 지방의료제도의 전개를 상세하게 밝히고, 대민의료의 사회적 기능에 주목함으로써 고려시대 의료의 함의를 국가체제 속에서 이해할 필요가 있다. 둘째 '향약(鄕藥)'에 대한 본격적인 논의가 요구된다. 중국 의학의 수입, 토산약재의 공납 및 유통, 의술 발달과 의서로의 수렴, 민간의료의 활성화 등은 모두 '향약'과 관련이 있는 바, 의료상의 한계를 극복하면서 고려에 적합한 의료체계를 찾아가는 도정이 바로 향약의 전개 과정이기 때문이다. 이러한 문제의식을 가다듬기 위해서는 의료사의 개념과 그 연구방법론부터 다시 검토해야 한다.

2. 연구 방향

의료사 연구는 의료 자체의 내외(內外)를 기준으로 삼을 때, 의료와 사회와의 관계에 대한 연구와 의술의 발전에 대한 연구로 구분할 수 있다. 후자가 의술의 역사로서 협의의 의료사라면, 전자는 의술의 사회적 의미에 관한 역사로서 광의의 의료사이다. 물론 이 두 가지가 명확히 나뉘는 것은 아니지만 의료사 연구는 전자로 수렴될 수밖에 없다. 의술 자체가 사회적이고 역사적인 맥락에서 인식되고 실행되기 때문이다. 예를

---

37) 안상우, 2000, 「고려의서 『비예백요방』의 고증—실전의서의 복원 Ⅱ—」, 『韓國醫史學會誌』 13권 2호.

들어 소아과에 대한 의술 지식은 어린이가 중시되는 사회적 관심 속에서 발달하기 마련이며, 질병의 원인 역시 당대 사상의 영향을 받으면서 규정된다. 또한 외국 의료의 유입이나 정치경제적 변동도 의료에 깊은 영향을 미친다. 의술사는 의료사의 한 영역으로 자리매김할 수밖에 없는 것이다. '의료사(醫療史)'를 '의학사(醫學史)'라고 표현해도 무방하지만, 의학사라고 할 때는 학문으로서 의학의 역사라는 어감이 짙으므로 여기에서는 의료사로 통칭한다.

의료사의 개념은 의료사의 세부 주제를 살펴보면 조금 더 구체화된다. 치료법을 연구 대상으로 삼는 의술사, 의술이 시행되는 제반 형식을 연구하는 의료제도사, 당대의 사회적 인식과 의료와의 상호 영향을 규명하는 의학사상사 등이 그것이다. 아울러 의료사는 역사학의 한 갈래이므로 궁극적으로 전시대의 유산을 바탕으로 외국과의 교류나 제도적·이념적 조류가 의료에 관철되어 만들어내는 고유한 특질을 탐구해야 한다.

이 연구에서는 고려시대 의료사를 논의하면서 세 가지 관점에 유의하려고 한다. 공시성(共時性), 통시성(通時性), 자율성(自律性)이다. 세 가지는 모두 공리(公理)에 해당할 정도로 자명한 관점이지만, 미키 사카에를 비롯한 선학들의 연구를 진전시키는 데는 여전히 유용하다.

첫째 공시성의 측면에서는 의료를 사회제도의 일환이라는 관점에서 접근하려고 한다. 한국 의료사 연구는 제도사에 치중하는 경향을 보이는데, 고려시대 의료사 연구에서도 이러한 한계를 벗어나지 못하고 있다. 하지만 의료사 연구가 의료기구들의 존재를 밝히는 데 그칠 수는 없다. 제도의 실체를 밝히는 것은 역사 연구의 기본이기 때문이다. 고려에 들어 의료제도가 대폭 확대될 수 있었던 것은 의료의 보편화를 위한 물적 토대는 말할 것도 없거니와, 의료에 대한 사회적 욕구와 국가정책의 의지가 맞물려 있어 가능한 일이었다. 고려 의료제도의 구조를 포함하여 의료와 사회제도 일반과의 관계를 밝히고 그 내재한 운영원리를 탐색하는 작업은 고려 국가체제의 특성을 파악하는 데 도움이 된다.

둘째 통시성의 측면에서는 변화와 발전의 관점에서 의료사를 다루고자 한다. 거시적으로는 신라 중·하대 이래의 연장선상에서 고려시대 의료사를 이해하면서 조선의 의료제도로 어떻게 연결되는지를 염두에 두려고 한다. 고려시대 자체로는 의료관제의 법제적인 추이와 의료정책의 시기별 변동을 정리함으로써 고려시대 대민지배의 특징에 주목할 것이다. 또한 의술의 발전 과정을 세밀하게 밝히기 위해 향약을 중국 문물의 유입에 대한 대응이라는 시각에서 접근하려고 한다. 즉 중국 의학에 대한 인식과 수용 과정을 검토해 보고, 고려의 약재 생산 수준과 의서를 분석함으로써 향약의 발전 단계를 논의한다. 궁극적으로는 고려시대 의료의 역사성을 규명하는 작업이다.

셋째 자율성의 측면에서는 의료 자체의 상대적 독자성을 충분히 유념하고자 한다. 의료는 사회제도와 연관되어 존재할 뿐만 아니라 고려에서는 송 의학 같은 외래 요인의 영향이 강했다. 하지만 내·외적인 조건에도 불구하고 의료는 당대 의술과 의학 지식의 역량 범위 내에서 제도화될 뿐이며, 외래 의료는 고려의 습득 욕구에 따라 기존 의료의 토대 위에서 선별 수용되었다. 그 결과 확보된 고려 의료의 고유성이 '향약(鄕藥)'으로 외화(外化)되었다. 향약이라는 창(窓)을 통해 고려시대를 들여다 볼 때도 고려 의료사의 역사상은 고려시대사 일반의 역사상과 대체로 일치한다. 그러나 이 두 역사상은 완전히 일치하지 않으며, 또한 완전히 일치할 필요도 없다. 음악, 법률, 언어 등이 그러하듯 의료사 분야도 주어진 조건 속에서 나름의 독자성을 지닐 수밖에 없기 때문이다. 고려시대사 일반이 갖는 보편성의 강도와 의료에 내포된 개별성의 강도에 의해 고려시대 의료사의 특수성은 규정된다.

고려시대 의료사는 크게 세 시기 즉 고려 전기와 중기, 그리고 후기로 나누어진다. 의료의 발전은 물론이려니와 정치사회적 변동까지 고려한 것이다.[38] 고려 전기는 태조대에서 문종대 후반까지로서 건국 이래 국가제도의 정비가 일단락되는 시기에 해당한다. 국가제도의 정비에 조응하여 중앙과 지방의 의료기구가 성립되며 유용한 대민정책수단으로 대민의료가 착안되기 시작한다.

고려 중기는 문종대 후반부터 고종대까지로서 의료제도가 상당히 안정적으로 운영되는 시기이다. 무엇보다도 문종~인종대에 걸쳐 송 문물이 본격적으로 유입됨에 따라 고려 의술이 새 국면을 맞이하게 된다. 고종대까지 간행되는 『신집어의촬요방』과 『향약구급방』 등은 중국 의학의 수용을 바탕으로 구축된 고려의 독자적인 의료를 표상한다.

흔히 고려시대는 무신집권기를 기준으로 전기와 후기로 나누기도 한다. 하지만 의료사의 측면에서 보면 문종대부터 본격 유입되는 송 의학에 대한 대응 과정이 바로 향약의 발전이므로 무신집권기를 의료사의 분기점으로 삼기는 어렵다. 의료제도 변동이나 의학적 교류의 측면에서도 무신집권기는 그다지 눈에 띄지 않는다. 사회적으로 볼 때도 고려가 완전히 다른 상황에 처해지는 계기를 거론하자면 무신집권기보다는 고종대의 대몽항쟁기가 더 관심을 끈다. 고종대 전반까지는 재정이나 국가 운영에 심각한 문제가 없었지만, 대몽항쟁에 따른 전쟁 비용의 급증과 조운제도의 동요로 재정이 압박을 받으면서 지배체제는 큰 타격을 입게 되었다. 고종 말년에는 녹봉을 지급하지 못할 지경이었다. 여기에 곧바로 원간섭기로 접어들면서 과도한 세공과 일본 정벌 때문에 재정은 급격히 고갈된다.

마지막으로 고려 후기는 원간섭기 이래 고려가 멸망할 때까지로서

---

38) 고려시대 시기구분론에 대해서는 다음 연구가 참고된다(박용운, 2008, 『고려시대사(수정·증보판)』, 일지사, 1~17쪽 ; 채웅석, 1999, 「고려사회의 변화와 고려중기론」, 『역사와 현실』 32호).

원종대부터 공양왕대까지가 해당된다. 고려 사회의 쇠퇴에 따라 의료제도는 동요하였지만 향약의서들이 대량 간행되는 양상을 띤다. 동시에 성리학적 의료관이 새로 대두함으로써 조선시대 의료의 단서가 형성된다. 이 연구에서는 주로 앞의 두 시기를 대상으로 삼으며, 고려 후기는 논지 전개상 필요한 부분에서 언급한다. 의료기구의 운용이나 의업(醫業)의 전개는 고려 후기까지 포괄함으로써 그 변동 양상을 정리할 것이다.

이제 본문의 논의를 장별로 제시하면 다음과 같다. Ⅱ장에서는 고려시대 의료를 이해하기 위한 기초작업으로 그 시간적 공간적 배경을 살핀다. 먼저 고려에 선행하는 신라의 의료 상황을 서술한 후, 삼국의 의술 수준을 현존하는 고유의서의 처방을 통해 가늠하면서, 고대 동아시아의료의 형성 과정을 검토하고자 한다. 그리고 고려 의료에 강력한 영향을 미치는 수·당·송의 의료제도를 개관함으로써 고려 의료제도와의 연계 부분을 미리 언급한다.

Ⅲ장에서는 고려시대 의료제도의 성립과 지배체제의 특징을 다룬다. 우선 중앙의료제도의 등장은 광종대와 성종대를 중심으로 정리하려고 한다. 여기에서는 고려 전기 의료정책과 구료기구의 출현을 사회경제적 변동 및 종교사상적인 영향을 염두에 두면서 논의할 것이다. 그리고 고려시대 의료제도를 전국적으로 조망하기 위해 지방의료제도를 연대별로 살펴보고 내적인 편제원리를 탐구하려고 한다. 이 과정에서 약점사(藥店史)의 존재 양상과 역할을 규명하여 지방의 의료실태를 드러낼 것이다. 고려 의료제도에 대한 이상의 이해를 기반으로 대민의료기구의 구현과 의료정책의 함의를 지배체제와 연관시켜 검토하게 된다.

Ⅳ장에서는 의료제도의 전개와 의료 환경의 변화를 다룬다. 먼저 의료관제의 변동과 의료인의 양성을 살피고자 한다. 구체적으로 중앙의료기구의 추이를 규명하고 의학교육 및 의업의 전개 과정을 밝힘으로써 의료인의

사회적 지위를 논의한다. 다음으로 약재의 증가 양상과 공납을 통한 수취 구조를 정리하고자 한다. 고려에서 약재가 국가에 의해서만 유통되는 것은 아니었다. 약재 유통의 증가는 민간의료에 영향을 미쳤으므로 민간 의료인들에 의한 치료의 대중화도 살펴볼 필요가 있다. 또한 송 의학의 유입 과정을 시기별로 충실히 추적하려고 한다. 흔히 고려 의학은 송 의학의 강력한 영향력 아래에 있었다고 평가되는데, 그 영향력의 범위를 의료기구 전개를 비롯하여 의업 교과목, 간행 의서, 의관 교류를 통해 확인하려는 것이다. 이 연구 전체로 보면 약재 생산 증가에 따른 공납제도 의 운용과 민간의료의 확대, 그리고 송 의학의 유입에 대한 정리는 고려시 대 '향약'의 형성 배경을 짚어보는 작업이기도 하다.

V장에서는 의서에 대한 분석을 통해 '향약(鄕藥)'의 실상에 접근한다. 고려의 대표적인 향약의서인 『제중입효방(濟衆立效方)』, 『신집어의촬요방 (新集御醫撮要方)』, 『향약구급방(鄕藥救急方)』, 『비예백요방(備預百要方)』을 대상으로 삼아 출간 경위를 비롯하여 판본, 저자, 체재, 처방, 약재, 활용 등을 세밀하게 분석함으로써 고려시대 의술(醫術)의 실체를 밝히고자 한 다. 이 과정에서 향약에 대한 자각이 어떻게 향약론(鄕藥論)으로 집약되는 지를 살피면서, 한국 의료사에서 차지하는 향약의 역사적 성격을 음미(吟 味)할 것이다. 향약을 정면에서 다루는 V장이 이 연구의 본령에 해당한다.

II. 고려시대 의료제도의 배경

1. 신라의 의료 상황

1) 「신라촌락문서」와 신라인의 삶

삼국 통일 이후 신라인들의 삶과 죽음은 어떠했을까? 이들의 삶에 대한 상세한 기록은 충분하지 않다. 하지만 『삼국유사(三國遺事)』에 나오는 조신(調信) 설화를 통해 일반 민들의 고단한 삶을 엿볼 수 있다.[1] 승려 조신은 신문왕대(681~692년)의 인물인 김흔(金昕)의 딸과 눈이 맞아 환속한다. 이들은 5명의 자녀를 두었으나 초야를 유랑하며 가난과 질병에 시달리다가 큰 아이는 굶어죽고 작은 딸은 구걸하던 중 동네 개에게 물리는 지경에까지 이른다. 결국 더 이상 현실을 감당하지 못하게 된 이들은 아이 둘씩을 데리고 이혼하게 된다는 이야기이다. 설화이기는 하지만 신라의 일상을 어느 정도 반영하는 것으로 짐작된다. 신라인의 삶과 죽음은 「신라촌락문서(新羅村落文書)」를 통해 보다 구체적으로 살펴볼 수 있다.

「신라촌락문서」는 신라 지방사회의 실상을 보여주는 자료로 주목되어 왔다. 작성연대는 755년이나 815년으로 판단했지만 최근에는 화엄경론(華嚴經論)의 일본 전래 경과와 측천무후(則天武后)가 제정한 주력(周曆)의 흔적을 근거로 효소왕 4년(695)으로 이해하고 있다.[2] 「신라촌락문서」에는

---

1) 『三國遺事』 卷3, 塔像4 調信.

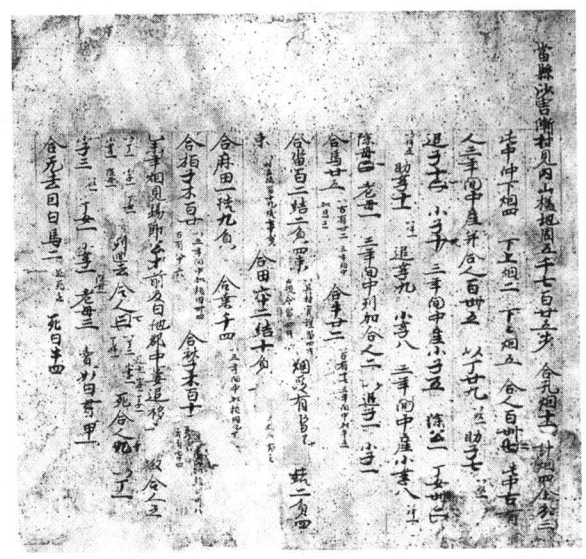

서원경(西原京) 사해점촌(沙害漸村)의 인구를 신분별, 연령별로 기록한 「신라촌락문서」. 3년 단위로 작성되었으며 일정한 원칙에 따라 기입되었으므로 당시의 출생률과 사망률을 추정할 수 있다.

A촌(沙害漸村), B촌(薩下知村), C촌, D촌으로 통칭하는 서원경(西原京) 4개 촌락의 면적(面積), 호구(戶口), 우마(牛馬), 전답(田畓), 수목(樹木), 출생(出生)·사망자(死亡者), 이입(移入)·이출자(移出者) 변동이 자세히 기입되어 있다. 특히 이 자료의 표기방식에는 일정한 원칙이 있다. 인구를 신분별, 연령별로 구분한 후 '정자(正字)' 형식, 작은 글씨의 '세주(細註)' 형식,

---

2) 노명호 외, 2000, 『韓國古代中世古文書硏究』(上) 校勘譯註篇, 서울대학교출판부, 313~329쪽. 「신라촌락문서」 연구 동향은 다음 글이 참고된다(李宇泰, 1993, 「新羅 西原京 硏究의 現況과 課題-村落文書를 中心으로-」, 『湖西文化硏究』 11집 ; 이인재, 1995, 「촌락문서와 촌락지배」, 『한국역사입문』 2 중세편, 풀빛 ; 김수태, 2001, 「신라 村落帳籍 연구의 쟁점」, 『한국고대사연구』 21집). 「신라촌락문서」에 대한 주요 연구 성과는 다음과 같다(旗田巍, 1972, 「新羅の村落-正倉院にある新羅村落文書の硏究-」, 『朝鮮中世社會史の硏究』, 法政大學出版局 ; 崔在錫, 1982, 「新羅 統一期의 家族形態-新羅村落文書의 分析-」, 『東方學志』 34집 ; 兼若逸之, 1984, 『新羅『均田成冊』의 分析을 통해서 본 村落支配의 實態』, 연세대학교 박사학위논문 ; 김기흥, 1991, 『삼국 및 통일신라 세제의 연구』, 역사비평사 ; 李仁在, 1995, 『新羅統一期 土地制度 硏究』, 연세대학교 박사학위논문 ; 李仁哲, 1996, 『新羅村落社會史硏究』, 一志社 ; 윤선태, 2000, 「「新羅村落文書」의 記載樣式과 用途」, 『韓國古代中世古文書硏究』(下), 서울대학교출판부).

동그라미로 표시한 후 수정한 '추기(追記)' 형식으로 표기한 것이다.

기존 연구에서 지적한 바와 같이, 정자(正字) 표기는 촌락문서 작성 시점(695년) 당시의 상황을 나타낸다. 촌락문서는 3년 단위로 작성되었으므로 사망자와 출생자 표기는 최근 3년(692~695년)간의 변동을 기록한 것이며, 동그라미로 표시한 후 수정한 추기(追記)는 695년 이후의 변동을 나타낸다. 따라서 이 기록을 토대로 '692년', '695년', '695년 이후' 등 세 시점의 인구 변화를 추적할 수 있다. 「신라촌락문서」에 기재된 출생, 사망, 이입, 이출을 세 시점으로 정리한 것이 아래 표이다.

<표 2-1> 「신라촌락문서」 4개 촌의 시기별 인구변동표

구분	692년 현재	692~695년 출생	692~695년 사망	692~695년 이입	692~695년 이출	695년 현재	695년 이후
A촌	149	13	9	2	8	147(11 孔烟임)	142(10 孔烟임)
B촌	미상	6	미상	7	3?	125(15 孔烟임)	117?
C촌	67	5	4	7	3	72	69
D촌	141	7	20	4	14	118(10 孔烟임)	106

A촌에서 692~695년간 사망자는 9명이다. 이 가운데 가장 나이가 어린 소자(小子)·소녀자(小女子)의 사망자 수를 따져보면 소자 3명·소녀자 1명이 사망하였다. B촌의 경우에는 사망자 기록이 누락되어 알 수 없으며, C촌에서는 소자 0명·소녀자 2명이, D촌에서는 소자 0명·소녀자 3명이 사망하였다. 소자·소녀자의 나이는 0~8세라고 추측하기도 하는데,[3] 소

---

[3] 가네와카 도시유키(兼若逸之)는 老를 만 60세 이상, 除를 57세 이상, 丁을 15세 이상, 助를 12세 이상, 追를 9세 이상, 小를 0~8세라고 설명한다(兼若逸之, 1980, 「新羅『均田成冊』에서 推定되는 平均壽命」, 『韓國史研究』 30호, 7~8쪽). 이태진은 老를 50세 이상으로 잡은 醫書에서 착안하여, 「신라촌락문서」의 助를 16세부터의 國役 의무자로, 丁을 20~49세로, 除를 50~60세로 추정한다(이태진, 2002, 『의술과 인구 그리고 농업기술』, 태학사, 82쪽). 윤선태는 「신라촌락문서」를 당·일본의

자·소녀자가 영유아(嬰幼兒), 즉 0~1세의 영아(嬰兒)와 1~5세의 유아(幼兒)를 모두 포괄하는 것은 분명할 것이다.

흔히 전근대사회에서 출생 후 1년을 넘기지 못하고 사망하는 영아사망률은 신생아 1,000명당 200~250명에 이른다.[4] 영아사망률이 20~25%라는 이야기다. 여기에 1~5세의 유아사망률 역시 다른 연령층에 비해 높다는 점을 감안하면, 3년(692~695년)간의 사망자는 훨씬 더 늘어난다. 출생 후 5세까지의 영유아사망률은 전근대에서 일반적으로 50%에 육박한다.[5] 하지만 「신라촌락문서」에서는 영유아사망률이 과도하게 낮은 점이 눈에 띈다. 사산이나 영유아사망자를 제대로 기입하지 않았다는 뜻이다. 사망자가 어느 정도인지 추측하기 위해서는 인구사 연구 성과를 참고할 필요가 있다.

산아제한이 보급되지 않고 효율적인 의료체계가 마련되지 않은 전근대 사회에서는 대략 조출생률이 35‰~55‰이고, 조사망률이 30‰~40‰이다.[6] 매년 1,000명당 35명~55명이 태어나고 30명~40명이 사망한다는 뜻이다. 이 조출생률과 조사망률 추세를 A촌의 692년 현재 인구인 149명에 대입하면, A촌에서는 매년 5.21명~8.19명이 태어나고 4.47명~5.96명이 사망하는 셈이다. 그리고 호적이 작성되는 3년 단위로 환산하면 A촌에서

　　사례와 비교해서 나이를 검토하였다(윤선태, 2001, 「신라촌락문서의 計烟과 孔烟 －中國·日本의 戶等制, 年齡等級制와의 비교 검토를 중심으로－」, 『한국고대사 연구』 21집).

4) 李興卓, 1987, 『人口學』, 法文社, 311쪽 ; 이희연, 2007, 『인구학』, 法文社, 302쪽, 335쪽.

5) 「신라촌락문서」에서도 영유아사망률이 높다는 점은 이미 지적되었다. 「신라촌락 문서」를 토대로 작성한 생명표에 의하면 영유아사망률은 51.5%에 이른다(兼若逸之, 1980, 「新羅『均田成冊』에서 推定되는 平均壽命」, 『韓國史硏究』 30호, 31~32쪽). 김용선은 고려 귀족의 사례 연구에서 1~5세의 사망률이 43.3%라고 추정하였다(김용선, 2004, 「고려 귀족의 결혼·출산과 수명」, 『고려 금석문 연구』, 일조각, 147쪽).

6) 장 클로드 세네, 박은태·전광희 옮김, 2008, 『인구학 입문』, 경연사, 57~67쪽.

는 3년(692~695년)간 15.63명~24.57명이 태어나고 13.41명~17.88명이 사망하게 된다. 그런데 A촌의 3년간 사망자는 9명으로 촌락문서에 기입되어 있으므로, 대략 4.41명~8.88명이 촌락문서에 기입되지도 못한 채 사망한 것이다. 이들은 영유아사망자일 가능성이 높다. 따라서 실제 3년간 출생자는 촌락문서에 기록된 13명에 4.41명~8.88명이 추가된 17.41명~21.88명인 것이다. 그렇다면 실제 출생자는 17.41명과 21.88명 사이에서 어느 쪽에 가까울까? 21.88명에 가깝다. 언급한 바와 같이 영아사망률이 20~25%이고, 유아사망률도 꽤 높기 때문이다. 즉 3년간 태어난 21.88명 가운데 1세 미만의 영아 4~5명이 사망하고(영아사망률 20~25%), 1~3세의 유아 4~5명이 사망하며, 나머지 생존자 13명만 기록되었다고 이해하는 것이 합리적이다.

요컨대 A촌에서는 692~695년에 22명가량이 태어나며, 이 가운데 9명은 0~3세에 사망하고, 13명만 생존했던 것으로 판단된다. A촌은 11개 공연(孔烟)이므로 매 공연마다 지난 3년간 2명이 출생한 꼴이다. 또한 3년간의 실제 사망자는 기록된 9명에 그치는 것이 아니라 누락된 0~3세의 사망자 8.88명을 합하여 18명가량이므로, A촌에서는 공연마다 2명 가까이 사망했다는 것을 알 수 있다.

촌락문서의 공연(孔烟)이 편호(編戶)인지 자연호(自然戶)인지에 대해서는 오랜 논란이 있다.7) 하지만 자연호끼리 결합하거나 자연호와 개별인이 결합한 편호라고 하더라도8) 1개 자연 가호(가족)를 깨뜨려 2개 공연에 분산하지는 않았을 것이다. 공연이 가족 단위를 기반으로 편제된 것은 분명하다. A촌에서 노비 8명을 제외한 139명을 11개 공연으로 나누면 1공연당 12.6명이 된다.

---

7) 李仁哲, 1996, 『新羅村落社會史硏究』, 一志社, 135~140쪽 참고.
8) 李泰鎭, 1979, 「新羅 統一期의 村落支配와 孔烟-正倉院 所藏의 村落文書 재검토-」, 『韓國史硏究』 25호 참고.

그런데 촌락별 인구 출입을 살펴보면 열가인(列加人) 즉 호(戶)를 이루지 않고 개별적으로 이주해 온 사람들이 각각 2명(A촌), 3명(B촌), 1명(C촌), 4명(D촌)이다. 홀로 이주해 간 사람이 3명(A촌), 3명(C촌), 8명(D촌)이라는 점까지 감안하면, 당시에는 가족을 이루지 못한 독신자들이 상당히 많았다. 효녀(孝女) 지은(知恩)은 32세가 되도록 결혼을 하지 않은 채 어머니와 살고 있으며, 설씨녀(薛氏女) 역시 늙은 아버지를 모시고 단출하게 살았음을 본다면[9] 신라에서는 가족 규모가 그리 크지 않았을 수 있다. 촌락문서의 이주자 기록 등과 삼국의 인구 기록으로 미루어 5명 정도의 단혼소가족이 일반적이었을 것으로 추측된다.[10] 따라서 연령별 인구 분포를 염두에 두고 A촌 1개 공연 12.6명의 가족 모형을 소가족 규모에 맞춰 그려보면 대략 다음 표와 같다.[11]

<표 2-2> 「신라촌락문서」 A촌 1개 공연의 가족 모형

老公 / 除公
丁・丁女(장년층)
丁・丁女(청년층)
助・助女子
追・追女子
小子・小女子

<표 2-2>처럼 가족 수가 적거나 독신자의 숫자가 많을 경우에는 가임기간에 해당하는 부부의 숫자가 줄어들게 된다. 조선 후기의 사례이기는

---

9) 『三國史記』 卷48, 列傳8 孝女知恩, 薛氏女.
10) 李仁在, 1995, 『新羅統一期 土地制度 硏究』, 연세대학교 박사학위논문, 28쪽.
11) 최재석은 신라촌락문서의 가족 형태를 제시한 바 있는데, 연령별 단서나 사망자의 표시 등이 빠진 채로 가족 모형을 작성하였다(崔在錫, 1982, 「新羅 統一期의 家族形態 - 新羅村落文書의 分析 -」, 『東方學志』 34집, 29~40쪽).

하지만 17세기 양반 여성 153명의 사망연령을 살펴보면, 20대 30명(19.6%)과 30대 27명(17.6%)으로 20~30대의 사망률이 가장 높았다. 여기에 10대 사망률 7.8%를 합하면 10~40대 사망률이 45%로서 절반가량의 여성이 가임기간 내에 사망하였다.12) 전근대에서 20~30대 여성의 사망률이 높은 이유는 출산과 밀접한 연관이 있다. 모형 내 중간 부부처럼 출산으로 인한 산모의 요절(夭折)을 고려한다면, 모형 내 왼편의 가임부부(可姙夫婦)는 거의 해마다 출산을 반복해야 동일한 인구 수준을 유지할 수 있다.

「신라촌락문서」 분석에서 드러나듯이 신라 중·하대는 가족의 죽음이 일상화된 사회였다. 촌락문서가 작성된 서원경에서는 평균수명이 20대 중반인데다13) 영유아사망률은 50% 정도였다. 공연(孔烟) 단위로 표현하면 12명 정도의 공연마다 최근 3년간 2명의 출산과 2명의 사망이 끝없이 이어졌다. 설화이기는 하지만 조신(調信)의 꿈이 나올 수밖에 없는 상태였는데, 그 죽음에 대응하기란 쉽지 않았다. 질병 역시 일상이었기 때문이다.

2) 신라 중·하대의 질병 대응 양상

9세기 신라에서는 전염병이 창궐하고 홍수에 흉년이 겹쳤다.14) 홍덕왕 8년(833)에는 봄에 큰 기근이 들고 겨울에 전염병이 유행했으며, 문성왕 3년(841)에는 서울에 전염병이 돌았다.15) 경문왕 10년(870)에도 홍수와 겨울 가뭄에 전염병이 퍼졌으며,16) 2년 뒤에는 동아시아 국가들 사이에

---

12) 백옥경, 2007, 「조선시대 출산에 대한 인식과 실제」, 『梨花史學硏究』 34집, 211~212쪽.
13) 가네와카 도시유키는 당시의 평균수명을 25.8세라고 계산하였다(兼若逸之, 1980, 「新羅 『均田成冊』에서 推定되는 平均壽命」, 『韓國史硏究』 30호, 31~32쪽).
14) 전염병의 창궐 양상에 대해서는 李賢淑, 2002, 「신라 통일전쟁기 전염병과 醫學의 발전」, 『新羅醫學史硏究』, 이화여자대학교 박사학위논문 참고.
15) 『三國史記』 卷10, 新羅本紀10, 홍덕왕 8년. "春, 國內大飢……冬十月, 桃李再華. 民多疫死"; 『三國史記』 卷11, 新羅本紀11, 문성왕 3년. "春, 京都疾疫."
16) 『三國史記』 卷11, 新羅本紀11, 경문왕 10년. "七月, 大水. 冬, 無雪. 國人多疫."

전염병이 전파되기도 한 것 같다.17) 당시 신라인의 생활여건은 정치면에서도 악화되는 중이었다. 열악한 재정을 유지하기 위해 성화처럼 독촉하는 징세 조치는 각지에서 농민 저항을 야기했다.18) 고려가 건국할 무렵에는 주현들이 신라 조정을 반대하거나 지지하느라 양분되었으며, 도적이 벌떼처럼 일어나고 개미 같이 모여든다고 지적되었다.19)

크게 보아 신라 중·하대의 혼란기에 질병에 대한 대응은 구휼에 그칠 뿐이었고 직접적인 대민 치료는 시행되지 않았다. 경덕왕 6년(747) 가뭄에 기근과 전염병이 덮쳤을 때를 보면 관원을 파견하여 백성들을 안정시키고 위로할 뿐이었다.20) 신라 말기인 경문왕대에도 재위 7년(867)과 13년(873)에 전염병이 돌고 홍수와 흉년이 겹쳤지만 관원을 여러 곳에 보내 백성들을 위문하고 구제하는 정도로 대응하였다.21)

고려 이전에는 백성을 어루만지거나 다른 나라 백성들을 유인하는 데 진휼이 아주 효과적인 수단이기도 하였다. 유리이사금 5년(28)에 국가에서 환과고독(鰥寡孤獨)과 혼자 힘으로 살아 갈 수 없는 늙고 병든 자들을 부양하자, 이 소식을 듣고 오는 이웃 나라의 백성들이 많았다.22) 그리고 내물이사금 18년(373) 백제 독산성주와 백성 300명을 신라에서 받아들이자 백제에서는 화친에 어긋난다며 크게 항의하였다. 이때 신라에서는 "백성이란 항시 같은 마음을 갖는 것이 아니다. 왕이 그들을 돌보아 주면

---

17) 872년(신라 경문왕 12년) 1월 일본 京都에서는 咳逆病으로 사망한 자가 많았는데, 渤海人이 가져온 독기에 의한 것이라는 소문이 났다.『日本三代實錄』卷21(김기섭 외, 2005,『일본 고중세 문헌 속의 한일관계사료집성』, 혜안, 465쪽). "辛卯, 是月, 京邑咳造病發, 死亡者衆. 人間言, 渤海客來, 異土毒氣之令然焉."
18)『三國史記』卷11, 新羅本紀11, 진성왕 3년.
19)『三國史記』卷50, 列傳10 弓裔.
20)『三國史記』卷9, 新羅本紀9, 경덕왕 6년.
21)『三國史記』卷11, 新羅本紀11, 경문왕 7년 ;『三國史記』卷11, 新羅本紀11, 경문왕 13년.
22)『三國史記』卷1, 新羅本紀1, 유리이사금 5년 11월.

오고, 힘들게 하면 가나니, 백성이란 원래 그런 것이다. 대왕이 백성들을 편안하게 해주지 않은 것을 걱정하지 않고, 과인을 책망함이 어찌 이토록 심한가?"라고 응수하였다.[23] 또한 백제 동성왕 21년(499)에는 가뭄으로 굶주린 백성들이 서로 잡아먹을 지경이었지만 진휼 조치가 시행되지 않자 2,000명이 고구려로 도망하였다.[24] 고구려에서는 진휼(賑恤)과 함께 진대법(賑貸法)을 실시하였는데,[25] 당시로서는 구휼이 제도화되었다는 것 자체가 대민정책의 큰 진전에 해당하였다.

삼국시대에는 질병에 대한 대응이 이성보다는 감성에 의지하였다. 삼국에서는 원한을 품거나 비명횡사한 귀신인 여귀(厲鬼)가 질병을 일으킨다고 이해하거나, 정치의 선악(善惡)에 따라 오행(五行)이 변화하면서 악기(惡氣)로 역질(疫疾)이 창궐한다고 생각하였다.[26] 후자의 입장이 유가적(儒家的)인 천인상응론으로서 선정(善政)을 통해 질병에 대응한다면, 전자의 입장은 사실상 인식 불가능한 여기(厲氣)를 상정하면서 제사(祭祀), 불경송독(佛經誦讀), 주문(呪文)으로 질병을 치유하였다. 치유의 주체는 무(巫)일 수도 있고 승려(僧侶)일 수도 있었지만, 질병 원인과 치유의 원동력을 초월적인 영역에서 찾는 데는 공통점이 있었다. 고구려 유리왕은 원귀 때문에 병에 걸렸다고 믿는 사수론적(邪祟論的) 병인론(病因論)을 보여주며,[27] 신라에서 차차웅(次次雄)은 무당이라는 뜻이었다.[28] 천인상응론도 삼국시대 초기에는 제대로 이해되지 못하다가[29] 후대에야 점차 받아들여진다.[30]

---

23) 『三國史記』 卷3, 新羅本紀3, 내물이사금 18년. "百濟禿山城主, 率人三百來投. 王納之, 分居六部. 百濟王移書曰, 兩國和好, 約爲兄弟. 今大王納我逃民, 甚乖和親之意, 非所望於大王也, 請還之. 答曰, 民者無常心, 故思則來, 斁則去, 固其所也. 大王不患民之不安, 而責寡人, 何其甚乎."
24) 『三國史記』 卷26, 百濟本紀4, 동성왕 21년.
25) 『三國史記』 卷16, 高句麗本紀4, 고국천왕 16년.
26) 장인성, 2000, 「고대 한국인의 질병관과 의료」, 『한국고대사연구』 20집, 277쪽.
27) 『三國史記』 卷13, 高句麗本紀, 유리명왕 19년 9월.
28) 『三國史記』 卷1, 新羅本紀1, 남해차차웅 원년.

신라에서는 재래의 토속신앙이든 중국에서 유입되는 불교이든 절대자에 대한 신앙(信仰)과 기구(祈求)를 통해 질병에 대응하였다. 그리고 의약에 대한 지식은 충분하지 않지만, 의료인 혹은 약재의 효과에 대해서는 독실한 믿음을 가지고 치유하고자 하였다. 이처럼 질병이 신(神)의 영역에서 기인한다고 여기면서 절대자의 신력(神力)에 대한 믿음을 통해 치유(治癒)하려는 일체의 행위를 '신심의료(信心醫療)'라고 부를 수 있다.[31] 신라의 예를 들면 호랑이한테 물린 경우에는 흥륜사 간장과 나발(螺鉢) 소리가 최고였으며,[32] 밀본법사는 늙은 여우를 내쫓는 방식으로 질병을 치유하였다.[33] 신라 말 헌강왕대(875~886년)에도 역병 귀신을 내쫓은 처용랑 설화

---

29) 『三國史記』 卷15, 高句麗本紀3, 차대왕 3년 7월.
30) 『三國史記』 卷3, 新羅本紀3, 소지마립간 14년.
31) 흔히 민간에서는 질병을 초월적 신비력에 의한 것으로 이해하면서, 신과 같은 인격적 절대자와 교통할 수 있는 巫醫(巫堂)의 기도, 주술, 굿 등으로 치유하였다(李能和, 1927, 『朝鮮巫俗考』, 啓明俱樂部 ; 崔吉城, 1978, 『韓國巫俗의 硏究』, 亞細亞文化社 ; 金泰坤, 1983, 「民間醫療」, 『韓國民間信仰硏究』, 集文堂 ; 최종성, 2002, 「무속의 治病과 王都의 신성화」, 『조선조 무속 國行儀禮 연구』, 일지사 ; 김경미, 1999, 「韓國 巫俗에 내재된 치병효과에 관한 연구」, 『한국미래춤학회 연구논문집』 5집). 믿음에 기초하여 치유하려는 행위는 단순히 巫俗이라 일컫는 민간신앙에만 한정되는 것은 아니다. 佛敎나 儒敎와 같은 종교에서도 각종 道場이나 厲祭 같은 儀禮에서 동일한 양상을 보인다. 한의학 내에서도 절대자를 상정한 치료법이 존재하였다. 더 나아가 요즘으로 치면 僞藥效果에 해당하겠지만, 치료 약재·치료법 자체에 대한 믿음을 근간으로 삼는 象感治癒도 적지 않다. 민간신앙, 종교, 한의학에 걸친 이들 치유방식은 질병의 원인 및 치유의 근거를 외부에 돌리면서도 완쾌 가능성을 환자 스스로 내면화하는 데 공통점이 있다. 질병의 원인과 치유 가능성을 관통하는 핵심적인 요소는 개개인의 '믿음'이다. 요컨대 질병 원인, 치료대상, 치료법 등을 막론하고 전근대 의료체계에서 믿음을 주된 치유수단으로 활용하는 일체의 방식들을 '信心醫療'로 개념화할 수 있다고 생각한다. 고려라고 해서 信心에 의지하려는 경향이 갑자기 달라지지는 않았다. 질병에 걸렸을 때 흔히 거행한 醮祭, 산川, 城隍祭祀는 모두 신심을 근간으로 삼는 치유방식이었다(金澈雄, 2001, 『高麗時代「雜祀」硏究-醮祭, 山川·城隍祭祀를 중심으로-』, 고려대학교 박사학위논문 참고).
32) 『三國遺事』 卷5, 感通7 金現感虎.
33) 『三國遺事』 卷5, 神呪6 密本摧邪.

에서 알 수 있듯이[34] 전염병에는 압승술(壓勝術)로 대응할 뿐 의료적인 치료가 모색되지 않는 실정이었다.

이처럼 고려 이전에는 전염병이 창궐하고 있었지만 단지 신심의료와 진휼에 그칠 따름이었다. 신라 중대는 일반 민들의 역사적 의미를 처음으로 포착하고 그것을 기반으로 성립된 사회였지만[35] 대민의료는 보이지 않는다. 대민의료가 미처 등장하지 않았던 이유로는 두 가지를 거론할 수 있다. 하나는 대민의료가 본격적으로 시행될 수 있는 물적 기반 즉 의료인 확보, 약재의 수급, 의술의 진전이 없었다. 다른 하나는 사회경제적인 측면에서 볼 때 녹읍제체제(祿邑制體制)에서는 국가가 일반 민들의 삶에 간여할 여지가 상대적으로 적었다. 고려 초까지도 토지제도는 녹읍제(祿邑制)와 식읍제(食邑制)를 근간으로 삼고 있었다.[36] 관료 일반에게는 녹읍(祿邑)을 지급하고 경순왕처럼 중요한 인물에게는 식읍(食邑)을 지급하는 방식이었다. 녹읍 지급은 편호에 대한 녹읍주의 직접적인 지배를 어느 정도 인정하고 있었다. 예를 들어 고려 태조 17년(934)에는

> 나라의 녹봉을 먹는 너희 공경장상(公卿將相)들은 백성들을 자식 같이 사랑하는 내 뜻을 잘 헤아려 자기 녹읍(祿邑)의 편호(編戶) 백성들을 마땅히 긍휼히 여겨라. 만일 녹읍에 파견된 무지한 가신(家臣)들이 취렴(聚斂)에만 힘써 함부로 긁어들인다면, 너희들인들 어찌 다 알겠는가.[37]

---

34) 『三國遺事』 卷2, 紀異2 處容郞望海寺.
35) 김영하, 2007, 『新羅中代社會研究』, 일지사, 193쪽.
36) 姜晉哲, 1980, 『高麗土地制度史研究』, 고려대학교출판부 ; 李景植, 1988, 「古代·中世의 食邑制의 構造와 展開」, 『손보기박사 정년기념 한국사학논총』, 지식산업사 ; 李景植, 2007, 「羅末麗初의 土地問題와 田柴科의 始定」, 『高麗前期의 田柴科』, 서울대학교출판부 ; 金容燮, 2000, 「土地制度의 史的 推移」, 『韓國中世農業史研究』, 지식산업사 참고.
37) 『高麗史』 卷2, 世家2, 태조 17년 5월. "宜爾公卿將相祿之人, 諒予愛民如子之意, 矜爾祿邑編戶之氓. 若以家臣無知之輩, 使于祿邑, 惟務聚斂, 恣爲割剝, 爾亦豈能知之."

라고 지적하였다. 관원들이 녹읍에서 직접 수취를 집행하고 있었던 것이다. 또한 태조 15년(932)에는 백성군(白城郡) 전체를 녹읍(祿邑)으로 하사한 사례가 남아 있다.[38] 녹읍제는 지배층이 전정(田丁)으로 편제된 일반 민들을 직접 지배하는 수취제도였으므로 국가에서는 대민의료에 큰 관심을 기울일 수가 없었다.

이상에서 살핀 바와 같이 신라 중·하대에는 출생률과 사망률이 모두 높았다. 가뭄, 흉년과 함께 전염병이 신라인의 삶을 항상 위협하였지만 국가의 대민의료는 없었으며 그저 진휼에 그쳤다. 삼국을 통일하기 이전의 신라 의직(醫職)으로는 진흥왕 29년(568) 「마운령비(磨雲嶺碑)」와 「황초령비(黃草嶺碑)」에 사훼부(沙喙部) 소속의 '독형(篤兄)', '독지차(篤支次)'가 약사(藥師)로 나타날 뿐이다.[39] 그런데 신라의 열악한 의료 환경 속에서도 중국 의학은 제한된 형태로나마 그 영향력의 강도를 높이고 있었다. 당의학의 영향은 신라의 의료제도에서 두드러진다.[40]

3) 당 의학의 유입

신라에서는 진평왕 43년(621)에 견당사(遣唐使)를 파견한 것을 필두로 중국 문물을 수입하기 위해 적극적인 노력을 펼쳤다.[41] 선덕여왕 9년(640) 이래 당에 유학생을 파견하는 한편[42] 당과의 사신 왕래를 통해서도 당의

---

38) 『高麗史』 卷92, 列傳5 龔直. "太祖十五年, 直與其子英舒來朝, 言曰, 臣在弊邑, 久聞風化. 雖無助天之力, 願竭爲臣之節. 太祖喜, 拜大相, 賜白城郡祿廐馬三匹彩帛."
39) 趙東元, 1998, 「新羅眞興王磨雲嶺巡狩碑」, 「新羅眞興王黃草嶺巡狩碑」, 『韓國金石文大系』 卷7, 원광대학교출판국, 200~201쪽.
40) 신라의 의료제도에 대해서는 다음 연구가 참고된다(三木榮, 1963, 『朝鮮醫學史及疾病史』, 自家 出版, 15~16쪽 ; 金斗鍾, 1966, 『韓國醫學史 全』, 探求堂, 105~107쪽 ; 孫弘烈, 1988, 『韓國中世의 醫療制度硏究』, 修書院, 55~58쪽).
41) 신라의 견당사에 대해서는 權悳永, 1997, 『古代韓中外交史-遣唐使硏究-』, 일조각, 20~43쪽 참고.
42) 『三國史記』 卷5, 新羅本紀5, 선덕왕 9년 5월 ; 『三國史記』 卷11, 新羅本紀11, 경문왕

선진적인 유교문화를 수용하였다. 역법(曆法), 유불도(儒佛道)의 경전(經典), 천문도(天文圖), 문선왕도(文宣王圖) 전래 같은 문화 수용과 이방부격(理方府格) 60여 조의 수정(修定), 유교적 의미가 강한 시호제(諡號制)나 치사제(致仕制)의 시행, 중국 중심의 국제질서에 부응하는 오묘제(五廟制) 시행 등이 그러하였다. 이에 덧붙여 국학(國學) 교육에서 충효일본론(忠孝一本論)을 강조하거나 관원 선발에서 유교 경전을 활용함으로써 부지불식간에 유교적 질서의 내면화를 유도하였다.[43]

효소왕 3년(694) 김인문(金仁問)이 사망하자 당에서는 태의서령(太醫署令)을 보내 영구(靈柩)를 운반하였다.[44] 당의 태의서령이 왕래하는데, 신라에서 당의 의료제도나 의술에 대해 무지할 수는 없었을 것이다. 중국 의학을 수용하려는 이 시기의 노력은 효소왕 원년(692) 의학교육기관인 '의학(醫學)'의 창설로 결실을 맺었다.

> 의학. 효소왕 원년에 처음으로 설치하여 학생들을 가르쳤다. 『본초경』, 『갑을경』, 『소문경』, 『침경』, 『맥경』, 『명당경』, 『난경』을 수업 분야로 삼았다. 박사가 2명이다.[45]

신라에서 의학(醫學)의 위상은 산학(算學)보다 낮았다. 산학은 국학(國學)에 포함되었을 뿐만 아니라, 박사 외에 조교가 배치되어 있는 것도 의학과 달랐다.[46] 그렇지만 의학이 설치된 것은 한국 의료가 중국 의학을 표준으

9년 7월.
43) 김영하, 2007, 「儒學의 수용과 지배윤리」, 『新羅中代社會硏究』, 일지사 참고.
44) 『三國史記』 卷44, 列傳4 金仁問.
45) 『三國史記』 卷39, 雜志8 職官中. "醫學. 孝昭王元年初置, 敎授學生. 以本草經・甲乙經・素問經・針經・脉經・明堂經・難經爲之業. 博士二人." 전후 관계가 명확하지는 않지만 성덕왕 16년(717)에는 의박사 1명을 배치한 기록이 있는데, 醫博士는 醫學博士를 가리키는 것으로 이해된다. 『三國史記』 卷8, 新羅本紀8, 성덕왕 16년 2월. "置醫博士・筭博士各一員."

로 삼을 것임을 천명한 것이었다. 신라에서 국학, 산학, 의학 등의 교육기관이 거의 동시에 설립된 것은 중국 의학 지식의 습득이 중국 문물 수용 과정의 일부였음을 잘 드러내고 있다.47) 신라와 당의 의학 교과목을 비교해 보면 당 의학의 영향력이 절대적이었음을 알 수 있다.48)

그리고 경덕왕대(742~765년)에는 예전의 약전(藥典)을 보명사(保命司)로 바꾸었는데, 보명사는 약전으로 다시 환원되었다. 약전에는 '공봉(供奉)' 직함을 덧붙인 공봉의사(供奉醫師)와 공봉복사(供奉卜師)가 근무하고 있었다.49) 경덕왕 17년(758)에는 의술을 연구한 의관을 선발하여 내공봉(內供奉)으로 충원하였다.50) 물론 공봉승사(供奉乘師)처럼 의관이 아닌 경우도 있으므로51) '공봉(供奉)'이란 표현 자체를 의직(醫職)으로 간주할 수는 없다. 원래 공봉은 당(唐)에서 황제를 모시는 주요 관원을 가리킨 데서 비롯하였으며, 측천무후(則天武后)는 어사(御史), 습유(拾遺), 보궐(補闕)에 내공봉(內供奉)을 추가로 배치하기도 하였다.52) 이 '공봉'이란 표현에서도 신라의 의료기구에 스며든 당의 영향을 느낄 수 있다.

당 의학의 영향이 의학교육이나 의료기구에만 그치는 것은 아니었다. 설인귀에 따르면 당에서는 태종무열왕에게 여러 차례 좋은 약을 하사하였으며,53) 애장왕 4년(803)에 신라에서는 당에 『정원광리방(貞元廣利方)』을

---

46) 『三國史記』卷38, 雜志7 職官上 國學.
47) 일본에서도 推古天皇 16년(608) 唐에 유학생 8명을 보냈다(『日本書紀』卷22, 推古天皇). 당시 일본의 의료제도와 의학교육 역시 당을 모방하여 大寶律令·醫疾令을 제정하였고 『素問』, 『黃帝鍼經』 등의 의서를 공부하였다(김기욱 외, 2006, 『강좌 중국의학사』, 대성의학사, 146쪽).
48) '<표 4-8> 고려와 외국의 의업 교과목 일람표' 참고.
49) 『三國史記』卷39, 雜志8 職官中. "藥典. 景德王改爲保命司, 後復故. 舍知二人, 史六人, 從舍知二人, 供奉醫師無定數, 供奉卜師無定數."
50) 『三國史記』卷9, 新羅本紀9, 경덕왕 17년 4월. "選醫官精究者, 充內供奉."
51) 『三國史記』卷39, 雜志8 職官中.
52) 呂宗力 主編, 1994, 『中國歷代官制大辭典』, 北京出版社, '供奉' 항목.
53) 『三國史記』卷7, 新羅本紀 7, 문무왕 11년 7월.

II. 고려시대 의료제도의 배경 53

요청하기도 하였다.[54] 신라 중·하대에는 당재(唐材)가 수입되면서 당 의학 지식에 대한 욕구도 커졌던 것이다.

그렇다면 중국 문물과 중국 의학에 대한 신라인들의 인식은 어떠하였을까? 중국 문물을 지고지선(至高至善)한 진리(眞理)로 간주하면서 중국과 신라의 약재 교류에도 열성이었던 사람이 바로 최치원(崔致遠)이다. 최치원은 「진감선사비(眞鑒禪師碑)」에서 유교와 불교는 저버릴 수 없는 도(道)라고 썼다.

'무릇 도(道)는 사람에게서 멀리 있지 않으며 사람에게는 나라별 차이가 없다.' 유불사상(儒佛思想)을 '보편적인 사상'으로 이해한 최치원의 쌍계사(雙谿寺) 진감선사비(眞鑒禪師碑). ⓒ조동원

무릇 도(道)는 사람에게서 멀리 있지 않으며 사람에게는 나라별 차이가 없다. 이런 까닭에 우리 동방인들이 불교(佛敎)를 배우고 유교(儒敎)를 배우는 것은 필연이다. 서쪽으로 대양을 건너 통역을 거듭하여 학문을 좇았고, 목숨은 통나무배에 의지하고 마음은 보배의 고장으로 향하였다.……이를 버리고 어디 가서 얻을 것인가.[55]

---

54) 劉禹錫, 『劉賓客文集』 卷17, 狀. "爲淮南杜相公論新羅請廣利方狀. 淮南節度觀察處置等使, 敕賜貞元廣利方五卷." 이현숙, 2000, 「신라 애장왕대 唐 의학서 『廣利方』의 도입과 그 의의(1)」, 『東洋古典硏究』 13집 ; 이현숙, 2000, 「신라 애장왕대 唐 의학서 『廣利方』의 도입과 그 의의(2)」, 『東洋古典硏究』 14집 참고.

신라 승려나 학자들이 중국으로 유학을 떠난 이유는 도(道)가 중국에 있기 때문이라고 최치원은 인식하였다. 그는 불교에서도 문자를 사용할 수밖에 없고 유교에서도 무언의 진리를 추구한다는 논리로 유교와 불교의 지향이 같다는 점을 강조하면서 누구나 그 도를 배울 수 있다고 믿었다. 최치원은 유불(儒佛)을 중국의 사상이 아니라 우주의 '보편적인 사상'으로 여긴 것이다. "이를 버리고 어디 가서 얻을 것인가"라는 표현에서 이를 잘 알 수 있다. 중국 문물은 그에게 지식이 아닌 진리로 수용되었다.

유불을 막론하고 중국의 철학 사상을 우월한 것으로 여기는 풍조는 최치원보다 훨씬 이전부터 나타나고 있었다. 법흥왕은 정신적으로 신라를 통일할 수 있는 사상으로 불교를 거론하면서, 민간신앙보다 차원이 높은 사상이라고 판단하고 있었다.56) 불교가 새로운 데다 강력한 사상이어서 이전의 민간신앙을 압도할 수 있었다고 간주하는 것은 각훈(覺訓)의 『해동고승전(海東高僧傳)』에서도 마찬가지였다. 백제에 불교를 전파한 마라난타의 행적에 관해 서술한 다음 불교를 진선(盡善)한 진리(眞理)라고 설명하고 있다.

> 세상의 유민(流民)들은 거스르는 성질이 아주 많아 임금의 명령에 복종하지 않는 일도 있고, 국가의 법령에 따르지 않는 일도 있다. 그러나 일단 듣지 못했던 일을 듣고, 보지 못했던 일을 보게 되면, 지금까지의 잘못을 모두 고쳐 선(善)으로 옮겨가고 진(眞)을 닦아 내면으로 향하니, 이것은 기의(機宜)를 따른 덕분이다.57)

---

55) 趙東元, 1985, 「雙谿寺眞鑒禪師大空塔碑」, 『韓國金石文大系』 卷4, 원광대학교출판국, 40쪽. "夫道不遠人, 人無異國. 是以東人之子爲釋爲儒必也. 西浮大洋, 重譯從學, 命寄刳木, 心懸寶洲.……捨此奚適而得."
56) 趙東元, 1983, 「栢栗寺石幢記」, 『韓國金石文大系』 卷3, 원광대학교출판국, 42쪽.
57) 『海東高僧傳』 卷1(동국대학교 부설 동국역경원, 2001, 『海東高僧傳 外』, 동국역경원, 43쪽). "世之流民, 性多�戾, 王命有所不從, 國令有所不順. 一旦聞所未聞, 見所未見, 卽皆革面遷善, 修眞面內, 以順機宜故也."

중국의 사상에 몰입하는 태도로 보아 최치원은 의학에서도 당 의학을 진리로 받아들였을 가능성이 높다. 실제로 최치원은 석 달 치 급료를 가불해서라도 당의 약재(藥材)를 사서 신라의 가족에게 보내려고 하였다.[58] 당에 머무는 동안 최치원은 태위인 고변(高駢)에게 신라의 해동인형삼(海東人形蔘), 인삼(人蔘), 천마(天麻) 등을 선물하기도 하였다.[59] 최치원의 약재에 대한 지식과 활용은 그가 생활하면서 친숙해진 당 의학을 기반으로 하였을 것이며, 그는 중국 의학이 신라의 고유의학보다 우수하다고 인식하였을 것이다.

약재 교류를 비롯한 의술 습득과 의학교육기관의 정비에 상응하여 중국 의학은 서서히 신라에서 뿌리를 내리게 되었다. 문무왕 8년(668)에 김유신은 '풍병(風病)'에 걸렸다고 하며,[60] 헌덕왕 14년(822)에는 충공 각간이 아프자 국의(國醫)가 "병이 심장에 있으니 용치탕(龍齒湯)을 복용하라"고 처방하였다.[61] 하지만 중국 의학에 기반한 치료는 김유신 등 지배층 일부에 한정된 현상이었다. 삼국시대에 중국 의학을 수용할 수 있는 사람들이 한문 해독 능력을 지닌 지식인층이나 소수의 귀족층일 수밖에 없다는 점은 분명하다. 아직은 귀족이나 고승을 치료하기 위해 의관이 임시 파견되거나 약재가 하사되는 상태에 불과했다.[62]

---

58) 崔致遠, 『桂苑筆耕集』 卷18, 書狀啓 謝探請料錢狀(고운선생문집편찬회, 『孤雲先生文集』 上, 1972). "今有本國使船過海. 某欲買茶藥. 寄附家信. 伏緣蹄洿易渴. 溝壑難盈. 不避嚴誅. 更陳窮懇. 伏惟太尉念以依門館次三千客. 別庭闌已十八年. 既免行傭. 有希反哺. 特賜探給三箇月料錢."

59) 崔致遠, 『桂苑筆耕集』 卷18, 書狀啓 獻生日物狀(고운선생문집편찬회, 『孤雲先生文集』 上, 1972). "物狀, 海東人形蔘一軀・銀裝龜子盛海東實心琴一張……人蔘三斤・天麻一斤."

60) 『三國史記』 卷6, 新羅本紀6, 문무왕 8년 6월.

61) 『三國史記』 卷45, 列傳5 祿眞. "時忠恭角干爲上大等, 坐政事堂, 注擬內外官, 退公感疾. 召國醫, 診脉, 曰, 病在心臟, 須服龍齒湯."

62) 趙東元, 1983, 「鳳巖寺智證大師寂照塔碑」, 『韓國金石文大系』 卷3, 원광대학교출판국, 46쪽 ; 趙東元, 2000, 「聖住寺朗慧和尙白月葆光塔碑」, 『增補 韓國金石文大系』

2. 삼국의 의술과 고대 동아시아의료

1) 삼국의 의서에 나타난 의술

현존하는 한국 최고(最古)의 의서는 고려 고종대 무렵 출간된 『향약구급방(鄕藥救急方)』이다. 물론 그 이전에도 의서가 없던 것은 아니었다. 고려 이전의 의서 가운데 그 흔적을 찾을 수 있는 것은 『고려노사방(高麗老師方)』, 『백제신집방(百濟新集方)』, 『신라법사방(新羅法師方)』, 『신라법사유관비밀요술방(新羅法師流觀秘密要術方)』, 『신라법사비밀방(新羅法師秘密方)』 등이다. 책 이름에서 짐작되듯이 삼국 모두 방서(方書)를 가지고 있었다. 이 의서들의 처방은 중국과 일본 의서에 단편적으로 인용된 채 전해지고 있다. 따라서 이 의서들에 담긴 처방의 정확한 연대는 분명하지 않다. 『고려노사방』은 의학에 정통한 노대가(老大家)가 지은 것으로 『외대비요』가 완성된 752년(경덕왕 11년) 이전에 나왔고 『백제신집방』은 553년(백제 성왕 31년) 전후에 간행되었으며, 『신라법사방』은 신라의 법사(法師) 즉 승의(僧醫)가 7~8세기에 지었다고 추측할 뿐이다.[63]

일본의 『대동유취방(大同類聚方)』에는 신라의 진명방(鎭明方)이 수록되어 있다. 『대동유취방』은 808년에 이즈모노 히로사다(出雲廣貞)와 아베 마나오(安部眞直) 등이 제국(諸國)의 신사(神社) 및 민간에 전해오는 약방(藥方)을 모아 100권으로 편찬하였다. 기존 연구에서는 『대동유취방』에 신라 7조, 백제 4조, 고구려 및 가야 각 1조가 들어있다고 소개하였는데,[64]

卷2, 원광대학교출판국, 34쪽 ; 趙東元, 1979, 「寶林寺普照禪師彰聖塔碑」, 『增補 韓國金石文大系』 卷1, 원광대학교출판국, 18쪽.

63) 申舜植 외, 1996, 『歷代 韓醫學文獻의 考證』 I, 한국한의학연구소, 32~36쪽. 한편 발해의 의료제도와 의학수준을 살필 수 있는 기록은 아주 성글다. 발해의 의료기구와 약재에 대해서는 다음 연구가 참고된다(李正錄, 2007, 『渤海醫學에 對한 硏究』, 경희대학교 석사학위논문).

64) 三木榮, 1963, 『朝鮮醫學史及疾病史』, 自家 出版, 23쪽 ; 孫弘烈, 1988, 『韓國中世의 醫療制度硏究』, 修書院, 71쪽.

진명방을 신라식 약물(藥物)의 처방으로 인정하는 경우도 있다.65) 하지만 『대동유취방』에 대한 연구에 따르면 원본은 망실되었으며, 현존하는 몇 개 판본은 착오가 있는 데다 후대에 가탁(假託)한 것이 많아서 학문적 가치는 아주 낮다고 한다.66) 현존본은 모두 위본(僞本)이므로, 당시 한반도 약방(藥方)이 일본에 유포되었다는 것을 인정하는 정도에 그친다는 설명이다. 이제 『고려노사방』을 비롯한 삼국의 의서를 살펴보도록 하겠다.

『고려노사방』의 처방은 『외대비요』에 인용되어 있다. 독기(毒氣)가 심장을 공격하면 오수유(吳茱萸)와 모과(木瓜)를 달여 복용하라는 내용이다.67) 『고려노사방』에 수록된 수유탕(茱萸湯)은 652년 편찬된 『천금방』이나 659년 반포된 『신수본초』의 저자인 소공(蘇恭, 蘇敬)의 처방과 흡사하다고 한다. 『고려노사방』의 저술시기가 명확하지 않으므로 『고려노사방』과 중국 의서 사이의 선후는 따질 수 없다. 하지만 고구려에서는 오수유와 모과를 약재로 활용하였으며, 수유탕이 고구려와 당에서 모두 공유하던 처방임은 알 수 있다.

『백제신집방』의 처방은 일본 의서인 『의심방』 두 군데와 『의략초』 한 군데서 보인다.68) 폐옹(肺癰)에는 황기(黃耆)를 달여 먹고, 정종(丁腫)으로 심장이 아플 때는 국화즙을 복용하라는 처방이다.69) 이 처방에서 눈길

---

65) 李賢淑, 2002, 『新羅醫學史硏究』, 이화여자대학교 박사학위논문, 20쪽.
66) 金斗鍾, 1979, 『東西醫學史大綱』, 探求堂, 276쪽 ; 富士川游, 朴炅·李相權 共譯, 2006, 『日本醫學史』, 法仁文化社, 99~103쪽 ; 三木榮, 1963, 『朝鮮醫學史及疾病史』, 自家出版, 23쪽.
67) 王燾, 『外臺秘要方』(四庫全書本) 卷18, 脚氣衝心煩悶方 二十二首. "又若毒氣攻心手足脉絶, 此亦難濟, 不得已作此湯, 十愈七八方[千金云, 治脚氣入腹因悶, 欲死腹脹茱萸湯方]. 吳茱萸[六升]·木瓜[二枚切]. 右二味, 以水一斗三升, 煮取三升, 分三服, 或以吐汗便活. 蘇恭云, 服得活甚易, 但鑽擊[一作急], 少時熱悶耳. 此方是爲起死, 是高麗老師方與徐王方相似, 故應神妙. 備急千金, 蘇徐同方云, 無木瓜, 可取吳茱萸一色, 煮服. 又方, 加靑木香[三兩]·犀角[二兩屑]. 亦云, 此湯, 起死人."
68) 申舜植 외, 1996, 『歷代 韓醫學文獻의 考證』I, 한국한의학연구소, 7~9쪽 참고.
69) 『醫心方』卷15, 治肺癰方 第13. "百濟新集方. 治肺癰. 黃耆一兩, 以水三升, 煮取一

을 끄는 것은 폐옹 치료방이 『갈씨방(葛氏方)』에서도 동일하다는 설명이다. 김두종은 『갈씨방』을 진(晉) 갈홍(葛洪)이 쓴 『갈씨주후방(葛氏肘後方)』의 약칭이라고 추측하였다. 나아가 폐옹 치료에 등장하는 황기가 이미 『신농본초경』에서 옹종달창(癰腫疸瘡)에 쓰이고 있다는 점으로 보아 『백제신집방』은 한토의약(漢土醫藥)의 영향을 틀림없이 받았다고 주장한다.70) 원래 백제의 약품(藥品)은 중국의 그것과 비슷한 데다 백제인들은 중국의 음양오행(陰陽五行)을 이해하고 의약(醫藥)도 알고 있다고 평가받을 정도였다.71) 이렇게 본다면 백제에서 사용한 황기나 국화 따위는 중국 의학의 수입을 반영하는 약재들이다. 백제의 사례를 미루어 고구려나 신라 역시 중국 의학을 어느 정도 수용하고 있었으리라 짐작된다.

'적취(積聚)에는 껍질 벗긴 속수자(續隨子)를 술과 섞어 나이에 맞게 복용하라.' 『의심방(醫心方)』에 인용된 『신라법사방(新羅法師方)』의 처방.

신라 의서로는 『신라법사방』, 『신라법사유관비밀요술방』, 『신라법사비밀방』이 전해지는데 모두 『의심방』에 인용되어 있다.72) 약을 복용할

升, 分二服[葛氏方 同之]"; 『醫心方』 卷16, 治丁創方 第1. "百濟新集方. 治丁腫毒氣已入心欲困死方. 取菊葉合莖, 搗絞取汁三升, 頓服之"; 『醫略抄』 治丁創方 2. "百濟新集方云, 取菊葉合莖, 搗絞取汁三升, 頓服之."

70) 金斗鍾, 1966, 『韓國醫學史 全』, 探求堂, 48~49쪽.
71) 『周書』 卷49, 列傳41 異域上 百濟. "又解陰陽五行, 用宋元嘉曆, 以建寅月爲歲首, 亦解醫藥卜筮占相之術."

때는 약사여래 등에게 기원하는 복약송(服藥頌)을 외우고, 적취(積聚)에는 속수자(續隨子)를 술과 섞어 복용하며, 남성이 성기(性器)를 키우거나 정력을 강화하는 데는 노봉방(露蜂房)을 태워 재를 마시거나 성기에 바르라는 처방이다.73)

『신라법사방』에 약사여래(藥師如來)에게 기원하는 복약송이 수록되어 있다는 점은 이 책이 불교 의학의 세례를 받은 이후에 만들어졌음을 의미한다. 신라에서 진흥왕대 이차돈의 순교를 계기로 불교 유입이 가속화된 점을 고려하면 6세기 이후에 해당될 것이다. 그리고 처방에 등장하는 약재인 속수자와 노봉방은 모두 쉽게 구할 수 있는 토산약재들이다. 속수자는 '일명(一名) 내동화(耐冬花)'라고 설명을 덧붙였다. 요즘은 속수자가 천금자(千金子)의 이명(異名)이지만,74) 『신라법사방』이 정리될 당시에는

---

72) 申舜植 외, 1996, 『歷代 韓醫學文獻의 考證』 I, 한국한의학연구소, 9~32쪽 참고.
73) 『醫心方』 卷2, 針灸服藥吉凶日 第7. "服藥頌. 新羅法師方云, 凡服藥, 呪曰, 南无東方藥師瑠琉光佛, 藥王·藥上菩薩, 耆婆醫王, 雪山童子, 惠施阿竭, 以療病者, 邪氣消除, 善神扶助[補處], 五藏平和, 六府調順, 七十万脉, 自然通張, 四體强健, 壽命延長, 行住坐臥, 諸天衛護, 莎訶[向東誦一遍, 乃服藥]"; 『醫心方』 卷10, 治積聚方 第1. "新羅法師方, 續隨子[一名 耐冬花], 去上皮, 以酒一合, 和而服之二七粒, 量人老少用之"; 『醫心方』 卷28, 用藥石 第26. "新羅法師流觀秘密要術方云, 大唐國滄州景城縣法林寺法師惠忠傳曰, 法藏驗記曰, 如來爲利衆, 儲此方, 衆生不覺不願, 是以无周知, 龍樹馬鳴難說佛敎之日, 纔悟此藥, 卽傳沙門, 沙門恧不傳, 因无有世間利王. 王西天竺國之時, 東婆臺人名阿蘇, 高尺有二寸, 乘風飛來, 獻十二大願三秀秘蜜要術方, 王龔視儲旨, 藥師如來敎喩儲也. 王好時治術, 乃得驗歷數之, 外更承糞運, 封十六大國, 御百万妃, 妃各爲芳飾, 悅一適勝, 莫兩心奸, 魏魏乎德, 蕩蕩乎仁, 千金莫傳. 新羅法師秘密方云, 八月中旬, 取露蜂房, 置平物, 迫一宿, 宿後取內生絹袋, 懸竿陰干十旬限, 後爲妙藥. 夫望覆合時, 割取錢六枚許, 內淸塡瓮, 煎過黑灰成白灰, 卽半分內溫酒呑, 半分內溫酒呑, 半分內手, 以唾和, 塗髁自本迄末, 塗了俄乾, 乾了覆合任心, 服累四旬, 漸肥, 驗, 終十旬調體了, 迄終身, 无損有益, 福德万倍, 氣力七倍, 所求皆得, 无病長命, 盛夏招冷, 隆冬追溫, 防邪氣, 不遭殃, 所謂增益之積. 髁縱廣各百八十銖, 强如鐵鎚, 長大三寸, 屎自成香縮之器, 男女神靜心敏, 耳聰目明, 口鼻氣香. 若求强者, 內溫酒常呑. 求長者, 塗末. 求大者, 塗周. 服中禁忌[大哀·大悅·大驚·大怨·大坂·汗本·洪流·危高·五辛·薰冷·生菜·醉酒]. 今案, 旣有强陰之方, 豫可儲委頓之術."
74) 동양의학대사전편찬위원회, 1999, 『東洋醫學大事典』, 경희대학교출판국, '속수자', '천금자' 항목.

속수자를 '내동화'라고 불렀다는 뜻이다. 내동은 낙석등(絡石藤), 즉 요즘의 마삭줄로서 흰색 꽃이 피며 한국의 남쪽 섬에서 자란다.75) 그리고 말벌집을 지칭하는 노봉방은 『신농본초경소(神農本草經疏)』에도 소개되어 있는데 경간(驚癎)에서 독종(毒腫)에 이르는 다양한 치료효과에도 불구하고,76) 정력 강화 효능은 전혀 설명이 없다. 따라서 노봉방 처방은 신라 고유의 처방으로 판단된다.

그런데 신라의 의술에 대해서는 고려 의서인 『향약구급방』과 중국 의서들에 기록 한 조각이 더 남아 있다. 중풍(中風)으로 인한 족병(足病)을 치료하는 위령선(威靈仙, 으아리)은 신라 고유의 약재인데, 위령선 처방이 중국에 전해졌던 것이다.

중풍으로 대변이 나오지 않는 증상에는 위령선(威靈仙)[향명 구미초(狗尾草), 일명 능소(能消)]을 곱게 갈아 꿀을 넣고 졸여 벽오동씨만한 환(丸)을 만들고 이른 새벽에 따뜻한 술로 60알을 복용한다. 다리가 무거워 걸을 수 없는 증상도 치료한다. 당(唐) 상주(商州)에서 어떤 사람이 다리가 무거워 걸을 수 없는 병을 십년동안 앓으면서 길가에 앉아서 낫기를 구하고 있었다. 지나가던 신라의 한 스님이 보고 "이 병은 약재 하나면 나을 수 있는데, 이 땅에 있는지 없는지 알 수가 없다"라고 말하고, 곧장 산에 들어가서 구했는데 약재를 구하고 보니 바로 위령선이었다. 약을 복용시키자 며칠 만에 걸을 수 있게 되었다[차나 밀가루 음식을 금해야 한다].77)

---

75) 동양의학대사전편찬위원회, 1999, 『東洋醫學大事典』, 경희대학교출판국, '내동', '낙석등' 항목.

76) 繆希雍, 『神農本草經疏』(四庫全書本) 卷21, 蟲魚部 中品. "露蜂房. 味苦鹹平, 有毒, 主驚癇・瘈瘲・寒熱・邪氣・癲疾・鬼精・蠱毒・腸痔・火熬之良. 又療蜂毒・毒腫."

77) 『鄕藥救急方』 下卷, 中風. "理中風大便秘澁, 威靈仙[鄕名狗尾草, 一名能消], 右細篩末, 煉蜜丸如桐[子大, 曉], 頭溫酒下六十丸. 兼理脚重不能行步. 唐商州有人, 患重足不能履地, 經十年, 置之道傍以求救. 過一新羅僧見之曰, 此疾一藥可療, 但不知此土有否. 因爲入山, 求索, 果得, 乃威靈仙也. 使服之, 數日能步履[忌茶執麵]."

신라 승려가 중국 상주에서 위령선(으아리)으로 중국인의 족병(足病)을 치료한 이 이야기는 『주후비급방(肘後備急方)』과 『증류본초(證類本草)』에도 실려 있다.[78] 『주후비급방』은 진대(晉代) 갈홍(葛洪)의 저작이지만, 현존본은 양(梁) 도홍경(陶弘景)과 금(金) 양용도(楊用道)가 차례로 증보한 것이므로 어느 단계에서 이 이야기가 채용되었는지는 명확하지 않다. 『주후비급방』과 『증류본초』의 내용을 검토하면서 인용문과 비교해 보면, 이 이야기는 당(唐) 정원(貞元) 연간(785~805년)에 주군소(周君巢)가 쓴 「위령선전(威靈仙傳)」과 『해상방(海上方)』에 등장한 이래 『주후비급방』과 『증류본초』에 각각 수록되었으며, 『향약구급방』에서는 『증류본초』를 인용한 것으로 판단된다.

이렇게 삼국 의서의 처방을 살펴보면 고구려의 수유탕은 당에서도 공유하던 처방이며, 백제에서 사용한 황기의 효능은 이미 『신농본초경』에서 제시되었다. 특히 백제의 경우에 고유의학의 존재는 논외로 치더라도, 처방 약재로 미루어 중국 의학의 영향을 크게 받은 것은 분명하다. 하지만 신라의 속수자·노봉방이 주변에서 구할 수 있는 약재들이라는 데서 보듯이 삼국의 약재에는 토산이 상당수 있었다. 신라 토산인 인삼이 삼국시대부터 동아시아 최고의 품질로 호평 받았다는 점은 널리 알려진 사실이다.[79] 또한 신라 위령선(으아리)의 약성을 이용한 치료법이 중국에 전해졌다가, 중국 의서인 『증류본초』에 수록된 후 다시 고려 의서인 『향약구급방』에 수록되기도 하였다. 신라의 고유 치료술이 중국 의학에 수용되었다가 역으로 고려 의학에 영향을 미쳤던 것이다.

---

78) 葛洪, 『肘後備急方』(四庫全書本) 卷8, 治百病備急丸散膏諸要方 第69 ; 『證類本草』(四庫全書本) 卷11, 草部下品之下 總一百五種.

79) 양정필·여인석, 2004, 「삼국-신라통일기 인삼 생산과 대외교역」, 『醫史學』 13권 2호 참고.

2) 고대 동아시아의료의 구조

고대 동아시아에서는 각 지역의 의료가 독자성을 유지하면서 영향을 주고받았다. 지리적인 단절 외에도 정치군사적 사회문화적인 격리를 내포하는 현재의 국가와는 조건이 달랐기 때문이다. 미처 공통분모를 형성하기 이전의 고대 동아시아에서는 지역별로 개별 의학만이 있었을 뿐이다. 자연발생적인 의료체계 및 의학 지식의 존재는 중국 의학의 고전인 『황제내경소문』에 수록된 석침술(石鍼術)에서 쉽게 발견할 수 있다.

> 동방(東方) 지역은 하늘과 땅이 비로소 생기는 곳이다. 생선과 소금이 나는 곳으로 바다를 끼고 있다. 백성들은 생선을 먹고 짠 음식을 즐기는데 모두 자신의 거처를 편안하게 여기며 그 음식을 좋아한다. 생선은 사람을 뜨겁게 만들고 소금은 피를 억누른다. 따라서 그 백성들은 모두 검고 피부가 성글며, 질병으로는 악창 종기를 잘 앓아서 폄석(砭石) 치료가 적당하다. 그러므로 폄석은 동방에서 온 것이다.[80]

중국을 기준으로 동쪽 지역에서는 옹양(癰瘍) 즉 악창과 종기가 많았는데 폄석이 치료에 적합했으며, 이 석침술이 중국으로 유입되었다. 폄석을 활용한 외과적 치료법과 경맥공혈(經脈孔穴)의 보사술(補瀉術)이 병행되었으리라 추측되는데, 바로 석촉(石鏃), 석침(石針), 골침(骨針) 등의 출토 유물은 고대의 폄석술과 연관되는 것으로 이해된다.[81] 원래 중국 의학과는 갈래가 달랐던 동방의 석침술이 점차 중국에 수용되면서 중국 의학의 일부를 구성하게 되었다.

중국 대륙으로 한정하더라도 북방(北方)과 남방(南方)은 풍토에 따른

---

80) 『黃帝內經素問』 第12, 異法方宜論. "東方之域, 天地之所始生也. 魚鹽之地, 海濱傍水. 其民食魚而嗜鹹, 皆安其處, 美其食. 魚者使人熱中, 鹽者勝血. 故其民皆黑色疎理, 其病皆爲癰瘍, 其治宜砭石. 故砭石者, 亦從東方來."
81) 金斗鍾, 1966, 『韓國醫學史 全』, 探求堂, 27쪽 참고.

의술의 차이가 분명하였다. 북방 지역은 하늘과 땅이 닫히고 감추는 곳으로 기후가 추웠다. 사람들은 들에 있는 것과 젖으로 만든 음식을 좋아하므로 장이 차가워져 속이 그득한 병이 생기는데, 치료법으로 뜸이 적당하다는 생각이었다.82) 이처럼 한랭한 환경에서 생활하는 북방에서는 불의 온기를 이용하는 구법(灸法)이 생겼는데, 이 원시적인 열울법(熱熨法)이 중국 의학의 주요 치료법으로 발전하였던 것이다.83) 석침술이나 구법 등의 고대 치료술이 중국문화에 포섭되어 이론화에 성공하면서 중국 의학 즉 한의학(漢醫學)은 동아시아의료라는 대표성을 띠게 되었다. 특히 당·송을 거치며 중국 의학이 보다 정교한 의학이론과 임상체계를 구축하자 중국 의학은 동아시아에서 전범(典範)으로 확고하게 자리잡았다. 보편적인 동아시아의료가 '한의학(漢醫學)'이라는 외피를 입게 된 것이다.

동아시아의료는 전근대 동아시아체제의 일부였다. 여러 연구자들이 논의한 바와 같이 문명권이나 문화권에 해당하는 동아시아체제는 크게 보아 중국의 발전된 과학기술을 물적인 토대로 하고 중화민족의 우월성을 주장하는 중화사상(中華思想)을 이념적 근간으로 삼았다.84) 즉 무력에 기반하여 인접국을 압도하되 화이사상(華夷思想)을 통해 중화의 우위를 분장(扮裝)하는 중국 중심의 천하체제라고 할 수 있다.

언어(言語)와 사상(思想)은 전근대 동아시아체제를 독자적 문화권으로 성립시키고 유지하는 핵심 요소였다. 흔히 '한자문화권(漢字文化圈)'이나 '유교문화권(儒敎文化圈)'이라고 표현하기도 하고,85) '공동문어(共同文語, 漢文)'와 '보편종교(普遍宗敎, 儒佛敎)'로 일컬어지기도 한다.86) 특히 조동

---

82) 『黃帝內經素問』 第12, 異法方宜論. "北方者, 天地所閉藏之域也. 其地高陵居, 風寒冰冽, 其民樂野處而乳食, 藏寒生滿病, 其治宜灸焫. 故灸焫者, 亦從北方來."
83) 홍원식·윤창열 편저, 2001, 『증보 중국의학사』, 一中社, 13쪽.
84) 김용섭, 2008, 『東아시아 역사 속의 한국문명의 전환』, 지식산업사, 33~35쪽.
85) 金翰奎, 1999, 『한중관계사』 I, 아르케, 32쪽.
86) 조동일, 2005, 『제4판 한국문학통사』 1권, 지식산업사, 115쪽.

일은 '한문문명권'이란 개념을 사용하여 중세의 성립을 설명한다. 그에 따르면, 한문문명권은 각 민족 문화의 발전을 저해하지 않고 오히려 촉진했다. 문명권 중심부인 당(唐) 장안(長安)을 왕래한 여러 민족 많은 나라의 지식인들이 문명 창조의 기존 성과를 나누어 가지고 자기네가 가진 것을 보태주어 융합이 더 큰 규모로 이루어지게 했다는 것이다.87) 이렇게 본다면 중국과 인접국과의 관계는 일방적인 관계가 아니라 보완적인 관계이며, 각국은 서로 영향을 주고받는 방식을 통해 고유 문화를 발전시키고 나아가 동아시아 문명권을 성립시켰다.

의료에서도 마찬가지였다. 중국 의서에는 고구려, 백제, 신라의 약재가 적지 않게 기록되어 있다. 한국에서 건너간 약재로서 도홍경(陶弘景)의 『본초경집주(本草經集注)』에는 오미자(五味子)・곤포(昆布)・무이(蕪荑)가, 당대(唐代)의 『신수본초(新修本草)』와 『해약본초(海藥本草)』에는 백부자(白附子)・현호색(玄胡索) 등이, 이외의 방서(方書)들에는 신라인들이 사용했던 백부자(白附子), 신라삼(新羅蔘) 등이 수록되어 있다.88)

신라 목간(木簡) 자료 가운데도 약재 기록이 일부 남아 있다. 경주 안압지에서 출토된 목간들은 8세기 유물로 판단되는데, 대황(大黃)・황련(黃連)・조각(皂角)・청대(靑黛)・승마(升麻)・감초(甘草)・호동률(胡同律)・박소(朴消)・청목향(靑木香)・지자(支子)・남정(藍淀) 등이 보인다.89) 이 약재들은 신라에서 사용된 것이 확실한데, 일본 정창원(正倉院) 소장의 약재들과 일부 일치하고 기재방식도 유사한 것으로 미루어 두 나라의 의약이 직접

---

87) 조동일, 2005, 『제4판 한국문학통사』 1권, 지식산업사, 242쪽. 반면 김용섭은 동아시아 천자체제의 수직적 상하관계를 강조한다. 중세의 사회질서는 국내질서와 국제질서를 막론하고 상하관계로 편제 운영된다는 것이다(김용섭, 2008, 『東아시아 역사 속의 한국문명의 전환』, 지식산업사, 199쪽).
88) 김기욱 외, 2006, 『강좌 중국의학사』, 대성의학사, 145쪽.
89) 國立昌原文化財硏究所, 2004, 『韓國의 古代木簡』, 慶州 雁鴨池 出土 木簡 198호, 238~239쪽.

관련이 있음을 보여준다.90)

신라에서 외국으로 유출된 약재들을 조금 더 살펴보면, 당에는 인삼·우황·두발 등을 계속 진상하고 일본에는 인삼 등을 수출하였다. 동아시아 삼국의 기록에 보이는 약재를 정리한 것이 '<부록 1> 신라의 교역약재 일람표'이다. 당시의 교역품 기록이므로 모두 신라의 토산약재는 아니지만 다음과 같은 약재들이 사용되었다.

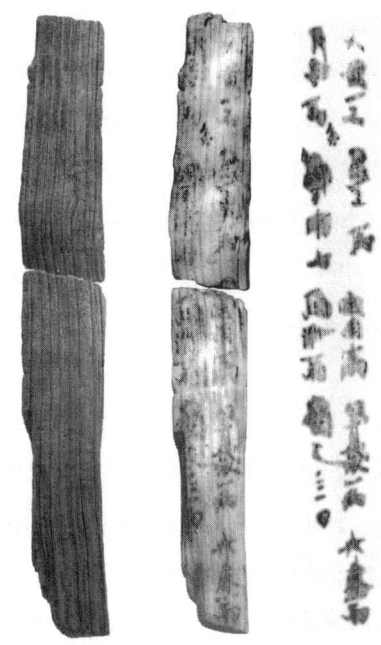

대황(大黃)과 황련(黃連) 등 신라의 약재들이 기록된 목간(木簡). 경주 안압지에서 출토된 8세기 유물들로서 일본과의 의료 교류를 보여주는 단서이다.

감초(甘草), 계심(桂心), 구지(口脂), 남정(藍淀), 대황(大黃), 두발(頭髮), 목환자(木槵子), 밀즙(密汁), 박소(朴消), 사삼(糸參), 사향(麝香), 소방(蘇芳), 승마(升麻), 신라양지(新羅羊脂), 아리륵(阿梨勒), 알밀(䗱蜜), 우황(牛黃), 원지(遠志), 육종용(肉縱容), 인삼(人蔘), 자근(紫根), 정향(丁香), 조각(皂角), 주사(朱沙), 지자(支子), 청대(靑袋), 청목향(靑木香), 필발(蓽撥), 호동률(胡同律), 황련(黃連), 훈륙(薰陸).

그런데 외국에서 한국 약재를 수입하는 것은 단순한 물건의 소비가

---

90) 三上喜孝, 2009,「韓國出土木簡ちらみた古代東アジアの文化交流－慶州·雁鴨池木簡の檢討から－」,『한국·일본·중국·몽골·영국 5개국 국제학술대회』자료집, 성균관대학교 사학과 BK21사업단 외, 45쪽. 일본측 기록에 따르면 신라 생산품을 비롯하여 중국, 동남아시아, 서역의 물품이 중계무역되는 경우도 꽤 있었다(윤선태, 1997,「752년 신라의 대일교역과「바이시라기모쯔게(買新羅物解)」－쇼소인(正倉院) 소장「첩포기(貼布記)」의 해석을 중심으로－」,『역사와 현실』24호).

아니라, 한국에서 인식하고 있는 약성(藥性)과 치료법(治療法)에 대한 수용이다. 『외대비요』에 『고려노사방』이 인용된 것은 『고려노사방』 처방 속에 담긴 치료법을 한국과 중국 양측에서 공유한다는 의미였다. 위령선 처방에서 드러나듯이 토산약재를 활용한 신라의 고유 치료법은 『증류본초』에 영향을 끼치면서 동아시아의료를 만들어간다. 신라에서 당의 약재를 사용하고 당의 의학교육을 수용했듯이 신라의 고유 치료법은 중국 의학에 영향을 미쳤던 것이다. 따라서 중국 의학의 일방적인 이식이란 있을 수 없다.

수·당 의학은 개방적이어서 인접국의 약재를 비롯한 치료법과 질병 인식을 적극 수용하였다. 중국 의학으로서는 이러한 교류를 거치면서 본초학 지식을 축적하고 처방을 확대해갔으며, 송·금·원 의학을 거치면서 오운육기설(五運六氣說)이나 변증논치법(辨證論治法)을 가다듬게 된다. 크게 보아 중국 의학은 각국 의료를 발전시키는 동시에 각국 의료의 장점을 흡수하면서 동아시아의료의 보편성을 획득하는 중이었다. 이 보편성은 고려 의료에 다시 영향을 미칠 것이었다.

그렇다면 삼국 고유의학의 발전 가능성은 어떠하였을까? 신라에서 용치탕(龍齒湯)을 심장병에 처방하거나 백제인들이 중국 의약에 친숙하다는 기록에서 드러나듯이 삼국 의학은 도도하게 수입된 중국 의학에 점차 편입되었다. 중국 문물의 일환으로서 중국 의학이 유입된 탓이었다. 이에 따라 고유의학은 일단 위축되었으며, 중국 의학의 영향력 내에서 나름의 발전을 모색할 수밖에 없었다. 중국 의학을 또 하나의 토양으로 삼아 고유의학을 완성해가는 긴 여정의 시작이었다. 고유의학이 나름의 이론체계를 정립하지 못한 채 단편적인 치료술로만 존재한다면 끊임없이 외래 의학의 영향력에 좌우될 것이었다.

중국 의학을 받아들인 이래 그 영향의 폭과 깊이는 여러 단계를 거치며 심화되었다. 첫 단계에서는 중국 의학을 중국 문물의 일부로서 수입하였다. 유학을 다녀온 지식인층이 중국 약재를 이용하여 지배층 일부를 치료하는 시기이다. 앞서 살핀 최치원은 중국 의학을 전폭적으로 신뢰하며 체득하려는 경우에 해당한다. '중국 의학'은 새로운 의학이론이라는 참신성과 중국 의학 특유의 광활한 체제로 인해 매우 매력적이었다.

고려시대에 들어 중국 의학은 맹목적인 수용 단계를 지나 고려 의학으로 소화되는 단계에 진입하였다. 이제 서술하는 바와 같이 중국 의학 역시 완성된 형태로 유입되는 것이 아니라 계속 발전해나가는 과정에 있었다. 당과 송을 거치며 지속적으로 발전하던 중국 의학이 시기별로 고려에 상이한 파동을 끼쳤음은 말할 나위도 없다. 고려 의학은 그만큼 복잡한 양상을 띨 수밖에 없었다.

3. 중국 의료제도의 변천

1) 수·당의 의료제도

신라 중·하대의 의료 상황이 고려 의료의 시간적 배경이라면, 고려 의료의 지리문화적 배경으로는 중국의 의료제도를 꼽지 않을 수 없다. 고려 이전에 해당하는 수(隋)·당(唐)을 비롯하여 고려와 같은 시기에 존속한 송(宋) 의학은 고려에 큰 영향을 끼쳤다. 고려시대 의료제도와 의술을 제대로 이해하려면 이들 국가의 의료제도와 의학의 특징에 대해서도 살펴볼 필요가 있다.

『구당서(舊唐書)』, 『신당서(新唐書)』, 『당육전(唐六典)』에 실린 당의 의료제도가 조금씩 다른 데서 보듯이, 중국 역대 의료제도의 변천은 1차 사료와 연구서 모두 그 내용이 일치하지 않는다. 여기에서는 중국 의학사를 상술한 연구서들과 함께 『흠정역대직관표(欽定歷代職官表)』를 이용하여 의료제도를 정리한다. 『흠정역대직관표』는 청(淸) 건륭제(乾隆帝) 45년(1780, 조선 정조 4년)에 기윤(紀昀) 등이 중국 관직의 연혁을 서술한 책이다. 『주례(周禮)』나 『사기(史記)』 같은 문헌들에서 제도 관련 기록을 뽑아 청(淸) 의 관제에 맞춰 63권으로 편찬하였으며, 각 문(門)의 첫 머리에는 관직별 연혁표를 작성하여 이해의 편의를 꾀했다. 이 책 36권에는 삼대(三代)에서 청(淸)까지의 의직(醫職)들이 수록되어 있다.[91]

후한(後漢)을 딛고 등장한 위(魏)·촉(蜀)·오(吳) 삼국(三國)의 정립(鼎立) 은 위(魏)의 승리로 매듭지어졌지만, 중국이 완전한 통일국가로 수렴되는 데는 아직도 300년이 넘는 시간이 필요했다. 이른바 위진남북조시대(魏晉 南北朝時代)가 전개되면서 수많은 나라가 교체되었다. 581년 중국을 통일 한 수(隋)는 30여년의 단명에 그쳤으며 당(唐)이 건국되면서 비로소 정치적 안정을 찾게 되었다. 위진남북조와 수당시대는 정치적 군사적으로는 아주 혼란하지만 문화에서는 찬란한 모습을 띠었고, 사상적으로도 도교와 불교 가 유행하면서 철학적 사유가 깊어졌다.

위진남북조시대의 다양하고 새로운 면모는 의료제도에서도 나타났다. 널리 알려진 태의령(太醫令), 태의정(太醫正), 약장승(藥藏丞)은 원래 양(梁) 의 관직이었으며, 고려에서도 설치된 상약국(尙藥局)은 북위(北魏)의 관제

---

91) 중국 의료사의 고전으로 꼽히는 廖溫仁과 陳邦賢의 저작에서도 의료제도는 『欽定 歷代職官表』를 그대로 전재하였다. 예를 들어 『支那中世醫學史』의 太醫院 변천표 는 『欽定歷代職官表』 卷36, 太醫院의 表를 활용한 것이며(廖溫仁, 1932, 『支那中世醫 學史』, カニヤ書店, 200~201쪽), 『中國醫學史』의 隋朝 醫事制度에 대한 서술은 『欽定 歷代職官表』 기사를 그대로 실은 것에 불과하다(陳邦賢, 1947, 『中國醫學史』, 商務 印書館, 125쪽). 심지어 『欽定歷代職官表』의 문장을 저자 자신의 사료 해석인 것처럼 활용하고 있을 정도이다. 흥미로운 것은 두 사람 모두 참고문헌에 『欽定歷 代職官表』를 언급조차 않는 것이다. 인용 표시 여부를 막론하고 『欽定歷代職官表』 의 의료제도사적 가치는 충분히 짐작할 수 있다. 본문의 중국 의료사에 대한 정리에서는 『欽定歷代職官表』 외에 다음 연구를 주로 참고하였다(홍원식·윤창 열 편저, 2001, 『증보 중국의학사』, 一中社 ; 廖育群·傅芳·鄭金生 共著, 박현국· 김기욱·이병욱 共譯, 2004, 『중국과학기술사(의학편)』, 一中社 ; 김기욱 외, 2006, 『강좌 중국의학사』, 대성의학사).

로서 수와 당에서도 존속하였다.

　의료제도에서 수(隋)는 당(唐)의 선구(先驅)였다. 수의 의료제도는 크게 상약국(尙藥局)과 태의서(太醫署)로 대별할 수 있다. 수에서는 상약국이 태의서보다 중요시되었다. 관품으로 따져서 상약국의 전어(典御)는 정5품하(正5品下)이지만 태의서 책임자인 태의령(太醫令)은 종7품하(從7品下)인 데서 쉽게 알 수 있다.

　수(隋) 문제(文帝)는 문하성(門下省) 아래에 상약국(尙藥局)을 두고 전어(典御) 2명(정5품하), 시어사(侍御師) 4명(정7품상), 직장(直長) 4명(정7품하), 의사(醫師) 40명, 주약(主藥) 4명, 약동(藥童) 24명, 안마사(按摩師) 120명을 배치하였다. 문제를 이은 양제(煬帝)는 상약국을 전내성(殿內省)에 예속시키면서 직장(直長)의 관품을 정7품상으로 높이고 사의(司醫) 4명(정8품하)과 의좌(醫佐) 8명(정9품하)을 추가하였다.

　반면 태상시(太常寺)에 속한 태의서(太醫署)에서는 의학교육까지 담당하였다. 태의서에는 태의령(太醫令) 2명(종7품하), 승(丞) 2명(종8품하), 주약(主藥) 2명, 의사(醫師) 200명, 의생(醫生) 120명, 약원사(藥園師) 2명, 의박사(醫博士) 2명, 조교(助敎) 2명, 안마박사(按摩博士) 2명, 주금박사(咒禁博士) 2명 등 330여명이 배정되었는데, 양제 때에는 의감(醫監) 5명과 의정(醫正) 10명을 증원시켰다. 태의령은 의료와 태의서 행정을 담당하고 승은 이를 보조하였다. 박사 및 조교는 의학생을 가르쳤고 의사, 의정, 의공(醫工)은 질병 치료를 맡았다.

　수의 의서(醫書)로는 대업(大業) 연간(605~616년)의 태의(太醫)였던 소원방(巢元方)의 『제병원후론(諸病源候論)』 50권을 들 수 있다. 중국의학사 전체에서 대표적인 병리학 서적으로 꼽히는 『제병원후론』은 1,729종의 증후를 67류로 나누어 논술했다. 이 책은 질병에 대한 설명이 포괄적이면서도 자세하며, 특히 내과 질병이 대다수를 차지한다. 송(宋)에서 『제병원후론』은 의사들의 필수과목이자 고시과목이 됨으로써 그 영향력이 증대되었다.

300년 동안 중국을 통일한 당(唐)은 이른바 '정관(貞觀)의 치(治)'(626~649년)와 '개원(開元)의 치(治)'(713~741년)로 이어지는 정치적 안정 속에서 국제적인 문화를 형성하였다. 의료제도에서는 수의 그것을 토대로 확대 정비하였다.

수와 마찬가지로 당의 의료제도 역시 상약국(尙藥局)과 태의서(太醫署)가 핵심이었다. 전중성(殿中省) 산하의 상약국에는 봉어(奉御) 2명(정5품하), 직장(直長) 4명(정7품상), 서리(書吏) 4명, 시어의(侍御醫) 4명(종6품상), 주약(主藥) 12명, 약동(藥童) 30명, 사의(司醫) 4명(정8품상), 의좌(醫佐) 8명(정8품하), 안마사(按摩師) 4명, 주금사(咒禁師) 4명이 있었다. 용삭(龍朔) 2년(662)에는 봉어(奉御)를 봉의대부(奉醫大夫)로 개칭하였다가 함형(咸亨) 원년(670)에 복구하였다.

업무 분장을 살펴보면 상약국 봉어는 합화어약(合和御藥) 및 진후(診候)를 담당하고 직장은 봉어를 보좌하였다. 시어의는 진후(診候) 조화(調和)를, 주약·약동은 괄삭도사(刮削擣簁)를, 사의·의좌는 중질(衆疾) 치료를 맡았고, 안마사·주금사는 태의직(太醫職)과 마찬가지로 주금(咒禁) 및 불제(祓除)로써 전염병[厲]을 막았다. 상약국의 관질(官秩)이 태의감보다 높은 것으로 보아, 어약(御藥)을 담당하는 상약국이 더 중시되었다. 당의 상약국 관제를 이해하기 쉽도록 표로 작성하면 <표 2-3>과 같다.

태상시(太常寺) 예하의 태의서(太醫署)에는 령(令) 2명(종7품하), 승(丞) 2명(종8품하), 의감(醫監) 4명(종8품하), 의정(醫正) 8명(종9품하)이 있었다. 태의령은 의료지법(醫療之法)을 담당하고 승은 태의령을 보좌하였다. 의사를 비롯하여 의공(醫工), 의정은 모두 질병 치료를 맡았는데 치료의 다소(多少)로 임무를 평가했다.

<표 2-3> 당 상약국의 관직표

관원	인원	품계	임무	비고
奉御	2	정5품하	合和御藥 및 診候를 담당함	龍朔 2년(662) 奉醫大夫로 개칭했다가 咸亨 원년(670) 복구함
侍御醫	4	종6품상	診候 調和를 담당함	
直長	4	정7품상	奉御를 보좌함	
書吏	4			
主藥	12		刮削擣篩를 담당함	
藥童	30		刮削擣篩를 담당함	
司醫	4	정8품상	衆疾 치료를 담당함	
醫佐	8	정8품하	衆疾 치료를 담당함	
按摩師	4		咒禁 및 祓除로 전염병[厲]을 막음	
咒禁師	4		咒禁 및 祓除로 전염병[厲]을 막음	

　질병 치료에 못지않게 중요한 태의서의 업무는 의학교육과 약초 재배였다. 의학교육과 관련하여 태의서에는 부(府) 2명, 사(史) 4명, 주약(主藥) 8명, 약동(藥童) 24명, 약원사(藥園師) 2명, 약포생(藥圃生) 8명, 장고(掌固) 4명, 의사(醫師) 20명, 의공(醫工) 100명, 의생(醫生) 40명, 전약(典藥) 1명, 침공(針工) 20명, 침생(針生) 20명, 안마공(按摩工) 56명, 안마생(按摩生) 15명, 주금사(咒禁師) 2명, 주금공(咒禁工) 8명, 주금생(咒禁生) 10명이 있었다.

　태의서 속관으로는 4과(科) 즉 의과(醫科), 침과(針科), 안마과(按摩科), 주금과(咒禁科)가 있었는데, 각각 박사(博士)가 배치되어 교육을 담당하였다. 우선 의과(醫科)에서는 의박사(醫博士) 1명(정8품상), 조교(助敎) 1명(종9품상)이 학생들을 가르쳤으며, 의과의 업(業)은 다시 체료(體療), 창종(瘡腫), 소소(少小), 이목구치(耳目口齒), 각법(角法)으로 세분되었다. 의과는 4과 가운데 가장 중시되었는데 공통과목에 해당하는 『본초경(本草經)』, 『갑을경(甲乙經)』, 『맥경(脉經)』을 배운 다음에 체료 등의 전문과목을 선택하였다. 의과의 정원은 대개 20명으로 체료에 10명, 창종·소소에 각 3명, 이목구치·각법에 각 2명이었으며, 수업기간은 각기 달라서 체료가 7년,

창종·소소가 5년, 이목구치가 4년, 각법이 3년이었다.

　침과(針科)에서는 침박사(針博士) 1명(종8품하), 조교(助教) 1명(종9품하), 침사(針師) 10명(종9품하)이 경맥(經脈) 수혈(腧穴)을 의생(醫生)과 같은 방식으로 침생(針生)에게 가르쳤다. 또한 침술이 중시되었지만, 당시에는 침술을 위험하다고 여겨 회피하는 경향도 있었다. 안마과(按摩科)에서는 안마박사(按摩博士) 1명(종9품하), 안마사(按摩師) 4명(종9품하)이 도인법(導引法)을 이용한 질병퇴치법과 손상 및 골절치료법을 교육하였다. 마지막으로 주금과(咒禁科)에서는 주금박사(咒禁博士) 1명(종9품하)이 주금(咒禁)과 불제(祓除)로써 전염병[厲]을 막는 법을 가르쳤다.

　의과(醫科)의 의생(醫生)은 『내경(內經)』, 『난경(難經)』, 『갑을경(甲乙經)』, 『맥경(脈經)』, 『본초경(本草經)』 등을 읽었으며 침과(針科)의 침생(鍼生)은 『소문경(素問經)』, 『황제침경(黃帝鍼經)』, 『명당(明堂)』, 『맥결(脈訣)』 등을 공부했다. 졸업시험은 『소문경』이 4문제, 『황제침경』·『명당』·『맥결』은 각각 2문제로 규정되어 있었다. 침과에서는 이밖에도 『유주언측도(流注偃側圖)』, 『적오(赤烏)』, 『신침(神針)』 등을 익혀야 했다. 신라와 당의 의학 교과목을 비교해 보면 거의 완전하게 일치하는데,92) 이것은 당의 의료제도가 신라에 강력한 영향을 끼쳤음을 의미한다.

　의관 선발에서는 각 과의 박사(博士)가 매달 시험을 행하고, 태의령(太醫令)·승(丞)은 계절마다 시험을 행하며, 태상승(太常丞)은 연말에 총시험을 행하였다.93) 하지만 엄밀한 의미에서 과거는 아니었다. 신라에서도 '의학(醫學)'에서는 교육만 시켰을 뿐 과거에 해당하는 의업(醫業)이 없었는데, 당과 마찬가지로 의학의 박사가 시험을 통해 의관을 선발하였을 것이다.

　태의서에서는 약초를 재배하기 위해 약원(藥園)도 운영하였다. 당은 수를 본받아 경사(京師)에 약원 한 곳을 두고 양전(良田) 3경(頃)을 골라

---

92) '<표 4-8> 고려와 외국의 의업 교과목 일람표' 참고.
93) 廖溫仁, 1932, 『支那中世醫學史』, カニヤ書店, 186쪽.

16세에서 20세 이하인 서인 자제를 뽑아 약포생(藥圃生)으로 충당하였다. 이들은 약업(藥業)을 마치면 약사(藥師)로 임명되었다. 이상에서 설명한 태의서의 조직 구성과 업무 분장을 표로 정리하면 다음과 같다.

<표 2-4> 당 태의서의 관직표

관원		인원	품계	임무	비고
령		2	종7품하	醫療之法을 담당함	
醫科	醫博士	1	정8품상	本草, 甲乙, 脉經으로 諸生을 교육함. 교육은 體療, 瘡腫, 少小, 耳目口齒, 角法으로 구분됨	시험이나 의관 등용법은 國子監과 동일함
	醫助敎	1	종9품상	本草, 甲乙, 脉經으로 諸生을 교육함. 교육은 體療, 瘡腫, 少小, 耳目口齒, 角法으로 구분됨	
	醫師	20		질병 치료, 교육을 담당함	치료의 多少로 考課함
	醫工	100		질병 치료를 담당함	치료의 多少로 考課함
	醫生	40			
針科	針博士	1	종8품하	經脉 腧穴을 針生에게 교육함. 교육 방식은 醫生과 동일함	시험이나 의관 등용법은 國子監과 동일함
	針助敎	1	종9품하	經脉 腧穴을 針生에게 교육함. 교육 방식은 醫生과 동일함	
	針師	10	종9품하	질병 치료, 교육을 담당함. 經脉 腧穴을 針生에게 교육함. 교육 방식은 醫生과 동일함	치료의 多少로 考課함
	針工	20			
	針生	20			
按摩科	按摩博士	1	종9품하	導引法 치료와 손상 및 골절 치료법을 교육함	시험이나 의관 등용법은 國子監과 동일함
	按摩師	4	종9품하	질병 치료, 교육을 담당함. 導引法 치료와 손상 및 골절 치료법을 교육함	치료의 多少로 考課함
	按摩工	56			
	按摩生	15			
咒禁科	咒禁博士	1	종9품하	咒禁과 祓除로써 전염병[厲] 예방법을 교육함	시험이나 의관 등용법은 國子監과 동일함
	咒禁師	2		질병 치료, 교육을 담당함	치료의 多少로 考課함
	咒禁工	8			
	咒禁生	10			

丞	2	종8품하	令을 보좌하여 醫療之法을 담당함	
醫監	4	종8품하		
醫正	8	종9품하	질병 치료를 담당함	치료의 多少로 考課함
府	2			
史	4			
主藥	8			
藥童	24			
藥園師	2		약초 재배	良田 3頃으로 京師에 藥園 1곳을 설치함
藥園生	8			16~20세의 서인 자제로 충당하고 藥業을 마치면 藥師로 임명함
掌固	4			
典藥	1			

 당(唐)에는 상약국과 태의서 외에 다른 의직들도 있었다. 중앙에서는 정원(貞元) 15년(799)에 한림의관(翰林醫官)이 임명되었으며, 태자궁에는 장약국(藏藥局)을 두면서 약장랑(藥藏郞) 등을 배치하였다. 고려의 약장랑(藥藏郞)도 이 제도에서 영향을 받았을 것이다.

 그리고 지방의료제도가 당에서 수립되었다. 원래『수서(隋書)』에 의하면, 수의 군현(郡縣) 관원으로는 서동(書童), 무리(武吏), 의(醫), 영신송고(迎新送故) 등이 배치되었으므로 군현 관부(官府)에 의생(醫生)이 있었음을 알 수 있다. 당에서는 지방의료제도를 더욱 중시하여 경조(京兆)·하남(河南)·태원(太原) 등의 부(府)에는 의학박사(醫學博士) 1명·조교(助敎) 1명·의학생(醫學生) 20명을, 대도독부(大都督府)에는 의학박사 1명·조교 1명·의학생 15명을, 상주(上州)에는 의학박사 1명·조교 1명·학생 15명을, 중주(中州)에는 의학박사 1명·조교 1명·학생 12명을, 하주(下州)에는 의학박사 1명·학생 10명을 두었다.[94] 도독부(都督府)와 주현(州縣)의 의학박사(醫學博士)는 질병에 걸린 백성을 치료하면서 조교와 함께 학생들을

---
94)『唐六典』(四庫全書本) 卷30, 三府督護州縣官吏, 京兆河南太原三府官吏, 大都督府中都督下都督官吏, 上州中州下州官吏.

가르쳤다. 학생(學生)은 그 주(州)의 경내(境內)를 순회하면서 치료하는 임무를 지고 있었다. 개원(開元) 27년(739)에 다시 의학생(醫學生)을 설치하였을 때도 순회 치료업무는 명확히 규정되었다.

당에서 주현의 등급은 호구수(戶口數)로 결정하였다. 번성하였던 개원(開元) 연간(713~741년)을 예로 들면 4만 명 이상이 상주(上州)였다. 고려의 지방의료제도에서도 이와 흡사하게 정(丁)의 다소(多少)를 기준으로 약점사(藥店史) 정원이 정해진다.

임상 부문에서는 방서(方書)의 대량 출현과 함께 약재 종류와 방제수가 급증하였다. 후대까지 많은 영향을 끼친『천금방(千金方)』,『외대비요(外臺秘要)』,『신수본초(新修本草)』등이 당대(唐代)에 만들어졌다.

『천금방』은 손사막(孫思邈)이 집필하였는데 당의 대표적인 의서이자 중국 최초의 임상백과사전으로 평가된다. 민간의사로서 풍부한 치료경험을 쌓은 손사막이 당(唐)과 과거의 경험방을 모아 편찬하였다. 질병과 증후 설명이『제병원후론』만큼 자세하지는 않지만 많은 처방을 수집했다는 데『천금방』의 가치가 있다. 또한『천금방』의 부족한 점을 보완하기 위해 지은『천금익방(千金翼方)』도 30권인데, 규모와 체재는『천금방』과 비슷하지만 도가(道家)의 도양(導養)과 신비적 색채가 농후하다는 특징이 있다. 손사막은 침구(鍼灸) 역시 중시하여 각 편의 마지막에 침구치료법을 수록하였는데, 침법(鍼法)의 어려움을 감안하여 구법(灸法) 위주로 설명하였고, 침법은 침구를 전문적으로 다룬 부분에서 상론하였다.

왕도(王燾)는『외대비요(外臺秘要)』40권을 썼다. 이 책은『천금방』과 마찬가지로 종합 의서인데 의론(醫論)은『제병원후론』에서, 의방(醫方)은『천금방』에서 뽑은 것이 많다. 고구려의『고려노사방(高麗老師方)』이 바로『외대비요』에 인용되어 있었다. 당의 의서들에서는 질병마다 몇 개 내지 수십 개에 이르는 방제를 붙여놓았을 뿐만 아니라 처방당 약미(藥味) 즉 약재수도 급증하였다. 사냥하면서 토끼가 어디 있는지를 몰라 인마(人馬)를 무한정 풀어놓는 꼴이라고 당(唐)의 허윤종(許胤宗)이 비판할 정도였다.

처방 약재의 증가는 위진남북조 이래 약재의 급증과 연관된 현상이었다. 남량(南梁) 도홍경(陶弘景)이 쓴 『본초경집주(本草經集注)』에서는 약물이 365종에서 700여종으로 늘어났는데, 당(唐) 소경(蘇敬)이 쓴 『신수본초(新修本草)』에서는 850종으로 다시 증가하면서 안식향(安息香), 용뇌(龍腦) 등의 외래 약재가 중국에 소개되었다. 『당본초(唐本草)』라고도 부르는 『신수본초』는 약물 지식을 총괄하기 위해 695년 국가에서 발행한 약전(藥典)이었다. 이 책은 당에서 의학생들의 필수과목으로 규정되면서 전국에 유행하였으며, 송의 『개보본초(開寶本草)』가 나올 때까지 300년간 지대한 영향을 미쳤다.

2) 송의 의료제도

오대(五代)가 전란으로 혼란스러웠던 만큼 송(宋)에 들어서는 중앙집권화(中央集權化)와 문치주의(文治主義)가 강조되었다. 사상적으로는 경서(經書)에 대한 전통적인 주석을 맹종하는 대신 자유로운 해석을 시도하면서 자신의 이론을 세우려는 경향이 나타났다. 정주(程朱)를 비롯한 이른바 성리학(性理學)이 대표적이었다. 성리학 역시 당시에는 자유로운 사고의 결과였지만 의학에 침투하면서 점차 경직된 모습을 띠었다.

의학이론의 급속한 발전과 함께 송 의료제도에서는 과거(科擧) 즉 의과(醫科)가 처음으로 실시되었다. 송 의학의 성장 배경으로는 인쇄술 발달에 따른 의서의 대규모 간행, 의학이론의 발전에 기여할 수 있는 소양을 갖춘 유의(儒醫)들의 출현, 의학에 종사하는 사람들의 증가, 대민의료에 대한 국가의 직접 관여 등이 거론되고 있다.

송의 의료기구로는 상약국(尙藥局), 어약원(御藥院), 한림의관원(翰林醫

官院), 태의국(太醫局), 관약국(官藥局, 惠民局) 등을 꼽을 수 있다. 우선 황실의료를 담당하는 기관으로는 상약국과 어약원이 있었다. 전중성(殿中省) 산하의 상약국에서는 전어(典御), 봉어(奉御), 의사(醫師)가 화제(和劑) 진후(診候)를 담당하였다.

진종(眞宗) 지도(至道) 3년(997, 고려 성종 16년)에 처음 설치된 어약원에서는 비방(秘方)을 안험(按驗)하고 약품(藥品)을 화제(和劑)하여 진어(進御)하는 일과 궁궐에서 필요한 물건을 공봉(供奉)하는 일을 맡았다. 하지만 송 중엽 이후에 환관들이 어약원을 맡는 일이 많아지면서 황제의 예의(禮儀)를 담당할 뿐 방약(方藥)에는 전념하지 못하는 경우가 빈번해졌다. 황제를 가까이서 보좌하는 내신(內臣)의 자리로 변모하면서 어약원은 그 이름과 실체가 자못 달라졌던 것이다.

송에서는 특이하게 한림의관원(翰林醫官院)에서 의정(醫政)을 담당하였다. 한림의관원은 태종(太宗) 옹희(雍熙) 2년(985, 고려 성종 4년)에 등장하였다가 신종(神宗) 원풍(元豊) 5년(1082, 고려 문종 36년)에 한림의관국(翰林醫官局)으로 개편되었다. 휘종(徽宗) 정화(政和) 3년(1113, 고려 예종 8년)에는 화안대부(和安大夫)를 비롯한 14개 품관으로 구분하였다.[95] 한림의관원은 사(使) 4명, 부사(副使) 2명, 직원(直院) 7명, 상약봉어(尙藥奉御) 7명, 의관(醫官) 30명, 의학(醫學) 40명, 지후의인(祗侯醫人) 12명으로 구성되었다. 고려 문종 33년(1079) 송에서 파견된 형조(邢慥) 등이 바로 한림의관(翰林醫官)이었다. 사·부사·직원·상약봉어는 정원(定員)이 정해졌지만, 반위(班位)가 없는 의관·의학은 복색(服色)으로 구별하면서 동정관(同正官)을 추가하였고, 상약봉어에게는 검교관(檢校官)을 더하기도 하였다. 직원(直院)으로는 봉어동정관(奉御同正官)을 임명하였는데, 의관을 특별히 장려하여 제수하는 경우가 많았다. 한림의관원에서는 의료(醫療)의 정령(政令) 이외

---

95) 龔延明 編著, 1997, 『宋代官制辭典』, 中華書局, '翰林醫官院' 항목.

에도 의약(醫藥)을 공봉(供奉)하는 일과 조칙(詔勅)을 받들어 여러 사람의 질병을 치료하는 일을 맡았다.

고려에서 태의감이 의료의 정령(政令)을 총괄하는 기관인 데 반해, 비슷한 명칭을 가진 송의 태의국(太醫局)은 의학교육 전담기관으로서 태상시(太常寺) 산하에 있었다. 당에서 태의서는 질병 치료, 약초 재배, 의학교육을 맡았지만 송에 들어서면서 달라지고 있었다.

송에서 태의국이란 명칭은 태종(太宗) 순화(淳化) 3년(992, 고려 성종 11년)에 처음으로 등장한다. 태의국에는 교수(敎授)가 배치되었고 9과(科)의 학생 수는 300명이었다. 9과란 대방맥과(大方脈科), 풍과(風科), 소방맥과(小方脈科), 안과(眼科), 창종겸상절과(瘡腫兼傷折科), 산과(産科), 구치겸인후과(口齒兼咽喉科), 침구과(針灸科), 금촉겸서금과(金鏃兼書禁科)인데,96) 당대(唐代)의 4과에 비해 세분된 것이다. 『송사』 선거지에서는 태의국(太醫局)을 의학(醫學)이라고 지칭하면서 방맥과(方脉科), 침과(鍼科), 양과(瘍科)의 3과를 거론하고 있는데,97) 아마도 전기에 3과였다가 9과로 증가한 듯하다. 특히 풍과를 독립된 과로 삼아 학생 80명을 배정한 데서 당시 중풍(中風) 질환이 부각되었음을 짐작할 수 있다. 또한 산과는 9과 중 하나로 자리잡은 데다 송대에 산부인과 관련 전문의서들이 나타난 것으로 미루어 송에서 전문과로 분화되었음을 알 수 있다.

의학교육에서는 과마다 교수(敎授) 1명을 두었는데 한림의관(翰林醫官) 이하와 상등(上等) 학생(學生) 및 외방에 있는 양의(良醫)로 충원하였다. 매년 말에 학생들 성적을 확인하여 상벌을 정하였으며, 봄에는 학생들을 시험하여 합격자를 취하였다. 나중에는 태상시에 예속시키지 않고 제거(提擧) 1명과 판국(判局) 2명을 두었는데 판국은 의사(醫事)를 아는 자를 골라 썼다.98)

---

96) 龔延明 編著, 1997, 『宋代官制辭典』, 中華書局, '太醫局' 항목.
97) 『宋史』 卷157, 選擧110 選擧3.

의학 교과목으로는 『소문(素問)』, 『난경(難經)』, 『상한론(傷寒論)』, 『맥경(脈經)』, 『제병원후론(諸病源候論)』, 『천금방(千金方)』, 『태평성혜방(太平聖惠方)』, 『용수론(龍樹論)』 등이 있으며, 시험과목은 6종류였다. 기억을 시험하는 묵의(墨義), 찰맥(察脈)을 시험하는 맥의(脈義), 천지지오(天地之奧) 및 장부지원(臟腑之源)을 시험하는 대의(大義), 제방좌사지법(制方佐使之法)을 시험하는 논방(論方), 증후방치(證候方治)를 시험하는 가령(假令), 일세지음양(一歲之陰陽) 및 인신감응지리(人身感應之理)를 시험하는 운기(運氣)가 그것이다. 교과목과 묵의 등의 시험방법을 감안하면 송의 의학교육은 당이나 고려의 의학교육과 확연히 달랐다.99)

관약국(官藥局)은 평민과 군인을 대상으로 삼아 전국에 설치한 의료기구로서, 민간 약재를 수매하는 한편 처방에 따라 약을 지어주고 미리 만들어 놓은 숙약(熟藥)을 판매하였다. 관약국은 상업기구였지만 국가가 세웠기 때문에 긴급한 상태에서는 의약활동을 통해 구제하기도 하였다.

원래 신종(神宗) 희녕(熙寧) 9년(1076, 고려 문종 30년) 개봉(開封)의 태의국(太醫局) 산하에 숙약소(熟藥所)를 세웠는데, 백성의 보건을 위한다는 명분 이면에는 국가 재정을 확보하려는 의도가 깔려있었다. 휘종(徽宗) 숭녕(崇寧) 2년(1103, 고려 숙종 8년)에는 개봉에서 7개의 약국(藥局)을 증설하였고, 대부시(大府寺) 산하에 예속시킴으로써 상업 위주로 그 기능이 변모하였다. 7개 약국 중 2개는 약을 만드는 곳에 해당하고 5개는 판매하는 곳이었다. 정화(政和) 연간(1111~1117년)에 약 만드는 곳을 의약화제국(醫藥和劑局)으로, 판매하는 곳을 혜민국(惠民局)으로 개칭하였다. 의약화제국의 임무는 약을 만들어 혜민국에 공급하면서 하사용 여름약[暑藥]과 겨울 약[臘藥]도 준비하는 것이었다. 그 후 회동(淮東), 회서(淮西), 양양(襄陽), 사천(四川), 섬서(陝西) 등에도 약국이 설치되었다. 고려에서

---

98) 『宋史』 卷164, 職官117 職官4 太醫局.
99) '<표 4-8> 고려와 외국의 의업 교과목 일람표' 참고.

약재를 판매하는 혜민국이 송의 관약국(혜민국)을 본뜬 기구임은 두말할 나위가 없다.

의료기구의 발전 외에 학술에서도 큰 변화가 일어났다.[100] 크게 따지면 활발한 의서 편찬에 따른 처방 및 사용 약재의 증가 경향과 함께 실용적인 소형 방서의 추구 경향이 동시에 나타나고 있었다. 의학이론에서도 병인론(病因論)의 측면에서 새로운 시각들이 대두되었다.

먼저 송에서는 의방서(醫方書), 본초서(本草書)와 고전류(古典類)가 국가 주도로 대량 출판되었으며, 개인 저작들도 출현하였다. 의방서로는 『신의보구방(神醫普救方)』, 『태평성혜방(太平聖惠方)』, 『성혜선방(聖惠選方)』, 『태평혜민화제국방(太平惠民和劑局方)』, 『정화성제총록(政和聖濟總錄)』이 대표적인데, 특히 『신의보구방』과 『태평성혜방』은 고려에도 전래되어 적지 않은 영향을 미쳤다.

본초서로는 『개보중정본초(開寶重定本草)』, 『가우보주신농본초(嘉祐補註神農本草)』, 『도경본초(圖經本草)』, 『경사증류비급본초(經史證類備急本草)』, 『정화본초(政和本草)』를 편찬하였다. 특히 본초서의 지속적인 간행은 약재 급증을 동반하였다. 송에 들어 약재수는 『개보중정본초』(974년)의 983종에서 『가우보주신농본초』(1057년)의 1,082종으로 늘었으며, 송의 대표적 본초서인 당신미의 『경사증류비급본초』(1108년)에서는 1,748종에 이르렀다. 이 책은 1116년에 『정화신수경사증류비용본초(政和新修經史證類備用本草)』로 정명(定名)되었다.

의학 고전들의 교감작업도 잇따랐다. 인종(仁宗) 가우(嘉祐) 2년(1057, 고려 문종 11년)에 교정의서국(校正醫書局)을 세워 1057~1069년에 『신농본

---

100) 송 의학의 학술적 특징으로는 1. 醫學 著作의 大量 出版과 醫學 知識의 普及, 2. 方書 局方의 盛行 및 由博返約의 趨勢, 3. 臨床醫學의 發達, 4. 傷寒論의 硏究, 5. 運氣學說의 盛行, 6. 本草와 鍼灸의 發達, 7. 解剖 및 法醫의 진전이 꼽히고 있다(홍원식·윤창열 편저, 2001, 『증보 중국의학사』, 一中社, 236~250쪽).

초경(神農本草經)』, 『영추(靈樞)』, 『태소(太素)』, 『갑을경(甲乙經)』, 『소문(素問)』, 『광제방(廣濟方)』, 『천금방(千金方)』, 『천금익방(千金翼方)』, 『외대비요(外臺秘要)』, 『맥경(脈經)』, 『상한론(傷寒論)』, 『금궤요략(金匱要略)』 등을 교감 간행하였다. 이 시기는 고려 문종대에 해당하므로 당시 고려에도 송 의서들의 발간은 알려졌고, 의서 전파와 송 의학의 수용에 어느 정도 영향을 끼쳤을 것이다.

개인 저작으로는 정치가이자 문학가인 소식(蘇軾)과 심괄(沈括)이 쓴 『소심양방(蘇沈良方)』이 있어서 송대 의학이 지식인층에게도 보급된 것을 알 수 있다. 동아시아에서 널리 쓰이게 될 '유의(儒醫)'라는 명칭도 송대에 등장하였다. 유의의 등장은 송대 이후 유학이론이 심화되면서 유학자들의 의술에 대한 관심이 고조된 결과였으며, 의학이론 발전에 영향을 주었다.

송에서 의학 지식의 심화가 의술의 대중화와 반드시 일치하는 것은 아니었다. 예를 들어『태평성혜방』에는 16,834개 처방이 수록되었으며, 무려 200권으로 이루어진『정화성제총록』의 처방은 20,000개를 넘는데 동일한 처방임에도 처방 내용에서는 크게 차이나는 경우가 빈번하였다. 송대에 방서들을 간략화하려는 경향이 동시에 나타나는 이유였다. 허숙미의『보제본사방(普濟本事方)』이나『소심양방(蘇沈良方)』은 효용이 있는 방제(方劑) 위주로 편찬한 소형 방서였으며, 남송대(南宋代) 엄용화(嚴用和)의『제생방(濟生方)』도 단순한 치료법을 추구한 의서였다.

다양한 의서 출판에 따른 의학 지식의 보편화와 함께 11세기 중반 이후부터 약의 대중화가 나타났다. 이미 언급한 것처럼 신종 희녕 9년(1076, 고려 문종 30년) 숙약소를 세우면서 관약국(官藥局)이 운영되기 시작하였던 것이다. 관약국 초기에는 운영이 엄격하고 내부 분업도 명확하였다. 역병(疫病)이 유행하면 약국과 태의국 의생은 합동으로 순회하면서 의료를 베풀고 약을 지급하는 등 말 그대로 혜민(惠民) 역할에 충실하였다. 위급한 환자에게 약을 제때에 팔지 못하면 곧장 100대를 때린다는 규정까지 정해질 정도였다. 하지만 관약국은 관원들이 재원을 횡령하고 약재를 빼돌리면서 재정 악화와 부패로 인해 결국 쇠퇴하였다.

송의 의학이론에서 가장 두드러진 것은 상한론(傷寒論) 연구와 운기학설 (運氣學說)의 유행이었다. 후한(後漢) 장중경(張仲景)이 『상한잡병론(傷寒雜病論)』을 통해 외감(外感)으로 인한 급성전염병 특히 열병 치료법을 다루었지만 수·당까지도 상한론은 그다지 주목되지 않았다. 상한론은 송대에 들어 본격적으로 연구되면서 중국 의학이론의 큰 줄기를 형성하게 된다.

원래 당(唐) 왕빙(王冰)은 『차주황제내경소문(次注黃帝內經素問)』을 저술하여 『황제내경(黃帝內經)』을 주석(註釋)하였다. 이때 왕빙은 「천원기대론(天元紀大論)」을 비롯한 '운기칠편(運氣七篇)'을 스승에게 전수받은 비본(秘本)이라면서 보입(補入)하였다. 송에 들어서 이 책이 『황제내경』에 대한 주석서로서 활용되자 운기학설(運氣學說)이 자연스레 부각되었다. 운기학설 즉 기화학설(氣化學說)은 이른바 오운육기(五運六氣)로 질병의 발전과 경중을 예측하는 이론이다.

송대의 상한론이나 운기학설은 병인론에 대한 새로운 이해였다. 하지만 송대(宋代) 의가(醫家)들이 병인(病因)을 외부에서 찾은 것만은 아니었다. 질병 인식에서 송대 의가들의 특징은 오히려 진언(陳言)의 『삼인극일병증방론(三因極一病證方論)』처럼 내인(內因)에도 주목하였다는 것이다. 이러한 경향은 금원시대(金元時代)에 유완소, 이고 등의 의학이론에 영향을 끼쳤다.[101]

이밖에도 송 의학에서는 침구(針灸), 해부(解剖), 법의학(法醫學)이 발전하였다. 침구에서는 왕유일(王維一)이 『동인수혈침구도경(銅人腧穴針灸圖經)』

---

[101] 의학이론의 발전이라는 관점에서 『黃帝內經』 이래 金元四大家에 이르는 이론의 분화를 정리한 글로는 다음 연구가 참고된다(白上龍, 1998, 『韓醫學과 西洋醫學의 疾病觀에 대한 比較研究』, 경희대학교 박사학위논문).

을 썼으며, 해부에서는 죄수 구희범(歐希範)을 처형한 후 해부하여 「오장도(五臟圖)」를 그렸고 이와 별도로 양개(楊介)는 「존진도(存眞圖)」를 작성하였다. 법의학에서는 1247년에 송자(宋慈)가 『세원록(洗寃錄)』을 썼다.

북송(北宋) 멸망 이후 남송(南宋), 금(金), 원(元)에서는 북송만큼 의료제도에 관심을 기울이지 않았다.[102] 우선 북송과 비슷한 시기에 병존하였던 요(遼)의 의료제도는 거의 알려져 있지 않다. 『요사(遼史)』 백관지(百官志)의 의료 기록은 부실한 편이어서 북면관(北面官)의 관직 명칭에 태의국(太醫局), 남면관(南面官)의 한림의원(翰林醫院)에는 한림의관(翰林醫官)이 보일 뿐이다. 이 시기에 남송에서는 의학발전이 아주 느렸으며 간략함을 추구하는 경향이 나타났다. 왕석(王碩)의 『간이방(簡易方)』에서는 30여수의 방제(方劑)만 수록하여, 이것으로 천변만화하는 질병 치료에 대처하였다. 이 작은 책자가 '근세 명의의 처방을 집합시킨 것'이라 평가받으면서 성행하자 기존의 방서들이 폐기될 지경이었다. 남송에서는 간단한 치료를 추구하는 풍조 이외에 병인학, 진단학에서도 간명함을 중시하였다. 선진적인 북방의학(北方醫學)은 원(元)이 중국을 통일한 이후에야 남방으로 차츰 확산되었다.

이상과 같이 고려가 건국될 무렵 중국 의학의 특징은 본초학(本草學)에서 새로운 약재를 치료제로 포섭하면서 임상 처방들을 확장하는 데 있었다. 하지만 약재와 처방을 규정하는 생리론이나 병리론에서는 여전히 옛 의경(醫經)을 준수할 따름이었다. 근본에는 손대지 못한 채 말엽부터 변화를 보인 셈이다. 근본에 해당하는 의법(醫法)의 심화는 송과 금·원대에야 이루어진다. 중국 의학 이론의 심화 과정을 상징하는 금원사대가(金元四大家)는 고려 건국으로부터 한참 뒤에야 등장하는 것이다.

---

102) 遼, 金, 元의 의료제도에 대해서는 앞의 연구서들과 함께 다음 연구가 참고된다(朴晶禧, 2006, 『遼·金·元·明·淸代의 醫政史에 關한 硏究』, 동국대학교 박사학위논문).

III. 중앙집권적 의료제도의 성립

1. 중앙의료제도의 등장

　신라(新羅) 하대(下代)의 전반적인 의료상황은 신심의료(信心醫療)가 대세인 가운데 중국 의학이 조금씩 그 영향력을 넓혀가는 형국이었다. 당 의학은 아직 모든 사람들에게 혜택을 줄 정도가 아니었으며 양적으로도 전국을 뒤덮을 수는 없었다. 그렇지만 신라 지배층부터 적극 수용하는 데다 중국 문물의 일환으로 당 의학을 수입하였다는 점에서 중국 의학이 주류의학으로 떠오를 가능성은 충분했다. 중국 의학 지식의 습득과 치료를 중앙 고위 지배층에서 독점하고 있었다는 신라 하대의 특징은 신라가 처한 의료상의 한계이기도 하다. 즉 신라 하대에는 지방의료제도가 보이지 않고 대민의료도 본격 시행되지 않았으며, 민간의료가 무력한 가운데 생산 약재의 숫자도 적은 등 의료의 부족현상이 두드러진다. 이러한 한계의 극복이 바로 고려시대 의료가 당면한 역사적 과제였다.
　신라 말에 전염병이 지속적으로 창궐한 것은 앞서 살핀 바와 같다. 여기에 고려 건국 과정에서는 후삼국 쟁패로 인해 유민이 급격히 증가하였다. 사회의 혼란을 딛고 건국한 고려로서는 유민을 안집시키기 위한 대민정책과 전염병 창궐에 대한 의료적 대응을 모색할 필요가 있었다.
　한편으로는 적극적인 대민의료가 시행될 수 있는 여건들도 무르익고 있었다. 의료 자체로 보면, 이미 당 의학의 수용이 300년 정도를 경과하여

정착단계에 접어들면서 중국 의학이 더 이상 낯설지 않은 의술로 변모하였
다. 사회경제적인 측면에서는 중앙집권화의 진전과 더불어 전시과체제가
실시되면서 국가와 일반 민들의 접촉면이 확장되고 있었다. 국가로서는
일반 민들을 국가권력의 직접적인 영향권 내로 포섭하는 정책수단으로
의료를 고려할 만한 분위기가 조성되었던 것이다. 그럼 고려시대 의료제도
의 성립 과정을 살펴보기로 하자.

1) 광종대 의료제도의 구축

(1) 의업의 실시

고려 전기 의료제도를 폭넓게 이해하기 위해서는 '의료(醫療)'와 '구료
(救療)'라는 개념을 나누어서 활용할 필요가 있다. 구료란 '구휼(救恤)'과
'의료(醫療)'를 포괄하는 바, 제위보(濟危寶)나 동서대비원(東西大悲院)의
활동에서 단적으로 보이듯 고려시대 대민정책에서는 구휼시책과 의료시
책이 굳이 구분되지 않았다. 여기에서 의료와 깊은 관련이 없어 보이는
제위보나 의창(義倉)까지 아울러서 분석대상으로 삼고 있는 연유이다.

고려시대 의료 관련 기록 중 가장 이른 것은 "국초에 군현마다 의사(醫師)
를 배치하였다"라는 기사이지만[1] 정확한 시기는 나와 있지 않다. 연대가
알려진 기록으로는 태조 13년(930) 서경(西京)에 행차하여 의학교육을 장려
했다는 것이 가장 앞선다.

> 서경에 행차하여 처음으로 학교(學校)를 설치했다. 이에 앞서 서경에는
> 아직 학교가 없었는데 왕이 수재(秀才) 정악(廷鶚)에게 명하여 그곳에서
> 서학박사(書學博士)가 되게 하였다. 별도로 학원(學院)을 만들어 6부(部)
> 생도(生徒)를 모아 가르치게 하였다. 나중에 왕이 학문의 흥성함을 듣고

---

1) 『高麗史』卷80, 食貨3 賑恤 水旱疫癘賑貸之制, 공민왕 20년 12월. "下敎,……國初郡
縣, 皆置醫師."

비단을 내려 권장했다. 아울러 의업(醫業)·복업(卜業)을 두게 하였다.2)

그렇다면 개경에서는 의학교육이 없었을까? 광종 9년(958) 과거 실시와 함께 의관이 선발되었는데 의업 응시자들이 서경에서 교육받은 사람들로만 한정되었을 리는 없다. 흔히 과거 실시를 광종 7년(956) 쌍기(雙冀)의 내조(來朝)와 연결시키지만 그 이전부터 교육이 이루어지지 않았다면, 쌍기가 온 지 2년 만에 과거를 실시할 수는 없었을 것이다. 이를 염두에 두고 위의 기사를 다시 살펴보면, '서경에는 아직 학교가 없었다[西京未有學]'는 문장이 주목된다. 서경 외에 다른 지역에서는 학교가 있었음을 전제하는 듯한 표현이다. 서경 외의 다른 지역이라면 단연 수도였던 개경을 꼽을 수 있다.

개경의 의학교육을 직접 뒷받침하는 1차 사료는 찾을 수 없다. 하지만 국초부터 개경에 교육기관이 있었음을 시사하는 기록은 몇 가지가 남아 있다.3) 태조대에 최승로(崔承老)는 원봉성(元鳳省) 학생(學生)에 속하게 되었는데,4) 12세라는 어린 나이로 보아 최승로는 기록에 나온 대로 교육받는 '학생'이었을 것이다. 그리고 광종 13년(962)에 세워진 「용두사지철당간기(龍頭寺址鐵幢竿記)」는 '전(前) 한림학생(翰林學生) 김원(金遠)'이 쓴 것으로 되어 있다.5) 한림원의 전신이 원봉성이므로 한림학생이란 곧 원봉성 학생을 가리키는 게 아닌가 추측된다. 한 가지 더 거론하면 태조는 학교를

---

2) 『高麗史節要』卷1, 태조 13년 12월. "幸西京, 創置學校. 先是, 西京未有學, 王命秀才廷鶚, 留爲書學博士. 別創學院, 聚六部生徒敎授. 後王聞其興學, 賜繒帛, 勸之. 兼置醫卜二業."
3) 개경에 학교가 있었는지의 여부에 대해서는 연구 결과가 상반되어 있다(申千湜, 1995, 『高麗敎育史硏究』, 景仁文化社, 21쪽 ; 朴贊洙, 2001, 『高麗時代 敎育制度史 硏究』, 景仁文化社, 32쪽).
4) 『高麗史』卷93, 列傳6 崔承老.
5) 趙東元, 2000, 「龍頭寺址鐵幢竿記」, 『增補 韓國金石文大系』卷2, 원광대학교출판국, 44쪽.

설치하여 종실과 민간을 대상으로 교육하였다.6) 종실에게는 유학 교육이, 민간인에게는 관원이 되기 위한 실무 교육이 실시된 것으로 보이는데 종실에 대한 교육은 개경의 학교에서 이루어졌다고 보는 것이 자연스럽다.

개경의 학교에는 서경의 의학원(醫學院)과 흡사한 의학교육기관도 있었을 가능성이 높지만7) 명확한 사료가 발견되지 않은 현재로서는 그 실체를 확인할 수 없다. 의료에 대한 기사가 본격화되는 시기는 광종대이다.

고려시대에서 차지하는 광종의 치세를 한마디로 요약하면 강력한 집권체제의 추구이다.8) 널리 알려져 있듯이 광종은 백관의 공복 제정, 과거제 실시, 노비안검법 강행, 호족 숙청을 통해 왕권을 강화하였다. 의료와 관련된 조치로는 의업(醫業) 실시, 상의원(尙醫院) 운영, 제위보(濟危寶) 설치를 꼽을 수 있다. 우선 광종 9년(958)에는 과거제의 일부로서 의업을 시행하였으며, 2년 뒤에는 의업 3명을 선발하였다.

쌍기(雙冀)가 건의하여 비로소 과거(科擧)를 시작했다. 시(詩)・부(賦)・송(頌) 및 시무책(時務策)을 시험하여 진사(進士)를 뽑았고, 겸하여 명경(明經)・의(醫)・복(卜) 등의 업(業)을 취하였다.9)

쌍기가 지공거(知貢擧)로서 진사를 뽑았는데, 갑과(甲科) 최광범(崔光範) 등 7명, 명경(明經) 1명, 의업(醫業) 3명에게 급제(及第)를 내렸다.10)

광종대의 의업 과목은 앞서 언급한 신라 의학(醫學)의 교과서를 그대로

---

6) 『高麗史』 卷3, 世家3, 목종 6년 1월.
7) 송춘영은 태조 2년에 官府를 정비하면서 개경에 醫學을 설치했을 것으로 추측한다 (宋春永, 1998, 『高麗時代雜學敎育硏究』, 螢雪出版社, 46쪽).
8) 李基白 編, 1981, 『高麗光宗硏究』, 一潮閣 참고.
9) 『高麗史』 卷73, 選擧1 科目1, 광종 9년 5월. "雙冀獻議, 始設科擧. 試以詩賦頌及時務策, 取進士, 兼取明經醫卜等業."
10) 『高麗史』 卷73, 選擧1 科目1 選場, 광종 11년 3월. "雙冀知貢擧, 取進士, 賜甲科崔光範等七人, 明經一人, 醫業三人及第."

따랐을 가능성이 높다. 목종 2년(999) 당시에 20년 이상 의업을 준비하는 학생이 있었다는 사실에서 엿보이듯이 시험은 만만치 않았다.11) 응시자들은 국초 이래로 의학교육기관에서 체계적으로 학습한 사람들로서 현업에 곧바로 투입될 정도로 수련을 거쳤을 것이다. 현재 확인되는 의업의 선발 기록은 3건인데, 시취(試取) 실무를 담당한 감독관은 당연히 의관들이며,12) 합격하지 못한 응시자들은 민간에서 의료를 직업으로 삼는 경우가 대부분이었으리라 생각된다.

하지만 고려 전기의 의업은 아직 한계가 있었다. 성종대에는 재위 2년, 3년, 4년, 5년, 6년, 7년, 8년, 10년, 12년, 13년, 14년, 15년, 16년에 잇달아 과거가 시행되었는데, 의업은 성종 6년(987)과 7년(988)에 선발되었다. 『고려사』 선거지의 수록 방식을 보면 목종대까지는 제술, 명경 외에도 명법업, 명서업, 명산업, 의업, 복업 등의 합격자를 모두 기록하다가 현종대부터는 제술과 명경 등 양대업(兩大業) 합격자만 기록하였다.13) 이로 미루어 광종과 성종대의 의업 합격자는 세 차례가 전부로서 모두 『고려사』에 수록되었으며, 그 이후에는 의업 합격자가 누락된 것으로 추측된다.14) 광종대에 의업 선발이 한 차례에 그친 데서 알 수 있듯이 의관 선발은 쉽지 않았다. 그렇지만 과거제 시행에 맞춰 광종이 의욕적으로 의관 선발을

---

11) 『高麗史』 卷74, 選舉2 科目2 恩例, 목종 2년 10월. "鎬京醫卜業生, 在學滿二十年, 年踰五十者, 並許脫麻."
12) 『高麗史』 卷73, 選舉1 科目1 選場. "(光宗)十一年三月, 雙冀知貢舉, 取進士, 賜甲科崔光範等七人, 明經一人, 醫業三人及第.……(成宗)六年三月, 李夢游知貢舉, 取進士. 八月, 下敎, 賜夢游所舉甲科鄭又玄, 明經一人, 卜業一人, 醫業二人, 明法業二人及第. 七年三月, 王融知貢舉, 取進士. 九月, 下敎, 賜乙科李緯等二人, 丙科二人, 醫業二人及第." 의업 선발에 知貢舉로 등장하는 雙冀, 李夢游, 王融의 행적을 검토해 보면 의업 문제를 출제하거나 선발할 정도로 의학에 능통했을 것 같지는 않다. 醫業에서는 여러 試官들이 지공거를 도와 시험을 실시했을 것으로 추측된다(朴龍雲, 1990, 『高麗時代 蔭敍制와 科擧制 硏究』, 一志社, 166쪽).
13) 『高麗史』 卷73, 選舉1 科目1 選場.
14) 허흥식, 2005, 『고려의 과거제도』, 일조각, 34~35쪽.

제도화함으로써 의학교육에는 큰 자극을 주었다.

(2) 상의원의 운영

광종대 의료제도를 논의하면서 빠뜨릴 수 없는 기구가 상의원(尙醫院)이다. 고려 초부터 국왕을 돌보는 의료기구가 있었으리라는 점은 분명하지만, 그 실체는 명확하지 않다. 『고려사』 백관지 서문(序文)에 따르면, 본말을 알 수 없는 관서는 백관지에 수록하지 않았는데,[15] 상의원이 이 경우에 해당하는 의료관서이다. 그동안 알려져 있지 않았던 상의원은 은진(恩津) 관촉사(灌燭寺) 사적비(事蹟碑)와 서산(瑞山) 보원사(普願寺) 법인국사비(法印國師碑)에서 그 존재가 드러난다.[16]

살펴보건대 고려 광종 19년 기사년에 사제촌(沙梯村)의 여자가 반약산(盤藥山) 서북쪽에서 고사리를 캐다가 문득 아이 소리를 들었다. 잠시 후 그곳으로 가보니 땅속에서 솟아난 큰 돌이 있었다. 아주 이상하게 여겨 집으로 돌아와 사위에게 말하니, 그 사위가 본현(本縣)에 곧바로 고하였다. 관에서 사실을 확인하여 왕에게 아뢰니 백관(百官)에게 논의하도록 하였다. 백관들이 이것은 필시 부처님을 만들라는 징조라고 아뢰었다. 상의원(尙醫院)에 명하기를, 관원을 그곳에 보내 공인(工人)을 감독하여 부처님을 만들 사람을 널리 구하게 하였다.[17]

---

15) 『高麗史』 卷76, 百官 1. "若因事散見而無首尾可攷者略之."
16) 미키 사카에는 고려의 의료관서를 다루면서 "광종대에 尙藥供奉侍郎이라는 직명이 보인다"라고 짧게 언급하였다(三木榮, 1963, 『朝鮮醫學史及疾病史』, 自家 出版, 43쪽). 그는 본문에서 소개하는 법인국사비에서 광종 26년(975)의 치료 기록을 본 것 같다. 다만 '尙醫供奉侍郎'이라는 비문을 '尙藥供奉侍郎'이라고 이해하고 '尙藥局' 관련 기록으로 간주한 듯하다. 최근에 이미숙은 이 비문을 근거로 '尙醫局'이 존재했다고 주장하였다. 尙醫局은 唐·宋 殿中省의 屬官이었던 尙藥局을 본받아 설치한 것으로, 경종대의 시정전시과에 들어있는 殿中省과 관련 있다는 견해이다(이미숙, 2002, 「高麗 中央醫官의 職制」, 『白山學報』 63호, 241쪽). 하지만 본문에서 다루듯이 「灌燭寺事蹟碑」에는 '尙醫院'이라고 명기되어 있다.
17) 趙東元, 2000, 「灌燭寺事蹟碑」, 『增補 韓國金石文大系』 卷2, 원광대학교출판국,

광종대 상의원(尙醫院)의 존재를 알려주는 은진(恩津) 관촉사(灌燭寺) 사적비(事蹟碑).
ⓒ조동원

상의원에 관한 최초의 기록이다. 상의원 관원이 은진에 파견되어 부처님을 조성할 장인을 선발하였다. '광종 19년(968) 기사년(969)'[光宗之十九年己巳]이라고 연도가 엇갈리게 표기되어 있는데, 간지(干支)로 표기된 '기사년(己巳年, 969, 광종 20년)'에 일어난 일로 판단된다. 이 기사에서 불상 건립을 맡은 상의원의 관원이 의관(醫官)이었을 것 같지는 않다. 상의원의 책임자가 불상 건립에 능숙한 고위 문관이거나 광종의 측근이었던 게 아닐까 싶다.[18] '상의원(尙醫院)'이라는 명칭으로 보아 국왕의 건강을 돌보기 위해 설치된 의료기구라는 점은 확실한데, 법인국사비에는 조금 더 자세한 언급이 보인다.

개보(開寶) 8년(975, 광종 26년) 1월에 대사(大師)는 쇠하게 되자 고산(故山)으로 돌아가기를 간청하였다.……대왕(大王)이 상의(尙醫) 공봉시랑(供奉侍郎) 직문(直文)에게 특별히 선약(仙藥)을 가지고 가서 밤낮으로 간호하라고 명하였다. 대사가 말하기를 "노승의 병에는 성약(聖藥)이 없으니, 청컨대 시랑(侍郎)은 궁궐로 돌아가서 임금을 잘 보살피라. 어찌 노승을 위해 산사에 오래 머물러

242쪽. "稽古高麗光宗之十九年己巳, 沙梯村女採蕨于盤藥山西北隅, 忽聞有童子聲. 俄而進見, 則有大石, 從地中聳出. 心驚怪之, 歸言其女壻, 壻卽告于本縣. 自官殿奏上達, 命百官會議. 啓曰, 此必作梵相之兆也. 令尙醫院遣使入路, 敷求掌工人成梵相者." 관촉사 사적비는 조선 영조 19년(1743)에 건립되었다. 그렇지만 내용의 구체적 전개와 등장인물에 대한 자세한 묘사로 미루어 고려 이래의 기록을 옮긴 것이 틀림없다(李穡, 『牧隱詩藁』 卷5, 詩 僧有辦來壬戌歲灌足寺彌勒石像龍華會者求緣化文旣筆以與之因記舊日陪慈堂自鎭浦浮舟而上獲與是寺法會癸卯冬降香作法皆如夢中作短歌以記之 참고).

18) 국왕이 측근을 파견하여 비를 세운 비슷한 사례로는 의종이 內侍 良醞署丞을 보내 건립한 「先覺國師塔碑」를 들 수 있다(趙東元, 1998, 「玉龍寺先覺國師證聖慧燈塔碑」, 『韓國金石文大系』 卷7, 원광대학교출판국, 240쪽).

있겠는가"라고 하였다.19)

　광종 26년에 상의(尙醫) 공봉시랑(供奉侍郎)인 직문(直文)은 법인국사 즉 탄문(坦文)을 치료하였다. 상의원에는 치료를 담당하는 공봉시랑이 근무하는 것을 확인할 수 있다. 현재의 개성에서 서산까지 의관이 파견될 정도라면, 광종대에 상의원에는 적지 않은 의관이 근무했을 것이다. 개보(開寶) 연간(968~975년)에 광종은 의자(醫者) 2명을 균여(均如)에게 보내 호송하였는데, 이들 역시 의관(醫官)으로 추정된다.20) 후대의 의료기구 구성을 고려하면서 관촉사 사적비와 함께 검토해 보면 상의원에는 관서 책임자인 고위 관원이 임명되었고, 공봉시랑 같은 의관들은 주로 왕실 사람들을 치료하면서 예외적으로 국왕의 명령에 따라 고위 관원이나 대덕고승을 치료하였다. 광종은 의관을 선발하고 상의원을 운용하였지만 아직 관원들을 본격적인 치료 대상으로 삼지는 않았다. 후술하듯이 고위 관원에 대한 치료는 성종대에야 제도화된다.

　상의원은 고려의 독자적인 의료기구로서 중국 관제에서는 찾을 수 없다. 중국 역대 관제에서 '상의(尙醫)'가 들어있는 관서로는 상의감(尙醫監)밖에 없는데, 상의감은 원(元)에서 의료사무를 관장하던 기구로서 지원(至元) 20년(1283, 고려 충렬왕 9년)에 태의원(太醫院)을 개칭하면서 설치되었다.21) 따라서 고려 광종대에는 상의원이라는 관서가 고려에서만 있던 셈이 된다.

---

19) 趙東元, 2000, 「普願寺法印國師寶乘塔碑」, 『增補 韓國金石文大系』 卷2, 원광대학교 출판국, 50쪽. "開寶八年春正月, 大師以適當衰兒, 請歸故山. …… 大王命尙醫供奉侍郎直文, 別賚仙藥, 晨夕侍護. 大師曰, 老僧之病, 更無聖藥, 請侍郎旋歸象闕, 好侍龍墀. 何爲老僧, 久滯山寺."

20) 赫連挺, 「大華嚴首座圓通兩重大師均如傳」(동국대학교 한국불교전서편찬위원회 편, 1994, 『한국불교전서』 4책 고려시대편 1, 동국대학교출판부, 516쪽). "師及御所, 惶懼仆地. 上見其狀, 以爲直, 翻勅豎者二人, 護送之."

21) 呂宗力 主編, 1994, 『中國歷代官制大辭典』, 北京出版社, '尙醫監' 항목.

한편 직문(直文)은 상의원에서 '공봉시랑(供奉侍郎)'의 자리에 있었다. '공봉(供奉)'은 앞서 살핀 바와 같이, 국왕을 가까이에서 모신다는 의미를 담아 의직(醫職)을 수식(修飾)하는 표현이었다. '시랑(侍郎)'은 흔히 해당 관서의 차관(次官)이란 뜻으로 사용되었다. 고려 국초에 광평성(廣評省)의 관원으로 시중(侍中) 아래에는 시랑(侍郎), 낭중(郎中), 원외랑(員外郎)이 배치되었고, 이조(吏曹)에 해당하는 선관(選官)의 관원으로도 어사(御事) 아래에 시랑, 낭중, 원외랑이 배치되었다.22) 성종대에는 문하시중(門下侍中) 아래에 문하시랑평장사(門下侍郎平章事)를 두었다.23) 이것은 신라에서 집사성(執事省) 책임자인 시중 아래에 시랑을 둔 방식이 그대로 이어진 것이었다.24) 따라서 직문은 상의원의 차관에 해당하는 인물이었다. '상의원'과 '공봉시랑'이란 표현을 통해 고려 초의 의료기구가 신라의 '약전(藥典)'과는 명칭이 다른 기구였지만, 그 직제에서는 신라의 제도를 계승했음을 확인할 수 있다.

(3) 대민구료의 시작 : 제위보

광종대의 구료기구로는 제위보(濟危寶)를 빼놓을 수 없다. 설치 당시에는 의료기구가 아니었지만, 제위보에서는 점차 백성들의 질병을 치료하면서 의료기구로서의 성격이 강화되었다. 다른 대민의료기구는 설치연대가 모호한 데 비해 제위보만은 광종 14년(963) 7월이라고 분명하게 기록되어 있다.

　　제위보(濟危寶). 광종 14년에 처음 설치하였다.25)

---

22) 『高麗史』卷76, 百官1 尙書省, 吏曹.
23) 『高麗史』卷76, 百官1 侍中, 贊成事.
24) 『三國史記』卷38, 志7, 職官上 執事省.
25) 『高麗史』卷77, 百官2 諸司都監各色. "濟危寶, 光宗十四年, 始置."

귀법사(歸法寺)를 창건하고 제위보를 설치하였다.26)

광종 11년(960)부터 시작된 호족 숙청의 여파는 대단했다. 몇 년 후에는 살아남은 호족이 40여명에 불과하다는 탄식이 나올 정도였다. 사람을 많이 죽인 죄업을 씻고자 광종은 떡, 쌀, 콩, 땔감을 경외(京外)의 길가 사람에게 나누어주었는데,27) 제위보도 광종의 보시와 관련하여 설치되었다. 귀법사와 제위보가 등장하는 정황에 대해서는 최승로가 자세하게 언급하였다. 광종은 환과(鰥寡)를 구휼하고 떡과 과일을 걸인(乞人)에게 나누어주는 데 열심이었다는 것이다.

이 폐단은 광종 때부터 시작되었습니다. 참소와 간사함을 믿어 죄 없는 사람을 많이 죽이고, 불교의 인과응보설에 미혹되어 죄업을 제거하고자 백성의 고혈을 짜내어 불사를 많이 베풀었습니다. 비로자나(毗盧遮那)의 참회법(懺悔法)을 설치하기도 하고, 승려를 구정(毬庭)에서 공양하기도 하며, 혹은 귀법사(歸法寺)에서 무차수륙회(無遮水陸會)를 베풀었습니다. 매양 부처에게 재를 올리는 날이 되면 반드시 걸식하는 승려에게 밥을 먹이기도 하고, 내도량(內道場)의 떡과 과일을 걸인에게 내어 주기도 하며, 신지(新池)·혈구(穴口)와 마리산(摩利山) 등의 어량(魚梁)을 방생소로 삼기도 하고, 한 해에 네 번이나 관원을 그 지방 사원에 보내 불경 강연을 개최하기도 했습니다.28)

제위보는 고려 정부에서 설립한 기구로서 부사(副使), 녹사(錄事) 등의 관원이 문종대에 정비되었다.29) 관원 임명 기사는 문종대에 처음 보이지

---

26) 『高麗史節要』卷2, 광종 14년 7월. "創歸法寺, 置濟危寶."
27) 『高麗史』卷2, 世家2, 광종 19년.
28) 『高麗史』卷93, 列傳6 崔承老. "此弊始於光宗. 崇信讒邪, 多殺無辜, 惑於浮屠果報之說, 欲除罪業, 浚民膏血, 多作佛事. 或設毗盧遮那懺悔法, 或齋僧於毬庭, 或設無遮水陸會於歸法寺. 每值佛齋日, 必供乞食僧, 或以內道場餠果出施丐者, 或以新池穴口與摩利山等處魚梁爲放生所, 一歲四遣使, 就其界寺院, 開演佛經."

만, 광종의 강력한 의지에 의해 설치되었다는 점을 감안하면 제위보 초기부터 관원이 배치되었을 가능성이 높다. 관원 2, 3명이 운영을 책임졌겠지만, 제위보의 실무는 귀법사 승려들이 담당하는 형식으로 이루어졌을 것 같다. 균여(均如)와 탄문(坦文)이 차례로 주지를 맡은 데서 보듯이 귀법사는 광종과 밀접한 관련이 있기 때문이다.[30] 제위보는 동서대비원과 병렬되는 기록이 적지 않은 데서도 불교와의 관련성을 쉽게 짐작할 수 있다. 관원이 임명되더라도 사찰에서 운영하였다는 점에서 제위보는 국가와 종교의 만남이라고 할 수 있다. 이제 조금 더 자세히 살펴보자.

설립 경위로 미루어 제위보(濟危寶)의 '보(寶)'는 광종 혹은 고려 정부가 출연한 기금을 가리키는 게 분명하다. 제위보 재원으로는 토지, 곡물, 포 등을 상정할 수 있다. 토지 시납이라면 별도의 기록이 있을 것 같은데 발견되지 않는다. 아마도 서경의 학보(學寶)와 마찬가지로 곡식이나 포를 출연한 후 차대(借貸)로 얻은 이자를 운영경비로 사용했을 것이다.[31] 제위보 운영에는 죄인이나 죄인 가족들도 동원되었던 것으로 보이는데, 실제로 죄를 지은 어느 부인은 제위보에서 도역(徒役)살이를 하였다.[32]

제위보에서는 기민(飢民)에게 음식을 나누어주는 사례가 많다. 제위보 활동이 진대(賑貸)보다는 구휼(救恤)에 치우쳐있다는 뜻이다. '제위보(濟危寶)'가 재정기반을 가리키는 표현이라면, 건물의 뜻을 담아서는 '제위포(濟危鋪)'라고 불렀다.[33] 잠시 머물렀다 떠나는 다른 원(院)과 달리 제위보에서

---

29) 『高麗史』卷77, 百官2 諸司都監各色. "濟危寶……文宗定副使一人七品以上·錄事一人丙科權務."
30) 김용선, 2004, 「광종의 개혁과 귀법사」, 『고려 금석문 연구』, 일조각.
31) 『高麗史』卷74, 選擧2 學校, 태조 13년 ; 『高麗史』卷80, 食貨3 賑恤 恩免之制, 예종 3년 2월.
32) 『高麗史』卷71, 樂2 俗樂 濟危寶. "婦人以罪, 徒役濟危寶, 恨其手爲人所執, 無以雪之, 作是歌, 以自怨."
33) 숙종 6년의 진휼 기사는 『高麗史』와 『高麗史節要』에 같이 실려 있는데, 濟危寶라고도 하고 濟危鋪라고도 표현하고 있다. 『高麗史』卷80, 食貨3 賑恤 水旱疫癘賑貸之

는 일정기간 기민을 진휼하였으므로 이들을 수용하는 대규모 숙박시설이 마련되었을 것으로 추측된다.

제위보는 귀법사와 나란히 설치된 데다 '제위원(濟危院)'이라고도 불리는 데서 보듯이[34] 불교와 밀접한 조직이기도 하였다. 제위보와 귀법사는 개경의 동북쪽 경계에 자리잡았는데, 개경 서쪽의 국청사, 동남쪽의 홍왕사, 동북쪽의 불일사・현화사, 남서쪽의 경천사와 함께 이궁(離宮) 역할을 하면서 교통의 요지이자 개경 방어의 중심지로서 기능하였다.[35] 폐위된 목종이 선인문(宣仁門)을 빠져나와 귀법사(歸法寺)에 이르러 어의를 벗어 음식과 바꾸었다는 기록은[36] 귀법사가 교통 요지에 위치했으며 제위보 인근에는 시장이 설 정도로 물자가 유통되고 있음을 시사한다. 제위보가 길에 인접해있는 데 반해 귀법사는 제위보와 약간 떨어져 있었다.[37]

제위보의 구휼사업에 불교가 적극적이었던 것은 대중(大衆)에게 공덕(功德)을 쌓음으로써 포교에 효과적이라고 인식했기 때문이었다. 불교계에서 구휼의 전통은 면면히 전해지고 있었다. 고려 이전의 기록으로는 686년경 청주의 사찰에서 창고 곡식으로 백성을 구휼하는 사례와[38] 진표율사(眞表律師)가 교화를 통해 잡은 어별(魚鱉)들로 백성들의 굶주림을

制, 숙종 6년 4월 ;『高麗史節要』卷6, 숙종 6년 4월.
34)『高麗史』卷4, 世家4, 현종 9년 7월. "修濟危院."
35) 박종진, 2000,「고려시기 개경 절의 위치와 기능」,『역사와 현실』38호, 74~86쪽.
36)『高麗史』卷3, 世家3, 목종 12년 2월.
37) 大覺國師碑를 만들기 위해 돌을 제위보로 옮긴 것은 제위보가 도로에 인접해있음을 보여주는 반면 귀법사에서 대중 500여명이 동원된 것은 귀법사가 제위보와 약간 떨어져 있음을 시사한다(趙東元, 1998,「靈通寺大覺國師碑」,『韓國金石文大系』卷7, 원광대학교출판국, 235쪽). 또한 귀법사를 開士가 宴居하는 淨境이자 眞人이 머무는 淸齋라고 묘사하는 것으로 미루어 어느 정도는 속세와 물리적 거리를 두고 있음을 짐작할 수 있다(趙東元, 2000,「普願寺法印國師寶乘塔碑」,『增補 韓國金石文大系』卷2, 원광대학교출판국, 50쪽).
38) 趙東元, 2000,「淸州雲泉洞新羅事蹟碑」,『增補 韓國金石文大系』卷2, 원광대학교출판국, 31쪽.

면하게 한 사례 등이 있다.39)

불교 교리상으로도 구휼은 '화성(化城)'이라는 개념에 의해 뒷받침되고 있었다. 『법화경(法華經)』 화성유품(化城喩品)에 따르면 화성은 일시적으로 만든 성(城)이다. 보물 있는 곳[寶處]을 찾아 떠난 여행자들이 피곤에 지치자 이들을 인도하는 도사(導師)가 화성을 만들어 휴식하게 만든 후 다시 길을 떠나도록 이끌었다는 이야기다.40) 이에 따라 화성은 좁은 의미로는 '숙박시설'을 가리켰으며 넓은 의미로는 '사찰'을 일컬었다. 실제로 「홍경사갈(弘慶寺碣)」을 보면 성종은 '화성(化城)'을 세우려던 아버지 안종의 뜻을 받들어 나그네를 구제하는 광연통화원(廣緣通化院)을 지었으며,41) 광종 19년(968)에 중창한 귀법사 역시 '화성(化城)'이라고 지칭되었다.42) 광연통화원 이외에도 보통원(普通院), 혜음원(惠陰院), 오산원(鼇山院)처럼 사찰에서 원(院)을 운영하는 사례는 많았다.43) 이에 따라 제위보와 보통원은 나란히 빈민 구휼과 행려 구제에 나서기도 하였다.

"가난하여 스스로 생계를 꾸리지 못하는 백성에게는 제위보(濟危寶)에서 보리가 익을 때까지 진휼하라. 또 임진현(臨津縣) 보통원(普通院)에서는 행려(行旅)에게 음식을 3개월간 나누어 주라"라고 조서(詔書)를 내렸다.44)

---

39) 趙東元, 1998, 「鉢淵藪眞表律師藏骨塔碑」, 『韓國金石文大系』 卷7, 원광대학교출판국, 243쪽.
40) 대한불교조계종 역경위원회, 1967, 『한글 대장경』 38 법화부 一, 卷3 化城喩品, 동국역경원, 115~116쪽.
41) 성균관대학교 박물관, 2005, 「弘慶寺 碣」, 『고려시대 금석문 탁본전』, 155~158쪽.
42) 趙東元, 2000, 「普願寺法印國師寶乘塔碑」, 『增補 韓國金石文大系』 卷2, 원광대학교출판국, 50쪽.
43) 여행자를 위한 시설인 院은 교통로상에 위치하되 짐승과 도적 피해가 속출하는 외딴 곳에 자리잡았다. 여행자는 물론 유리하는 백성에게도 숙식을 제공하고 환자도 치료하는 것이 院의 기능이라는 점을 감안하면 제위보의 활동은 院의 운영과 맞닿아 있다(李炳熙, 1998, 「高麗時期 院의 造成과 機能」, 『靑藍史學』 2집, 41~46쪽 참고).
44) 『高麗史』 卷80, 食貨3 賑恤 水旱疫癘賑貸之制, 숙종 6년 4월. "詔, 民貧不能自存者,

예종 17년(1122)에 사찰 부속으로 창건되어 행려(行旅)에게 숙식(宿食)을 제공한 혜음원지(惠陰院址). 국가의 역제(驛制)를 보완하면서 행궁(行宮)까지 건축되었다. 제위보와 마찬가지로 대민 구휼을 위한 국가와 종교의 만남을 상징한다.

광종이 살육을 참회하고자 땔감이나 곡식을 나누어주었다는 최승로의 지적은 옳을 것이다. 또한 광종이 불교에 의지하게 된 데는 자신의 출생부터 불교와 깊은 인연을 맺었던 탓도 있었다.[45] 정치적으로도 광종은 승려들을 스승으로 삼아 지속적으로 자문을 구하였다.[46]

그렇다면 제위보는 광종 개인의 불교적인 신심을 드러내는 조치이며 빈민 구료가 사람을 많이 죽인 죄업을 씻기 위한 일시적인 참회에만

　　令濟危寶, 限麥熟賑恤. 又於臨津縣普通院, 施食行旅三月."
45) 법인국사는 유왕후의 청에 따라 향을 피우고 독경하면서 광종의 탄생을 도왔다(趙東元, 2000,「普願寺法印國師寶乘塔碑」,『增補 韓國金石文大系』卷2, 원광대학교출판국, 50쪽).
46) 趙東元, 1983,「鳳巖寺靜眞大師圓悟塔碑」,『韓國金石文大系』卷3, 원광대학교출판국, 76쪽 ; 趙東元, 1988,「高達寺元宗大師慧眞塔碑」,『韓國金石文大系』卷5, 원광대학교출판국, 22쪽.

그치는 것일까? 광종대 정황을 검토해 보면 그렇게 단순하지는 않다. 우선 제위보가 갑작스레 광종의 명으로 이루어졌다는 점이 주목된다. 아직까지는 빈민구제가 국가제도로 운영될 수준에 도달하지 못한 상태에서 서둘러 구휼기구를 설치하려다 보니 불교조직을 활용하게 된 것이다.

무엇보다 주목해야 하는 점은 제위보가 개경 인근의 교통 요지에 설치되었다는 사실이다. 유리하는 백성들을 귀법사 근처에서 구휼함으로써 개경으로 몰려드는 유민을 통제하려는 의도가 엿보인다.[47] 제위보 설치 시점에 유의해 보면 7년 전에 시행된 노비안검법이 제위보의 사회경제적 배경으로 여겨진다.

광종 7년(956) 실시된 노비안검법의 지향점은 호족 통제와 양인 확보였다. 원래 태조는 양인과 천인을 엄격히 구별하되 무고한 천인은 국가에서 비용을 내서 방량(放良)함으로써 양인을 늘리려고 하였다.[48] 태조가 호족들의 눈치를 보느라 노비 문제에 미온적이었던 데 반해, 광종은 노비안검법을 통해 전격적으로 노비를 방량하였다.[49] 이와 관련하여 최승로는 광종대의 상황에 대해 흥미있는 지적을 하고 있다.

> 이때에 자식이 부모를 등지고 노비가 주인을 배반하며, 범죄자들이 모양을 바꿔 중이 되고, 돌아다니며 구걸하는 무리들이 중들과 섞여서 재(齋)에 가는 자 또한 많았으니 무슨 이익이 있겠습니까.[50]

---

47) 조선에서도 지방 유민들이 수도로 몰려드는 상황에는 민첩하게 대처하였다. 성종은 失農으로 지방에서 굶주린 백성들이 서울로 올라오는 상황이 우려되자 前例에 따라 郊外에 賑濟場을 설치하였다(『成宗實錄』 卷8, 성종 원년 12월 22일(乙丑)).
48) 『高麗史』 卷85, 刑法2 奴婢, 충렬왕 26년 10월 ; 『高麗史』 卷1, 世家1, 태조 원년 8월.
49) 『高麗史』 卷93, 列傳6 崔承老.
50) 『高麗史』 卷93, 列傳6 崔承老. "當是時, 子背父母, 奴婢背主, 諸犯罪者, 變形爲僧, 及遊行丐乞之徒, 來與諸僧相雜, 赴齋者亦多, 有何利益."

광종대의 구휼 대상으로는 승려들만이 아니라 주인을 배반한 노비들과 유리하는 범죄자들도 포함되어 있었다는 것이다. 노비안검법의 실시로 귀족은 생산수단이자 무력기반인 노비를 잃게 되었지만,[51] 일반 민들은 신분상태가 개선된 양인이 되며, 국가는 이들을 직접 장악하면서 조용조(租庸調)를 수취할 수 있는 토대를 확보하게 된다. 다시 말하면 방량된 노비는 국가의 수취대상인 편호(編戶)로 편제되므로 노비 방량은 국가가 직접 파악하는 일반 민들의 확대를 가져온다.

그렇지만 일시적으로는 방량된 노비들이 사회문제로 대두되었을 가능성이 높다. 노비안검법이 개경에서만 일어난 일은 아니었겠지만 방량된 노비들은 개경에 가장 많았고, 지방에서 방량된 이들도 '돌아다니며 구걸하는 무리'가 되어 개경으로 몰려들었을 것이기 때문이다. 국가로서는 방량된 유민에 대한 구휼시책을 강구할 필요성이 제기되는 바, 제위보가 설치된 시점과 장소는 유민 통제 의지를 반영하고 있다.

제위보는 순탄하게 운영되지 못하였다. 광종 개인의 결단을 직접적인 계기로 삼아 설치된 데다 국가기구의 미정비라는 제도적 한계로 인해 불교에 기댄 정책이었던 탓이다. 단적인 예를 들면 제위보 기록은 광종 14년(963) 설치 이후 현종 9년(1018)에 가서야 등장한다.[52] 또한 제위보와 같이 만들어진 귀법사가 광종 19년(968)에 중창된 것으로 보아[53] 귀법사는 몇 년 만에 활기를 잃고 있었다. 구료기구의 설치에 있어서 제도보다는 국왕의 의지가 돋보이는 단계였다.

요컨대 광종대에는 의업(醫業)을 실시하여 의관을 선발하였으며, 상의

---

51) 河炫綱, 1988,「光宗의 王權强化策과 그 意義」,『韓國中世史硏究』, 一潮閣 ; 洪承基, 1993,「高麗前期의 奴婢政策」,『高麗貴族社會와 奴婢』, 一潮閣.
52)『高麗史』卷4, 世家4, 현종 9년 7월. "修濟危院."
53) 趙東元, 2000,「普願寺法印國師寶乘塔碑」,『增補 韓國金石文大系』卷2, 원광대학교 출판국, 50쪽 ; 한국역사연구회 편, 1996,『譯註 羅末麗初金石文』下, 혜안, 411~412쪽.

원(尙醫院)이라는 의료기구의 존재가 확인된다. 광종은 제위보(濟危寶)도 설치함으로써 일반 민들을 구휼하고 나아가 의료기구로 발전시키기 위한 디딤돌을 놓았다. 아직까지 의관 선발과 상의원 운영이 활발하지는 않으며 구휼이 임시 시책으로 시행되고 불교에 의지하는 경향도 강했지만, 광종대에는 의료를 대민정책의 수단으로 활용하는 단초가 마련되었다.

2) 성종대 의료제도의 확대

(1) 태의감과 상약국의 분화

성종대 고려의 발전 방향을 결정지은 것은 최승로의 시무 28조이다. 고려 사회의 기반이 성종대에 구축되었다는 점을 상기하면 최승로의 상서문은 고려 사회의 앞길을 제시한 글이라고 평가할 수 있다. 유교사회의 건설, 이것이 시무 28조를 관통하는 핵심 주장이다.[54]

최승로는 지배층에 대한 무한한 신뢰를 바탕으로 불교를 견제하면서 중외(中外)의 정치기구를 정비하여 유교적으로 운영하려고 하였다. 성종 역시 중국의 사회질서를 받아들이지 않을 수 없다는 인식 아래 연등회(燃燈會), 팔관회(八關會), 선랑(仙郞) 등을 폐지하면서 중국의 풍속을 기꺼이 본받았다.[55]

삼교(三敎)는 각기 업으로 삼아 행하는 것이 있으니 이를 혼합하여 통일할 수는 없습니다. 불교를 행하는 것은 몸을 닦는 근본이며, 유교를 행하는

---

54) 河炫綱, 1975, 「高麗初期 崔承老의 政治思想 硏究」, 『梨大史苑』 12집 ; 李基白, 1993, 「최승로와 그의 정치사상」, 『崔承老上書文硏究』, 一潮閣 ; 金大植, 2003, 「成宗代 六典制의 導入」, 『高麗前期 中央官制의 成立과 六典制의 影響』, 성균관대학교 박사학위논문 ; 김갑동, 2005, 「성종대 고려사회의 성립」, 『고려전기 정치사』, 일지사 ; 李貞薰, 2007, 「成宗代 지배체제 정비와 三省六部制의 시행」, 『高麗前期 政治制度 硏究』, 혜안.
55) 『高麗史』 卷93, 列傳6 崔承老. "其禮樂詩書之敎君臣父子之道, 宜法中華, 以革卑陋" ; 『高麗史節要』 卷2, 성종 12년 윤10월. "時王樂慕華風, 國民不喜."

것은 나라를 다스리는 근원입니다. 몸을 닦는 것은 내생을 위한 밑천이며 나라를 다스리는 것은 곧 오늘날의 할 일입니다.56)

억불숭유의 논리에 철저한 최승로는 기존의 대민정책, 특히 광종대의 구료방식에 대해 아주 비판적이었다. 당시 성종은 미음과 술 등을 나그네에게 보시하였는데, 최승로는 "성상(聖上)께서도 죄업을 소멸하고 은혜를 널리 베풀어 인연을 맺으신 광종의 뜻을 본받고자 하시나, 이는 이른바 '작은 은혜는 두루 베풀어지지 못한다'는 것입니다"라고 반대하였다.57)

하지만 최승로가 대민구료는 필요 없다고 생각한 것은 결코 아니었다. 국왕 개인의 자비심에서 발원하여 불교와 결탁하는 구료는 '작은 은혜'에 불과하므로, 국왕과 국가에 걸맞는 대민관계를 근본적으로 마련할 필요가 있다는 인식이었다. 그렇다면 최승로가 구상하는 유교적 대민관계란 어떤 것일까? 최승로는 일시적인 구료 조치가 아닌 제도적인 기구 확립, 그리고 불교를 통하지 않고 국가에서 직접 운영하는 구료방식을 추구하였다. 성종은 시무 28조를 적극 수용하였을 뿐만 아니라 최승로는 몇 달 후 문하시랑평장사가 되어 자신의 개혁안을 추진하였다. 외관(外官) 설치를 비롯한 성종대 정책들은 대체로 최승로의 개혁안을 반영하고 있다고 볼 수 있는데, 의료제도 역시 유교적 사회질서 구축이라는 시대적 추세를 담게 되었다.

성종대 중앙과 지방의 기구 정비는 3성(省) 6조(曹) 7시(寺)와 12목(牧) 설치로 각각 대표된다. 중앙의 의료기구를 살펴보면 상의원(尙醫院)이 성종 초에 분화되었다. 상의원이 확인되는 하한 시기는 광종 26년(975)이며, 태의감(太醫監)·상약국(尙藥局)이라는 기관은 14년 뒤인 성종 8년(989)

---

56) 『高麗史』 卷93, 列傳6 崔承老. "三敎各有所業而行之者, 不可混而一之也. 行釋敎者, 修身之本, 行儒敎者, 理國之源. 修身是來生之資, 理國乃今日之務."
57) 『高麗史』 卷93, 列傳6 崔承老. "聖上欲效光宗, 消除罪業, 普施結緣之意, 此所謂小惠未遍也."

에 처음 보인다.58) 이 사이의 관제 개편으로는 성종 원년(982) 백관(百官)의 관호(官號) 개정(改定)과 성종 2년(983) 3성 6조 7시의 시정(始定)이 있다.59) 상의원 역시 이때쯤 태의감과 상약국으로 나뉘었을 것이다.60)

대체로 국왕 진료는 상약국에서 담당하고 의료정책은 태의감에서 맡았다. 불과 몇 년 뒤인 목종 원년(998)의 개정전시과 전시액수를 기준으로 따져보면 성종대에 이미 태의감 우위의 구조로 편제되었을 가능성이 높다.61) 목종대에는 태의감과 상약국의 관직이 더욱 명확히 규정되었다.62)

성종대에는 의료기구를 담당하는 의관 확충도 병행되었는데 성종 6년 (987)과 7년(988)에 의관을 선발하였음은 앞서 언급한 바와 같다. 의학교육의 장려는 계속 이어져 목종 2년(999)에는 서경의 의업생에게 관직을 허용하였다.63) 의료기구 강화에만 그치지 않고 제도를 운영할 의료인 육성과 의관 등용에도 적극적이었던 것이다. 의료기구의 분화와 의관 확충에 힘입어 성종 8년(989)에는 의료의 대상 역시 이전과 구분될 정도로 확대되었다.

"듣건대 병에 걸린 조야(朝野) 사서(士庶)가 의원(醫員)을 볼 수도 없고 약물도 없어서 고치지 못하는 경우가 많다고 한다. 짐이 진정 의약을 두루 하사하고자 하나, 옛날에는 박시(博施)하였다는 기록이 전혀 없다. 지금부터는 내외(內外)의 문관 5품과 무관 4품 이상이 질병에 걸리면 모두

---

58) 『高麗史』 卷3, 世家3, 성종 8년 2월.
59) 『高麗史』 卷3, 世家3, 성종 원년 3월, 성종 2년 5월.
60) 박용운은 太醫監과 尙藥局이 성종 2년에 발족하면서 소속 의관이 설치된 것으로 추측하였다(박용운, 2005, 「『高麗史』百官志 譯註(4)」, 『고려시대연구』IX, 한국학중앙연구원, 103쪽 ; 박용운, 2006, 「『高麗史』百官志(二) 譯註(5)」, 『고려시대연구』XI, 한국학중앙연구원, 30쪽).
61) '<표 4-1> 목종 원년과 문종 30년의 의직 관련 전시 지급표' 참고.
62) 『高麗史』 卷76, 百官1 典醫寺 ; 『高麗史』 卷77, 百官2 奉醫署.
63) 『高麗史』 卷74, 選擧2 科目2 恩例, 목종 2년 10월. "鎬京醫卜業生, 在學滿二十年, 年踰五十者, 並許脫麻."

본사(本司)로 하여금 기록하여 보고하라. 시어의(侍御醫)·상약직장(尙藥直長)·태의의정(太醫醫正)[大醫醫正] 등을 보내어 약을 가지고 가서 치료하게 하라"라고 교서(敎書)를 내렸다. 여러 신하들이 표문(表文)을 올려 감사하였다.64)

이제 왕실만이 아니라 개경과 지방의 고위 관원들까지 태의감·상약국의 치료를 제도적으로 보장받게 되었다. 신하를 예로써 대우하라[禮遇臣下]는 최승로의 건의가65) 의료제도를 통해 구현되었다.

(2) 의학박사 파견과 외관출관의

12목(牧)은 성종이『서경(書經)』기록을 본떠 세운 지방의 행정거점이다.66) 12목보다 상위인 경(京)에 의료제도가 구비되었을 것은 의심의 여지가 없는데, 실제로 성종대에는 동경(東京)에 '의사(醫師)'가 배치되었다.67) 지방제도 개편 과정에서 성종은 의학박사(醫學博士) 파견과 의창(義倉) 확대라는 두 정책을 병행하였다. 각각 의학교육과 대민구료의 전국적인 확대였다.

개경에서는 성종 초부터 이미 유생(儒生)과 의생(醫生)을 위한 교육이 진행되었다. 그들을 가르친 경학박사(經學博士)와 의학박사(醫學博士)는 유학과 의학, 즉 정신과 몸을 훈육하는 사람들이었다. 성종 5년(986) 7월

---

64) 『高麗史』卷3, 世家3, 성종 8년 2월. "敎曰, 聞朝野士庶之病者, 未能見醫, 亦無藥物, 不得瘳者多矣. 朕深欲遍賜醫藥, 然往古亦無博施之文. 自今, 內外文官五品·武官四品以上疾病, 並令本司, 具錄以聞. 遣侍御醫·尙藥直長·大醫醫正等, 賚藥往治之. 群臣上表謝."

65) 『高麗史』卷93, 列傳6 崔承老. "若聖上執心撝謙, 常存敬畏, 禮遇臣下, 則孰不罄竭心力, 進告謀猷, 退思匡贊乎."

66) 『高麗史』卷3, 世家3, 성종 2년 2월. "始置十二牧. 詔曰,……効虞書之十二牧, 延周祚之八百年."

67) 『高麗史』卷77, 百官2 外職. "東京留守官. 成宗以慶州爲東京. 置……醫師一人·文師一人並九品."

당시 귀향한 학생은 207명, 개경에 남는 학생은 53명으로, 전국에서 소집된 학생은 260명 이상이었다.68) 성종은 향리직(鄕吏職) 개정에 따른 향호(鄕豪)들의 불만을 무마하기 위하여 이들의 자제를 관료예비군으로 천거받아 교육시켰다.69) 따라서 개경에서 의학을 배운 학생들은 전국에서 선발된 향리 자제들이며, 이들은 후일 지방에서 의술을 담당하고 의료제도를 운영한 약점사(藥店史)의 효시였다.

이듬해인 성종 6년(987)에는 귀향했던 학생들에게도 교육을 장려하기 위해 경학박사와 의학박사를 파견하였다.70) 장리(長吏)와 백성(百姓)의 자제까지 교육 대상인 것으로 보아 의학교육은 백성(百姓)들에게도 열려있음을 알 수 있는데, 의학교육의 유인책으로 입신양명을 거론하는 것이 흥미롭다. 지방 향리나 백성들이 의업을 신분 상승의 통로로 활용할 수 있기 때문이다. 『고려사절요』의 동일한 기사에는 "한(漢)의 고사(故事)에 의거하여 상세히 기록하여 서울에 천거하라"라는 내용이 추가되어 있어서,71) 과거 외에 새로운 의관 등용방식을 제시한 것임을 확인할 수 있다. 성종으로서는 개경에서의 의학교육이 지방학생들의 기피로 한계에 부딪히자 12목에 의학박사를 파견하여 오히려 의학교육을 강화한 것이다.

한편 지방관이 해당 관서에 부임하는 의식인 외관출관의(外官出官儀)에서는 왕이 하사하는 약(藥)을 받드는 절차가 핵심이었다.

　　외관이 관(官)에 나가는 의식.

---

68) 『高麗史』 卷74, 選擧2 學校, 성종 5년 7월.
69) 申千湜, 1995, 『高麗敎育史硏究』, 景仁文化社, 46~47쪽.
70) 『高麗史』 卷3, 世家3, 성종 6년 8월. "敎曰,……今選通經閱籍之儒, 溫古知新之輩, 於十二牧, 各差遣經學博士一員·醫學博士一員, 勤行善誘, 好敎諸生, 則必審量功績之淺深, 超擢官榮而奬勵, 應其諸州郡縣長吏百姓有兒可敎學者, 合可訓戒, 勉篤師資."
71) 『高麗史節要』 卷2, 성종 6년 8월. "下敎,……若有明經孝悌醫方足用者, 依漢家故事, 具錄薦貢京師, 以爲常式."

외관이 정청(正廳)에 들어가면 배석(拜席)에 나아간다. 갈(喝)을 들으면 재배(再拜)하고 걸어 나간다. 다시 재배하고 걸어 나가 또 재배하고 읍(揖)한다. 자리에 나아가 홀(笏)을 놓고 약(藥)을 받들고 나면 삼반(三班)이 행례(行禮)를 마친다. 정초 및 매달 초하루에도 똑같이 한다.[72]

이 의식이 시작된 시기가 명시되지 않은 게 크게 아쉽다. 고려 지방제도의 정비 과정을 고려하면 이 규정은 성종대나 현종대에 시작된 게 아닐까 짐작되며, 늦어도 문종대 이하로 내려가지는 않을 것 같다. 약재를 하사한다는 것이 신임 지방관 개인이 사용할 약재를 하사한다는 것인지 지방민 치료에 사용할 약재를 분급한다는 것인지는 명확하지 않지만 아마도 후자에 해당하는 것으로 보인다. 정초 및 매달 초하루에도 하사한다는 기록으로 미루어 정례적인 약재 분급이며 국왕과 지방민 사이의 약재 유통으로 판단되기 때문이다. 박인량(朴寅亮)이 서북면병마사(西北面兵馬使)가 되어 폐사(陛辭)할 때 왕이 약(藥)을 하사하였는데,[73] 지방관에 대한 의례적인 하사의식이 아니었을까 짐작된다. 이처럼 약재 하사는 지방관의 의료 임무를 상징적으로 보여주며, 국가에서 지방의료에 지대한 관심이 있음을 드러낸다.

(3) 대민구료의 확충 : 의창과 향례

성종대 의학박사 파견이 지방의 의학교육을 독려하기 위한 조치라면 의창(義倉) 확대는 제위보를 대체 내지 보완하려는 시도였다. 제위보가 개경 근처에 한군데만 설치된 데 반해 의창은 전국을 포괄하는 기구라는 점이 달랐다. 흑창(黑倉)이라는 이름으로 운영되어오다가 성종대에 의창으로 개칭되면서 재원도 확충되었다. 12목 설치에 맞춰 전국적으로 확대된

---

72) 『高麗史』 卷68, 禮10 嘉禮. "外官出官儀. 外官入正廳, 就拜席. 聽喝, 再拜, 進步. 又再拜, 又進步, 再拜, 揖. 就座, 放笏奉藥訖, 三班行禮畢. 正朝及每朔朝, 亦同."
73) 『高麗史』 卷95, 列傳8 朴寅亮. "後爲西北面兵馬使, 陛辭, 王賜名景仁, 仍賜茶藥."

III. 중앙집권적 의료제도의 성립   107

의창은 대민지배력 강화를 위한 유용한 수단이었는데 널리 알려진 기록은
다음과 같다.

　　상평의창(常平義倉)은 한(漢)·당(唐)을 모방한 제도인데, 기근에도 백성
을 해치지 않고 풍년에도 농민을 상하게 하지 않으니 진실로 좋은 구황법
(救荒法)이다. 국초에 그 뜻을 좇아 흑창(黑倉)을 처음으로 설치했다.
　　성종 5년(986) 7월에 "내가 듣건대 '덕으로써 정치를 잘 할 수 있으며,
정치는 백성을 잘 기르는 데 있다'라고 하고, '나라는 백성을 근본으로
삼고, 백성은 먹는 것을 하늘로 삼는다'라고 하였다. 이에 우리 태조께서는
흑창을 설치하여 궁민(窮民)을 진대(賑貸)하고 영원한 제도로 삼았다. 지금
인구는 점차 많아지는데 비축한 것은 적다. 마땅히 쌀 10,000석을 더하라"
라고 교서(敎書)를 내렸다. 그리고 의창(義倉)으로 개칭했다. 또 여러 주부
(州府)에 각각 의창을 설치하고자 담당 관원에게 주부(州府) 인호(人戶)의
다소(多少)와 창곡(倉穀)의 수목(數目)을 점검하여 보고토록 했다.74)

　　성종이 인용하는 표현들은 『서경(書經)』과 『사기(史記)』 등에서 정치의
요체를 갈파한 글들이다.75) 의창 운영이 제도적으로는 한대(漢代)의 구휼
제도를 본받았으며 이념적으로는 유교적 사회질서를 구현하려는 의도였
음을 쉽게 확인할 수 있다. 유교 이념에 기반한 구료제도라는 사실 외에도
이 기록은 두 가지 점에서 매우 흥미롭다.

――――――――――――――
74) 『高麗史』 卷80, 食貨3 常平義倉. "常平義倉昉於漢唐, 饑不損民, 豊不傷農, 誠救荒之
　　良法也. 國初祖其意, 而創置黑倉. 至成宗五年七月, 敎曰, 予聞德惟善政, 政在養民.
　　國以人爲本, 人以食爲天. 肆我太祖爰置黑倉, 賑貸窮民, 著爲常式. 今生齒漸繁, 而所
　　儲未廣, 其盍以米一萬碩. 仍改名義倉. 又欲於諸州府各置義倉, 攸司檢點州府人戶多
　　少, 倉穀數目, 以聞."
75) '德惟善政, 政在養民'은 『書經』에서 禹가 舜임금에게 아뢴 표현이다(『書經』, 虞書
　　大禹謨). 그리고 '國以人爲本, 人以食爲天'은 『史記』를 비롯한 여러 책에서 빈번하
　　게 등장한다(『史記』, 酈生陸賈列傳 ; 『漢書』, 酈食其傳 ; 『資治通鑑』, 唐 高祖 武德
　　元年). 박종진은 의창이 유교적 인본사상에 입각한 제도로서 농업의 재생산 기반
　　을 유지하는 기능을 맡았다고 지적하였다(朴鍾進, 1986, 「高麗前期 義倉制度의
　　構造와 性格」, 『高麗史의 諸問題』, 三英社, 432~433쪽).

우선 국가가 지향하는 대민지배의 의도와 실상을 의창의 운영원칙에서 구체적으로 적시한 점이다. 백성을 잘 기르기 위해서는 기근에도 백성을 해치지 않고 풍년에도 농민을 상하지 않게 한다는 사고방식이었다. 풍흉(豊凶)에 상관없이 백성들을 동요시키지 않는다는 주장이 내포하는 바는 백성을 굶겨도 안 되지만 부자로 만들어도 안 된다는 논리였다. 국가에서 민생을 오롯이 통제하겠다는 발상은 정도전의 「조선경국전(朝鮮經國典)」 의창조(義倉條)에서도 똑같이 발견된다.76) 의창과 함께 운영된 상평창은 물가조절기구로 유명한데, 상평창(常平倉)의 '상평(常平)' 역시 물가를 균등하게 유지한다는 의미인 동시에 민생(民生)을 일정(一定)하도록 통제한다는 의지를 담고 있었다. 다시 말하면 국가에서는 일반 민들의 삶을 개선(改善)하는 것이 아니라 현상 유지를 선호하였다.

다음으로 눈길을 끄는 부분은 의창이 필요한 이유로 '지금 인구가 점차 많아지는 것'을 거론하면서 '주부(州府) 인호(人戶)의 다소(多少)'를 조사하도록 지시하는 점이다. 이 지시는 국가가 파악하는 편호(編戶) 수를 다시 확인하라는 뜻이므로, 인구가 점차 많아진다는 표현은 단순하게 성종대 들어 인구증가율이 급등했다는 의미가 아니다. 녹읍제(祿邑制)·식읍제(食邑制) 등의 기존 지배체제 하에서 국가에 의해 직접 파악되지 않던 일반 민들이 점차 국가의 시야 내로 들어오는 사회경제적 변동이 이 시기에 일어났으며, 국가에서도 이 변동을 의식하고 있다는 것을 가리킨다. 그것은 바로 호적제(戶籍制)와 전주전객제(田主佃客制)였다. 국초부터 호적제가 강력하게 실시되고 전시과제도가 발전함에 따라 국가와 일반 민들의 관계가 근본적으로 변화하고 있었던 것이다.

호적제(戶籍制)의 강화는 대민지배의 변동을 법제적인 측면에서 반영하고 있다. 고려에서는 정기적으로 호적을 작성하였으며 편호방식은 9등호

---

76) 鄭道傳, 『三峯集』 卷7, 「朝鮮經國典」上 賦典 義倉.

제가 원칙이었다.77) 무엇보다 중요한 것은 8조(祖) 호구식(戶口式)을 활용하여 양천(良賤)을 엄격히 구분하면서 개개인을 자세하게 파악하고 있다는 점이다.78) 인신(人身)에 대한 국가의 끈질긴 관심이 군역(軍役)·부역(賦役) 같은 수취(收取)를 위한 포석이라는 것은 두말할 필요가 없다.

"우리나라의 호구법(戶口法)이 근래 파천(播遷)으로 옛 제도를 잃었다. 임자년(1372)부터 옛 제도에 따라 양천(良賤)을 분간하여 호적을 작성하고 3년마다 민부(民部)에 보고하여 참고에 대비하라"라고 하교(下敎)하였다.79)

도당(都堂)에서 "옛 제도에 양반(兩班) 호구(戶口)는 3년에 한번 성적(成籍)하여, 한 부는 관(官)에 납부하고 한 부는 집에 보관하였습니다. 호적(戶籍)에는 호주(戶主)의 세계(世系)와 동거하는 자식(子息)·형제(兄弟)·질서(姪壻)의 족파(族派)를 비롯하여 노비(奴婢)의 계보와 자식 이름·나이와 노처비부(奴妻婢夫)의 양천(良賤)까지 체계적으로 기록되어 있어 고열(考閱)에 편리했습니다"라고 아뢰었다.80)

고려 초부터 호적제를 통해 일반 민들을 파악하고 있다는 사실은 태조가 '편호지맹(編戶之氓)'이라고 지칭하는 데서 쉽게 짐작할 수 있다.81) 성종

---

77) 『高麗史』 卷79, 食貨2 戶口. "州郡每歲計口籍民, 貢于戶部, 凡徵兵調役, 以戶籍抄定"; 『高麗史』 卷84, 刑法1 公式 戶婚. "編戶, 以人丁多寡, 分爲九等, 定其賦役."
78) 盧明鎬, 1995, 「高麗時代 戶籍 記載樣式의 성립과 그 사회적 의미」, 『震檀學報』 79집 참고.
79) 『高麗史』 卷79, 食貨2 戶口, 공민왕 20년 12월. "下敎, 一, 本國戶口之法, 近因播遷, 皆失其舊. 自壬子年爲始, 幷依舊制, 良賤生口分揀成籍, 隨其式年, 解納民部, 以備參考."
80) 『高麗史』 卷79, 食貨2 戶口, 공양왕 2년 7월. "都堂啓, 舊制, 兩班戶口, 必於三年一成籍, 一件納於官, 一件藏於家. 各於戶籍內, 戶主世系, 及同居子息兄弟姪壻之族派, 至於奴婢所傳宗派, 所生名歲, 奴妻婢夫之良賤, 一皆備錄, 易以考閱."
81) 『高麗史』 卷2, 世家2, 태조 17년 5월.

5년(986)에는 경주에서 호구조사를 진행한 실례(實例)가 보이며,[82] 성종 9년(990) 차달형제 등에게 역(驛)과 섬에서 나와 주현(州縣)에 편적(編籍)토록 하는 조치[83] 역시 호적제가 전국에서 철저히 시행되어왔음을 증명한다. 성종이 주부군현관역(州府郡縣舘驛)의 공해전시(公廨田柴) 액수를 정(丁)의 다소(多少)를 기준으로 정할 수 있었던 것도[84] 해당 지역에 대한 세밀한 인구 파악이 선행되었기 때문이다. 그런데 국가의 입장에서 보면 노비보다는 양인이 중요할 수밖에 없다. 호적을 신분별로 꼼꼼히 따져 작성하는 이유도 국가의 수취 자원을 정확하게 파악하기 위해서였다. 아무래도 국가로서는 엄격히 호적 조사를 진행하면서 가급적 양인을 늘리려고 했을 게 분명하다.

한편 태조는 역분전(役分田) 지급과 지방제도 개편을 동시에 추진함으로써[85] 호족들을 점차 관료화시키고 일반 민들을 국가의 직접적인 통제 아래로 끌어들이고자 노력하였다. 경종 2년(977) 훈전(勳田)의 지급은[86] 호족의 지배범위를 수조권(收租權)으로 제한함으로써 국가체제 내로 호족을 포섭하는 중요한 계기가 되었으며, 한해 앞서 경종 원년(976) 시행된 전시과(田柴科)는 수조권을 제외하고는 국가가 일반 민들을 직접 장악하는 전주전객제(田主佃客制)였다.[87] 지배층의 사적인 수탈은 제한되고 국가의

---

82) 경주시·경주문화원, 2002, 「府尹先生案」, 『慶州先生案』.
83) 『高麗史』 卷3, 世家3, 성종 9년 9월.
84) 『高麗史』 卷78, 食貨1 田制 公廨田柴, 성종 2년 6월.
85) 『高麗史』 卷78, 食貨1 田制 田柴科, 태조 23년. "初定役分田, 統合時朝臣軍士, 勿論官階, 視人性行善惡, 功勞大小, 給之有差"; 『高麗史』 卷79, 食貨2 戶口, 충렬왕 5년 9월. "分遣計點使於諸道. 初都評議使司言, 大祖奠五道州郡, 經野賦民, 皆有恒制"; 『高麗史』 卷2, 世家2, 태조 23년 3월. "改州府郡縣號"; 『高麗史節要』 卷1, 태조 23년 3월. "以慶州爲大都督府, 改諸州郡號."
86) 『高麗史』 卷78, 食貨1 田制 功蔭田柴, 경종 2년 3월. "賜開國功臣及向義歸順城主等勳田."
87) 『高麗史』 卷78, 食貨1 田制 田柴科, 경종 원년 11월. 전시과체제에 대해서는 다음 연구가 참고된다(姜晉哲, 1980, 『高麗土地制度史硏究』, 고려대학교출판부 ; 金塘

대민수취는 확장되는 사회변동이었다. 성종이 인구가 점차 많아지고 있다고 표현한 것은 바로 중앙집권화의 사회변동을 반영한 것으로 이해된다. 수치화된 기록은 남아 있지 않지만 고려가 건국한 후에 전정(田丁) 숫자는 급증했을 가능성이 높다. 여말선초에 나타난 토지 결수와 인구의 급증 현상이 생산력 발전의 결과만은 아닌 것과 흡사하다.

고려 초기 호적제와 토지제도의 강화 속에서 광종의 호족 숙청과 노비안검법 시행은 일반 민들이 국가의 시야 내로 들어오는 데 박차를 가한 셈이었다. 호족이 결정적인 타격을 입으면서 약화되자 국왕으로서는 자신의 권위를 내세우기 위해 국왕(국가)과 일반 민들의 관계를 새로 설정할 필요가 생겼다. 이러한 맥락에서 성종은 일반 민들에 대한 전면적인 구료제도로 의창을 확대 실시한 것이다.

설립 이후에 의창은 안정적인 구휼정책으로 널리 시행되었다. 현종대에는 의창의 재원을 보강하였으며,[88] 정종(靖宗)과 문종대에는 의창을 통한 구휼이 더욱 활성화된다.[89] 하지만 제위보가 폐지된 것은 아니었다. 개경 인근으로 한정된 제위보가 위급한 백성들을 일시적으로 구휼하면서 불교적으로 운영되었던 데 반해, 유교 제도의 일환인 의창은 일반 민들 전체의 일상을 항상적으로 안정시키면서 전국적으로 시행되었다. 그렇지만 전형적인 유교군주인 성종도 개인적으로는 독실한 불교 신자였으며, 불교적인 시혜에 관심이 많았다.[90] 고려 국왕들은 대체로 불교적인 구료에 호의적이

澤, 1981, 「崔承老의 上書文에 보이는 光宗代의 '後生'과 景宗元年 田柴科」(李基白 編, 『高麗光宗硏究』, 一潮閣) ; 李景植, 2007, 『高麗前期의 田柴科』, 서울대학교출판부).

88) 『高麗史』 卷80, 食貨3 常平義倉, 현종 14년 윤9월.
89) 『高麗史』 卷80, 食貨3 賑恤 水旱疫癘賑貸之制, 靖宗 5년 3월, 문종 4년 4월.
90) 한국역사연구회 편, 1996, 「葛陽寺 惠居國師碑」, 『譯註 羅末麗初金石文』(下), 혜안, 467쪽 ; 성균관대학교 박물관, 2005, 「居頓寺 圓空國師勝妙塔碑」, 『고려시대 금석문 탁본전』, 150쪽. 조경시, 2000, 「高麗 成宗代의 對佛敎施策」, 『한국중세사연구』 9호 참고.

었고 고려시대 내내 불교와 유교는 병행된다. 이는 고려의 구료정책이 유교적인 성격을 강화하되 불교적인 성격도 온존하면서 전개되었음을 의미한다.

한편 향례(饗禮)는 사회구성원 전체를 대상으로 삼는 중요한 구료제도였다. 본래 향례는 빈객을 접대하는 제도인데, 고려에서는 국로(國老)·서로(庶老)·효자(孝子)·순손(順孫)·의부(義婦)·절부(節婦)·환과고독(鰥寡孤獨)·독폐질(篤癈疾) 등에게 음식을 대접하고 약재(藥材)와 곡식(穀食)을 하사하는 큰 의식으로서 이틀에 걸쳐 진행되었다. 개경은 물론 주부군현에서도 시행한 정례적이고 전국적인 행사였다.[91] 이제현(李齊賢)이 역대 왕의 업적을 요약하면서 희종의 업적으로 향례(饗禮) 실시를 꼽은 것에서도[92] 향례는 당시에 중요한 치적으로 간주되었음을 알 수 있다.『고려사』예지의 노인사설의(老人賜設儀)는 향례에 관한 기사를 모은 것인데, 첫 사례는 목종 10년(1007)으로 기록되어 있다.

> 구정(毬庭)에 행차하여 80세 이상의 남녀(男女) 백성과 독폐질자(篤癈疾者) 635명을 모아 주식(酒食)·포백(布帛)·차(茶)·약(藥)을 차등 있게 하사했다.[93]

---

91)『高麗史』卷68, 禮10 嘉禮 老人賜設儀 ;『高麗史』卷21, 世家21, 희종 4년 10월. "乙亥, 饗國老庶老孝順義節, 王親巡侑之. 丙子, 又大酺鰥寡孤獨篤癈疾, 賜物有差. 州府郡縣 亦依此例. 近因國家多難, 饗禮久廢. 至是, 詔立都監, 復遵舊制." 饗禮가 고려에서만 있었던 것은 아니다. 신라에서도 왕이 노인들에게 음식을 대접하고 곡식과 비단을 등급에 따라 하사하였다(『三國史記』卷3, 新羅本紀3, 눌지마립간 7년 4월). 조선에서도 양로연이 있었다. 특히『經國大典』에 규정된 宴享은 고려의 饗禮를 이은 풍속인데 藥이 하사되지는 않았다(『經國大典』卷3, 禮典 宴享).

92) 李齊賢,『益齋亂稿』卷9上, 有元贈敦信明義保節貞亮濟美翊順功臣太師開府儀同三司尚書右丞相上柱國忠憲王世家.

93)『高麗史』卷68, 禮10 嘉禮 老人賜設儀, 목종 10년 7월. "御毬庭, 集民男女年八十以上 及篤癈疾六百三十五人, 臨賜酒食·布帛·茶·藥有差."

하지만 향례의 내용을 담고 있는 비슷한 기록을 찾는다면 성종대에 이미 등장한다. 성종 9년(990)에는 서경에 행차하여 80세 넘은 노인과 독질자(篤疾者)에게 포곡(布穀)을 하사하였고,[94] 이듬해에도 서경에서 독폐질자(篤癈疾者)에게 약(藥)을 지급하였던 것이다.[95] 성종대에 연원하고 목종대에 본격화된 향례는 사료의 빈도로 보아 현종대에 가장 성행하였다.

향례는 철저하게 유교적인 행사였다. 이념적으로는 『예기』의 '천자는 5년마다 경내를 순수(巡狩)하면서 100세에 달한 노인들을 위문한다'와 『맹자』의 '천하의 궁민(窮民)인 환과독고(鰥寡獨孤)는 하소연할 데가 없으므로 문왕(文王)은 인정(仁政)을 베풀면서 먼저 이들을 챙겼다' 등에서 기원한다.[96] 이 표현들은 고려 국왕들이 수시로 인용할 정도여서 고려에서도 일반화된 사고방식이었음을 짐작할 수 있다.[97]

향례에서는 약(藥)의 지급 방식이 주목된다. 즉 80세 미만인 재신·추밀관·3품관, 80세 이상인 재신·추밀관·3품관의 어머니·아내, 3품관의 부인 중 절개를 지킨 사람들에게는 인삼(人蔘) 10냥을 하사하였고, 일정 관품 이하와 일반 민들에게는 곡식만을 하사하였다.[98] 향례에서 약재가 고위 지배층에게만 지급되는 까닭은 인삼의 공납량이 제한되어 있는 탓일 텐데, 약재의 유통이 사회적 지위에 따라 계서적(階序的)으로 운영되

---

94) 『高麗史』 卷3, 世家3, 성종 9년 10월. "幸西都, 教曰,······八十以上及篤疾者, 布三匹稻穀二石."

95) 『高麗史』 卷80, 食貨3 賑恤 鰥寡孤獨賑貸之制, 성종 10년 10월. "幸西都, 篤疾癈疾者, 給藥. 且謂有司曰, 此行雖因齋祭, 亦爲省方, 所歷州郡男女, 年八十以上者, 特加賑卹."

96) 『禮記』, 王制 第5. "天子五年一巡狩. 歲二月東巡守, 至于岱宗. 柴而望祀山川, 覲諸侯, 問百年者, 就見之.······凡養老, 有虞氏以燕禮, 夏后氏以饗禮, 殷人以食禮, 周人脩以兼用之"; 『孟子』, 梁惠王下. "老而無妻曰鰥, 老而無夫曰寡, 老而無子曰獨, 幼而無父曰孤, 此四者, 天下之窮民而無告者. 文王發政施仁, 必先斯四者."

97) 『高麗史』 卷68, 禮10 嘉禮 老人賜設儀, 숙종 7년 10월 ; 『高麗史』 卷45, 世家45, 공양왕 2년 10월.

98) 『高麗史』 卷68, 禮10 嘉禮 老人賜設儀, 희종 4년 10월.

고 있음을 시사한다. 약재 분급에서 보듯이 향례는 구휼만이 아니라 의료제도로서도 기능하고 있었다. 구휼(救恤)과 의료(醫療)가 향례(饗禮)라는 제도 속에서 톱니바퀴처럼 맞물려 집행되는 상황은 고려에서 의료가 구료정책(救療政策)의 한 요소로서 작동하는 과정을 잘 보여준다.

요컨대 성종대의 의료제도는 유교적 바탕 위에서 정비됨으로써 안정적인 궤도에 오르게 되었다. 중앙에서는 의료기구가 태의감과 상약국으로 분화되면서 의관 확보와 함께 고위 관원에 대한 치료가 제도화되었다. 지방의 경우에는 12목 설치에 맞춰 의학박사가 파견되었다. 또한 제위보에서 담당했던 구휼 기능은 의창을 통해 전국으로 확대 시행되었으며, 향례에서는 독폐질자에 대한 구휼과 지배층에 대한 약재 분급을 집행함으로써 의료제도로서의 발전을 보여주었다. 중앙집권적인 국가체제의 정비에 부응하면서 대민지배력을 강화하기 위한 다양한 시책들이었다. 지배층과 피지배층 모두를 아우르는 고려의 의료제도가 점차 갖춰져 가는 중이었다.

2. 지방의료제도의 정비

1) 의관 파견과 약점사 배정

(1) 성종대 의학박사 파견과 의사 배치

고려에서는 태조대부터 주군(州郡)과 대도독부(大都督府)를 개편하는 등 지방제도 정비에 큰 관심을 쏟았다.99) 지방제도 정비에서 빠뜨릴 수 없는 조치로는 성종 2년(983) 2월의 12목(牧) 설치를 꼽을 수 있다.100)

---

99) 고려의 지방제도 정비에 대해서는 다음 연구가 참고된다(河炫綱, 1988, 『韓國中世史 研究』, 一潮閣 ; 최정환, 2002, 『고려 정치제도와 녹봉제 연구』, 신서원 ; 金日宇, 1998, 『고려 초기 국가의 地方支配體系 연구』, 일지사 ; 尹京鎭, 2000, 『高麗 郡縣制의 構造와 運營』, 서울대학교 박사학위논문 ; 박종기, 2002, 『지배와 자율의 공간, 고려의 지방사회』, 푸른역사 ; 具山祐, 2003, 『高麗前期 鄕村支配體制 硏究』, 혜안).

III. 중앙집권적 의료제도의 성립   115

같은 해 6월에 성종은 주부군현관역(州府郡縣舘驛)에 공해전지를 지급하였고,[100] 5년(986)에는 12목의 지방관에게 처자를 거느리고 부임케 한데 이어,[101] 6년(987)에는 경학박사(經學博士)와 의학박사(醫學博士)를 12목에 파견하였다. 지방제도 정비에 맞춰 의학교육을 지방행정거점으로 확대하려는 시도였다.

"이제 경전에 통달하고 서적을 널리 열람한 선비와 온고지신(溫故知新)한 무리를 선발하여 12목에 각각 경학박사(經學博士) 1명과 의학박사(醫學博士) 1명을 파견하여 좋은 가르침을 부지런히 행하고 여러 학생들을 잘 가르쳐라. 반드시 그 공적(功績)의 깊고 얕음을 헤아려 관직에 특별히 발탁하여 장려할 것이니 마땅히 여러 주군현(州郡縣)의 장리(長吏)나 백성(百姓) 가운데 가르칠 만한 자식이 있으면 잘 훈계하여 사자(師資)를 독실하게 하라"라고 교서(敎書)를 내렸다.[103]

"12목에 경학박사·의학박사 각 1명을 두고 목재(牧宰)·지주관(知州官)·지현관(知縣官)으로 하여금 힘써 가르침을 더하도록 하라. 만약 경의(經義)에 밝은 데다 효제(孝悌)하고, 의방(醫方)에 밝아 쓸 만한 사람이 있으면 한(漢)의 고사(故事)에 의거하여 상세히 기록하여 서울에 천거하라. 이를 상식(常式)으로 삼을 것이다"라고 하교(下敎)하였다.[104]

고려의 지방의료제도사에서 의학박사(醫學博士)가 중요한 이유는 지방에 파견된 최초의 의관(醫官)이기 때문이다. 12목에 파견된 의학박사는

---

100) 『高麗史』 卷3, 世家3, 성종 2년 2월.
101) 『高麗史』 卷78, 食貨1 田制 公廨田柴, 성종 2년 6월.
102) 『高麗史』 卷84, 刑法1 公式 職制, 성종 5년 8월.
103) 『高麗史』 卷3, 世家3, 성종 6년 8월. "敎曰,……今選通經閱籍之儒, 溫古知新之輩, 於十二牧, 各差遣經學博士一員·醫學博士一員, 勤行善誘, 好敎諸生. 則必審量功績之淺深, 超擢官榮而奬勵, 應其諸州郡縣長吏百姓有兒可敎學者, 合可訓戒, 勉篤師資."
104) 『高麗史節要』 卷2, 성종 6년 8월. "下敎, 置十二牧經學醫學博士各一員, 令牧宰知州縣官, 敦加訓誨. 若有明經孝悌, 醫方足用者, 依漢家故事, 具錄薦貢京師. 以爲常式."

주군현(州郡縣)의 뛰어난 인재까지 가르치도록 되어 있다. 여기에서 말하는 주군현은 목의 관할 지역을 가리키는 게 분명하므로, 의학박사는 12목을 계수관(界首官)으로 삼는 일정지역 단위로 파견되었다.

성종은 의학박사·경학박사 파견의 단서를 중국의 지방제도에서 얻은 것으로 보인다. 당(唐)에서는 대도독부 등의 지방관으로 의학박사와 경학박사가 동시에 파견되었다.[105] 중국에서 경학박사는 오경(五經)을 가르쳤고, 의학박사는 질병에 걸린 백성들을 치료하였다.[106] 의학박사의 임무가 고려에서는 지방의 의학교육에 맞춰져 있다는 점이 다른데, 성종으로서는 치료보다 의학교육이 시급하다고 인식한 것이다.

의학박사가 파견되면서 의학교육의 대상이 향리 자제는 물론 백성(百姓)에게까지 확대되고 천거를 통해 의관이 되는 길도 열렸다. 이때 '백성(百姓)'은 기존 연구에서 지적했듯이, 일반 인민(人民)을 가리키는 것이 아니라 지방 촌락의 지배층인 촌장(村長)·촌정(村正)이었다.[107] 모든 의생(醫生)이 중앙의 의관이 될 수 없다는 점을 감안하면, 의학박사 파견의 또 다른 목적은 의학교육지역을 확대함으로써 지방의 의학 지식을 제고하고 의술을 고양하려는 것이라고 볼 수 있다. 2년 뒤인 성종 8년(989)에는 12목과 여러 주부(州府)의 의학박사를 거듭 권장하고, 이어 술과 음식을 내려주었다.[108] 현종 9년(1018)에 약점사들이 지방에 배치되는 것은 의학박사의 교육이 어느 정도 성공했음을 보여준다.[109]

---

105) 『舊唐書』卷44, 志24 職官3. "大都督府……經學博士一人[從八品上]·助敎二人·學生六十人, 醫學博士一人[從八品下]·助敎一人·學生十五人."
106) 『唐六典』(四庫全書本) 卷30, 上州中州下州官吏. "經學博士以五經敎授諸生. 醫學博士以百藥救療平人有疾者."
107) 李佑成, 1961, 「麗代百姓考」, 『歷史學報』14집.
108) 『高麗史』卷74, 選擧2 學校, 성종 8년. "下敎, 申勸十二牧諸州府經學醫學博士, 仍賜酒食." 한편 의학박사와 함께 지방에 파견된 경학박사의 실례로는 '羅州牧 經學博士 全輔仁'이 보인다(『高麗史』卷3, 世家3, 성종 8년 4월).
109) 이태진, 2002, 『의술과 인구 그리고 농업기술』, 태학사, 117~118쪽.

하지만 의학박사 파견은 현종대 지방제도의 틀이 완비될 때까지 지방제도 변동에 짝하여 요동할 수밖에 없었다. 예를 들어 성종 14년(995) 10도제가 실시되자[110] 의학박사도 영향을 받았다. 목종 6년(1003)에 3경 10도의 의학박사를 독려했다는 기록은[111] 의학박사 파견 지역이 12목에서 3경 10도로 변경되었음을 드러낸다.

성종대 의관 파견이 의학박사에만 그치는 것은 아니었다. 성종은 경주를 동경(東京)으로 바꾸고 유수(留守), 부유수(副留守) 등과 함께 '의사(醫師)'를 배치하였다.

　동경유수관(東京留守官).
　성종이 경주를 동경(東京)이라 하였다. 유수사 1명을 두되 3품 이상으로 하고, 부유수 1명은 4품 이상으로 하고, 판관 1명은 6품 이상으로 하고, 사록참군사 1명·장서기 1명은 모두 7품 이상으로 하고, 법조 1명은 8품 이상으로 하고, 의사(醫師) 1명·문사(文師) 1명은 모두 9품으로 하였다.[112]

의학박사(醫學博士)가 의생 교육을 위해 파견된 별정직 관원이라면 의사(醫師)는 지방행정조직의 일부로서 유수관 아래 편제된 정규 관원이다. 의사는 아직 동경에만 배치되었는데 "국초부터 고려에서는 군현마다 의사(醫師)를 두어 요사(夭死)하는 백성이 없도록 하였다"라고[113] 평가받을 정도로 점증하게 된다. 그런데『경주선생안(慶州先生案)』에는 의사(醫

---

110)『高麗史』卷3, 世家3, 성종 14년 9월.
111)『高麗史』卷3, 世家3, 목종 6년 1월. "敎曰,……其三京十道群僚庶官, 體朕諭言, 勸其藝業. 今文儒醫卜之輩, 就經明博達之師, 博士師長, 獎勸生徒, 有勤勞者, 錄名申聞."
112)『高麗史』卷77, 百官2 外職. "東京留守官. 成宗以慶州爲東京. 置留守使一人三品以上, 副留守一人四品以上, 判官一人六品以上, 司錄叅軍事一人·掌書記一人並七品以上, 法曹一人八品以上, 醫師一人·文師一人並九品."
113)『高麗史』卷80, 食貨3 賑恤 水旱疫癘賑貸之制, 공민왕 20년 12월. "下敎,……國初郡縣, 皆置醫師, 民無夭扎."

師)와 관련된 기록이 있다.

신축년(1301, 충렬왕 27년) 소사(所司)에서 법조(法曹)와 의판(醫判) 등을 권한 정지시켰다.……의판(醫判) 김기(金起)[무신년(1308, 충선왕 복위년) 12월에 부임하고, 경술년(1310, 충선왕 2년) 10월에 상경(上京)했다.]……경술년(1310, 충선왕 2년) 8월에 소사(所司)를 나누면서 법조와 의판을 권한 정지시켰다.114)

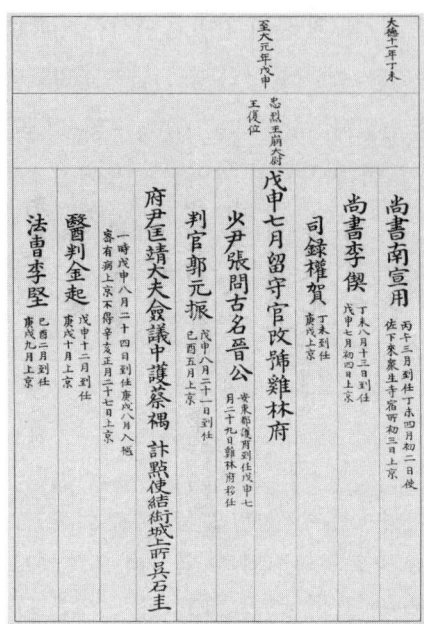

경주에 파견된 중앙 의관(醫官)의 활동을 보여주는 『경주선생안(慶州先生案)』. '의사(醫師)'로 추정되는 의판(醫判) 김기(金起)가 1308년 12월~1310년 10월 사이에 근무했음을 알 수 있다.

이 자료에 등장하는 '의판(醫判)'은 '의사(醫師)'의 오기로 추측된다. 원래 법조는 의사와 함께 동경(東京) 즉 경주(慶州)에 배치된 관원이려니와, 이 기록을 제외하면 의판은 다른 기록에서 보이지 않기 때문이다. '의판'은 후대에 필사하는 과정에서 생긴 착오일 것이다.115) '의사'에 관한 기록이 맞다면 이 자료는 김기(金起)라는 의관의 활동을 보여주는 셈이다.

의사의 권한을 정지했다고 하는 신축년(1301, 충렬왕 27년)과 경술년(1310, 충선왕 2년)은 관제 개편이 일어난 해이다. 즉 충렬왕 27년(1301)

---

114) 경주시·경주문화원, 2002, 「府尹先生案」, 『慶州先生案』. "辛丑, 所司, 以法曹醫判 等乙權停.……醫判金起[戊申十二月到任, 庚戌十月上京].……庚戌八月, 分所司, 以 法曹醫判權停."
115) '判'과 '師'의 字體는 흡사한데, 특히 두 글자의 傍에 위치한 'リ'와 '帀'은 草書에서 비슷한 형태를 띤다. 行草로 쓴 '醫師'를 후대에 '醫判'으로 誤讀했을 가능성이 높다.

5월에는 내외의 관원(官員)을 병합하면서 그 관명(官名)이 원(元)과 같은 것은 모두 바꾸었다.116) 충선왕 2년(1310) 8월에는 식목도감(式目都監)을 비롯한 여러 관사와 주군(州郡)의 칭호를 고쳤다.117) 관제 개편의 일환으로 동경 의사들의 임용이 영향을 받은 것으로 이해된다. 따라서 동경에서는 14세기 초까지도 의사들이 계속 근무하고 있었으며 그 임기는 대략 2년(1308년 12월~1310년 10월)이었다.

의사(醫師)의 임무에 대해서는 조선 예종 원년(1469)의 양성지(梁誠之) 상서(上書)가 있어 어느 정도 시사를 얻을 수 있다.

> 고려 의사(醫師)의 예에 의거하여 아무 관[某官] 심약(審藥)이라고 칭하고, 특별히 그 집의 요역(徭役)을 감면하며, 향약(鄕藥)을 사용하여 한 고을의 백성을 구하게 하소서. 성과 있는 자는 그 자급을 더하고, 감사(監司)에게 포폄(褒貶)하게 하며, 3년 만에 교대시키소서.118)

의사는 심약과 비슷하게 약재 채취를 맡는 동시에 백성 치료를 담당하였는데, 감사의 통제를 받으면서 3년 임기에 맞춰 중앙에서 파견되었다는 것이다. 『경주선생안』에는 의사의 임기가 2년으로 기록되어 있는데, 일정 기간 단위로 교체되었다는 점에서는 공통된다.119) 의사에 대한 고려 당대의 기록은 아니지만 참고하는 데는 지장이 없다.

지방에 파견된 의사도 의학교육을 일부 담당했을 수 있지만 의학박사만큼 교육에 종사하기는 어려웠다. 8품으로 추정되는 의학박사에120) 비해

---

116) 『高麗史』 卷32, 世家32, 충렬왕 27년 5월.
117) 『高麗史』 卷33, 世家33, 충선왕 2년 8월 ; 『高麗史節要』 卷23, 충선왕 2년 8월.
118) 『睿宗實錄』 卷6, 예종 원년 6월 29일(辛巳). "依前朝醫師例, 稱某官審藥, 特蠲其家徭役, 使以鄕藥, 救一邑人民. 其有成効者, 加其資, 仍令監司褒貶, 三年而遞."
119) 고려시대 지방관의 임기는 3년이 원칙이었다(李惠玉, 1985, 「高麗時代의 守令制度 研究」, 『梨大史苑』 21집, 66쪽).
120) 지방에 파견된 의학박사는 8품이었을 가능성이 높다. 典醫寺 博士는 종8품이었으

9품인 의사들은 관품이 낮은 존재로서 그만큼 실력이 뒤지거나 경력이 부족한 사람들이었고 약재수취 같은 행정업무를 수행해야 했던 탓이다. 그런데 당과 송의 지방의료제도에서는 '의사(醫師)'라는 관직이 보이지 않는다.121) 의사는 중국의 지방의료제도를 모방해서 실시된 것이 아니라, 앞의 동경유수관 기록처럼 고려적인 지방 관제를 정비하면서 법조(法曹)·문사(文師) 등과 함께 배치되었기 때문이다.

이상과 같이 성종대 지방의료제도로는 의학박사가 12목에, 의사가 동경에 파견되어 있을 뿐이었다. 성종대와 목종대를 거치면서 지방에 '의학박사'와 '의사' 중 누구를 배치하느냐를 놓고 고민이 있던 것 같다. 의학박사가 12목이 아닌 3경 10도에 배치된 데서 보듯이, 품질(品秩)이 높더라도 의학박사는 지방제도 정비에 따라 계속 부유(浮游)하였다. 지방제도의 정착이 쉽지 않았던 만큼 지방 의관의 설치도 평탄할 수는 없었다. 지방제도가 점차 안정되는 현종대에 들어서는 '의사'를 파견하는 것으로 결론이 난 듯하다. 이것은 '의사'가 지방행정조직의 일원으로서 차지하는 안정성을 높이 평가한 결과로 생각되는데, 국가로서는 의학교육의 확대보다는 행정조직의 정비를 선택하였던 것이다.

며 呪噤博士는 종9품이었다(『高麗史』卷76, 百官1 典醫寺, 문종). 참고로 律學博士는 종8품이며(『高麗史』卷76, 百官1 刑曹, 문종), 太學博士는 종7품, 四門博士는 정8품, 律學博士는 종8품, 書學博士와 算學博士는 종9품이었다(『高麗史』卷76, 百官1 成均館, 공민왕 5년).

121) '醫師'와 관련해서 중국의 사례를 살펴보면 다음과 같다. 隋의 중앙의료기구인 尙藥局에는 醫師 40명이 있으며 太醫署에도 醫師 200명이 배치되었다(『隋書』卷28, 百官下). 그리고 唐에서는 醫師가 太醫署의 屬官이었다(『舊唐書』卷44, 職官3 太醫署 ; 『新唐書』卷48, 百官志 太醫署). 宋에서는 醫師가 醫學(太醫局)에서 학생들을 가르쳤다(『宋史』卷157, 選擧110 選擧3 醫學). 즉 중국에서도 醫師가 존재했지만, 이들은 중앙의료기관에 근무하거나 의학교육을 담당했을 뿐 지방 의관이 아니었다.

(2) 현종대 의사와 약점사의 이원구조 형성

현종 9년(1018)은 고려의 지방제도사에서 획을 그은 해이다. 널리 알려진 것처럼 현종 9년 2월에는 여러 도(道)의 안무사(安撫使)를 폐지하고 4도호(都護) 8목(牧) 56지주군사(知州郡事) 28진장(鎭將) 20현령(縣令)을 설치함으로써 고려 일대의 지방제도가 그 골격을 세웠다.122) 지방의료제도와 관련해서도 두 가지 중요한 기록이 이 해에 보인다.

우선 지방 의관으로 의사(醫師)가 본격 등장하였다. 한 달 앞선 현종 9년(1018) 1월 아종(衙從) 규정에 의하면 도호부·목에는 이미 의사가 배치되어 있다.

> 외관아종(外官衙從).
> 현종 9년 1월에 대소 각 지방관의 아종(衙從)을 정하였다. 아종이 대도호부·목의 사에게는 6명이고 부사에게는 5명이며, 판관에게는 4명이고 사록·법조에게는 각각 3명이며, 의사(醫師)·문사(文師)에게는 각각 2명이었다.
> 중도호부의 사, 부사, 판관, 법조, 의사, 문사의 아종[모두 대도호부와 같다].123)

아종 숫자에 관한 규정이므로 의사 배치가 현종 9년 1월에 이루어진 것은 아니겠지만 현종대를 즈음해 도호부·목에 의사를 배치한 것은 맞을 것이다. 반면 의학박사는 분사제도(分司制度)로 운영된 서경을 제외하면124) 목종대 이후에 더 이상 보이지 않는다. 현종대 지방제도 정비에 따라 의학박사는 자연스레 소멸되고 의사만이 중앙에서 파견된 의관으로

---

122) 『高麗史節要』 卷3, 현종 9년 2월.
123) 『高麗史』 卷72, 輿服1 鹵簿. "外官衙從. 顯宗九年正月, 定大小各官守令衙從. 大都護府牧官使六, 副使五, 判官四, 司錄·法曹各三, 醫·文師各二. 中都護府使·副使·判官·法曹·醫·文師衙從[並同大都護府]."
124) 분사제도에 대해서는 河炫綱, 1988, 『韓國中世史硏究』, 一潮閣, 296~300쪽 참고.

남게 되었음을 짐작할 수 있다. 의사는 도호부·목에 소속된 관원이었기 때문에 의전행사에 참여하는 의무도 지고 있었다. 예를 들어 봉명사신(奉命使臣)에게 문성례(問聖禮)를 거행할 때나 명절 행사 때는 의사와 문사 등이 참여하도록 규정되었다.125)

도호부·목보다 상위의 지방제도로는 경(京)이 있다. 성종대에 동경의 관제를 정비하면서 의사를 배치하였음은 위에서 살핀 바와 같으며, 남경(南京)은 아직 경영되기 이전이다. 서경(西京)의 경우에는 명종대 기록이기는 하지만 '의사'가 있으므로,126) 현종대에도 의사가 존재했던 것으로 추정할 수 있다. 기존 연구에 따르면 현종 말년까지 지방관을 실제로 둔 지역은 3경, 1대도호부, 2도호부, 8목, 60지부주군사, 32진장, 20현령 등 126곳으로 추정되므로,127) 현종대를 기준으로 의사가 파견된 지방은 동경, 서경, 1대도호부, 2도호부, 8목이었을 것이다. 이 13곳의 지방 행정거점에 13명의 의사가 파견된 셈이다.128) 이처럼 의사가 도호부·목에 파견될 수 있었던 배경으로는 중앙의료기구의 정비와 광종~성종대의 의업 선발에 따라 의관 수가 증가하면서 지방에 신경을 쓸 수 있는 여력이 생긴 것을 꼽을 수 있다.

4도호 8목에서는 의학박사를 소환하였지만, 수도인 개경(開京)과 분사제도(分司制度)로 운영되던 서경에서는 의학박사가 의학교육을 담당했

---

125) 『高麗史』 卷68, 禮10 嘉禮 牧都護知州員同坐儀. "牧都護判官以上知州防禦副使判官以上同廳坐, 牧都護掌書記法曹知州防禦法曹別廳坐. 奉命使臣處問聖禮及有名日行禮, 則法曹以下醫文師後行敍立."
126) 『高麗史』 卷77, 百官2 外職 西京留守官, 명종 8년. "更定官制,……藥店, 醫師一人·記事二人·醫生五人."
127) 具山祐, 2003, 『高麗前期 鄕村支配體制 硏究』, 혜안, 175~177쪽.
128) 지방에 파견된 속관에 대해서는 박종기, 1997, 「고려시대의 지방관원들-속관(屬官)을 중심으로-」, 『역사와 현실』 24호 참고. 박종기는 의사가 경, 목, 대도호부에 13명이 파견되었다고 추정하였는데 동경, 4도호, 8목에 각각 1명씩이라고 계산한 듯하다.

다.129) 동경에서는 의학박사가 보이지 않는다. 의학교육을 전국 12목(혹은 3경 10도)에서 실시하려던 성종의 계획이 특수행정구역에 해당하는 개경과 서경으로 축소되었음을 알 수 있다. 의학박사 파견 지역이 축소되면서 의학교육의 약화는 불가피해졌을 것이다.

도호부와 목 등 주요 거점을 넘어 지방 전체의 의료제도는 어떠했을까? 여기에 대해서도 현종 9년(1018)에 관련 기록이 나타난다. 주부군현(州府郡縣)과 동서(東西) 제방어사(諸防禦使)·진장(鎭將)·현령(縣令)의 향리직(鄕吏職) 가운데 약점사(藥店史) 정원이 규정된 것이다.

모든 주부군현 가운데 1,000정(丁) 이상은 호장(戶長) 8명, 부호장(副戶長) 4명, 병정(兵正)·부병정(副兵正) 각 2명, 창정(倉正)·부창정(副倉正) 각 2명, 사(史) 20명, 병사(兵史)·창사(倉史) 각 10명, 공수사(公須史)·식록사(食祿史) 각 6명, 객사사(客舍史)·약점사(藥店史)·사옥사(司獄史) 각 4명으로 정하였다.

500정 이상은 호장 7명, 부호장 2명, 병정·부병정·창정·부창정 각 2명, 사 14명, 병사·창사 각 8명, 공수사·식록사 각 4명, 객창사·약점사·사옥사 각 2명으로 정하였다.

300정 이상은 호장 5명, 부호장·병정·창정·부병정·부창정 각 2명, 사 10명, 병사·창사 각 6명, 공수사·식록사 각 4명, 객사사·약점사·사옥사 각 2명으로 정하였다.

100정 이하는 호장 4명, 부호장·병정·창정·부병정·부창정 각 1명, 사 6명, 병사·창사 각 4명, 공수사·식록사 각 3명, 객사사·약점사 각 1명으로 정하였다.

동서(東西) 제방어사(諸防禦使) 진장(鎭將) 현령관(縣令官) 가운데 1,000정 이상은 호장 6명, 부호장·병정·창정·부병정·부창정 각 2명, 사 10명, 병사·창사 각 6명, 공수사 각 4명, 객사사·약점사·사옥사 각 2명으로

---

129) 인종 14년(1136) 서경에서는 의학박사 김공정이 있으므로 의학박사가 의생을 교육했음을 알 수 있다(『高麗史節要』 卷10, 인종 14년 2월). 그리고 서경 권무관록에는 의학원박사가 보인다(『高麗史』 卷80, 食貨3 祿俸 西京官祿, 문종 30년).

정하였다.

100정 이상은 호장 4명이며, 부호장 이하는 모두 1,000정 이상의 주현과 같이 정하였다.

100정 이하는 호장 2명, 부호장·병정·창정·부병정·부창정 각 1명, 사 6명, 병사·창사 각 4명, 공수사·객사사·약점사·사옥사 각 2명으로 정하였다.130)

이 기사는 정확한 달이 표기되어 있지 않지만, 이 해 2월의 12목 설치와 나란히 취해진 조치로 판단된다. 이 기록을 표로 작성하면 다음과 같다.

<표 3-1>에서 '동서 제방어사·진장·현령관'은 동계(東界)와 서계(西界) 즉 양계(兩界)의 행정구역을 의미하며,131) '주부군현'은 나머지 행정구역을 가리킨다.132) 경(京)이나 목(牧)이라는 표현은 빠져있지만 호족을 향리로 재편하는 내용이므로, 전국의 약점사 정원을 규정하는 조치로 이해된다. 고려에서 향리가 없던 지역은 왕실의 출신지역인 송악군(개경)

---

130) 『高麗史』 卷75, 選擧3 銓注 鄕職, 현종 9년. "定, 凡州府郡縣, 千丁以上, 戶長八人, 副戶長四人, 兵正·副兵正各二人, 倉正·副倉正各二人, 史二十人, 兵·倉史各十人, 公須·食祿史各六人, 客舍·藥店·司獄史各四人. 五百丁以上, 戶長七人, 副戶長二人, 兵正·副兵正·倉正·副倉正各二人, 史十四人, 兵倉史各八人, 公須·食祿史各四人, 客倉·藥店·司獄史各二人. 三百丁以上, 戶長五人, 副戶長·兵倉正·副兵倉正各二人, 史十人, 兵·倉史各六人, 公須·食祿史各四人, 客舍·藥店·司獄史各二人. 百丁以下, 戶長四人, 副戶長·兵倉正·副兵倉正各一人, 史六人, 兵·倉史各四人, 公須·食祿史各三人, 客舍·藥店史各一人. 東西諸防禦使·鎭將·縣令官, 千丁以上, 戶長六人, 副戶長·兵倉正·副兵倉正各一人, 史十人, 兵·倉史各六人, 公須史各四人, 客舍·藥店·司獄史各二人. 百丁以上, 戶長四人, 副戶長以下, 並同千丁以上州縣. 百丁以下, 戶長二人, 副戶長·兵倉正·副兵倉正各一人, 史六人, 兵·倉史各四人, 公須·客舍·藥店·司獄史各二人."

131) 李樹健, 1989, 「高麗時代 「邑司」 硏究」, 『國史館論叢』 3집, 85쪽 ; 具山祐, 2003, 『高麗前期 鄕村支配體制 硏究』, 혜안, 482쪽.

132) 흔히 고려의 지방제도를 '五道兩界'라고 표현하지만, 현종대에는 아직 五道가 형성되지 못하였다. '五道'의 일부가 그 윤곽을 드러내는 것은 문종 이후 十道名의 영향이 완전히 소멸하고 나서이며, 고종대 무렵부터 五道는 자리를 잡는다(河炫綱, 1988, 『韓國中世史硏究』, 一潮閣, 248쪽).

과 새로 건설된 서경뿐이었으며, 나머지 지역에서는 향리들이 읍사(邑司)를 구성해 향역(鄕役)을 지고 있었다.133) 따라서 약점사 임명은 향리가 없는 개경과 서경을 제외하고 전국에서 이루어졌다.134)

<표 3-1> 현종 9년 향리직 배치표

구분 향리직	州府郡縣				東西 諸防禦使・鎭將・縣令官		
	1000丁 이상	500丁 이상	300丁 이상	100丁 이하	1000丁 이상	100丁 이상	100丁 이하
戶長	8	7	5	4	6	4	2
副戶長	4	2	2	1	2	2	1
兵正	2	2	2	1	2	2	1
副兵正	2	2	2	1	2	2	1
倉正	2	2	2	1	2	2	1
副倉正	2	2	2	1	2	2	1
史	20	14	10	6	10	10	6
兵史	10	8	6	4	6	6	4
倉史	10	8	6	4	6	6	4
公須史	6	4	4	3	4	4	2
食祿史	6	4	4	3	4?	4?	-
客舍史	4	2	2	1	2	2	2
藥店史	4	2	2	1	2	2	2
司獄史	4	2	2	-	2	2	2
計	84	61	51	31	52?	50?	29

방어진과 주부군현에 약점이 있었듯이 상위 행정구역인 경(京)에도 약점은 존재하였다. 개경에서는 선종 9년(1092) 약점에 화재가 난 기록이 남아 있고,135) 문종 30년(1076) 서경의 권무관(權務官) 중에는 약점부사와 약점판관이 보인다.136) 물론 권무관인 서경의 약점부사 등은 향리가 아니

---

133) 李樹健, 1989,「高麗時代「邑司」研究」,『國史館論叢』3집, 73~74쪽.
134) 開城府에는 본래 鄕吏가 없다는 조선 초의 기록에 의해서도 고려시대 개경에 향리가 없었음을 알 수 있다(『世祖實錄』卷37, 세조 11년 11월 15일(己未)).
135)『高麗史』卷53, 五行1 火 火災, 선종 9년 3월. "祭器都監・藥店・兩司樓門及市巷民家六百四十戶火."
136)『高麗史』卷80, 食貨3 祿俸 西京官祿, 문종 30년. "權務官……十六石十斗[正設・陳

기 때문에 향리직인 약점사와는 다른 존재였다. 개경에서도 향리는 존재하지 않았으므로 개경의 약점 역시 중앙 관원들이 직접 운영하였다. 중앙의 행정력이 강하게 미치는 개경과 서경에서는 약점의 관직들도 향리에게 맡기지 않고 중앙관제로 통합시켰던 것이다.

『고려사』지리지에 따르면 고려는 4경(京) 8목(牧) 15부(府) 129군(郡) 335현(縣) 29진(鎭) 등 520개 행정구역으로 이루어져 있었다.137) 520개의 행정구역이 현종대 기록이 아닌 점을 감안하더라도, 정(丁)의 다소(多少)에 따라 1~4명의 약점사가 배치되므로 전국적으로는 최소 1,000명 이상의 약점사가 존재했을 것이다. 이처럼 약점(藥店)이라는 의료망을 전국에 걸쳐 촘촘히 구축함으로써 고려의 지방의료제도는 새로운 국면에 진입하였다. 중국에서 의료관서로 쓰인 예가 없는 약점은 호족을 재편하면서 설치한 고려만의 독특한 지방의료기구였다.138)

약점을 담당하는 관원인 약점사는 향리 가운데 정해졌다. 이미 성종 2년(983)에 주부군현에서 병부(兵部)를 사병(司兵)으로 재편성하는 등 향리를 호(戶) 계열(호장, 부호장, 호정, 부호정, 사), 병(兵) 계열(사병, 병정, 부병정, 병사), 창(倉) 계열(사창, 창정)로 구분한 바 있었는데,139) 현종

        設院・刪定都監・藥店・雍和・迎仙・綾羅店副使],……八石十斗[正設・陳設院・刪定都監・藥店・雍和・迎仙・綾羅店・大悲院・諸學院・八關寶・貨泉務判官, 醫學院博士]."
137) 『高麗史』卷56, 地理1. "惣京四牧八府十五郡一百二十九縣三百三十五鎭二十九." 고려의 군현수는 『고려사』지리지의 서문에 의하면 520개이지만, 『고려사』지리지의 내용을 토대로 계산하면 503개이다. 그리고 현종 9년 2월 기사에서는 전국 주군이 모두 116개(4도호 8목 56지주군사 28진장 20현령)이지만, 실제 『고려사』지리지를 토대로 정리하면 130개가 확인된다(박종진, 1997, 「고려시기 경제운영의 단위와 지방제도」, 『한국학연구』7집, 103~104쪽).
138) 중국의 지방의료제도 가운데 藥店史는 보이지 않는다. 예를 들어 唐의 醫事制度를 보면 貞觀 3년(629) 지방 의학교육이 확대되면서 지방의 의학교육기구는 醫藥博士가 관장하였으며, 의약박사는 나중에 醫學博士로 개칭되었다(魏子孝・聶莉芳, 1994, 『中醫中藥史』, 文津出版社, 181쪽).
139) 『高麗史』卷75, 選擧3 銓注 鄕職, 성종 2년. "改州府郡縣吏職, 以兵部爲司兵, 倉部爲

9년에 이르러 의료 관련의 향리직이 신설된 것이었다. 하지만 위 표에서 보듯이 약점사의 지위는 낮았다. 후술하듯이 문종 5년(1051) 주현 향리의 규정을 감안하면, 약점사는 향리직 9등급 중 공수사·식록사·객사사·사옥사와 함께 맨 아래에 위치하였다.

약점사들은 공납 약재의 납부, 국왕이 하사하는 약재의 관리, 치료와 진휼을 담당하였다. 우선 공납 약재의 수취와 납부는 약점사의 기본 임무였다. 뒤에서 살피겠지만 고려에서는 지방 수령과 향리가 공물(貢物)을 수취하여 중앙의 각 관청에 납부하였다. 주부군현의 세공은 산출지역에 따라 공적(貢籍)에 기입되어 관리되었다. 현재 남아 있는 기록으로 미루어 대표적인 약재인 인삼(人蔘)을 비롯하여 생강(生薑), 백자인(栢子仁) 등은 특산 약재였다. 따라서 공물로 할당된 특산 약재를 담당 향리인 약점사가 수취 납부하였음은 확실하다.

공납된 약재는 치료나 하사 외에도 분급을 통해 유통되는 것이 일반적이었다. 지방으로의 약재 분급에 활용된 통로가 앞서 살핀 외관출관의(外官出官儀)이다. 이 의식에서는 국왕이 하사하는 약을 받드는 절차[奉藥]가 핵심이었으며 정초와 매달 초하루에도 똑같은 의식이 반복되었다. 외관출관의를 통해 지속적으로 분급되는 약재는 각 지역의 약점사가 보관하고 사용하는 게 당연했을 것이다.

현종 16년(1025)에는 주현 장리(長吏)가 100일 이상 질병에 걸리면 파직하고 토지를 회수하도록 정하였다.[140] 향리들의 질병을 검사하고 병가(病暇)를 심사하는 데는 의관의 존재가 필수적일 텐데, 중앙에서 모든 주현에 의관을 파견하지는 못한 상태였다. 의사가 파견되지 않은 주현에서는 그

司倉, 堂大等爲戶長, 大等爲副戶長, 郎中爲戶正, 員外郎爲副戶正, 執事爲史, 兵部卿爲兵正, 筵上爲副兵正, 維乃爲兵史, 倉部卿爲倉正."

140) 『高麗史』 卷75, 選擧3 銓注 鄕職, 현종 16년 2월. "判, 諸州縣長吏病滿百日, 依京官例, 罷職收田."

임무를 약점사가 담당했으리라 판단된다. 뿐만 아니라 앞서 다룬 양성지의 언급을 미루어보면 백성들에 대한 치료와 진휼 역시 약점사의 임무였다.

따라서 지방의 약점(藥店)은 환자의 치료공간이자 약재의 유통공간이라고 할 수 있다. 각 주부군현에는 향리들의 읍사(邑司)가 있었다. 큰 주부(州府)는 백여 칸이고 중소 군현(郡縣)은 십여 칸이며 소현(小縣)은 4~5칸이었는데,[141] 약점도 읍사 건물 중 일부를 사용하였을 것이다. 약점에서 약을 유통시키더라도 당시 실정으로 미루어 유통 가능한 약재가 무한정하지는 않았다. 전염병이 창궐하는 등의 위급한 경우에는 약재들이 무료로 지급될 수 있었겠지만, 일반적으로는 약점의 약재들이 유료로 판매되었을 가능성이 높다.[142]

약점이 일종의 관영 상업기구로서도 기능하는 양상은 다른 기구들의 활동으로부터 추정이 가능하다. 고려의 관서 가운데 복두점(幞頭店), 취선점(聚仙店), 경선점(慶仙店), 서적점(書籍店)은 약점(藥店)처럼 관서명에 '점(店)'이 들어가는 관영 상업기구였다.[143] 예를 들어 복두점은 복두(幞頭)의 제작과 판매를 담당하였으며, 복두소(幞頭所)라고도 불렸다. 서경의 약점을 권무관이 담당하듯이 복두점의 책임자도 을과권무(乙科權務)인 녹사(錄事)였으며, 문종대에 정비되어 공양왕 3년(1391)까지 존속했다.[144] 그리고 서적점에서는 국내에서 간행한 서적을 주로 판매하였고, 숙종대에는 주식점(酒食店)을 개설하도록 명함으로써 화폐 이용을 자극하였다.[145] 민간에

---

141) 李樹健, 1989, 「高麗時代「邑司」硏究」, 『國史館論叢』 3집, 67쪽.
142) 미키 사카에와 홍순원은 주부현에 설치된 藥店이 향약을 채취 판매하고 조제와 투약도 담당한 지방의 공적의료기관이라고 추측했다(三木榮, 1963, 『朝鮮醫學史 及疾病史』, 自家 出版, 80쪽 ; 홍순원, 1981, 『조선보건사』, 과학백과사전출판사(청년세대, 1989), 106쪽).
143) 고려의 都監 가운데 '店'이 들어가는 관서는 4개이다(文炯萬, 1985, 『高麗 諸司都監 各色 硏究』, 동아대학교 박사학위논문, 7쪽).
144) 朴龍雲, 2005, 「고려시기의 幞頭와 幞頭店」, 『韓國史學報』 19호, 26쪽.
145) 安秉佑, 2002, 『高麗前期의 財政構造』, 서울대학교출판부, 196~200쪽.

서 구하기 어려운 물품이나 국가의 잉여 재화를 유통시키기 위해 설치된 이들 관영 상점처럼 약점도 약재를 공급했을 것이다.

현종대에 중앙 관원 파견과 향리 재편이 동시에 진행됨에 따라 중앙 관원과 향리의 관계를 새롭게 설정할 필요가 제기되었다. 중앙에서 관원이 파견된 지역에서는 향리들이 그 지휘 감독을 받는 것이 순리일 텐데, 실제로 현종 9년(1018) 발표된 지방관의 임무로는 향리들에 대한 감독이 강조되고 있었다.146) 전주목의 사례를 보면 사록겸장서기는 영군현과 속읍을 순찰하면서 향리들을 감독하였다.147) 향리인 약점사의 업무를 감독할 수 있는 계수관 관원으로는 의사밖에 없으므로 약점사는 의사의 지휘 아래 약점을 운영했으리라 판단된다. 다시 말하면 현종대를 기준으로 할 때 지방관의 일원으로서 도호부, 목 등에 파견된 13명의 의사가 일반 군현에 배정된 1,000명가량의 약점사를 지휘하는 구조였다.

현종대 지방의료제도의 두 축인 의사와 약점사와의 관계는 외견상 중앙 관원과 향리 사이의 위계로 설명된다. 조금 더 들여다보면 의업 합격 등을 통해 중앙의 의관이 된 의사와 약재수취 등의 업무로 지방 의료를 맡게 된 약점사 사이에는 실력 차이가 분명했을 것이다. 그렇지만 약점사는 지방의 토착세력인 향리이므로, 의사가 쉽게 통제할 수 있는 대상이 아니었다. 현실에서 의사가 약점사를 압도할 수 있는 강력한 수단은 깊은 의학적 지식과 효과 높은 치료술이었을 것이며, 동시에 업무 진행 과정을 통해 의사의 역량은 자연스레 약점사에게 전수되었을 것이다. 따라서 의사와 약점사의 이원구조는 의술의 고저를 반영한다. 의사가 직접 담당하는 도호부·목과 약점사만 배치된 일반 주부군현·방어진

---

146) 『高麗史』 卷75, 選擧3 銓注 選用守令, 현종 9년 2월. "新定諸州府員奉行六條, 一, 察民庶疾苦, 二, 察黑綏長吏能否, 三, 察盜賊姦猾, 四, 察民犯禁, 五, 察民孝弟廉潔, 六, 察吏錢穀散失."
147) 金晧東, 1987, 「高麗 武臣政權時代 地方統治의 一斷面－李奎報의 全州牧 '司錄兼掌書記'의 活動을 중심으로－」, 『嶠南史學』 3집.

사이에 단층(斷層)이 존재한다는 의미이다.

의료제도의 단층은 지방간의 간격보다 수도와 지방 사이의 격차가 훨씬 컸다. 국초부터 정비 과정을 밟아온 중앙의 의료제도를 근간으로 삼아 지방의료제도가 갖춰지고 있었던 까닭이다. 예를 들어 고종 4년(1217)에 병에 걸린 김취려(金就礪)는 개경으로 올라와 몇 달 동안 치료를 받았다.148) 고려 말에 해당하는 공민왕 16년(1367)에 이달충(李達衷)은 계림윤(鷄林尹)으로 임명되자, 자신은 수시로 의원을 찾아 약방문을 구하는 처지라며 사양하였다.149) 이처럼 개경의 의료수준이 지방보다 높다는 점은 자명하다. 지방의료제도의 전개 과정과 전국의 의료제도 편제를 검토해 보면 계서화(階序化)라는 사회운영원리가 지역에 따른 차별로 구체화되고 있음을 확인할 수 있다.

요컨대 현종대에는 의사-약점사의 이원적인 지방의료제도가 성립하였다. 현종 9년을 기점으로 약점은 전국에 걸쳐 설치되었으며, 개경과 서경을 제외하고는 향리에서 연원한 약점사가 근무하였다. 약점은 약재의 유통공간이자 치료공간으로 활용되었다. 전국적인 약점 설치에도 불구하고 의학박사 대신 의사가 배치되면서 의사 파견이 도호부·목으로 제한된 것은 지방의료제도 정비의 또 다른 실상을 보여준다. 도호부와 목은 중앙권력이 직접 침투하는 의료제도상의 한계선이었다.

---

148) 『高麗史節要』 卷15, 고종 4년 10월. "忽遘疾, 將佐請歸就醫藥. 答曰, 寧爲邊城鬼, 豈可輿疾, 求安於家乎. 疾甚, 勅歸京理疾, 以肩輿至京. 累月乃瘳."
149) 李達衷, 『霽亭先生文集』 卷2, 表 辭鷄林尹表. "少多疾病, 老而彌篤, 恐出守遐方, 不得保安餘喘……患風痺而未瘳, 時剝啄於醫門, 求藥方而輒療, 苟如守其邊遠, 何以養此摧頹."

2) 의직의 세분화와 약점사로의 일원화

(1) 문종대 의학 배치와 약점사의 세분화

『고려사』 백관지에 따르면 문종대에도 여전히 대도호부, 목, 대도독부에는 의사가 있었다. 현종대까지는 방어진과 주부군현에 약점사만 배치하고 의사는 파견되지 않았는데, 문종은 일부 방어진과 주군에 '의학(醫學)'을 추가 배치하여 치료를 맡겼다.

  대도호부(大都護府). 문종대에 그 관제를 정하였다. 사는 1명인데 3품이상으로, 부사는 1명인데 4품 이상으로, 판관은 1명인데 6품 이상으로, 사록겸장서기는 1명인데 7품 이상으로, 법조는 1명인데 8품 이상으로, 의사(醫師) 1명과 문사 1명은 모두 9품으로 하였다.……
  제목(諸牧). 관원 정원과 그 품계는 대도호부와 같다.……
  대도독부(大都督府). 역시 위와 같다.
  중도호부(中都護府). 문종이 정하기를 사는 1명인데 4품 이상으로, 부사는 1명인데 5품 이상으로, 판관겸장서기는 1명인데 6품 이상으로, 법조는 1명인데 8품 이상으로 하였다.……
  방어진(防禦鎭). 문종이 정하기를 사는 1명인데 5품 이상으로, 부사는 1명인데 6품 이상으로, 판관은 1명인데 7품으로, 법조는 1명인데 8품 이상으로 하였다. 혹 어떤 곳에는 문학(文學) 1명을 더 두어서 글 가르치는 임무를 맡게 하고, 의학(醫學) 1명을 더 두어서 치료하는 임무를 맡게 하였다.
  지주군(知州郡). 관원의 품질(品秩)은 방어진과 같다. 후에 지사, 판관만 두거나 지사만 두기도 하였다.[150]

---

150) 『高麗史』 卷77, 百官2 外職. "大都護府. 文宗定官制. 使一人三品以上, 副使一人四品以上, 判官一人六品以上, 司錄兼掌書記一人七品以上, 法曹一人八品以上, 醫師一人・文師一人並九品.……諸牧. 員吏品秩同大都護.……大都督府. 亦同上. 中都護府. 文宗定, 使一人四品以上, 副使一人五品以上, 判官兼掌書記一人六品以上, 法曹一人八品以上.……防禦鎭. 文宗定, 使一人五品以上, 副使一人六品以上, 判官一人七品, 法曹一人八品以上. 或加置文學一人, 以任講學, 醫學一人, 以任療病. 知州郡. 員吏品秩同防禦鎭, 後只置知事判官, 或只置知事." 이 기록에는 중도호부의 '의사'

아울러 문종대에는 향리직에서도 약점사(藥店史)가 약점정(藥店正), 부약점정(副藥店正), 약점사(藥店史)로 세분화되면서 약점정은 부호정(副戶正)에 준하는 등 치밀하게 규정되었다. 즉 문종 5년(1051) 10월에 "모든 주현 아전들의 초직(初職)은 제단사(諸壇史)[後壇史]이며, 두 번째 오르면 병사(兵史)·창사(倉史)가 되고, 세 번째 오르면 주부군현의 사(史)가 되며, 네 번째 오르면 부병정(副兵正)·부창정(副倉正)이 되고, 다섯 번째 오르면 부호정(副戶正)이 되며, 여섯 번째 오르면 호정(戶正)이 되고, 일곱 번째 오르면 병정(兵正)·창정(倉正)이 되며, 여덟 번째 오르면 부호장(副戶長)이 되고, 아홉 번째 오르면 호장(戶長)이 된다. 공수정(公須正)·식록정(食祿正)은 호정에 준(准)하고, 부공수정·부식록정은 부병정·부창정에 준하며, 객사정(客舍正)·약점정(藥店正)·사옥정(司獄正)은 부호정에 준하고, 부객사정·부약점정·부사옥정은 주부군현의 사에 준한다. 가풍(家風)이 호정·부병정·부창정에 미치지 못하는 사람으로 임명하되, 만일 여러 대 가풍이 있는 집 자식이면 초직(初職)을 병사·창사로 임명하고, 그렇지 못한 자는 초직에 제단사(諸壇史)[後壇史]로 임명한다"라고 결정하였다.[151] 이 기록을 표로 만들면 다음과 같다.

에 대한 명확한 규정이 보이지 않는다. 앞서 살핀 것처럼 현종 9년의 胥從 규정에서는 중도호부에 의사가 배속되어 있다. 중도호부의 의사가 현종대에는 있다가 문종대에는 도태된 것인지, 문종대 기록에 누락이 있는 것인지는 알 수 없다. 하지만 문종대에 '의학'을 추가 배치할 정도로 지방의료제도가 확대되고 태의감 등의 중앙의료기구가 정비되었다는 점을 감안하면, 문종대 중도호부에도 여전히 의사가 존속했을 가능성이 크다.

151) 『高麗史』 卷75, 選擧3 銓注 鄕職, 문종 5년 10월. "判, 諸州縣史, 初職後壇史, 二轉兵倉史, 三轉州府郡縣史, 四轉副兵倉正, 五轉副戶正, 六轉戶正, 七轉兵倉正, 八轉副戶長, 九轉戶長. 其公須食祿正准戶正, 副正准副兵倉正, 客舍藥店司獄正准副戶正, 副正准州府郡縣史. 以家風不及戶正副兵倉正者差之, 若累世有家風子息, 初授兵倉史, 其次初授後壇史." 현종 9년 기록에는 '後壇史'로 표기되어 있지만, 천관우는 '諸壇正'과 같은 용례라고 밝히면서 '諸壇史'로 바로잡았다(千寬宇, 1979, 「閑人考」, 『近世朝鮮史研究』, 一潮閣, 33~34쪽).

III. 중앙집권적 의료제도의 성립 133

<표 3-2> 문종 5년 향리직 배치표

등급	직명	동급	비고
1	戶長		
2	副戶長		
3	兵正・倉正		
4	戶正	公須正・食祿正	
5	副戶正	客舍正・藥店正・司獄正	
6	副兵正・副倉正	副公須正・副食祿正	
7	史	副客舍正・副藥店正・副司獄正	
8	兵史・倉史		家風 鄕吏의 初職
9	諸壇史	公須史・食祿史・客舍史・藥店史・司獄史	一般 鄕吏의 初職

 이 표를 현종 9년(1018)의 향리직 규정과 함께 검토해 보면 약점사는 공수사, 식록사, 객사사, 사옥사와 동급으로서 초직에 해당하며, 약점정과 부약점정 역시 향리직 5등급과 7등급이어서 높다고는 할 수 없다. 지방의료제도를 구축하기 위해 약점사제도를 만들었지만 약점사가 그리 비중 있는 직책은 아니었던 것이다. 하지만 문종 5년의 조치에 따라 약점사→부약점정→약점정 등으로 세분화되면서 의관으로서 승진할 수 있는 통로가 마련되었다. 약점사가 제도적으로 안정되면서 지방의료의 주축으로 자리잡게 된 것이다.

 문종대에 지방관원 축소를 추진했음에도 불구하고[152] 의학(醫學)이 추가로 배치되고 약점사(藥店史)가 세분화되는 등 지방의료제도가 오히려 확대되는 것은 의료에 대한 관심 제고 및 대우 개선과 동일한 맥락이었다. 중앙의료기구인 태의감과 상약국의 관제도 문종대에 정비되었음을 상기할 필요가 있다. 목종대 개정전시과와 문종대 갱정전시과를 비교한 연구에 따르면, 태의감・상약국의 의관들은 목종대에 문무관보다도 낮은 전시를 지급받았다가 문종대에는 동일한 품계인 문관과 똑같은 과등의 전시를

---

152) 『高麗史』卷7, 世家7, 문종 원년 11월. "尙書吏部奏, 伏准宣旨, 凡內外大小衙門官員, 皆減一人, 惟巡邊官司, 仍舊. 今伏審湞西・山南道州牧務劇, 員少事多, 壅滯甚爲不便. 請岳牧州府員數, 並令仍舊, 永爲定制. 從之."

받거나 상향되면서 차별이 거의 없어졌다.153)

동경의 외관 배치에 이어 문종대에는 남경에도 의사(醫師)를 배치하였다. 의사 배치는 문종 21년(1067) 12월 남경유수를 둘 때의 조치가 확실한데,154) 동경 및 대도호부·목과 비슷한 관원 구성이다. 문종대에도 현종대의 지방제도를 기준으로 삼고 있음을 다시 확인하게 된다.

　　남경유수관(南京留守官).
　　문종이 양주를 남경(南京)이라 하였다. 유수 1명을 두되 3품 이상으로 하고, 부유수 1명은 4품 이상으로 하고, 판관 1명은 6품 이상으로 하고, 사록참군사·장서기 각 1명은 모두 7품 이상으로 하고, 법조 1명은 8품 이상으로 하고, 문사 1명·의사(醫師) 1명은 모두 9품 이상으로 하였다.155)

그런데 각지에 파견된 의사(醫師)에 대해서는 풀리지 않는 문제가 있다. 『고려사』 식화지 녹봉조(祿俸條)에 의하면 동경의 외관록은 덕종, 문종, 인종대에 변동을 거치는데 의사에 대한 녹봉 기록이 전혀 없는 것이다.156) 동경 관원 가운데 외관록에 들어있지 않는 사람, 즉 녹봉을 받지 않은 관원은 의사(醫師)와 문사(文師)뿐이다. 나아가 도호부와 목에 배치된 의사들에 대한 녹봉 규정도 외관록에서는 보이지 않는다. 백관(百官)에서 주부군현(州府郡縣)에 이르기까지 누구나 녹(祿)이 있어서 염치(廉恥)를 기르도록 한다는 녹봉 지급의 원칙에 비추어보면,157) 궁금하기 짝이 없는 일이다.

---

153) 이미숙, 2001, 「高麗時代 醫官의 임무와 사회적 지위」, 『湖西史學』 31집, 14쪽.
154) 『高麗史節要』 卷5, 문종 21년 12월. "改楊州, 爲南京留守官, 徙旁郡民, 實之."
155) 『高麗史』 卷77, 百官2 外職. "南京留守官. 文宗以楊州爲南京. 置留守一人三品以上, 副留守一人四品以上, 判官一人六品以上, 司錄叅軍事·掌書記各一人並七品以上, 法曹一人八品以上, 文師一人·醫師一人並九品以上."
156) 『高麗史』 卷80, 食貨3 祿俸 外官祿. 인종대에도 서경 약점에는 의사, 기사, 의생이 배치되어 있지만 서경 의사의 녹봉 규정은 없다(『高麗史』 卷80, 食貨3 祿俸 外官祿, 인종조). 동경관록을 비롯한 외관록에 대해서는 崔貞煥, 2000, 「高麗時期 外官祿의 整備」, 『韓國中世史論叢』, 李樹健教授停年紀念 韓國中世史論叢 刊行委員會 참고.

의사가 녹봉조에 전혀 등장하지 않는 이유로는 몇 가지 추측이 가능하지만,158) 의사에게는 녹봉 없이 토지만을 지급한 것 같다. 문종 30년(1076) 태의감의 전시과 규정과 문무반록 규정을 비교하면, 녹봉을 받지 않으면서 전지(田地) 22결만 지급받는 의침사(醫針師)와 전지(田地) 20결만 지급받는 주약(注藥)·약동(藥童)·주금사(呪噤師)가 나타난다.159) 그리고 문종 30년(1076) 12월에는 의업 합격자에게 다른 과거 출신자처럼 17~20결을 지급하도록 결정하였다.160) 의사의 경우에도 태의감 의침사처럼 토지만 지급받았던 것으로 판단된다.

조금 더 보완하자면 고려시대 묘지명에 등장하는 많은 사례에 비추어 초사외관직(初仕外官職)은 녹봉을 받지 못하는 무록관(無祿官)이었다.161) 김충(金沖) 묘지명을 보면 명종 8년(1178) 과거 합격자가 무록관으로 지방관을 역임한 후 녹관인 중앙관으로 나아가는 것이 당연하다는 듯이 서술되어 있으며,162) 조선의 경우이기는 하지만 종9품 심약(審藥) 1~3명은 각도에 배치되는데 무록관이었다.163) 의사 역시 초사외관직이었다면 지방에서 의직(醫職)을 맡아 실무를 익히고 경력을 쌓은 후에야 중앙의 의관으로 입성하게 되는 셈이다.

---

157) 『高麗史』 卷80, 食貨3 祿俸. "內而妃主宗室百官, 外而三京州府郡縣, 莫不有祿, 以養廉恥."
158) 의사의 녹봉 지급 여부에 대해서는 다른 글에서 자세히 검토하였다(이경록, 2007, 「고려전기의 지방의료제도」, 『醫史學』 16권 2호).
159) '<표 4-1> 목종 원년과 문종 30년의 의직 관련 전시 지급표'; '<표 4-2> 문종 30년의 의직 관련 녹봉 지급표' 참고.
160) 『高麗史』 卷74, 選擧2 科目2 崇獎之典, 문종 30년 12월. "是月, 判, 國制, 製述·明經·明法·明書筭業出身, 初年, 給田甲科二十結, 其餘十七結, 何論業出身, 義理通曉者, 第二年給田, 其他手品雜事出身者, 亦於四年後給田. 唯醫·卜·地理業, 未有定法, 亦依明法·書·筭例, 給田."
161) 李鎭漢, 1999, 『고려전기 官職과 祿俸의 관계 연구』, 一志社, 72~80쪽.
162) 金沖 墓誌銘(김용선, 2006, 『개정판 역주 고려묘지명 집성』(상), 한림대학교출판부, 468~469쪽). "不經外寄, 直就祿仕."
163) 『經國大典』 卷1, 吏典 外官職 京畿.

이상에서 살핀 바와 같이 문종대를 기준으로 3경(서경, 동경, 남경)·도호부·도독부·목에는 의사(醫師)가, 일부 방어진·주군에는 의학(醫學)이, 모든 지역에는 약점정·부약점정·약점사 등의 약점사(藥店史)들이 배치되어 있었다. 지방의료제도의 확대에 따라 문종대에는 의사, 의학, 약점사가 혼재하는 양상이다. 하지만 의학은 그 후 지방 관직에서 발견되지 않을 정도로 미미하다. 대체로 현종대 이래의 의사-약점사의 이원구조가 문종대까지도 지속되었다고 평가할 수 있다.

(2) 예종대 약점사로의 일원화

의사의 배치는 현존 기록에서 예종 3년(1108)까지 확인된다. 여진과의 전쟁에서 승리하면서 함주대도독부(咸州大都督府)를 설치하게 되자 의사를 임명하였다.

> 상서(尙書) 유택(柳澤)을 함주대도독부사로 삼고, 부사·판관·사록·장서기·법조·의사(醫師) 등의 관원을 두었다. 또 영주·복주·웅주·길주의 4주 및 공험진에 방어사·부사·판관을 두었다.[164]

이듬해인 예종 4년(1109)에 함주사록(咸州司錄) 유원서(兪元胥)가 보이는 것으로 미루어[165] 함주에는 사록이 있었듯이 의사(醫師) 역시 실제로 배치된 게 분명하다. 반면 영주, 복주, 웅주, 길주와 공험진에 의학(醫學)을 배치하지 않은 점도 흥미롭다. 의학이 지방관제의 필수 관원은 아니지만, 공험진 같은 전략요충지에 관제를 신설하는데 문종대의 의학은 전혀 나타나지 않는 것이다. 예종대 이후로는 지방에 사, 판관, 사록만 파견하면

---

164) 『高麗史節要』 卷7, 예종 3년 2월. "以尙書柳澤爲咸州大都督府使, 置副使·判官·司錄·掌書記·法曹·醫師等官. 又置英·福·雄·吉四州及公嶮鎭防禦使·副·判官."
165) 『高麗史節要』 卷7, 예종 4년 6월.

III. 중앙집권적 의료제도의 성립 137

서 이전 시기의 의사(醫師)와 의학(醫學)은 지방관제에서 사라져갔다.

> 대도호부.……예종 11년(1116)에 대도호부·목의 판관(判官)을 통판(通判)으로 고쳤고, 그 후에는 다만 사·판관·사록만을 두었다.166)

사록까지는 지방통치에 불가결한 관원으로 인식하였지만, 의사와 문사는 그렇지 않다는 저간의 판단이 깔려있는 듯하다. 예종은 즉위하자마자 3경(京)과 8목(牧)의 통판(通判) 이상 및 지주사(知州事) 현령(縣令) 가운데 문과(文科) 출신인 자에게 학사(學事)를 겸하도록 지시함으로써167) 문사의 임무를 유명무실하게 만든 바 있었다. 의사가 파견되지 않는 것은 지방 지배력의 한계일 수도 있지만, 예종대에 들어 지방제도정책이 바뀐 것도 사실이었다. 즉 4도호 8목 등의 계수관에서는 관원수를 줄이되 속군현에는 감무(監務)를 파견하면서 중앙에서 직접 관할하는 군현의 숫자를 늘리는 방향이었다.168)

지방에서 의사의 임무를 떠맡은 사람은 약점사였을 것이다. 이미 언급한 바와 같이 의사의 임무로는 약재 공납, 백성 치료, 약점사 지휘 등을 들 수 있다. 그런데 약재 채취와 수납은 약점사의 고유 임무여서 의사가 관여할 여지가 많지 않았고, 계수관 내 일반 민들의 치료는 의사 혼자서 감당할 수 있는 바가 아니었으며, 약점사 관리는 계수관에서 관할한다고 해서 그 내용이 크게 달라질 수는 없었다. 현종~문종대를 거치면서 약점사

---

166) 『高麗史』 卷77, 百官2 外職. "大都護府.……睿宗十一年, 改大都護·牧判官爲通判, 後只置使·判官·司錄."
167) 『高麗史』 卷74, 選擧2 學校. "睿宗卽位, 制, 三京八牧通判以上及知州事縣令由文科出身者, 兼管勾學事."
168) 감무의 파견과 예종대의 정치상황에 대해서는 다음 연구가 참고된다(金東洙, 1989, 「고려 중·후기의 監務 파견」, 『全南史學』 3집 ; 이인재, 1990, 「고려 중후기 지방제 개혁과 감무」, 『外大史學』 3집 ; 박종기, 1993, 「예종대 정치개혁과 정치세력의 변동」, 『역사와 현실』 9호).

가 세분화되고 안정되어 지방의료제도를 지탱할 정도로 성장하자, 예종은 약점사만으로 충분하다고 인식한 것 같다. 지방관제 간소화의 일환으로 동경(東京) 등 특수행정구역 이외의 의사는 도태되면서 약점사만이 유일한 지방 의관으로 남게 된 셈이었다. 이에 따라 의사-약점사의 이원구조는 예종대 이후 약점정·부약점정·약점사라는 약점사(藥店史) 계열만의 일원구조로 변화하였다.

예종대 이후 지방의 약점은 어떻게 되었을까? 아쉽게도 약점에 대해 많은 기록이 남아 있지 않지만 약점은 지방의 의료제도로서 존속하였다. 서경(西京)의 사례를 보면 약점에는 공해전 7결을 배정하였는데,[169] 여타 지역의 경우에도 약점의 운영경비를 지탱하기 위해 공해전이 할당되었을 것이다. 조선 세종대에는 수원, 양주, 진위 등의 약점위전(藥店位田) 기록이 보이는데,[170] 이는 세종대 전제개혁(田制改革)때까지 존속했던 약점의 흔적으로 이해된다. 약점사들에게는 호장들과 마찬가지로 복무의 대가로 직전(職田)이 지급되었으리라 추측된다.[171]

향리직 가운데 약점사가 반드시 한 가문에서 세습되지는 않은 듯하다. 안동(安東) 권씨(權氏)나 안동(安東) 김득우(金得雨) 가문(家門)의 사례에서는 후손들이 과거를 통해 중앙으로 진출하는 경우와 호족으로 잔류하면서 호장, 부호장, 식록정, 부식록정, 병정 등을 역임하는 경우가 발견되는데, 후손들이 맡은 향리직은 일정하지 않다.[172] 즉 향리직은 세습되었고 몇

---

169) 『高麗史』 卷78, 食貨1 田制 公廨田柴, 명종 8년 4월. "更定西京公廨田, 有差……藥店公廨田七結."
170) 『世宗實錄』 卷109, 세종 27년 7월 13일(乙酉). "議政府據戶曹呈申, 今田制改詳定事及可革條件, 磨勘後錄.……一, 京畿水原楊州振威藥店位田八結七十八卜一束, 此他道所無, 亦並革之.……從之." 안병우는 이 기록의 약점위전 8結 78卜 1束이 서경의 약점 공해전 7結이라고 추정하였다(安秉佑, 1992, 「高麗時期 中央各司 公廨田의 設置와 運營」, 『한신논문집』 9집, 19쪽).
171) 『高麗史』 卷78, 食貨1 田制 田柴科, 목종 원년 3월. "賜郡縣安逸戶長職田之半."
172) 李樹健, 1989, 「高麗時代 「邑司」 研究」, 『國史館論叢』 3집, 88~89쪽.

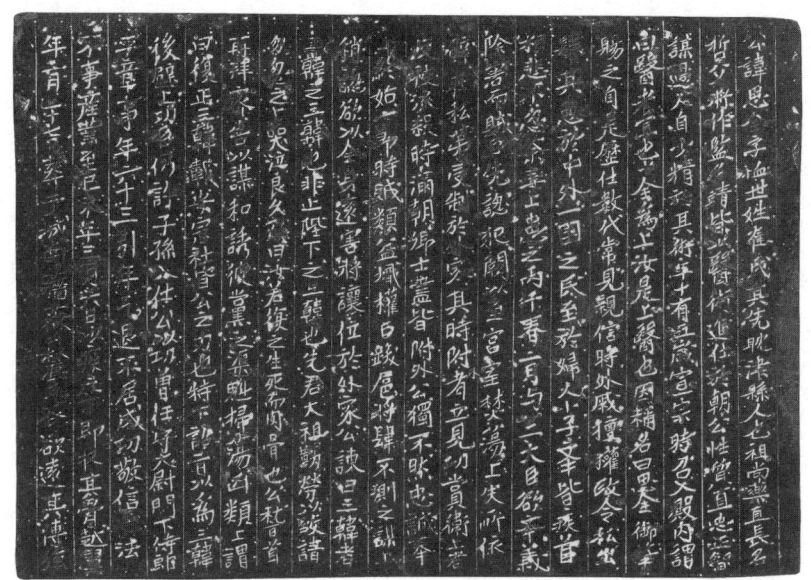

고려시대에 의술로 유명한 최사전(崔思全)의 묘지명. 15세 소년이던 그에게 선종(宣宗)이 사전(思全)이라는 이름을 하사하였다. '의원은 모든 것을 온전하게 하는 것[十全]을 으뜸으로 삼아야 한다'는 격려였다.
ⓒ국립광주박물관

개 향리 가문에서 독점했지만, 특정 가문에서 특정 향리직을 세습하는 경우는 드물었다.

하지만 의업의 경우에는 약재 수취나 치료에 있어서 깊은 전문 지식이 필요하므로 세습하는 사례가 없지만은 않았다. 최사전(崔思全)은 예종대에 의술로 유명하였는데, 조부인 최철(崔哲)과 아버지인 최정(崔靖) 역시 의술로 조정에 나아갔다.[173] 계림 출신인 설경성(薛景成)의 집안도 대대로 의술을 업으로 삼았는데, 설경성 또한 의술에 정통하였으므로 상약의좌(尙藥醫佐)로 관직을 시작하였다.[174] 삼대(三代)가 의업에 종사한 최사전 집안이나 대대로 의술을 업으로 삼았다는 설경성 집안은 약점사를 세습했을

---

173) 『高麗史』 卷98, 列傳11 崔思全 ; 崔思全 墓誌銘(김용선, 2006, 『개정판 역주 고려묘지명 집성』(상), 한림대학교출판부, 99~102쪽).
174) 『高麗史』 卷122, 列傳35 薛景成.

가능성이 높다.

향리들이 과거를 통해 중앙관직에 진출하여 신분 상승에 성공하는 것처럼[175] 약점사 중 일부도 의업을 통해 중앙 의직으로 진출하여 신분을 상승시켰다. 안향(安珦)의 아버지인 안부(安孚)는 홍주(興州)의 주리(州吏)로서 의업(醫業)에 급제하여 밀직부사에까지 이르렀다.[176] 약점사를 세습하거나 의업에 급제하기 위해서는 어느 정도의 실력과 지식을 축적하지 않으면 안 되었다. 더구나 앞서 말한 것처럼 약점사의 정원은 1,000정(丁)이 넘는 지역이라 할지라도 최대 4명으로 제한된 상태였다. 이 때문에 약점사는 전문의료인으로 전화하면서 고려의 지방의료제도를 지탱하는 근간이 되었다.

약점사 중 일부는 민간에서 의업에 종사하는 수밖에 없었다. 아무리 큰 지역이라 할지라도 약점사는 4명으로 제한되었으므로 의학을 공부한 향리들 모두가 약점에서 근무하기는 어려웠으며, 70세가 넘은 약점사는 은퇴해야 했기 때문이다.[177] 약점사가 되기 위한 경쟁에서 밀리거나 은퇴한 경우에는 자연스레 민간의 의료인으로서 활동했을 것이다. 이들이 민간의료를 담당하는 의료인의 육성과 의학 지식의 전승에 깊게 관여했을 개연성은 충분하다.

이상과 같이 고려의 지방의료제도는 국가체제 강화의 여정을 따라 정비되었다. 성종이 지방에 의학박사(醫學博士)를 파견한 이래 현종은 주요 행정거점에 의사(醫師)를 배치하는 동시에 주부군현에는 약점사(藥店

---

175) 蔡靖은 본래 음성현 아전이었는데 과거 급제 후 東都書記를 거쳐 樞密副使까지 올랐다(『高麗史』 卷103, 列傳16 蔡靖).
176) 『高麗史』 卷105, 列傳18 安珦.
177) 『高麗史』 卷75, 選擧3 銓注 鄕職, 목종 원년 3월. "判, 諸州縣戶長年滿七十, 屬安逸"; 『高麗史』 卷78, 食貨1 田制 田柴科, 현종 19년 5월. "判, 鄕職大丞以上, 正職別將以上, 人身死後, 田丁遞立. 鄕職左丞以下, 元尹以上, 正職散員以下, 年滿七十人, 令其子孫遞立, 無後者, 身歿後遞立."

史)를 배정하여 지방의료제도의 초석을 놓았다. 문종대에는 의학(醫學)을 배치하거나 약점사(藥店史)를 세분화하는 등의 확대도 있었지만 예종대 이후로는 약점사(藥店史) 계열로만 일원화되었다. 전국 의료제도의 연혁을 검토해보면 수도, 주요 행정거점, 일반 군현의 의료기구는 그 설립 시기와 위상에서 차이가 분명하였다. 의료기구들 사이의 위상 차이는 고려의 사회질서가 계서적인 데서 비롯된 것이지만, 동시에 지방에 온전히 침투하지 못하는 중앙권력의 한계를 드러내는 부분이기도 하다.

3. 대민의료정책과 지배체제

1) 대민의료기구의 운영

고려에서 대민의료가 일시적인 시혜 조치로 끝나는 것이 아니라 의료기구를 운영할 정도로 제도화되었다는 것은 그만큼 대민안정이 중요한 과제였음을 증명한다. 후삼국 간의 쟁패 이래로 혹심한 토공(土功)과 실농(失農) 때문에 대규모 유민이 발생하였다.[178] 고려를 건국하자마자 태조가 기근(饑饉) 질병(疾病)으로 백성들이 유리하는 상황을 한탄하면서 3년간의 조세와 부역을 면제한 조치는[179] 국가의 존망이 일반 민들의 안정에 달린 상태였음을 잘 보여준다. 국가로서는 유민들을 공민화(公民化)시키면서 사회를 안정시킬 필요가 있었으며, 유민 통제를 위한 선행 조치로 이들을 구휼하려 했던 것이다.[180]

---

178) 고려 건국에 즈음한 유민들의 성분과 사회적 영향에 대해서는 金昌謙, 2000, 「高麗 建國期 流移民의 樣相」, 『韓國中世史論叢』, 李樹健敎授停年紀念 韓國中世史論叢 刊行委員會 참고.
179) 『高麗史』 卷1, 世家1, 태조 원년 8월 ; 『高麗史』 卷80, 食貨3 賑恤 恩免之制, 태조 원년 8월.
180) 국가에서 일반 민들을 公民化하려는 것은 그 이전 시기부터 내려온 추세였다. 新羅 中代王權의 강화 과정에서도 국왕의 지배가 일반 민들에게 전면적으로

대민의료에 관한 기록들은 성종대에 시작하여 목종과 현종대에 소나기처럼 쏟아진다. 성종을 이은 목종은 즉위하자마자 은면(恩免)의 하나로 질병 치료를 지시하였다. 모든 백성이 치료를 받은 것은 아니겠지만 이 은면은 일반 민들을 의료의 대상으로 삼은 최초의 조치였다.

> 위봉루에 행차하여 사면령을 반포하고, 3년간의 역(役)을 면제하고, 1년의 조(租)를 감면하고, 기구(耆舊)를 구휼하고, 효자와 순손을 표창하고, 죄지은 이를 씻어 주고, 질병(疾病)에 걸린 자를 구제하고, 밀린 부채를 덜어 주고, 체납한 조세(租稅)를 면제하였다.181)

대민의료는 현종대에도 계속 이어졌다. 현종 역시 즉위하자마자 늙고 병든 사람을 치료하도록 지시한 데 이어 남녀 백성과 독질자(篤疾者)에게 약(藥)을 하사하였으며, 재위 9년(1018)에는 개경에 전염병이 창궐하자 의관(醫官)을 파견하였다.

> 전국의 죄수를 석방하고 늙고 병든 사람을 치료하며, 체납한 조세를 면제하고 요역을 가볍게 하였다.182)

> 구정(毬庭)에 행차하여 80세 이상의 남녀 백성과 독질자 635명을 모아 주식(酒食)·포백(布帛)·차(茶)·약(藥)을 차등 있게 하사했다.183)

관철되는 공민화 경향이 나타났다(김영하, 2007, 『新羅中代社會硏究』, 일지사, 182~187쪽). 채웅석도 중세의 성립에 해당하는 고려 전기에는 일반 민들이 국가의 공민이 되어 지배층의 침탈로부터 보호받는다는 점을 지적한다(蔡雄錫, 2000, 『高麗時代의 國家와 地方社會』, 서울대학교출판부, 97쪽).

181) 『高麗史節要』 卷2, 목종 즉위년 12월. "御威鳳樓, 頒赦, 放三年役, 除一年租, 恤耆舊, 褒孝順, 洗痕累, 救疾病, 蠲欠負, 放逋懸."
182) 『高麗史節要』 卷2, 현종 즉위년 4월. "赦境內, 養老病, 放逋懸, 輕徭役."
183) 『高麗史』 卷4, 世家4, 현종 즉위년 7월. "御毬庭, 集民男女年八十以上及篤疾者六百三十五人, 賜酒食·布帛·茶·藥有差."

누른 안개가 사방에 자욱하게 낀 지 4일이나 되자 서울에 장역(瘴疫)을 앓는 사람이 많으므로 왕이 의관(醫官)을 나누어 보내 치료했다.[184]

의료의 대상이 지배층을 넘어 일반 민들 전체여야 한다는 의료관은 고려시대 내내 유지되었다. 공민왕은 "의약으로 사람을 살리는 것은 인정(仁政)에서 우선시한다"라고 표방하였으며,[185] 공양왕대에는 호부가(豪富家)만을 치료하는 의관에게 모든 사람을 치료하도록 하고 이를 어길 경우에는 처벌하자고 건의되었다.[186] 고려 전기만 하더라도 태의감 등에 배치된 의관의 임무는 고위 관원의 치료였는데, 고려 후기에는 모든 사람을 치료하는 것으로 의관의 임무가 변경되었던 것이다. 의료가 그만큼 치료대상을 확장하면서 보편화해갔음을 알 수 있다.

이제 일반 민들을 구료하기 위해 설치된 대민의료기구를 살펴보려고 한다. 지방에 배치된 약점은 앞에서 살폈으므로 중앙의 대민의료기구에 해당하는 제위보(濟危寶), 동서대비원(東西大悲院), 혜민국(惠民局)을 차례로 정리하겠다.

(1) 제위보

유민을 구휼하기 위해 광종이 재위 14년(963)에 제위보를 개경 외곽에 설치했음은 앞서 살펴보았다. 교통 요지에 설치된 제위보에서는 유리하는 일반 민들이 개경으로 몰려드는 것을 통제하였을 것이다. 제위보는 광종 개인의 결단에 따라 설치된 데다 국가기구의 미정비로 인해 운영이 원활하

---

184) 『高麗史』 卷4, 世家4, 현종 9년 4월. "黃霧四塞, 凡四日, 京城多患瘴疫, 王分遣醫, 療之."
185) 『高麗史』 卷80, 食貨3 賑恤 水旱疫癘賑貸之制, 공민왕 20년 12월. "下敎,……一, 醫藥活人, 仁政所先."
186) 『高麗史』 卷85, 刑法2 禁令, 공양왕 4년 3월. 조선에서는 태조 원년(1392)부터 귀천을 가리지 않고 치료하는 것이 의관의 임무라고 규정되었다(『世宗實錄』 卷10, 세종 2년 11월 7일(辛未)).

지 못한 적도 있었지만 의료기구로 꾸준히 발전하면서 대민의료를 담당하게 되었다.

　　제위보(濟危寶).
　　광종 14년(963)에 처음 설치하였다.
　　문종이 부사(副使)는 1명이며 7품 이상으로 하고, 녹사(錄事)는 1명이며 병과권무(丙科權務)로 정하였다.
　　공양왕 3년(1391)에 혁파하였다.[187]

제위보는 숙종대까지도 차대(借貸)를 통해 농민 생활을 안정시키고 빈민에게 음식을 제공하는 구휼기구였다.[188] 하지만 "제위포(濟危鋪)와 대비원(大悲院)에 축적(蓄積)을 풍족하게 하여 질병(疾病)을 구제하라"는[189] 인종대의 조서(詔書)에서 보듯이 질병을 치료하는 의료기구로 그 성격이 점차 변모하였다.

제위보의 역할 변화와 관련해서는 문종 30년(1076)의 권무관록 기록과 인종대의 권무관록 기록이 눈길을 끈다. 문종대까지도 제위보에는 부사와 녹사만 있었는데, 인종대에는 부사 대신 사(使)가 배치되면서 동서대비원 사와 과등(科等)이 같아지고 있는 것이다.[190] 제위보의 위상이 이처럼 높아진 이유는 인종대에 제위보가 의료기구로서의 성격을 강화하는 것과 관계있는 것으로 추측된다. 하지만 축적을 넉넉히 하라는 앞의 지적에서

---

187) 『高麗史』 卷77, 百官2 諸司都監各色. "濟危寶. 光宗十四年始置. 文宗定副使一人七品以上・錄事一人丙科權務. 恭讓王三年, 罷."
188) 『高麗史』 卷80, 食貨3 賑恤 水旱疫癘賑貸之制, 숙종 6년 4월. "詔, 民貧不能自存者, 令濟危寶, 限麥熟, 賑恤."
189) 『高麗史』 卷15, 世家15, 인종 5년 3월. "詔曰,……濟危鋪大悲院厚畜積, 以救疾病" ; 『高麗史』 卷16, 世家16, 인종 9년 3월. "制, 無伐木, 無麛, 無卵, 掩骼埋胔, 葺東西大悲院濟危鋪, 以救民疾."
190) '<표 4-2> 문종 30년의 의직 관련 녹봉 지급표' ; '<표 4-3> 인종대에 갱정된 의직 관련 녹봉 지급표' 참고.

보듯이, 제위보의 보(寶)를 이용한 자립적인 재정기반은 인종대에 이미 흔들리고 있었다. 결국 제위보는 의종 22년(1168)에 곡식을 지원받아 재원을 강화해야 했다.

"백성을 구휼(救恤)하라. 국가에서는 특별히 동서대비원(東西大悲院) 및 제위보(濟危寶)를 설립하여 빈궁한 백성을 구제하였다. 하지만 근래 이 관직에 임명되는 자는 대개 적임자가 아니었으므로 기근으로 생존할 수 없는 자와 질병으로 의지할 곳이 없는 자가 생겨도 모아서 구휼하지 못하고 있다"라고 하교(下敎)하였다.[191]

제위보는 동서대비원과 마찬가지로 무신집권기와 원간섭기를 거치면서 대민의료 기능이 약화되었다.[192] 태의감에서 혜민국을 관할하는 충선왕대를 전후하여 제위보의 의료 기능은 이미 없어진 듯하며, 동서대비원과 비교하면 의료기구보다는 구휼기구의 성격이 더 강조된 것으로 추측된다. 제위보는 공양왕 3년(1391)까지 존속하였는데, 제위보가 폐지된 이유는 고려 말에 부활된 상평의창에서 구휼 기능을 담당했기 때문일 것이다. 요컨대 원래 진휼기구였던 제위보는 인종대 즈음에는 대민의료기구로 발전하였다가 원간섭기 이후에는 의료 기능이 약화되었다.

(2) 동서대비원

동서대비원과 혜민국은 개경에서 차례로 성립되었다. 동서대비원과 혜민국에 간수군이 배치된 것은[193] 이 기구들이 그만큼 활발하게 운영되

---

191) 『高麗史』 卷18, 世家18, 의종 22년 3월. "下敎曰,······救恤民物. 國家特立東西大悲院 及濟危寶, 以救窮民. 然近來, 任是官者, 率非其人, 故或有饑饉不能存者, 疾病無所依附者, 未能收集救恤."
192) 『高麗史』 卷80, 食貨3 賑恤 水旱疫癘賑貸之制, 충숙왕 12년 10월. "下敎, 惠民局・濟危寶・東西大悲院本爲濟人, 今皆廢圮, 宜復修營, 醫治疾病."
193) 『高麗史』 卷83, 兵3 看守軍. "東西大悲院, 散職將相各二.······惠民局, 雜職將校二."

고 중시되었음을 단적으로 보여준다. 그런데 제위보 역시 개경 인근에 자리잡고 있었음을 상기할 필요가 있다. 동서대비원, 혜민국, 제위보 등의 위치로 미루어 대민의료제도는 전국적으로 균일하게 시행된 것이 아니라 수도 중심의 구조로 짜여있었다는 의미이다.194) 앞서 고려의 의료제도는 수도인 개경, 도호부·목 등의 주요 거점, 일반 주부군현의 순서로 의료제도의 단층이 존재한다고 지적하였는데, 대민의료기구에서도 지역에 따른 의료기구의 계서성(階序性)을 다시 확인할 수 있다.

대민의료기구의 대표격인 동서대비원에 대해서는 『고려사』 백관지에 다음과 같이 기록되어 있다.

> 동서대비원(東西大悲院).
> 문종이 사(使) 각 1명, 부사(副使) 각 1명, 녹사(錄事) 각 1명으로 하되 병과권무(丙科權務)로 정했다. 이속(吏屬)은 기사(記事) 2명인데 의리(醫吏)로 충당하고, 서자(書者)는 2명이었다.
> 충숙왕 12년(1325)에 "혜민국·제위보·동서대비원은 본래 사람을 구제하기 위한 기구인데 지금은 모두 폐비(廢圮)하였으니 마땅히 다시 수리하여 질병을 고치도록 하라"라고 교서(敎書)를 내렸다.195)

동서대비원은 일반 민들의 질병을 치료함으로써 은혜를 베풀기 위해 설치된 기구였다. 인용문에 보이는 동서대비원 의리(醫吏)는 치료와 약의 지급을 담당하는 실무 의인(醫人)이었을 것이다. 동대비원(東大悲院)을 수리하라는 정종(靖宗) 2년(1036)의 기록에 드러나듯이196) 동서대비원은 초

---

194) 서경에도 대비원은 있었다. 하지만 分司制度에서 서경은 수도에 버금가는 지역이므로 서경의 대비원은 개경의 동서대비원을 본딴 경우에 해당한다. 『高麗史』 卷80, 食貨3 祿俸 西京官祿, 문종 30년. "權務官.……十三石五斗[大悲院·諸學院·八關寶·貨泉務副使]."
195) 『高麗史』 卷77, 百官2 諸司都監各色. "東西大悲院. 文宗定使各一人·副使各一人·錄事各一人丙科權務. 吏屬記事二人, 以醫吏差之, 書者二人. 忠肅王十二年, 敎曰, 惠民局·濟危寶·東西大悲院本爲濟人, 今皆廢圮, 宜復修營, 醫治疾病."

기부터 동대비원과 서대비원이라는 이원체제로 구성되었는데 인용문에 보이는 것처럼 문종대에 동대비원과 서대비원은 사-부사-녹사로 직제가 정비되었다. 동서대비원이 비슷한 기능의 제위보・혜민국보다 상위에 있었다는 사실은 관서 책임자의 품질(品秩)에서 쉽게 확인된다.[197]

처음에 동서대비원은 가난하고 병들고 유리하는 사람들을 수용하는 소극적 역할에 그쳤다.[198] 인종대에 이르러 동서대비원에 부사(副使)가 없어지는 대신 제위보에 사(使)가 생기고 혜민국에 판관(判官)이 설치되는 것으로 보아 동서대비원의 기능이 조금 약화된 듯하다. 하지만 인종은 동서대비원을 수리하여 일반 민들의 질병을 구제하도록 함으로써 그 역할을 존속시켰다.[199] 의종대 이후 동서대비원은 담당관원들의 태만으로 운영에 문제가 생기게 되었지만,[200] 명종대 즈음에는 재해를 당했을 때 구휼을 담당하도록 그 기능이 확대되었으며,[201] 병든 독거노인을 수용하는 업무도 맡았다.[202]

---

196) 『高麗史』卷80, 食貨3 賑恤 水旱疫癘賑貸之制, 靖宗 2년 11월. "修東大悲院, 以處飢寒疾病之無所歸者, 給衣食." 미키 사카에는 대비원 설치를 고려의 기틀이 정비된 성종대로 추측하였다(三木榮, 1963, 『朝鮮醫學史及疾病史』, 自家 出版, 78쪽).
197) '<표 4-2> 문종 30년의 의직 관련 녹봉 지급표' ; '<표 4-3> 인종대에 갱정된 의직 관련 녹봉 지급표' 참고.
198) 『高麗史』卷80, 食貨3 賑恤 水旱疫癘賑貸之制, 문종 3년 6월. "命有司, 集疾病飢餓者 於東西大悲院, 救恤."
199) 『高麗史』卷80, 食貨3 賑恤 水旱疫癘賑貸之制, 인종 9년 3월. "制, 葺東西大悲院濟危鋪, 以救民疾."
200) 『高麗史』卷18, 世家18, 의종 22년 3월. "下敎曰,……救恤民物. 國家特立東西大悲院 及濟危寶, 以救窮民. 然近來, 任是官者, 率非其人, 故或有饑饉不能存者, 疾病無所依 附者, 未能收集救恤."
201) 『高麗史』卷80, 食貨3 賑恤 水旱疫癘賑貸之制, 명종 18년 8월. "制曰, 近聞東北面兵馬 使所奏, 關東諸城, 多遭水災, 禾穀損傷, 人民漂溺, 僅存遺氓, 並被饑饉, 朕甚憫焉. 宜遵京內東西大悲院例, 設食接濟, 活人多少, 以爲襃貶."
202) 『高麗史』卷80, 食貨3 賑恤 鰥寡孤獨賑貸之制, 충렬왕 34년 11월. "下敎,……一, 八十以上篤疾癈疾不能自存者, 隨其所望, 勿論親疎, 許一名免役護養. 若無親疎護 養, 宜令東西大悲院, 聚會安集, 公給口粮, 差官提調."

무신집권기와 원간섭기를 거치면서 관료체제가 동요하고 토지제도가 피폐해지자 동서대비원의 의료 기능도 약화되었다. 이에 따라 동서대비원의 재정을 강화하여 그 기능을 유지하려는 노력이 이어졌다. 충선왕 3년(1311)에는 유비창(有備倉) 곡식을 동서대비원의 재원으로 활용하여 질병을 치료하도록 하였다.203) 인용문에서 본 바와 같이 충숙왕 12년(1325)에도 폐해졌던 동서대비원을 수리하여 질병을 고치게 하였고, 충혜왕 후4년(1343)에는 습사장(習射場)을 없애 동서대비원에 속하게 하고 성중(城中)의 병인(病人)을 치료하고 의복(衣服)을 주었다.204) 고려 말에 해당하는 공민왕 20년(1371)에는 동서대비원에 원래 속해 있던 전민(田民)을 조사하여 의약(醫藥)의 이바지를 넉넉히 함으로써 구료 기능을 존속시키려 하였다.205)

(3) 혜민국

　　예종의 업적으로 민병(民病) 구제(救濟)를 꼽는 기록에서 드러나듯이206) 혜민국(惠民局)에서는 의약(醫藥)으로 일반 민들의 질병을 치료하였다.207)

---

203) 『高麗史』卷80, 食貨3 賑恤 水旱疫癘賑貸之制, 충선왕 3년 3월. "傳旨, 東西大悲院, 本爲醫理疾病而設, 令開城府, 同本院錄事, 受有備倉米, 以養疾病." 이 기록을 보면 錄事는 동서대비원의 운영을 담당하는 실무 관원이다. 하지만 동서대비원 녹사는 門蔭의 통로이기도 하였다. 묘지명에 따르면 趙延壽는 9살 무렵에, 柳墩은 13살에 문음으로 東大悲院 錄事가 되었다(김용선, 2006, 『개정판 역주 고려묘지명 집성』 (하), 한림대학교출판부, 749쪽, 1144쪽).

204) 『高麗史節要』卷25, 충혜왕 후4년 3월. "罷習射場, 屬東西大悲院. 時僧鷰仙勸王, 創院城外, 聚城中病人, 救藥贍衣食." '創院城外'는 성 밖에 동서대비원을 '새로 짓다[創]'는 뜻이므로 기존의 동서대비원은 완전히 폐해졌음을 전제로 한다. 아울러 성외에 있던 습사장 자리로 동서대비원을 이전함으로써 격리 목적의 충실을 기한 것으로 판단된다. 그런데 손홍열은 習射場과 성외의 院 기사를 별개라고 이해한다(孫弘烈, 1988, 『韓國中世의 醫療制度硏究』, 修書院, 109쪽).

205) 『高麗史』卷80, 食貨3 賑恤 水旱疫癘賑貸之制, 공민왕 20년 12월. "下敎, 一, 東西大悲院先王本爲惠民而設……仰都評議使司・司憲府, 常加體察, 取勘元屬田民, 以贍醫藥粥飯之資."

206) 『高麗史』卷22, 世家22, 고종 2년 10월. "第六睿宗室冊云,……幸學以養人才, 施藥以救民病."

III. 중앙집권적 의료제도의 성립   149

숙종과 예종대에는 자연재해와 전염병이 급증하기도 했거니와 일반 민들의 유망도 심각해지는 상황이어서 국가적으로 대응할 필요가 제기되었다.208) 하지만 기존의 제위보나 동서대비원의 운영은 그리 신통하지 않았다. 예를 들면 시신을 처리하는 문제가 애를 먹이고 있었다. 원래는 문종 11년(1057)의 하지(下旨)에 따라 길에 버려진 시신을 동서대비원에서 수습하도록 되어 있었지만,209) 예종 4년(1109)에는 시신을 처리하기 위해 구제도감(救濟都監)을 설치해야 했다.210) 창궐하는 전염병에 대응하기 위해 설치한 구제도감의 운영도 그리 흡족하지 않았던 것 같다. 3년 뒤인 예종 7년(1112)에는 혜민국의 관원을 정하였다.

혜민국(惠民局).
예종 7년(1112)에 판관(判官) 4명을 두었는데, 본업(本業) 및 산직(散職)에서 서로 차임(差任)하되 을과권무(乙科權務)로 삼았다.
충선왕이 사의서(司醫署) 관할로 바꾸었다.
공양왕 3년(1391)에 혜민전약국(惠民典藥局)으로 고쳤다.211)

의료제도의 측면에서 볼 때 '혜민국'이라는 명칭이나 기능은 앞서 살핀 송(宋)의 관약국(官藥局)과 흡사하다. 문종대 이래 송 의학이 폭넓게 유입되

---

207) 손홍열은 혜민국 업무로 民疾의 치료와 藥의 판매를 꼽는다(孫弘烈, 1988, 『韓國中世의 醫療制度硏究』, 修書院, 110쪽). 이현숙은 혜민국이 치료보다는 격리에 주안점을 두었을 것으로 이해한다(이현숙, 2007, 「전염병, 치료, 권력 : 고려 전염병의 유행과 치료」, 『梨花史學硏究』 34집, 48쪽).
208) 宋㵢禎, 2000, 「高麗時代 疫疾에 대한 硏究-12·13세기를 중심으로-」, 『명지사론』 11·12합집 참고.
209) 『高麗史』 卷84, 刑法1 職制, 문종 11년. "下旨, 內外街路曝露骸骨, 京內東西大悲院, 外方各領界官, 考察收拾埋瘞."
210) 『高麗史』 卷80, 食貨3 賑恤 水旱疫癘賑貸之制, 예종 4년 5월. "制曰, 京內人民, 罹于疫疾, 宜置救濟都監, 療之, 且收瘞屍骨, 勿令暴露."
211) 『高麗史』 卷77, 百官2 諸司都監各色. "惠民局. 睿宗七年置判官四人, 以本業及散職互差, 乙科權務. 忠宣王爲司醫署所轄. 恭讓王三年改惠民典藥局."

면서 송의 관약국에 대해서는 충분히 이해하고 있는 상태였다.

혜민국 판관(判官)으로는 을과권무(乙科權務)가 배치되었다. 고려에서는 영송도감(迎送都監) 녹사(錄事)·도재고(都齋庫) 판관(判官)에도 을과권무가 배치되었다. 하지만 임시적인 직무를 담당하는 데서 연원한 권무관이 배치되었다는 이유만으로 혜민국을 곧바로 임시기구로 간주할 수는 없다. 권무직(權務職)은 고정직화하면서 품관(品官)과 이속(吏屬) 사이에 개재하는 직제로 발전하였는데, 갑과권무·을과권무는 9품보다 상위에 위치하였다.212)

인종대에 혜민국에는 판관만이 배치되어 있는 데다 동서대비원과 제위보에 비해 아래에 위치하고 있어213) 혜민국의 위상과 관련된 시사점을 던져준다. 일반적으로 판관은 부사보다 하위이다.214) 혜민국이 다른 기구에 비해 늦게 등장한다는 점과 충선왕대에 사의서(司醫署)의 관할로 되었다는 점까지 고려하면, 혜민국의 위상이나 활동이 그리 높거나 활발하지는 않았을 것이다.

혜민국은 궁궐 밖에 설치되었다. 혜민국 남쪽 거리에서 아이들이 인형에 비단으로 옷을 입히고 금옥(金玉)으로 궤안(几案)을 장식하여 장난했다는 기록이 남아 있다.215) 조선 성종 16년(1485) 남효온이 개경을 답사한 기록에 따르면 궁전(宮殿)을 보고 나와서 말을 타고 혜민국 앞에 이르렀다고 한다.216) 일반 민들이 쉽게 접근해서 약을 구입할 수 있도록 혜민국은

---

212) 박용운, 1997, 『高麗時代 官階·官職 硏究』, 고려대학교출판부, 28쪽. 한편 이현숙은 동서대비원 등의 관원 대부분이 임시직 또는 파견직이므로 상설 의료기관이 아니라고 이해한다. 權務職이 임명되었으므로 임시기구라는 주장이다(이현숙, 2007, 「전염병, 치료, 권력 : 고려 전염병의 유행과 치료」, 『梨花史學硏究』 34집, 46쪽).
213) '<표 4-3> 인종대에 갱정된 의직 관련 녹봉 지급표' 참고.
214) 예를 들면 구급도감은 使-副使-判官-錄事로 구성되어 있었다(『高麗史』 卷77, 百官2 諸司都監各色 救急都監).
215) 『高麗史』 卷53, 五行1 水, 의종 17년 2월.

민가 근처에 자리를 잡았던 것이다.

혜민국 역시 동서대비원이나 제위보처럼 원간섭기를 거치면서 의료 기능이 약화되었으며[217] 고려 말에는 혜민전약국(惠民典藥局)으로 개칭되었다. 혜민국은 고려 말까지 기록이 드물지 않게 나온다. 이색은 병든 노비를 위해 혜민국에서 약을 구하였다.

> 혜민국의 관원들에게 약을 구하다. 노비의 병을 고치기 위해서이다. 선왕께서 백성의 병을 염려하시어, 혜민국을 설치하여 환단(還丹)을 나누어 주셨네.[218]

제위보를 비롯한 대민의료기구들은 광종대 이후부터 차례로 등장하였으며 현종, 문종, 인종대에 정비되는 과정을 밟았다. 여느 기구들처럼 대민의료기구들도 고려사회의 전반적인 발전과 궤를 같이 하면서 변화하고 있었음을 이해할 수 있다.

그런데 대민의료기구의 설립 시기를 따져보면 제위보 정도만 분명하며 나머지는 정확하게 알 수 없다. 설립 시기와 발전 과정이 모호한 것은 기록의 누락 때문일 텐데, 고려에서 대민의료기구가 그만큼 소홀하게 다루어졌다는 뜻이다. 다시 말하면 대민의료기구는 국가체제에 필수적인 기구로서 국초부터 기획된 것이 아니라 당시의 필요에 따른 임기응변의 산물이었던 것이다. 제위보의 사례에서 이런 정황을 이해할 수 있다. 구휼기구로 갑작스레 만들어졌지만 불교에 기대어 운영될 수밖에 없었던 제위보는 다시 의료기구로 발전되는 과정을 밟았다.

---

216) 南孝溫, 「松京錄」(국학진흥연구사업추진위원회, 1997, 『臥遊錄』, 한국정신문화연구원, 105쪽) ; 허흥식, 2000, 「朝鮮前期 紀行文으로 본 開京의 遺蹟化過程」, 『고려시대연구』II, 한국정신문화연구원 참고.
217) 『高麗史』 卷80, 食貨3 賑恤 水旱疫癘賑貸之制, 충숙왕 12년 10월.
218) 李穡, 『牧隱詩藁』 卷30, 詩 從惠民局衆官索藥爲奴病也. "從惠民局衆官索藥. 爲奴病也. 先王念民病. 設局散還丹."

『고려사』를 살펴보면 동서대비원, 제위보, 혜민국은 백관지 가운데에서도 '제사도감각색(諸司都監各色)'으로 분류되어 있다. 고려 관제는 임시기구인 각종 도감(都監)이 삼성육부체제(三省六部體制)를 보완하면서 병존하다가 상설기구화하는 특성이 있는데,[219] 대민의료기구 역시 임시기구로 시작되었다고 『고려사』 편찬자들이 인식하였던 것이다. 특히 <표 4-2>와 <표 4-3>에 따르면 세 대민의료기구의 모든 관원들은 권무관으로 충원되고 있다. 물론 권무관 배치만으로 임시기구라고 판단할 수는 없다. 하지만 태의감·상약국과는 달리 대민의료기구의 모든 관원들이 권무관으로서 녹봉을 받았다는 점은 아무래도 그 연원이 임시기구였음을 반영한다.

『고려사(高麗史)』 백관지(百官志) 제사도감각색(諸司都監各色)에 실린 동서대비원, 제위보, 혜민국의 기록. 도감(都監)으로 분류되어 있어 이들의 연원이 임시기구였음을 시사한다.

제위보나 동서대비원의 기능을 살펴보면 노인을 수용하고 빈민에게 식량을 지급하는 업무를 계속 담당하고 있었다. 이 기구들이 치료 기능과 구휼 기능을 한데 갖추고 있다는 점은 임무에 따라 기구를 분화시키지 못한 고려시대 대민의료기구의 한계이다. 동시에 '구료'라는 이름 아래 의료와 구휼이 혼용된 데서 비롯한 고려시대 의료제도의 특징이기도 하다. 의료기구만으로는 질병과 기근에 적절히 대처할 수 없었기 때문이

---

[219] 文炯萬, 1985, 「高麗官制의 特性과 諸司都監各色의 機能」, 『高麗 諸司都監各色 硏究』, 동아대학교 박사학위논문 ; 李貞薰, 2000, 「高麗時代 都監의 구조와 기능」, 『韓國史의 構造와 展開』, 혜안.

다. 일반 민들을 안집시키려면 의료 외에도 구휼 조치가 필수불가결한데, 등장 순서로 따지면 의료기구보다는 구휼기구가 훨씬 앞서 있었음은 물론이다. 삼국의 경험을 토대로 고려에서는 국초부터 대민구휼이 제도화되었지만, 대민의료는 나중에 덧붙여졌다. 그리고 고려의 경험을 토대로 조선에서는 국초부터 대민의료까지 제도화된다.220)

요컨대 제위보 등이 개경과 개경 인근에 위치하였다는 점에서 보이듯이, 고려의 대민의료기구들은 수도 중심으로 편제되었다. 계서적이라는 편제 원리에서는 대민의료제도가 지방의료제도와 맥락을 같이 하고 있는 것이다. 대민의료기구들은 설립 시기가 모호한 경우가 있을 뿐만 아니라 임시기구로 출발하여 상설기구로 발전하는 특성을 보인다. 또한 그 운영에서는 의료와 진휼 기능들이 동시에 나타나고 있었다. 대민의료기구의 설립 경위가 분명치 않고 그 기능이 순일하지 못했던 것이다. 최초로 대민의료기구가 등장했던 고려로서는 불가피한 일이었다.

2) 의료의 사회적 기능과 대민지배체제

(1) 안집정책 : 권농과 존휼

고려시대 대민관(對民觀)의 핵심은 백성이 국가의 근본이라는 것이다. 문헌에서 빈번하게 인용되는 "백성은 나라의 근본이니 근본이 든든해야 나라가 편안하다[民惟邦本 本固邦寧]"라는 표현은 이를 잘 드러낸다. 최승로에 따르면 종묘사직(宗廟社稷)의 제사나 산악성수(山嶽星宿)에 대한 기도보다 중요한 것이 바로 백성의 안녕이었다.221) 이러한 대민관의 근저에는 하늘이 백성을 통해 보고 듣는다는 천인상응론(天人相應論)이 자리잡고

---

220) 조선에 들어 대민의료를 맡은 惠民署와 活人署는 국초부터 존재했으며『經國大典』에도 의료기구로서 규정되어 있었다(『經國大典』卷1, 吏典 京官職).
221)『高麗史』卷93, 列傳6 崔承老. "我朝, 宗廟社稷之祀, 尙多未如法者, 其山嶽之祭, 星宿之醮, 煩瀆過度……臣愚以爲若息民力, 而得歡心, 則其福必過於所祈之福."

있었다.[222]

> "'하늘은 우리 백성을 통해 듣고, 하늘은 우리 백성을 통해 본다'라고 하였는데, 인민들이 괴리(乖離)하므로 천재지변이 계속 이어지는 것이다. 화순(和順)한 것으로 화기(和氣)를 조성함으로써, 하늘과 사람들을 얻고 인심(人心)을 돕고자 한다"라고 조서(詔書)를 내렸다.[223]

백성의 뜻이 하늘에 반영된다고 믿는 천인상응론은 질병의 원인에 대한 설명도 포함하고 있었다. 부적절한 형정(刑政)이나 국왕의 사치가 백성의 원망을 야기하여 음양(陰陽)이 부조화됨에 따라 질병(疾病)과 흉년(凶年)이 발생한다는 논리였다.[224] 천인상응론에 기반한 병인론(病因論)이었다.

한편 홍수나 가뭄 같은 천재지변이 농사의 일상적인 조건이었듯이 폐농과 기근 역시 피할 수 없는 삶의 조건이었다. 고려에서는 자연재해와 흉년과 질병의 상관관계를 인식하고 있었다. 흔히 기근은 질병을 부르고 백성을 유리시켰다. 가뭄에 전염병이 겹치면서 굶어죽거나 인육(人肉)을 사고파는 지경에 이르기도 하였다.[225] 고려에서는 질병을 독립된 대상으

---

222) 金南柱, 1988,『高麗時代에 流行된 傳染病의 史的硏究』, 서울대학교 박사학위논문 ; 李熙德, 2000,『高麗時代 天文思想과 五行說 硏究』, 一潮閣 ; 洪琦杓, 2006, 「詔書를 통해 본 王位繼承과 天災地變」,『高麗前期 詔書 硏究』, 성균관대학교 박사학위논문.
223)『高麗史』卷19, 世家19, 명종 5년 4월. "詔曰,……天聽自我民聽, 天視自我民視, 人民乖離, 故災變頻仍. 庶欲以和致和, 獲天人助其人心."
224)『高麗史』卷85, 刑法2 恤刑, 현종 9년 윤4월. "門下侍中劉瑨等奏, 民庶疫厲, 陰陽愆伏, 皆刑政不時所致也" ;『高麗史節要』卷25, 충숙왕 후4년 윤12월. "昔東海有冤婦, 三年大旱, 今高麗有幾冤婦乎. 比年, 其國水旱相仍, 民之飢莩者甚衆, 豈其怨歎能傷和氣乎."
225)『高麗史』卷18, 世家18, 의종 16년 3월. "時, 旱荒疫癘, 中外道殣相望" ;『高麗史』卷19, 世家19, 명종 3년 4월. "是時, 自正月不雨, 川井皆渴, 禾麥枯槁, 疾疫並興, 人多餓死, 至有市人肉者."

로 이해하지 않고 가뭄, 흉년, 기근, 유리 등과 연관시켜 인식하였던 것이다.

질병의 원인으로 실정(失政)과 기근(饑饉)을 꼽았으므로 전염병이 창궐할 때 정치를 바로잡거나 기근을 구제하는 것은 자연스러운 대응이었다. 죄수를 사면하고 빈궁한 자를 진휼하는 따위의 조치였다. 국왕은 천재지변이 일어나면 자신이 삼감으로써 재이를 물리칠 수 있다고 믿었으며, 도량(道場)과 초제(醮祭)를 통해 자연의 질서를 바로잡으려는 시도 역시 빠뜨릴 수 없는 질병대처법이었다.

"지난번 가을이 되면서 요상한 안개가 그치지 않고 음양이 뒤섞이며 기후가 고르지 않았다. 이럴수록 조심스러운 생각을 더하고 반성하는 마음을 간절하게 하였다. 정전(正殿)에서 옮겨 앉아 반찬수를 절감하고 침식도 제때에 할 겨를이 없이 마음으로 삼가고 입으로 빌었더니 과연 하늘의 감통(感通)을 얻어 일기가 청명해졌다"라고 교서(敎書)를 내렸다.[226]

경진일에 개국사에서 굶주리고 전염병에 걸린 자들을 먹였다. 계미일에 묘통사에 행차하여 마리지천도량(摩利支天道場)을 베풀었다. 이날 수창궁으로 돌아와 명인전에서 72성(星)에게 초제를 지내고, 천황대제(天皇大帝)·태일(太一)·16신(神)에게도 초제를 지냄으로써 전염병을 가시었다.[227]

"요즘 감옥이 비지 않고 많은 백성이 전염병에 걸리니 짐은 심히 민망하게 여긴다. 사형이 결정된 죄수 이하를 사면하고 여러 도의 군현에서

---

226) 『高麗史』卷4, 世家4, 현종 즉위년 12월. "敎曰,……昨者, 方及秋旻, 未收祅霧, 陰陽交錯, 氣候乖差. 是增若厲之誡, 乃切責躬之戒. 避正殿, 減常羞, 旰食宵衣, 心祈口禱, 果蒙感通, 便致淸和."
227) 『高麗史』卷17, 世家17, 의종 6년 6월. "庚辰, 饗飢饉疾疫人於開國寺. 癸未, 幸妙通寺, 設摩利支天道場. 是日, 還壽昌宮, 醮七十二星於明仁殿, 又醮天皇大帝太一及十六神, 以禳疾疫."

체납한 조세를 면제하며, 창고 곡식을 내어 살 곳 잃은 빈궁한 자를 진휼하라"라고 선지(宣旨)하였다.228)

고려에서는 기근과 전염병에 시달리는 자들을 구제하기 위해 의창·상평창 등의 구휼기구가 운영되었다. 이외에도 창고를 여는 것은 전형적인 존휼(存恤) 조치였으며,229) 향례(饗禮)와 고아 진휼 등이 병행되었고 노인과 독질자(篤疾者)에게는 시정(侍丁)을 제공하기도 하였다.230)

이처럼 다양한 구휼 조치에도 불구하고 고려에 들어 질병 자체에 대한 대응은 대민의료일 수밖에 없었다. "목숨과 수명이 하늘에 달려있는 것이기는 하지만, 몸을 조섭함이 적절하지 못하기 때문에 질병이 침범하게 된다. 좋은 처방과 신묘한 약으로 질병을 다스리지 못한다면, 어찌 목숨을 돌연 잃는 자가 없겠는가"라는231) 설명처럼 질병에는 의료가 필수불가결하였던 것이다.

고려에서 제위보, 동서대비원, 혜민국 같은 대민의료기구를 운영할 수 있었던 이유는 의료가 대중화되는 기반이 마련되었기 때문이다. 먼저 기근이나 왕의 행행(行幸)시에 약을 일반 민들에게 하사할 정도로 약재 생산이 증가하였다. 약재 증가로 혜민국에서 일반 민들에게 약을 판매할

---

228) 『高麗史』卷18, 世家18, 의종 16년 5월. "宣旨,……近者囹圄不空, 民多疫癘, 朕甚憫焉. 其赦殊死以下, 蠲諸道郡縣逋租, 發倉廩以賑貧窮失所者."

229) 『高麗史』卷17, 世家17, 의종 5년 7월. "詔, 今年累月不雨, 禾穀不登, 內外人民, 將至飢困, 大可憂也. 塗有餓殍而不知發, 豈爲政之道乎."

230) 『高麗史』卷21, 世家21, 희종 4년 10월. "饗國老庶老孝順義節, 王親巡宥之. 丙子, 又大酺鰥寡孤獨篤癈疾, 賜物有差. 州府郡縣, 亦依此例. 近因國家多難, 饗禮久廢. 至是, 詔立都監, 復遵舊制";『高麗史』卷80, 食貨3 賑恤 鰥寡孤獨賑貸之制, 성종 13년 3월. "命有司曰, 少孤無養育者, 限十歲, 官給粮, 過限者, 許從所願居住";『高麗史』卷81, 兵1 兵制 五軍, 현종 11년 5월. "有司奏, 前制, 凡人年八十以上及篤疾者, 給侍丁一名, 九十以上二名, 百歲者五名."

231) 李奎報,『東國李相國全集』卷21, 說序 新集御醫撮要方序. "雖死生壽夭皆關乎天, 若因節宣失適, 爲疾疢所寇. 而無良方妙藥以理之, 則其間豈無橫失其命者耶."

수 있는 여건도 조성되었다. 그리고 공납 약재의 전국적인 유통망이 운영되고 있었다. 지방관에게 약재를 하사하는 외관출관의(外官出官儀)나 지방 약점(藥店)에 약재를 분급하는 것으로부터 약재의 유통 과정을 짐작할 수 있다. 인적 자원의 측면에서도 의업 실시로 의관들이 점증하여 대민의료를 담당할 수 있게 된 데다 의학박사를 12목에 파견함으로써 지방의료인이 성장하고 있었다. 이에 따라 고려시대 대민정책(對民政策)의 내용은 기존의 '진휼(賑恤)'로부터 '구료(救療)' 즉 구휼(救恤)과 의료(醫療)로 확장되었다.

일반 민들의 위기에 대해 국가에서 구휼과 대민의료로 대응한 대표적인 사례로는 예종 4년(1109)의 경우를 꼽을 수 있다. 당시에는 여진과의 전쟁으로 자주 군사를 징발하여 전국이 시끄러운 데다 가뭄에 따른 기근과 전염병까지 겹치면서 백성의 원망이 일어났다.[232] 이에 대해 종교신앙의 측면에서는 자연신(自然神), 온신(瘟神), 약사불(藥師佛)에게 의지하여 비를 빌고 역귀를 쫓았으며,[233] 대민정책의 측면에서는 지역에 따라 구제도감(救濟都監)을 통한 치료와 근신(近臣) 파견을 통한 구휼을 병행함으로써 '구료(救療)'로 대응하였던 것이다.

> "개경의 인민들이 전염병에 걸렸으니 구제도감을 설치하여 치료하고, 또 시신을 묻어주어 드러나지 않도록 하라"라고 제(制)하였다. 근신을 나누어 보내 동북도(東北道)·서남도(西南道) 두 도의 기민(飢民)을 진휼하였다.[234]

---

[232] 『高麗史節要』 卷7, 예종 4년 5월. "國家調兵多端, 中外騷擾, 加以饑饉疾疫, 怨咨遂興."

[233] 『高麗史』 卷13, 世家13, 예종 4년. "夏四月,······遣近臣, 禱雨于朴淵及諸神廟, 祭瘟神于五部, 仍設般若道場, 以禳疾疫,······(五月)丙辰, 設藥師道場於文德殿."

[234] 『高麗史』 卷80, 食貨3 賑恤 水旱疫癘賑貸之制, 예종 4년 5월. "制曰, 京內人民, 罹于疫疾, 宜置救濟都監, 療之, 且收瘞屍骨, 勿令暴露. 分遣近臣, 賑東北西南二道飢民."

고려의 대민정책에서 의료가 일반 민들에게까지 확대되기 시작한 것은 의료사의 큰 진전이었다. 그러나 모든 사회구성원이 평등하게 의료를 향유하는 것은 굳이 약재 부족이나 의료기구의 미발달을 들먹이지 않더라도 신분계급제적인 사회질서와 어긋난다. 이 사회질서는 성종대에 고위 관원을 치료하는 제도를 도입하거나 팔관회·향례 등에서 지배층에게만 정기적으로 약재를 분급하는 데서 쉽게 확인된다. 의료의 향유에서 신분계급제적인 원리가 작동하는 또 다른 사례로는, 질병(疾病)에 걸린 노비를 주인들이 버리는 세태에서 알 수 있다.

> 감찰사(監察司)가 금령(禁令)을 게시하기를, "……일(一). 각 호(戶)의 노비는 노역(勞役)으로 심히 괴로우니 긍휼히 여겨야 한다. 하지만 병들어도 치료해주지 않고 길에 버리며, 죽어도 매장하지 않고 내버려 개들이 먹게 하니, 진실로 가련하다. 금후로는 중법으로 논한다"라고 하였다.[235]

국가에서는 노비라도 병들면 치료하는 것이 마땅하다고 판단하였다. 하지만 노비 주인의 입장에서는 치료하느니 내다버리는 게 낫다고 계산하거나 당시 의학의 수준으로 인해 완치 가능성을 낮게 보았을 것이다. 노비는 의료 혜택에서 제외되어 있으며, 이들이 할 수 있는 일이란 신심의료(信心醫療)에 기대는 정도여서 의료의 범위가 계층별로 제한되어 있었다.

또한 상술한 바와 같이 전국에는 약점(藥店)이 설치되어 있지만 태의감(太醫監)·상약국(尙藥局) 등의 중앙의료기구는 지방의 의료기구에 비해 정교하게 구성되어 있었다. 지방이라 하더라도 의학박사(醫學博士)·의사(醫師)·의학(醫學)이 파견된 주요 행정거점은 약점사(藥店史)만 배치된 일반 군현보다 비중 있게 다루어졌다. 그러므로 고려에서는 치료 대상의

---

[235] 『高麗史』 卷85, 刑法2 禁令, 충숙왕 후8년 5월. "監察司, 牓示禁令,……一, 各戶奴婢, 役之甚苦, 在所矜恤. 或有病, 不肯醫治, 弃諸道路, 死又不埋, 轉相曳弃, 肉餧群狗, 誠爲可憐. 今後, 以重法論."

확대로 의료가 점차 보편성(普遍性)을 띠어갔지만 의료기구의 편제는 신분계급과 지역에 따라 계서적(階序的)이었다고 결론지을 수 있다.

명분과 논리는 어느 시대에나 중요하다. 고려라고 예외는 아니었다. 고려에서는 대민의료정책을 과시하는 명분과 함께 계서적인 운영을 정당화하는 논리를 마련하고 있었다. 국가에서 민간의료에 개입해야만 하는 이유를 제시하고 의료제도의 편제를 합리화시키는 이념적 설명이 빠질 수는 없었던 것이다. 그 이념적 근거를 고려 태조는 명확하게 표현하였다. '시민여자(視民如子)', 즉 국왕(국가)과 일반 민들의 관계는 바로 부모와 자식 사이라는 논리였다.236)

고려에서는 시민여자라는 대민관이 반복해서 등장하는데,237) 현종이 스스로를 '사목(司牧)'이라238) 지칭하는 것도 백성을 자식처럼 기른다는 의미였다. 물론 환과고독이나 독폐질자는 더욱 세심한 구료를 받았으며, 국초부터 세민(細民) 존휼(存恤)은 국왕의 주요 책무로 인식되었다.239) 국왕의 역할을 집행하는 수령에게도 백성은 자식처럼 돌봐야할 대상이었다.240) 대장군 박제검은 항복하는 적을 "너희는 모두 내 자식이다"라며

---

236) 『高麗史』 卷2, 世家2, 태조 17년 5월. "詔曰,……宜爾公卿將相食祿之人, 諒予愛民如子之意, 矜爾祿邑編戶之氓." 視民如子 개념 자체는 중세적 특성이 아니다. 시민여자는 지배층과 피지배층, 대국과 소국 등을 구분하는 동양의 일반적인 관념이다. 하지만 시혜의 대상이 중세에서는 다수의 민이고, 고대에서는 소수의 자영민이라는 차이가 있다.

237) 『高麗史』 卷2, 世家2, 태조 26년 5월. "聖上作民父母, 今日欲棄群臣, 臣等痛, 不自勝耳"; 『高麗史』 卷80, 食貨3 賑恤 恩免之制, 문종 10년 11월. "侍中李子淵上言,……當今, 視民如子, 覆民如天, 請蠲德水縣一歲賦役"; 『高麗史』 卷16, 世家16, 인종 9년 6월. "制曰, 傳曰國之將興也, 視民如子, 將亡也, 視民如草芥."

238) 『高麗史』 卷80, 食貨3 賑恤 鰥寡孤獨賑貸之制, 현종 2년 12월. "敎曰, 古先哲王, 視民如子, 朕居司牧, 敢不盡心."

239) 『高麗史』 卷2, 世家2, 定宗 원년 1월. "王將謁顯陵, 致齊之夕, 聞御殿東山松間, 有呼王名, 若曰, 爾堯, 存恤細民, 人君之要務."

240) 『高麗史』 卷84, 刑法1 公式 職制, 창왕 즉위년 7월. "司憲府上書曰, 爲守令者, 察民休戚, 斷獄訟, 均賦役, 父母斯民, 其職也."

어루만졌다.241) 의창이나 상평창 운영을 통해 일반 민들을 완벽하게 통제하려는 것 역시 자식으로 간주하는 사고방식이 전제되었기 때문이다.

대민의료에서도 시민여자는 동일하게 적용되었다. 『신집어의촬요방』의 편찬 목적을 살펴보면 의술은 백성을 자식처럼 돌보는데 있어 중요한 수단으로 인식되었다.

> 책 이름을 『어의촬요(御醫撮要)』라 하고, 어명으로 서경유수관에게 보내어 인쇄하여 세상에 유포하게 하였다. 이것은 특별히 성조(聖朝)에서 백성을 적자(赤子)로 여기는 인정(仁政)이며, 또 사군자(士君子)가 중생을 널리 구제하는 뜻이기도 하다.242)

성조(聖朝)와 사군자(士君子) 같은 지배층이 백성을 자식처럼 돌보기 위해 내세운 논리가 "의약으로 사람을 살리는 것은 인정(仁政)에서 우선시 한다[醫藥活人 仁政所先]"라는 표현이다.243) 그런데 이 진선진미(盡善盡美)한 수사(修辭) 속에는 대민의료의 위상에 대한 고려시대의 인식이 담겨져 있으므로, 이 표현은 깊게 음미할 필요가 있다.

당연한 것이지만, 이 논리 자체가 등장하게 된 배경은 대민의료를 시행할 수 있는 여건이 앞서 서술한 것처럼 마련되었기 때문이다. 고려에 들어서야 나타날 수 있는 표현인데, '의약으로 살릴 사람'이란 일반 민들을 지칭하는 것이 분명하다. 일반 민들을 구제한다는 것은 질병을 극복한 개개인이 천수를 누리는 것, 다시 말하면 평균수명 연장에 따른 인구

---

241) 『高麗史節要』 卷12, 명종 8년 10월. "大將軍朴齊儉,……每見賊來, 輒拊循之曰, 汝等皆吾子也."
242) 李奎報, 『東國李相國全集』 卷21, 說序 新集御醫撮要方序. "名之曰御醫撮要, 承制勅, 送西京留守官, 彫印, 使流播於人間. 是亦聖朝視民如赤子之仁政也, 抑又士君子所以汎濟含生之意也."
243) 『高麗史』 卷80, 食貨3 賑恤 水旱疫癘賑貸之制, 공민왕 20년 12월. "下敎,……一, 醫藥活人, 仁政所先."

증가를 의미한다. 국가의 입장에서 본다면 일반 민들을 건강하게 기르는 의료정책의 추진은 군비나 재정 등의 국력 강화책인 셈이었다. "백성은 나라의 근본이니 근본이 든든해야 나라가 편안하다"라는 것은 상투적인 표현이 아니라 대민정책의 실제 목표였던 것이다.

대민의료가 단순히 국력 강화 수단에 그치지 않는다는 것은 '우선시되는 인정(仁政)'이라는 지적에서 알 수 있다. 의료가 다른 무엇보다도 우선시된다는 사고방식은 대민의료가 최고 업적으로 꼽힐 정도로 매력적이었음을 시사한다. 고려에 들어 대민의료기구의 운영은 지배층의 시혜(施惠)를 과시하고, 나아가 그 시혜를 토대로 현재의 지배체제를 긍정하는 데 매우 적합하였다. 의료제도가 사회적 지위에 따라 차별적으로 운영되더라도 정당화될 수 있던 이유는 대민의료를 자식에게 베푸는 은혜로 위치 지웠기 때문이다. 따라서 '인정(仁政)'이라는 표현은 지배체제에서 차지하는 대민의료의 시혜적 역할을 적확하게 압축한 논리였다.

그런데 대민의료가 인구 증가나 시혜 조치로만 한정되는 것은 아니었다. 의료를 집행하는 과정은 일반 민들의 삶을 더욱 깊숙이 통제함으로써 대민지배력을 높이는 과정이기 때문이다. 그러므로 대민의료가 일상이듯이 고려 지배체제의 강화도 일상이 된다.

하지만 구료(救療)만으로는 일반 민들의 삶이 보장되지 않는다. 국가의 안녕을 위해서는 백성을 편안하게 만드는 근본 정책이 필요했다. 일반 민들을 안정시키는 가장 확실한 방법은 권농(勸農) 즉 농민과 토지를 결합시키는 것이었다.[244] 전근대에서는 '의식지본(衣食之本)'인 토지야말로 가장 중요한 생산수단으로서 부국강병의 토대였다.[245] 상업이 크게 발달

---

[244] 李正浩, 1993,「高麗前期 勸農策에 관한 一考察」,『史學研究』46호 ; 安秉佑, 2002,「財政構造의 성격」,『高麗前期의 財政構造』, 서울대학교출판부 ; 한정수, 2007,「유교적 중농이념의 확립」,『한국 중세 유교정치사상과 농업』, 혜안 ; 李景植, 2007,「高麗前期의 勸農과 田柴科」,『高麗前期의 田柴科』, 서울대학교출판부.
[245]『高麗史』卷79, 食貨2 農桑. "農桑衣食之本, 王政所先.……(顯宗三年)三月, 敎曰,

하지 못한 고려에서 토지는 경제의 근간이자 정치의 최우선 과제였으므로,246) 일부(一夫)라도 농사를 짓지 않으면 반드시 굶주리는 자가 생긴다고 지적되었다.247) 성종대부터 시행한 적전(籍田) 경작은 이러한 권농의지를 상징하는 의례였으며,248) 토지의 개간 여부에 따라 지방관을 포폄하였다.249) 사민(使民)조차도 농사를 방해해서는 안 되었고 백성을 동요시키는 옥송(獄訟)보다도 권농이 중시되었다.250)

외형적으로 볼 때 권농은 일반 민들과 토지를 한데 묶어 농민들의 삶을 안정시킨다. 고려 정부에서는 이러한 대민시책을 '안집(安集)'이라고 불렀다. 하지만 권농이 단순히 안집에만 그치는 것은 아니다. 후술하듯이 권농은 수취의 토대를 마련하는 과정으로서 국가의 강제라는 측면을 내포하고 있다. 지방관의 가장 중요한 임무로 권농이 강조되는 진정한 이유였다.

의료가 구휼 조치와 함께 시행된 것은 굶주림과 질병이 현실에서는 실과 바늘의 관계이기 때문이다. 국가의 입장에서 보았을 때 의료와 구휼, 나아가 권농(勸農)과 존휼(存恤)은 따로 분리되어 집행되는 정책이 아니었다. 내세우는 주장은 다르게 느껴지지만 일반 민들을 안정시키겠다는

洪範八政, 以食爲先, 此誠富國强兵之道也."
246) 『高麗史』 卷2, 世家2, 경종 6년. "李齊賢贊曰,……三韓之地, 非四方舟車之會, 無物産之饒貨殖之利. 民生所仰, 只在地力."
247) 『高麗史』 卷79, 食貨2 農桑, 문종 20년 4월. "制曰, 書曰, 食哉惟時, 一夫不耕, 必有受其飢者."
248) 『高麗史』 卷3, 世家3, 성종 2년 1월. "躬耕籍田, 祀神農, 配以后稷, 祈穀籍田之禮始此."
249) 『高麗史』 卷79, 食貨2 農桑, 성종 5년 5월. "敎曰,……予將遣使, 檢驗以田野之荒闢, 牧守之勤怠, 爲之襃貶焉";『高麗史』 卷14, 世家14, 예종 11년 3월. "幸西京,……沿路田地有不墾者, 必召守令, 責之."
250) 『高麗史』 卷79, 食貨2 農桑. "靖宗二年正月, 御史臺言, 諸道外官使民不時, 有妨農事, 請遣使審察黜陟. 從之. 三年正月, 判, 立春後, 諸道外官並停獄訟, 專務農事, 勿搖百姓. 如有違者, 按察使糾理."

목표는 하나인 탓이다. 성종 2년(983) 12목 설치로 지방제도를 정비하기 시작한 지 얼마 지나지 않은 성종 5년(986) 5월에는 지방관의 막중한 임무로 권농(勸農)을 강조하였고,251) 두 달 뒤인 7월에는 상평창을 설치하여 일반 민들을 존휼(存恤)하였다.252) 두 교서 모두 '나라는 백성을 근본으로 여기고 백성은 먹는 것을 하늘로 여긴다[國以民爲本 民以食爲天]'를 인용하고 있었다. 나라의 근본인 백성의 삶을 보장하기 위해 권농을 기본 정책으로, 상평창을 보완정책으로 삼은 것이었다.

고려 후기에도 마찬가지였다. 충선왕은 '국가를 부유하게 만드는' 전농사(典農司)와 '황정(荒政)에 대비하는' 유비창(有備倉)을 설치함으로써 권농과 존휼을 개혁의 두 축으로 삼았으며,253) 우왕대 간관 역시 권농과 존휼은 국가를 존속시키는데 필수적이라고 상언하였다.254) 백성이 굶주리는 위급상황에서는 존휼을 우선하지만, 궁극적으로는 토지에 안집시키고자 한 것이다. 따라서 권농과 존휼에 성공한 지방관을 표창하는 것은 당연하였다. 소현(蘇顯)과 이유백(李惟伯)은 농상을 권과(勸課)하고 백성을 존휼(存恤)한 업적을 높이 평가받아 유임될 수 있었다.255)

---

251) 『高麗史』卷79, 食貨2 農桑, 성종 5년 5월. "敎曰, 國以民爲本, 民以食爲天. 若欲懷萬姓之心, 惟不奪三農之務. 咨爾十二牧諸州鎭使, 自今至秋, 並宜停罷雜務, 專事勸農."
252) 『高麗史』卷80, 食貨3 常平義倉, 성종 5년 7월. "敎曰, 予聞, 德惟善政, 政在養民, 國以人爲本, 人以食爲天. 肆我太祖爰置黑倉, 賑貸窮民, 著爲常式. 今生齒漸繁, 而所儲未廣, 其益以米一萬碩."
253) 裴廷芝 墓誌銘(김용선, 2006, 『개정판 역주 고려묘지명 집성』(하), 한림대학교출판부, 733쪽). "王謂, 富國莫先乎農也, 設典農司. 荒政不可不備也, 立有備倉. 公皆掌其草創之事, 甚稱上旨."
254) 『高麗史』卷134, 列傳47, 우왕 5년 1월. "諫官上言, 民惟邦本, 本固邦寧. 近因倭寇, 水旱之災, 百姓饑饉, 宜加存恤, 勸課農桑."
255) 『高麗史』卷79, 食貨2 農桑, 문종. "元年二月, 西北路兵馬使楊帶春奏, 轄下連州防禦長史軍民等八百餘人, 告云, 防禦副使蘇顯, 自下車以來, 勸課農桑, 存恤民庶, 政績茂著, 理合升聞. 制令吏部, 准制量用. 三年三月, 東北路監倉使奏, 交州防禦判官李惟伯所部, 連城長楊吏民等言, 惟伯上任已來, 勸農恤民, 雖秩滿當代, 願得見借……王嘉歎, 並許之."

고려 전기에 안정적으로 사회가 유지된 이유는 권농정책과 존휼정책이 제대로 작동한 덕분이었다. 예를 들어 현종대에는 거란과 여진이 연이어 침입하자 감세와 진휼을 시행하는 한편 농업을 중시함으로써 전란을 극복하였다.256) 반면에 고려 후기인 공민왕대 진휼기록을 보면 흔히 중앙 관원을 파견하는 방식을 취하는데,257) 이는 기존의 존휼제도에 문제가 생겼음을 드러내는 것으로 사회가 그만큼 불안정해졌음을 의미한다.

이상에서 본 바와 같이 시민여자(視民如子)는 계서적인 대민의료정책을 뒷받침하는 명분이었다. 시민여자라는 관념에서 국가가 일반 민들에게 권농하는 것은 아비가 자식에게 먹고 살 여건을 마련해주는 것이며, 질병에 걸린 일반 민들을 치료하는 것은 고통에 시달리는 자식을 차마 그냥 보지 못하는 인지상정(人之常情)이라고 할 수 있다. 하지만 부모와 자식 관계는 일방적이지 않다. 자식이 부모를 봉양하는 것은 당연하듯이 이제 일반 민들에게는 국가를 떠받칠 의무가 부여된다. 조용조(租庸調)의 납부는 권농에 상응하여 부과된 일반 민들이 기본 의무였다. 국가에 대한 부담이 여기에만 그치는 것은 아니었다. 도탄에 빠진 일반 민들에게 구료가 제공되듯이 재정 위기에 빠진 국가에게는 과렴이 필요하였다. 국가와 일반 민들을 잇는 존휼(存恤) 관계의 이면에는 취렴(聚斂)이 자리잡고 있었던 것이다. 수조(收租)와 취렴(聚斂)은 시민여자 관념의 논리적 귀결이었다.

---

256) 『高麗史』 卷80, 食貨3 賑恤 水旱疫癘賑貸之制, 현종 9년 1월. "以興化鎭, 比因兵荒, 民多寒餓, 給縣布塩醬"; 『高麗史』 卷79, 食貨2 農桑, 현종 10년 4월. "以洞州管內遂安, 谷州管內象山峽溪, 岑州管內新恩等諸縣民, 困於丹兵, 官給糧種"; 『高麗史』 卷80, 食貨3 賑恤 災免之制, 현종 20년 7월. "以朔方道登溟州管內三陟・霜陰・鶴浦・派川・歙谷・金壤・碧山・臨道・雲岩・豢猳・高城・安昌・列山・杆城・翼嶺・洞山・連谷・羽溪等十九縣, 並被蕃賊侵擾, 特蠲租賦."

257) 『高麗史』 卷44, 世家44, 공민왕 22년 1월. "以瀕海諸郡不能撫字, 分遣安集別監"; 『高麗史』 卷80, 食貨3 賑恤 水旱疫癘賑貸之制, 공민왕 22년 4월. "全羅慶尙道饑, 遣使賑之."

(2) 부렴정책 : 수조와 취렴

　백성을 부유하게 만드는 쉬운 방법은 수취하지 않고 권농만 하는 것이다. 태조는 즉위하자마자 백성이 풍족해지도록 농상(農桑)을 권장하면서 3년간 조역(租役)을 면제하였다.258) 하지만 언제까지나 수취하지 않을 수는 없는 노릇이다. 백성의 직분은 공부(貢賦)를 담당하기 위해 열심히 농사에 매달리는 것이다.259)

　권농이 강조된 이유는 농사를 짓지 못하면 세금도 없기 때문이었다. 경종(耕種)하지 못하는 공사전(公私田)의 세량(稅糧) 징수를 엄금하는 명령은 이를 극명하게 보여준다.260) 국가로서는 조용조(租庸調) 등 이른바 삼세(三稅)를 수취하는 합리적인 수단이 필요하다.

　수취에는 양전(量田)과 호적(戶籍) 작성이 필수적이었다.261) 양전은 생산수단인 토지에 대한 파악이며, 호적 작성은 생산자인 일반 민들에 대한 파악이다. 권농정책이 토지와 일반 민들을 결합시키는 과정이었음을 상기할 필요가 있다. 진행 모습은 다르겠으나 양전을 실시하고 호적을 작성하는 과정은 권농하는 과정과 동일한 흐름에 놓여있다. 개간된 토지는 양전을 통해 국가의 세원으로 등록되고 토지에 긴박된 일반 민들은 호적을 통해 국가의 인적 자원으로 확정된다.

　구체적으로 살펴보면 양전(量田)은 고려 국초부터 시행되어 왔다. 고려 전기 기록으로는 광종 6년(955)의 양전과 아울러 문종 13년(1059)의 견주(見

---

258) 『高麗史』 卷80, 食貨3 賑恤 恩免之制, 태조 원년 8월.
259) 李正浩, 2002, 『高麗時代 勸農政策 硏究』, 고려대학교 박사학위논문 참고. 이정호는 고려시대 권농정책의 기본적인 기능으로 수취 즉 국가 재정의 확보를 거론한다. 이념적으로는 천인합일사상을 지렛대 삼아 수취의 근거를 설명한다.
260) 『高麗史』 卷78, 食貨1 田制 租稅, 예종 3년 2월. "制, 諸州縣公私田, 川河漂損, 樹木叢生, 不得耕種. 如有官吏, 當其佃戶及諸族類隣保人, 徵斂稅糧, 侵害作弊者, 內外所司, 察訪禁除."
261) 박종진, 2002, 「조세제도의 성립과 조세체계」, 『고려시기 재정운영과 조세제도』, 서울대학교출판부 참고.

州) 치읍(置邑)을 들 수 있지만,262) 이에 앞서 태조 26년(943)에 보이는 '청도군계(清道郡界) 이심사(里審使) 순영(順英)'은 그 명칭으로 보아 경계를 심사하는 기능, 즉 토지 파악을 맡은 관원이 존재했음을 시사한다.263) 그런데 양전의 시행은 지방 지배층의 영향력과 맞부딪힐 수밖에 없는 소지를 지니고 있었다. 국가로서는 토지와 일반 민들에 대한 장악을 둘러싸고 지방 지배층을 견제하면서 수취를 강화하고자 하였다. 하지만 지방 지배층에 대한 일방적인 규제는 가능하지 않은 것이기도 하고 당시로서는 완벽한 통제가 필요한 것도 아니었다. 중앙집권화의 정도를 기준으로 한다면 국가 권력의 한계를 드러내는 부분이라고 할 수 있겠지만, 양전과 대민지배는 국가와 지방 지배층 사이의 균형 내지 타협 속에서 진행되고 있었다.264)

호적(戶籍)에는 호주(戶主)의 세계(世系)와 동거하는 자녀(子女)·형제(兄弟)·질서(姪壻)의 족파(族派)를 비롯하여 노비(奴婢) 계보까지 체계적으로 기록하였는데, 인정(人丁)의 다과에 따라 9등으로 편호(編戶)하여 부역(賦役)을 정하였다. 이미 태조대부터 일반 민들은 편호로 파악되었고 성종대에 경주의 호구조사가 실행되었음은 앞서 서술한 바와 같다.

전정(田丁)은 양전(量田)과 호적(戶籍)을 결합시킨 개념이다.265) 「호장선

---

262) 『高麗史』 卷78, 食貨1 田制 經理, 문종 13년 2월. "尙書戶部奏, 楊州界內見州置邑已百五年, 州民田畝累經水旱, 膏塉不同, 請遣使均定, 制可."
263) 『三國遺事』 卷4, 義解5 寶壤梨木. "謹按淸道郡司籍, 載天福八年癸酉[大祖卽位第二十六年也]正月日, 淸道郡界里審使順英·大乃末水文等, 柱貼公文."
264) 蔡雄錫, 2000, 「高麗前期 지방사회의 지배구조와 본관제의 질서」, 『高麗時代의 國家와 地方社會』, 서울대학교출판부 ; 安秉佑, 2002, 「財政構造의 성립」, 『高麗前期의 財政構造』, 서울대학교출판부 ; 李正浩, 2002, 「勸農政策의 性格」, 『高麗時代 勸農政策 硏究』, 고려대학교 박사학위논문 참고.
265) 田丁에 대해서는 다음 연구가 참고된다(金容燮, 1975, 「高麗時期의 量田制」, 『東方學志』 16집 ; 尹漢宅, 1995, 「私田과 田丁」, 『高麗 前期 私田 硏究』, 고려대학교 민족문화연구소 출판부 ; 박경안, 1991, 「高麗時期 田丁連立의 構造와 存在形態」, 『韓國史硏究』 75호 ; 金琪燮, 1993, 『高麗 前期 田丁制 硏究』, 부산대학교 박사학위

생안(戶長先生案)」에 의하면 국초부터 경주에서는 '정(丁)'이 사용되었는데,266) 현종 14년(1023) 기록의 '도전정(都田丁)'은 군현별 전정의 총괄이어서 군현이 전정(田丁) 단위로 파악되고 있음을 보여준다.267) 따라서 토지에 대한 파악과 인신에 대한 파악을 결합시킨 전정은 조용조의 수취단위가 된다. 고려에서는 이미 태조대부터 조세를 징수하거나 조역(租役)·세조(稅租)를 감면할 정도로 재원을 파악하고 있었다.268) 이처럼 국가에서 전정(田丁)을 매개로 토지와 일반 민들을 파악하고 있는 구조에서는 권농이 철저할수록 재정기반이 튼실해지기 마련이었다. 지방관의 임무에서 권농과 수취가 맞물려 있음은 명종 12년(1182)에 합주(陜州)를 다스린 전원균(田元均)의 사례에서 확인할 수 있다.

> 합주(陜州)로 나가 다스렸다. 가난한 백성을 돌보고 교활한 향리를 다스렸으며, 농사를 권장하고 수취를 고르게 하는데[勸農 均賦] 한결같이 기강을 세우니, 주(州)의 모든 사람들이 부모처럼 여겨 사랑하고 □□ 깊이 흠모하였다.269)

논문 ; 박종진, 2002, 「조세제도의 구조」, 『고려시기 재정운영과 조세제도』, 서울대학교출판부).
266) 경주시·경주문화원, 2002, 「戶長先生案」, 『慶州先生案』. "京號不動東京留守官, 州號乙良慶州爲等, 如設排敎是旀, 千丁已上乙, 束給敎是遣, 堂祭十乙爻定敎是良."
267) 『高麗史』 卷80, 食貨3 常平義倉, 현종 14년 윤9월. "判, 凡諸州縣義倉之法, 用都田丁數收斂, 一科公田, 一結, 租三斗……."
268) 『高麗史』 卷79, 食貨2 戶口, 충렬왕 5년 9월. "分遣計點使於諸道. 初都評議使司言, 大祖奠五道州郡, 經野賦民, 皆有恒制"; 『高麗史』 卷80, 食貨3 賑恤 恩免之制, 태조 원년 8월. "詔曰,……然承前主之忯運, 苟不蠲租稅勸農桑, 何以臻家給人足乎. 其免民三年租役, 流離四方者, 令歸田里"; 성균관대학교 박물관, 2005, 「龍門寺 重修碑」, 『고려시대 금석문 탁본전』, 249쪽. "我太祖,……及定天下, 降勅鳩財陶瓦, 凡架屋三十間, 倂給州縣稅租, 每歲一百五十石, 爲供養資."
269) 田元均 墓誌銘(김용선, 2006, 『개정판 역주 고려묘지명 집성』(상), 한림대학교출판부, 501~502쪽). "出知陜州. 撫細民, 繩猾吏, 勸農, 均賦, 皆有修紀, 一州愛如父母, □□深慕之."

그런데 수취는 지나쳐도 안 되지만 부족해도 곤란했다. 지나친 수취는 일반 민들을 위협하지만, 부족한 수취는 재정문제를 낳기 마련이었다. 말 그대로 과유불급(過猶不及)이었다. 주부(州府)의 세공(稅貢) 항목과 운영이 세밀하게 규정된 까닭도 여기에 있다. 흔히 지방관은 백성의 부모라고 일컬어졌지만, 정종(靖宗) 7년(1041)의 기록에서 보듯이 지방관의 출척을 결정하는 관건은 바로 규정된 세공의 징수였다.

> 삼사(三司)에서 "제도(諸道)의 외관원료(外官員僚)는 다스리는 주부(州府)의 세공(稅貢)으로 1년에 미(米) 300석, 조(租) 400곡(斛), 황금(黃金) 10냥, 백은(白銀) 2근, 포(布) 50필, 백적동(白赤銅) 50근, 철(鐵) 300근, 염(塩) 300석, 사면(絲緜) 40근, 유밀(油蜜) 1석을 내도록 하고, 납부하지 못한 자는 현임에서 해직시키소서"라고 아뢰니, 따랐다.[270]

이처럼 권농(勸農)의 이면에 수조(收租)가 자리잡고 있듯이, 존휼(存恤)은 취렴(聚斂)과 궤를 함께하였다. 『고려사』 식화지에서 속출하는 기록과 같이 백성이 국왕을 돕는 일은 빈번했으며 신하가 위태로운 국가 재정을 지탱하는 일은 당연하다고 인식되었다. 시민여자(視民如子)의 관념에서 보더라도 자식에 해당하는 백성이 국가를 위해 재물을 내놓는 것은 마땅한 일로 여겨졌다.

> 무릇 국가에 대사(大事)가 있어 용도가 넉넉하지 못하면 임시로 과렴(科斂)하여 그 비용을 지탱하였다.[271]

---

270) 『高麗史』 卷78, 食貨1 田制 租稅, 靖宗 7년 1월. "三司奏, 諸道外官員僚, 所管州府稅貢, 一歲米三百碩, 租四百斛, 黃金一十兩, 白銀二斤, 布五十匹, 白赤銅五十斤, 鐵三百斤, 塩三百碩, 絲緜四十斤, 油蜜一碩, 未納者, 請罷見任, 從之."
271) 『高麗史』 卷79, 食貨2 科斂. "凡國有大事, 用度不敷, 則臨時科斂, 以支其費焉."

국초 이래의 별공(別貢)이나 임시적인 노역(勞役) 징발은 대민 존휼에 상응하는 취렴의 예였다. 각종 취렴은 과도한 부담이 문제점으로 지적되었을 뿐이지, 취렴 자체가 부정된 것은 아니었다. 고려에서 취렴의 형식과 실시 시기는 반전색(盤纏色), 첨설직(添設職), 각염제(榷鹽制), 납속보관제(納粟補官制), 역관제(役官制) 등으로 다양했다.272) 전형적인 취렴의 사례로는 충렬왕 15년(1289) 기근이 든 요동(遼東)에 10만석을 보내려고 과렴한 것을 꼽을 수 있다.273) 다음 표에 보이는 바와 같이 제왕(諸王)·승지(承旨) 이상에게 쌀 7석을 배정한 것을 비롯하여 모든 관료·백성·노비·상인에게 빠짐없이 징수하였던 것이다.

<표 3-3> 충렬왕 15년 2월의 과렴표

구분	대상	액수(米)	구분	대상	액수(米)
1	諸王·承旨以上	7石	9	富商 中戶	2石
2	致仕宰樞·三品以上	5石	10	散官四品	1石
3	致仕三品·顯任四品	4石	11	七八品·叅上副使·僧錄職事	1石
4	散官宰樞	3石	12	富商 小戶	1石
5	五品	3石	13	散官五品	8斗
6	富商 大戶	3石	14	九品叅外副使	8斗
7	散官三品	2石	15	權務·隊正·別賜散職	7斗
8	侍衛將軍·六品	2石	16	軍官·百姓·公私奴婢	5斗·3斗로 차등

이상에서 살핀 수조(收租)와 취렴(聚斂)에 대해서는, 일반 민들의 입장에

---

272) 『高麗史』 卷79, 食貨2 科斂, 충렬왕 원년 12월 ; 『高麗史』 卷75, 選擧3 銓注 添設職, 공민왕 3년 6월 ; 『高麗史』 卷79, 食貨2 鹽法, 충렬왕 14년 3월 ; 『高麗史』 卷80, 食貨3 賑恤 納粟補官之制, 충렬왕 원년 12월 ; 『高麗史』 卷75, 選擧3 銓注 役官之制.
273) 『高麗史』 卷79, 食貨2 科斂, 충렬왕 15년 2월. "遼東饑. 元遣張守智等, 令本國措辦軍糧十萬石, 轉于遼東. 王命群臣, 出米有差, 諸王承旨以上, 七石, 致仕宰樞三品以上, 五石, 散官宰樞, 三石, 散官三品, 二石, 致仕三品顯任四品, 四石, 散官四品, 一石, 五品, 三石, 散官五品, 八斗, 侍衛將軍六品, 二石, 七八品叅上副使僧錄職事, 一石, 九品叅外副使, 八斗, 權務隊正別賜散職, 七斗, 軍官百姓公私奴婢, 以五斗三斗爲差, 富商大戶, 三石, 中戶, 二石, 小戶, 一石. 各道輸米有差, 唯除東界平壤二道."

서 권리와 의무 개념으로 표현할 수도 있다. 즉 일반 민들의 권리는 농상(農桑)에 종사할 수 있는 여건을 조성 받고 위기가 닥치면 구료(救療)를 제공받는다. 그 대신 조세와 부역을 국가에 납부하고 위기가 닥치면 과렴 등을 통해 재정을 떠받쳐야 하는 의무가 부과된다. 국가의 입장에서는 정반대로 표현된다. 자연재해와 전염병 때문에 권농 외에도 항시적인 존휼이 필요했듯이, 부족하기 마련인 재정 역시 언제나 취렴을 통해 해결되는 수밖에 없었다. 일반 민들의 재앙과 국가 재정의 위기는 매번 다른 모습을 띤 채 일상을 이룬다. 따라서 이들에게 존휼과 취렴은 일상이다. 지배층과 일반 민들 사이의 이러한 관계망을 뒷받침하는 관념이 바로 시민여자(視民如子)였다. 이상의 논의를 표로 작성하면 다음과 같다.

<표 3-4> 고려시대 국가−일반 민들 사이의 관계망

	기본 관계	확장 관계	
국가의 의무 : 安集政策	勸農政策 (일반 민들과 토지의 결합)	存恤政策 (대민의료, 상평창, 면세 등)	일반 민들의 권리
국가의 권리 : 賦斂政策	收租政策 (조용조 등 삼세의 수취)	聚斂政策 (별공, 과렴, 납속보관 등)	일반 민들의 의무

안집정책(安集政策)과 부렴정책(賦斂政策)이 서로 짝을 이룬다는 이상의 검토에서 드러나듯이 지배층과 일반 민들의 관계는 상호 의존적이었다. 권농정책(勸農政策)−수조정책(收租政策)이 국가와 일반 민들 사이의 기본 관계라면, 존휼정책(存恤政策)−취렴정책(聚斂政策)은 확장 관계에 해당한다. 동시에 안집정책이 일반 민들의 최저 생활기반을 보장하는 데 비해 부렴정책은 일반 민들의 삶을 끊임없이 위협한다. 부렴정책이 일반 민들로부터의 수취를 통해 사회적 긴장을 고조시킨다면 안집정책은 그 긴장을 이완시키는 역할을 맡는다.

이 관계망의 작동에서 수조와 취렴이 무한할 수는 없었다. 과도한 수취는 일반 민들을 유리시켜 도적떼를 양산함으로써 재정 기반을 무너뜨리는 탓이다.274) 관념적으로도 무거운 공부(貢賦)는 민원(民怨)을 일으켜 화기(和氣)를 상하게 하거나 가뭄 같은 천견(天譴)을 야기한다고 인식되었다.275) '취민유도(取民有度)'는 백성을 토지에 안집시켜 적절한 수준에서 수취하자는 태조 이래 대민지배의 방침이었다.276)

취민유도 개념을 부연하는 표현으로는 "백성을 시기에 맞춰 부리고 부역을 가볍게 한다"라는277) 훈요십조(訓要十條)의 유훈이나 "기근이 들어도 백성이 손상되지 않고 풍년에도 농민이 피해를 입지 않는다"라는278) 상평창의 운영원리를 거론할 수 있다. 평시에는 정해진 조세를 수취하고 때에 맞춰 백성을 부리지만, 풍년에는 많이 수취하고 기근에는 존휼을 시행함으로써 지배체제를 존속시키자는 논리였다. 앞에서 대민의료의 집행은 일반 민들의 삶을 일상 속에서 통제하는 과정이라고 설명하였다. 대민의료를 포함한 대민 통제의 일관된 방향은 풍흉(豊凶)에 상관없이 일반 민들의 '항상(恒常)'을 유지하는 것이었다. 토지의 비척(肥瘠)과 수확의 다소(多少)를 막론하고 대민수취는 언제나 비등점 근처에서 오르내리는

---

274) 『高麗史』 卷79, 食貨2 農桑, 인종 6년 3월. "詔曰,……今守令, 多以聚斂爲利, 鮮有勤儉撫民, 倉庾空虛, 黎庶窮匱, 加之以力役, 民無所措手足, 起而相聚爲盜賊, 甚非富國安民之意."

275) 『高麗史節要』 卷1, 태조 15년 5월. "西京大風, 屋瓦皆飛. 王聞之 謂羣臣曰,……且祥瑞志云, 行役不平, 貢賦煩重, 下民怨上, 有此之應. 以古驗今, 豈無所召. 今四方勞役不息, 供費旣多, 而貢賦未省, 竊恐緣此以致天譴, 夙夜憂懼, 不敢遑寧."

276) 『高麗史』 卷78, 食貨1 序文. "三國末, 經界不正, 賦斂無藝. 高麗太祖卽位, 首正田制, 取民有度, 而惓惓於農桑, 可謂知所本矣" ; 『高麗史』 卷78, 食貨1 田制 租稅, 인종 5년 3월. "詔曰, 取民有制, 常租調外, 毋得橫斂." '取民有度'는 골품제 해체와 신진 정치세력의 등장에 따른 새로운 대민시책이었다(河炫綱, 1989, 『韓國中世史論』, 新丘文化社, 178쪽).

277) 『高麗史』 卷2, 世家2, 태조 26년 4월. "御內殿, 召大匡朴述希, 親授訓要曰,……其七曰,……又使民以時, 輕徭薄賦, 知稼穡之艱難, 則自得民心, 國富民安."

278) 『高麗史』 卷80, 食貨3 常平義倉. "常平義倉昉於漢唐, 饑不損民, 豊不傷農, 誠救荒之良法也."

속성이 있다.279) 그러므로 일반 민들의 삶을 개선하기보다는 현상을 존속하는 것, 바꾸어 말하면 확대재생산구조가 아니라 단순재생산구조를 추구함으로써 국가체제를 안정시키는 것이 고려의 대민지배 원칙이었다.280)

그러나 역사의 전개가 고려 정부의 의지만으로 결정되는 것은 아니다. 실제로 고려에서 대민지배체제는 어떤 궤적을 그렸는가? 대민의료를 비롯한 존휼 조치가 시행되지 않거나 부렴이 지나치게 혹독하여 일반 민들의 삶을 보장하지 못한다면 고려 정부는 존립할 수 없다. 가장 포괄적인 사회조직에 해당하는 국가가 더 이상 사회구성원 전체를 아우르지 못한다는 뜻이기 때문이다. 반면 부렴이 전혀 이루어지지 않아도 고려 정부는 존속할 수 없다. 재정을 확보하지 못한다는 뜻인 동시에 신분계급제적으로 운영되던 대민지배체제가 작동을 멈춘다는 뜻이기 때문이다.

『고려사』식화지의 무수한 기사에서 드러나듯이 원간섭기 전후부터 취렴이 폭주하였다. 취렴은 불안정한 재정 상태를 직접 반영하는데, 고려후기에는 국가의 부렴체계가 붕괴되었다는 점이 치명적이었다. 고려의 재정 악화는 몽고와의 30년 전쟁과 잇따른 조공 부담이 직접적인 원인이었다. 하지만 근본적인 문제는 토지제도 파탄과 지나친 수취라고 할 수 있다. 농장(農莊) 성행에 따른 전시과체제의 동요는 수조의 토대를 뒤흔들었으며, 다양한 방식의 빈번한 취렴은 농민의 전호화 현상을 가속화시켰다. 또한 수뢰한 지방관이 무려 990여명에 달한다는 기록은281) 과도한

---

279) 조선 성종대 李承召는 풍년이든 흉년이든 貧民은 고생을 면하지 못한다고 지적하였다. 흉년에는 飢寒에 빠지고, 풍년에는 곡식 값이 하락하거나 土木 使役이 많아지기 때문이라는 설명이었다(『成宗實錄』 卷70, 성종 7년 8월 22일(壬辰)).
280) 재정 측면에서 볼 때 고려 전기에는 인건비, 국방비, 이데올로기성 행사경비가 재정의 대부분을 차지하였다. 국가의 존립과 체제 유지에 재정을 주로 사용한 고려는 보호적인 기능이 위주인 국가였다(安秉佑, 2002, 『高麗前期의 財政構造』, 서울대학교출판부, 398~399쪽).
281) 『高麗史節要』 卷12, 명종 11년 9월. "庚癸之後, 政令益苛, 民生愈困. 歲戊戌, 宰相宋有仁李光挺等建議, 復遣察訪使. 官吏坐贓落職者, 九百九十餘人, 悉皆錄籍."

취렴이 가혹한 정령(政令) 외에도 관리 개개인의 탐욕(貪慾) 탓임을 적나라하게 드러낸다. 공(公)과 사(私)의 두 측면에서 망렴(妄斂)이 횡행하면서 취민유도(取民有度)라는 고려의 대민지배 방침은 무너져갔다.

고려 후기에 존휼 조치들이 남발되는 이유는 재정을 지탱할 인적 자원의 확보 때문이었다. 즉 국가로서는 농민에 대한 쟁탈을 농장주(農莊主)들과 벌이면서, 국가의 통제에서 이탈된 농민들을 포섭하기 위해 몇 년치 조세 감면을 내세우거나[282] 구급도감·진제도감·진제색 등 각종 도감(都監)을 앞세워 구휼을 과시하였다.[283] 일반 민들을 국가의 직접 지배 하로 유도하려는 조치들이었다. 하지만 조세(租稅)를 감면하라는 명령에도 불구하고 실제로는 여러 관서에서 징세(徵稅)를 강행하고 있었다.[284] 일반 민들의 생업에 신경 쓰자면 관서 운영이 불가능하기 때문이었다. 재정 악화로 존휼이 제대로 집행되지 않는 상태에서 일반 민들이 국가에 의존하면서 취렴을 감당할 리는 만무했다. 안집정책과 부렴정책 사이의 상호 보완구조가 무너졌던 것이다. 조선 건국으로 이어지는 고려 후기의 갈등 상황은 '취민유도'로 표현되던 기존의 임계점이 깨지면서 새로운 균형을 모색하는 과정이라고 이해할 수 있다.

요컨대 지배체제 전체로 보면 고려에서 대민의료(對民醫療)는 존휼정책

---

[282] 『高麗史』卷80, 食貨3 賑恤 災免之制. "(高宗)三十三年五月, 制, 以西海道州郡被兵, 蠲徭貢七年.……(忠烈王)十七年七月, 以旱乾, 禾穀不實, 分遣安集別監于諸道, 檢踏田畝, 量減租稅. 九月,……又以忠淸交州西海三道, 因軍旅失業, 減柴炭貢.……(辛禑元年)閏九月, 都評議司奏, 各道州縣, 屢經倭亂, 殘亡太甚. 其沿海各官常徭雜貢及塩稅等, 全羅道限五年, 楊廣慶尙道限三年, 蠲免. 從之. 七年三月, 全羅道按廉報, 民多餓死, 諸戍卒及人民逃散, 過半. 崔瑩議請, 蠲濱海州郡三年租稅, 從之."

[283] 『高麗史』卷80, 食貨3 賑恤 水旱疫癘賑貸之制. "(高宗)四十五年四月, 救急都監, 以年饑, 發崔竩倉穀.……忠穆王四年二月, 遣使, 賑西海楊廣二道飢, 置賑濟都監. 王減膳, 以充其費. 發有備倉米五百石, 令賑濟都監, 施粥餓人. 又發全羅道倉米萬二千石, 以賑飢.……恭愍王三年六月, 以年饑, 發有備倉粟, 減價以市民. 置賑濟色于演福寺, 發有備倉米五百石, 糜粥, 以濟飢民.……(恭愍王)十年二月, 設賑濟場于普濟寺."

[284] 『高麗史』卷80, 食貨3 賑恤 災免之制, 충렬왕 18년 3월. "下敎曰, 比經寇賊, 百姓困弊. 雖已蠲免租稅, 諸司不體至意, 一切徵納. 自今悉令禁約, 毋致失業."

(存恤政策)의 핵심이었다. 자연재해나 사회적 재앙이 닥쳤을 때 구휼 조치들과 함께 시행되어 일반 민들의 삶을 유지시키는 기능을 맡았던 것이다. 대민의료의 이러한 사회적 기능은 고려에 이르러서야 등장하는 변화였다. 고려 이전의 안집정책(安集政策)은 대민의료기구가 없이 진휼(賑恤)로만 운영되었다. 하지만 고려 이후에는 대민의료기구 및 상평창 등의 상설화에 따라 구휼(救恤)과 의료(醫療)가 결합된 '구료(救療)'로 대민정책의 내용이 확장되었다. '구료'의 실행이 이전 시기와는 구분되는 고려시대 안집정책의 역사성이라고 평가할 수 있다.

IV. 의료제도의 발전과 의료의 활성화

1. 의료관제의 변동과 의료인 육성

1) 의직 운용의 추이

　의료기구는 활동 지역에 따라 중앙의료기구와 지방의료기구로, 치료대상에 따라 대민의료기구와 지배층 의료기구로 나눌 수 있다. 고려의 중앙의료기구 가운데 지배층을 위한 관서로는 태의감과 상약국이 대표적이며, 대민의료기구로는 제위보, 동서대비원, 혜민국을 꼽을 수 있다.[1]

　의료기구와 의직(醫職)에 대해서는 『고려사』의 전시과(田柴科) 및 관제(官制) 기록이 중요하다. 전시과제도는 경종 원년(976)에 제정된 시정전시과(始定田柴科)에서 비롯하였으며 목종 원년(998)의 개정전시과(改定田柴科), 문종 30년(1076)의 갱정전시과(更定田柴科)로 변모하면서 고려시대 일대에 걸쳐 관료체제의 물적 토대로서 기능하였다. 전시과 기록에는 전시지(田柴地)를 분급 받는 의직 역시 실려 있어 의료기구를 조망할 수 있다.

　경종대의 시정전시과는 인품(人品)을 기준으로 하였고 공복(公服)에 따라 차등을 두었으며 잡리(雜吏)에게도 지급하였다는 원칙만이 남아 있어

---

1) 의료관서는 국왕, 관원, 백성 등의 치료대상을 기준으로 구분하는 것이 일반적이다 (李能和, 1931, 「朝鮮醫藥發達史」(四), 『朝鮮』 15권 9호, 朝鮮總督府, 1931년 9월호 ; 三木榮, 1963, 『朝鮮醫學史及疾病史』, 自家 出版, 76쪽 ; 이현숙, 2007, 「고려시대 官僚制下의 의료와 民間의료」, 『東方學志』 139집).

의직을 구체적으로 알 수 없다.[2] 18과등(科等)으로 구성된 개정전시과와 갱정전시과에 이르러 의직이 등장하는데, 이들은 녹봉도 지급받고 있었다. 개정전시과와 갱정전시과에 보이는 의직을 표로 작성하면 다음과 같다.

<표 4-1> 목종 원년과 문종 30년의 의직 관련 전시 지급표[3]

목종 원년(998) 개정전시과						문종 30년(1076) 갱정전시과					
과등	支給額(結)		受給醫官			과등	支給額(結)		受給醫官		
	田地	柴地	太醫監	尙藥局	其他		田地	柴地	太醫監	尙藥局	其他
9	60	33	太醫監			6	70	27	太醫監		
10	55	30	散太醫監			8	60	21	太醫少監		
11	50	25	太醫少監	尙藥奉御		10	50	15		尙藥奉御	藥藏郎 (東宮醫官)
12	45	22	散太醫少監	散尙藥奉御		11	45	12		侍御醫	
13	40	20		侍御醫 尙藥直長	藥藏郎 (東宮醫官)	12	40	10		尙藥直長	
14	35	15		散侍御醫 散尙藥直長		14	30	5	太醫博士 太醫丞		
15	30	10	太醫丞 太醫博士			15	25		太醫醫正		食醫 (尙食局)
16	27		太醫醫正	醫佐	食醫 (尙食局)	16	22		醫針史	醫針史	
18	20		注藥 藥童	藥童		17	20		注藥 藥童 呪噤師	藥童	

이 표에서는 오자를 바로잡고 소속 관서를 넣어 작성하였다. 의계사(醫計師)는 의침사(醫針史)의 오자로 보이며, 의침사(醫針史)와 약동(藥童)은

---

2) 『高麗史』 卷78, 食貨1 田制 田柴科, 경종 원년 11월. 강진철은 시정전시과에 등장하는 延壽院이 醫藥과 관계된 기구라고 추측하였다(姜晉哲, 1980, 『高麗土地制度史研究』, 고려대학교출판부, 37쪽).

3) 『高麗史』 卷78, 食貨1 田制 田柴科. 이 표는 이미숙, 2001, 「高麗時代 醫官의 임무와 사회적 지위」, 『湖西史學』 31집, 9쪽 '목종 원년에 의관에게 지급된 전시', 9쪽 '문종 30년에 의관에게 지급된 전시'를 토대로 재작성한 것이다. 갱정전시과의 16과에는 獸醫博士가 배치되어 있는데, 수의박사는 사람을 치료하는 관직이 아니므로 표에서 제외하였다.

IV. 의료제도의 발전과 의료의 활성화 177

태의감과 상약국 두 기구에 배속되었다. 식의(食醫)는 상식국(尙食局) 식의(食醫),4) 약장랑(藥藏郞)은 태자(太子) 약장랑(藥藏郞)을 지칭한다.5)

우선 이 표를 통해 목종대에서 문종대까지 80년 정도의 시차에도 불구하고 의직의 골격은 거의 변화가 없다는 점을 확인할 수 있다.

다음으로 고려 의료기구에서는 태의감과 상약국이 양대 축을 이루고 있다. 관질(官秩)은 태의감이 상약국보다 우위에 있는 것으로 보아

목종 원년(998) 무렵 태의감과 상약국 의관들의 대우를 알 수 있다. 『고려사(高麗史)』식화지(食貨志)의 개정전시과(改定田柴科) 기록.

태의감을 중시했음을 알 수 있다. 문종대 갱정전시과에서는 태의감과 상약국의 산직(散職)이 없어지면서 정직(正職)만 남았는데, 의직에서만 산직이 없어진 것은 아니었다. 종래의 전시과체제에서 토지를 지급받던 산직은 이때에 이르러 수급대상에서 완전히 배제되었다.6) 하지만 후대의 『고려도경』기록으로 미루어 산직자에게도 토지 지급이 없지는 않았다.7)

마지막으로 주금사(呪噤師)가 시정전시과와 개정전시과에서는 나타나지 않다가 문종 30년 갱정전시과에서야 비로소 전지를 받는 것은 의료진의 확대를 보여준다. 그런데 주금사와 주금박사는 송의 의직이었다. <표 4-2>에서 드러나듯이 한림의관(翰林醫官)은 문종대 문무반록에서야 처음

---

4) 『高麗史』卷77, 百官2 司膳署.
5) 『高麗史』卷77, 百官2 東宮官.
6) 姜晉哲, 1980, 『高麗土地制度史硏究』, 고려대학교출판부, 49쪽.
7) 박용운, 1997, 『高麗時代 官階・官職 硏究』, 고려대학교출판부, 31~32쪽.

등장하는데, 한림의관이 설치된 것도 송의 영향이었다. 송에서 한림의관원(翰林醫官院)이 태종 옹희 2년(985, 고려 성종 4년)에 등장하였다가 신종 원풍 5년(1082, 고려 문종 36년)에 한림의관국(翰林醫官局)으로 개편되었음은 앞서 살핀 바와 같다. 주금사와 한림의관의 존재는 고려의 의료제도가 발전하는데 송의 영향이 전혀 없지는 않았음을 뜻한다.

문종 30년(1076) 기록에는 갱정전시과만이 아니라 녹봉 규정도 실려 있는데, 녹봉은 인종대에도 다시 손질이 되었다. 따라서 문종대와 인종대의 녹봉 기록을 비교해 보면 의료기구의 추이를 살필 수 있다. 문종대와 인종대의 의직 관련 녹봉 지급표를 작성하면 다음과 같다.

<표 4-2> 문종 30년의 의직 관련 녹봉 지급표[8]

녹봉액	과등	文武班 (47科)		과등	權務官 (10科)		과등	東宮官 (13科)	과등	西京權務官 (6科)	기타
		太醫監	尙藥局		東西大悲院	濟危寶		東宮官		權務官	
200石	10	判事 (종3품)									
153石 5斗	14	太醫監 (정4품)									
140石	15	試太醫監									
86石 10斗	19		尙藥奉御 (정6품)								
86石 4斗	20	太醫少監 (종5품)									
73石 5斗	23	試太醫少監	試尙藥奉御								
66石 10斗	24		侍御醫 (종6품)								

---

8) 『高麗史』 卷80, 食貨3 祿俸 文武班祿, 權務官祿, 東宮官祿, 西京官祿, 문종 30년. 태의감과 상약국 의관의 품계는 『高麗史』 卷76, 百官1 典醫寺와 『高麗史』 卷77, 百官2 奉醫署에 기록되어 있다. 이 표는 이미숙, 2001, 「高麗時代 醫官의 임무와 사회적 지위」, 『湖西史學』 31집, 14~15쪽 '文宗 30년에 정한 의관의 祿俸(47科)'을 토대로 재작성한 것이다.

IV. 의료제도의 발전과 의료의 활성화   179

녹봉액	과등	太醫監 / 尚藥局	과등	東西大悲院	濟危寶	惠民局	과등	東宮官	기타
46石 10斗	28	尚藥直長(정7품)							
26石 10斗			3	東西大悲院使					
16石 10斗	44	太醫博士(종8품) 太醫丞(종8품)	4	東西大悲院副使	濟危寶副使		3	藥店副使	翰林醫官
13石 5斗							4	大悲院副使 醫學院副使	
10石	47	呪噤博士(종9품) 太醫助教(종9품) 太醫醫正(종9품)		尚藥醫佐(정9품)					尚食食醫(정9품)
8石 10斗			7	東西大悲院錄事	濟危寶錄事		6	藥店判官 大悲院判官 醫學院判官 醫學院博士	
4石							13	藥藏郎(정6품) 藥藏丞(정8품)	

<표 4-3> 인종대에 갱정된 의직 관련 녹봉 지급표[9]

녹봉액	文武班(28科)			權務官(9科)				東宮官(11科)		기타
	과등	太醫監	尚藥局	과등	東西大悲院	濟危寶	惠民局	과등	東宮官	
200石	9	判事								
153石 5斗	12	太醫監								
120石	13	試太醫監								
76石 10斗	16	太醫少監	尚藥奉御							
66石 10斗	17	試太醫少監	試尚藥奉御							
53石 5斗	18		侍御醫							
46石 10斗	19		尚藥直長							
40石	20		試侍御醫							
33石 5斗	21		試尚藥直長							

[9] 『高麗史』卷80, 食貨3 祿俸 文武班祿, 權務官祿, 東宮官祿, 인종조. 이 표는 이미숙, 2001, 「高麗時代 醫官의 임무와 사회적 지위」, 『湖西史學』 31집, 18쪽 '仁宗代 醫官에게 지급된 祿俸'을 토대로 재작성한 것이다.

26石 10斗				3	東西大悲院使	濟危寶使			
20石	26								翰林醫官
16石 10斗	27	太醫丞							
10石 10斗				7			惠民局判官		
10石	28	呪噤博士 太醫助敎 太醫醫正	尚藥醫佐						尙食食醫
8石 10斗				9	東西大悲院錄事	濟危寶錄事			
4石								11	藥藏郞 藥藏丞

표에서 드러나는 의료관서들의 변화 양상을 검토해 보면, 우선 인종대에도 여전히 태의감이 상약국보다 상위에 있다는 점을 지적할 수 있다. 대민의료기구로서는 혜민국이 성장하는 모습을 살필 수 있다. 혜민국은 동서대비원이나 제위보에 비해 약간 낮지만 나란히 대민의료기구를 구성하고 있다. 하지만 동서대비원, 제위보, 혜민국의 3대 대민의료기구의 위상이 상약국과 같은 지배층 중심의 의료기구에는 한참 못미친다는 점도 표에서 분명하게 나타난다. 그리고 인종대에는 서경권무관의 의직이 더 이상 보이지 않는다. 서경권무관의 의직이 폐지된 것은 '묘청(妙淸)의 난(亂)'이 실패로 돌아가면서 인종 14년(1136)에 서경의 행정기구가 대폭 축소된 결과로 이해된다.[10]

이제 태의감과 상약국을 각각 서술하기에 앞서 두 관서의 제도적 위상을 중국 의료제도의 영향을 중심으로 따져보자. 『고려사』 백관지에 수록된 관서들은 설립 당시 기록을 토대로 정리한 것이 아니어서, 관서의 위상을 살피기 어렵게 되어 있다. '태의감'을 예로 들자면 '전의시(典醫寺)'로 표제가 잡혀있는데, 고려에서 관서명의 '감(監)'은 '시(寺)'보다 상위였다. 태의

---

10) 『高麗史』 卷77, 百官2 外職 西京留守官, 인종 14년. "命兩府大臣議西京官班沿革, 監軍・分司御史臺並仍舊, 其餘官並省之."

감의 위상은 설립 당시와 그 이후가 달라졌던 것이다.

당(唐)의 의료기구로는 태상시(太常寺) 산하의 태의서(太醫署)와 전중성(殿中省) 산하의 상약국(尙藥局)이 대표적이었다. 조금 더 크게 살피자면 당에는 삼대(三代)의 구경(九卿)에서 비롯한 구시(九寺)에서 특정한 실무를 담당하였다. 구시 중 하나인 태상시는 예악(禮樂)·교묘(郊廟)·사직(社稷)을 주관하는 기구였는데, 태의서는 바로 태상시의 속사(屬司)였던 것이다. 한편 전중성은 비서성(秘書省)·내시성(內侍省)과 함께 궁내성(宮內省)이었다. 황제의 복어물(服御物)과 예물(禮物)에 관한 정령(政令)을 관장하는 전중성에는 상식국(尙食局)·상약국(尙藥局)·상의국(尙衣局)·상사국(尙舍局)·상승국(尙乘局)·상련국(尙輦局) 등 6국(局)이 소속되어 있었다.[11]

그런데 당의 태의서가 고려에서는 태의감으로 변형되었다. 당에서는 태상시의 하위 관서로서 '서(署)'에 불과했으나 고려에서는 '감(監)'으로 승격되고 있어서, 고려의 태의감을 태상시의 속사(屬司)로 보기는 어렵다. 아울러 위의 6국 가운데 상련국을 제외한 5국이 『고려사』 백관지에서 확인된다. 5국이기는 하지만 『고려사』의 녹봉이나 전시과 기록에서는 '육국(六局)'이라는 표현이 곧잘 등장한다. 당의 전중성이 황제를 모시는 관서였던 것처럼 고려에서 '상(尙)'이 들어가는 관서들은 국왕을 시봉(侍奉)하는 기구였다.[12] 따라서 고려에서 상약국은 국왕에게 관할되는 왕실기구의 성격이 강한 반면, 태의감은 중앙의료기구로서의 행정적인 성격이 두드러지는 차이가 있다.

시기를 소급해보면 신라의 약전(藥典)은 『삼국사기(三國史記)』 직관지(職官志)에서 내성(內省) 아래에 있었다. 국가기구이지만 편제상 국왕에게

---

11) 金大植, 2003, 『高麗前期 中央官制의 成立과 六典制의 影響』, 성균관대학교 박사학위논문, 62~64쪽. 고려의 개정전시과에서도 殿中省의 직제로 비정되는 殿中監, 殿中少監, 殿中丞, 內給事 등이 보이는데, 고려의 전중성 역시 唐制와 유사하게 국왕의 衣食住를 관리하는 기구로 추정된다(金大植, 앞의 글, 109~113쪽).
12) 李貞薰, 2007, 『高麗前期 政治制度 硏究』, 혜안, 268~269쪽.

소속된 성격이 강하다는 의미이다. 의술을 연구한 의관을 내공봉(內供奉)으로 충원했다는 기록으로 보아, 공봉의사(供奉醫師)는 의관들 가운데에서도 실력이 뛰어났다는 것을 짐작할 수 있다. 고려 초기의 상의원(尚醫院) 역시 왕실의료기구로 운영되었다. 관서로서의 연혁을 따지자면 약전(藥典), 상의원(尚醫院), 상약국(尚藥局)은 왕실의료기구라는 동일한 계통에 있다. 이들 왕실의료기구는 중앙의료기구나 대민의료기구에 비해 오래되고 그 기록도 상세하다. 관서별 기록의 원근(遠近)과 다소(多少)는 신라와 고려의 의직 운용이 왕실의료기구→ 중앙의료기구→ 대민의료기구로 확대되는 과정을 반영하고 있다.

2) 중앙의료기구의 운영

(1) 태의감

중앙의료기구 가운데 대민의료기구는 앞서 검토했으므로, 여기에서는 태의감과 상약국의 관직 구성, 활동, 변천 과정 등을 살펴보려고 한다.[13] 태의감과 상약국은 명칭이 여러 번 바뀌었는데, 여기에서는 오랫동안 널리 쓰였던 '태의감(太醫監)'과 '상약국(尚藥局)'으로 통일하여 표기한다.

태의감은 『고려사』 백관지에 전의시라는 항목으로 설명되어 있다. 중요한 기록이므로 전의시 기록 전체를 인용한다. 길게 보이지만 핵심 의료기구의 변천을 보여준다는 가치를 감안하면 오히려 짧은 문장이다.

---

13) 태의감과 상약국의 연혁 및 운영에 대해서는 다음 연구가 참고된다(三木榮, 1963, 『朝鮮醫學史及疾病史』, 自家 出版, 73~75쪽 ; 金斗鍾, 1966, 『韓國醫學史 全』, 探求堂, 171~174쪽 ; 孫弘烈, 1988, 『韓國中世의 醫療制度硏究』, 修書院, 90~97쪽 ; 이경록・신동환, 2001, 「고려시대의 의료제도와 그 성격」, 『醫史學』 10권 2호, 159~164쪽 ; 이미숙, 2002, 「高麗 中央醫官의 職制」, 『白山學報』 63호, 244~254쪽 ; 박용운, 2005, 「『高麗史』 百官志 譯註(4)」, 『고려시대연구』IX, 한국학중앙연구원, 100~105쪽 ; 박용운, 2006, 「『高麗史』 百官志(二) 譯註(5)」, 『고려시대연구』XI, 한국학중앙연구원, 28~32쪽).

전의시(典醫寺).

의약(醫藥)·치료(治療) 업무를 관장하였다.

목종조에는 태의감에 감(監)·소감(少監)·승(丞)·박사(博士)·의정(醫正)이 있었다.

문종이 판사(判事)는 관질(官秩) 종3품으로, 감(監)은 1명에 정4품으로, 소감(少監)은 2명에 종5품으로, 박사(博士)는 2명 승(丞)은 2명에 모두 종8품으로, 의정(醫正)은 2명 조교(助敎)는 1명 주금박사(呪噤博士)는 1명에 모두 종9품으로, 의침사(醫針史)는 1명으로, 주약(注藥)은 2명으로, 약동(藥童)은 2명으로, 주금사(呪噤師)는 2명으로, 주금공(呪噤工)은 2명으로 정하였다.

충렬왕 34년(1308)에 충선왕이 사의서(司醫署)로 고쳤다. 관원으로 제점(提點)은 2명에 겸관(兼官) 정3품으로, 령(令)은 1명에 정3품으로, 정(正)은 1명에 종3품으로, 부정(副正)은 1명에 종4품으로, 승(丞)은 1명에 종5품으로, 랑(郞)은 1명에 종6품으로, 직장(直長)은 1명에 종7품으로, 박사(博士)는 2명에 종8품으로, 검약(檢藥)은 2명에 정9품으로, 조교(助敎)는 2명에 종9품으로 바꾸었다.

뒤에 전의시(典醫寺)로 고치면서 제점을 없애고 령을 판사(判事)로, 랑을 주부(注簿)로 고쳤다.

공민왕 5년(1356)에 다시 태의감(太醫監)[大醫監]이라 칭하면서 정을 감(監)으로, 부정을 소감(少監)으로 고치고, 검약을 혁파하였다.

11년(1362)에 다시 전의시(典醫寺)라 칭하면서 감을 정(正)으로, 소감을 부정(副正)으로 고치고, 다시 검약(檢藥)을 두었다.

18년(1369)에 다시 태의감(太醫監)[大醫監]이라 칭하면서 또다시 정·부정을 감(監)·소감(少監)으로 고쳤다.

21년(1372)에 다시 전의시(典醫寺)라 칭하면서, 이로 말미암아 정(正)·부정(副正)으로 고쳤다.[14]

---

14) 『高麗史』卷76, 百官1. "典醫寺. 掌醫藥療治之事. 穆宗朝有太醫監監·少監·丞·博士·醫正. 文宗定判事, 秩從三品, 監一人, 正四品, 少監二人, 從五品, 博士二人·丞二人, 並從八品, 醫正二人·助敎一人·呪噤博士一人, 並從九品, 醫針史一人·注藥二人·藥童二人·呪噤師二人·呪噤工二人. 忠烈王三十四年, 忠宣改司醫署. 改定員吏, 置提點二人, 兼官, 正三品, 令一人, 正三品, 正一人, 從三品, 副正一人, 從四品, 丞一人, 從五品, 郞一人, 從六品, 直長一人, 從七品, 博士二人, 從八品, 檢藥二人,

고려시대 최고의 의료기구인 태의감은 목종대 기록부터 관원 구성에 짜임새가 있었다. 이 기록에서 태의감의 감, 소감 따위의 관원은 목종대의 관원인 것으로 기재되어 있다. 하지만 목종대에 처음 설치되었다고 기록하지는 않았다. 앞서 보았던 성종 8년(989)의 태의의정(太醫醫正)은 태의감 관원이 분명하다.『고려사』편찬자들은 태의감 설치 기록을 찾지 못한 탓에 목종대부터 태의감 연혁을 정리했을 것이다. 고려시대 관서의 정비는 성종대에 대부분 이루어졌으므로,15) 태의감의 정원과 품계 역시 성종대에 이미 갖춰졌으리라 짐작된다.

이제 태의감의 연혁에 담긴 기구의 변동과 기구 변동의 의미를 곱씹어 보자. 전자는 중국 의료제도와의 유사성을 확인하면서 고려만의 독자성을 확인하는 작업이며, 후자는 의료기구의 변화와 정치적 변동의 상관성을 검토하는 작업이다. 기존 연구에서 미흡하게 다루어졌던 부분이기도 하다. 위의 태의감 연혁표 및 다른 기록을 토대로 태의감의 관원 구성을 요약하면 다음과 같다.

성종 : [감(監)] [소감(少監)] [승(丞)] [박사(博士)] 의정(醫正)
목종 : 감(監), 소감(少監), 승(丞), 박사(博士), 의정(醫正), 주약(注藥), 약동(藥童)
문종 : 판사(判事), 감(監), 소감(少監), 박사(博士), 승(丞), 의정(醫正), 조교(助敎), 주금박사(呪噤博士), 의침사(醫針史), 주약(注藥), 약동(藥童), 주금사(呪噤師), 주금공(呪噤工)
인종 : 판사(判事), 감(監), 소감(少監), 승(丞), 의정(醫正), 주금박사(呪噤博士), 조교(助敎)

正九品, 助敎二人, 從九品. 後改典醫寺, 罷提點, 改令爲判事, 郞爲注簿. 恭愍王五年, 復稱大醫監, 改正爲監, 副正爲少監, 革檢藥. 十一年, 復稱典醫寺, 改監爲正, 少監爲副正, 復置檢藥. 十八年, 復稱大醫監, 又改正·副正爲監·少監. 二十一年, 復稱典醫寺, 仍改爲正·副正."

15) 박용운, 1997,『高麗時代 官階·官職 硏究』, 고려대학교출판부, 13쪽.

무신집권기 : 판사(判事), 감(監), 소감(少監) 등16)

먼저 주목되는 부분은 태의감의 관직과 관원수가 증가하는 경향을 보인다는 사실이다. 특히 고려 일대의 제도를 정비한 것으로 평가받는 문종대까지 태의감도 계속 성장해나가고 있다. 태의감에 관한 목종~인종대의 전시(田柴)와 녹봉(祿俸) 기록을 토대로 <표 4-4>를 작성해 보면, 문종대가 고려시대 태의감 제도의 전형임을 쉽게 알 수 있다.

태의감 관원은 표와 같이 목종-문종-인종에 걸쳐 비슷한 편제를 보인다. 국초의 태의감 체제가 고려 일대의 기준이 되었다는 사실은 태의감의 성격과 관련해서 중요한 점을 시사한다. 고려의 태의감은 송의 제도를 본받은 게 아니라 위진남북조 및 수·당의 의료기구를 따랐다는 것이다. 구체적으로 따지면 고려 태의감은 당제(唐制)를 그대로 모방한 것이 분명하며 송의 태의국과는 관계가 없다.17) 문종대에 보이는 의침사, 주금사, 주금공은 당의 태의서에 이미 보이지만, 송 태의국에서는 배속되어 있지 않다.

문종대 태의감의 모습은 국초 이래 제도 정비의 완결로서 이후 충렬왕대까지 준수된 전범이었으므로 자세히 살펴볼 필요가 있다.

---

16) 『高麗史』卷3, 世家3, 성종 8년 2월 ; 『高麗史』卷76, 百官1 典醫寺 ; 『高麗史』卷78, 食貨1 田制 田柴科 ; 『高麗史』卷80, 食貨3 祿俸 文武班祿. 성종대에는 태의감 관원으로 醫正밖에 확인되지 않지만 監을 위시한 다른 관원들도 존재했을 것이다. 『高麗史』百官志 기록이나 전시과, 녹봉 기록 등에 의하면 인종대에서 충선왕대까지의 태의감 관원에 대한 기록은 명확하지 않다. 하지만 墓誌銘을 비롯한 金石文과 『高麗史』輿服志를 살펴보면 무신집권기와 대몽항쟁기까지도 태의감에는 변화가 없었다. 즉 명종 20년(1190) 丘史가 배정되었는데 太醫監 判事는 8명, 監은 7명, 少監은 7명이었다. 그리고 명종 24년(1194)경 태어난 양윤수는 太醫少監을 역임하였으며, 명종 26년(1196)생으로 추정되는 이극영은 判大醫監事를 역임하였다. 또한 윤응첨 묘지명에 의하면 고종 15년(1228)에 사망한 그는 判太醫監事를 역임하였다.

17) 李美淑, 2002, 『高麗時代 技術官 硏究』, 상명대학교 박사학위논문, 34쪽 참고.

<표 4-4> 목종~인종대 태의감 의관의 전시 및 녹봉 비교표

의직	목종 원년 전시액[18]			문종 30년 전시액[19]			문종 30년 녹봉액[20]		인종대 갱정 녹봉액[21]	
	과등 (18科)	支給額 (結)		과등 (18科)	支給額 (結)		과등 (文武班祿 47科)	祿俸額	과등 (文武班 祿28科)	祿俸額
		田地	柴地		田地	柴地				
判事							10(종3품)	200石	9	200石
太醫監	9	60	33	6(정4품)	70	27	14(정4품)	153石 5斗	12	153石 5斗
試太醫監							15	140石	13	120石
散太醫監	10	55	30							
太醫少監	11	50	25	8(종5품)	60	21	20(종5품)	86石 4斗	16	76石 10斗
試太醫少監							23	73石 5斗	17	66石 10斗
散太醫少監	12	45	22							
太醫博士	15	30	10	14(종8품)	30	5	44(종8품)	16石 10斗		
太醫丞	15	30	10	14(종8품)	30	5	44(종8품)	16石 10斗	27	16石 10斗
太醫正	16	27		15(종9품)	25		47(종9품)	10石	28	10石
呪噤博士							47(종9품)	10石	28	10石
太醫助敎							47(종9품)	10石	28	10石
醫針史				16	22					
注藥	18	20		17	20					
藥童	18	20		17	20					
呪噤師				17	20					

　우선 전시액 규정에서 판태의감사가 전시(田柴) 없이 녹봉(祿俸)만 받은 이유는 겸직이기 때문이다. 의침사, 주약, 약동, 주금사가 녹봉 없이 토지 20결만 받는 이유는 9품 이하의 의직이 토지만 지급받았기 때문으로 추측된다. 같은 달인 문종 30년 12월에 의업(醫業) 수석은 20결을 지급하고 그 이하는 17결을 지급하라고 규정하였는데,[22] 위 표에는 17결의 지급

---

18) 『高麗史』 卷78, 食貨1 田制 田柴科, 목종 원년 12월.
19) 『高麗史』 卷78, 食貨1 田制 田柴科, 문종 30년.
20) 『高麗史』 卷80, 食貨3 祿俸 文武班祿, 문종 30년.
21) 『高麗史』 卷80, 食貨3 祿俸 文武班祿, 인종조. 이 표는 이미숙, 2001, 「高麗時代 醫官의 임무와 사회적 지위」, 『湖西史學』 31집, 9쪽 '목종 원년에 의관에게 지급된 전시', 9쪽 '문종 30년에 의관에게 지급된 전시', 14~15쪽 '文宗 30年에 정한 의관의 祿俸(47科)', 18쪽 '仁宗代 醫官에게 지급된 祿俸'을 토대로 재작성한 것이다.
22) 『高麗史』 卷74, 選擧2 科目2 崇獎之典, 문종 30년 12월.

대상이 나타나지 않는다. 그리고 전시 없이 10석의 녹봉만 받는 태의조교(9품)와 주금박사(9품)는 교육 관련 의직이라는 공통점이 있다.

문종대 갱정전시과에서 태의감에는 산직(散職)이 보이지 않는다. 시직(試職)은 문무관록만을 받고 있으며 관원의 과등은 올라가고 있다. 시직은 승진시에 대체로 거치는 직위로서 일정기간이 지나면 '시(試)'를 떼어버리고 진직(眞職)에 제수되었다. 고려에서는 시직을 활용하여 관직 수를 늘림으로써 관제를 탄력적으로 운영하는 동시에 녹봉의 절감을 꾀하였다.[23] 태의감의 소감과 박사 사이에 전시지(田柴地)·녹봉(祿俸)에서 많은 차이가 나는 이유는 6품과 7품을 계선(界線)으로 삼는 참직(參職)의 구분과 관련되는 것으로 이해된다.

또한 문종대에 이르러서는 의침사가 주금박사, 주금사, 주금공과 함께 배치되어 있어서 침술(鍼術)을 전문적으로 시술했음을 알 수 있다. 주금박사를 비롯한 주금 관련 관직의 임무는 '주금(呪噤)' 즉 주문을 통해 질병의 원인이 되는 귀신을 쫓는 일이 아니었다. 의업 가운데 주금업(呪噤業)의 과목을 살펴보면 주금 관련 의관은 침과(鍼科)와 외과(外科) 치료를 담당했던 것이다.[24] 주금박사는 9품으로서 문무반록을 지급받았지만, 주금사와 주금공은 품외(品外)였으므로 녹봉 지급 대상에서 제외된 것으로 보인다.

이상과 같은 관원 분석을 통해 태의감은 당제(唐制)를 바탕으로 삼되 토지지급 액수와 관원 수에서는 고려의 실정에 맞게 증감시켰음을 알 수 있다. 널리 알려져 있듯이 고려의 법제는 기본적으로 당률을 채택한 것이었다.[25] 송 의료기구를 본딴 조치로는 기껏해야 한림의관 및 혜민국

---

23) 박용운, 1997, 『高麗時代 官階·官職 硏究』, 고려대학교출판부, 184~195쪽. 손홍열은 태의감의 試職이 겸직이거나 해당직의 수습관리이기 때문에 전시과는 本職에서 받고 醫職에서는 녹봉만 받은 것으로 추측하였다(孫弘烈, 1988, 『韓國中世의 醫療制度硏究』, 修書院, 138쪽).
24) 『高麗史』 卷73, 選擧1 科目1, 인종 14년 11월. 주금 관련 관직의 성격에 대해서는 金斗鍾, 1966, 『韓國醫學史 全』, 探求堂, 134~135쪽 참고.

설치가 해당된다. 하지만 한림의관조차 문무반록 47과 가운데 44과로 낮으며 태의박사·태의승과 동급에 불과했다.

    태의감의 가장 중요한 임무는 진료였다. 앞서 성종대에 태의감 의관이 문관 5품·무관 4품 이상의 관원을 진료하도록 규정된 것을 보았는데, 태의감에서는 선종~예종대를 거치면서 참외(參外)인 7품 이하 관원까지 진료하게 되었다.[26] 태의감에서 직접 치료를 담당했던 의관은 참외에 해당하는 박사, 승, 의정, 조교, 주금박사와 품외(品外)인 의침사, 주약, 약동, 주금사, 주금공 등이었을 것이다.

    치료에 필요한 약재 보관을 위해 태의감에는 약고(藥庫)가 설치되어 있었다. 고종 40년(1253)에는 태의감 약고에 화재가 일어나기도 하였다.[27] 몽고와의 전쟁으로 인해 강화도로 천도한 시기이므로, 이 약고는 강화도에 있었다. 태의감에는 간수군(看守軍)으로 잡직장교(雜職將校) 2명이 배치되었는데,[28] 약고를 지키기 위한 조치인지는 불분명하지만 태의감의 보안에 신경을 쓴 것은 분명하다.

    진료 외에도 태의감의 주요 업무에는 의학교육과 의관 선발이 포함되어 있었다. 목종 원년(998) 개정전시과 기록에 '태의박사(太醫博士)'가 등장하는 것으로 미루어, 태의감의 의학교육은 성종대에 태의감이 설치될 무렵부터 진행된 듯하다. 태의감의 박사, 조교, 주금박사 등은 의학교육을 담당하였으며, 특히 주금박사는 외과술과 침술을 전문적으로 가르치는 임무를 맡았다. 의학교육과 함께 태의감에서는 인종 14년(1136) 이후 의업(醫業)도 주관함으로써 의관 선발을 담당하였다.[29] 다른 과거와 마찬가지로 의업은

---

25) 『高麗史』 卷84, 刑法1 序文. "高麗一代之制, 大抵皆倣乎唐, 至於刑法, 亦採唐律, 叅酌時宜而用之."
26) 『高麗史』 卷84, 刑法1 官吏給暇, 선종 3년 2월, 예종 4년.
27) 『高麗史』 卷53, 五行1 火 火災, 고종 40년 2월. "太醫監藥庫, 災."
28) 『高麗史』 卷83, 兵3 看守軍. "大醫監, 雜職將校二."
29) 『高麗史』 卷73, 選擧1 科目1, 인종 14년 11월.

지공거가 주관하도록 규정되어 있었지만30) 현실에서는 태의감의 책임자인 판태의감사(判太醫監事) 같은 이들이 의관 선발에 깊숙이 관여했을 것이다.

300년 이상 그대로 운영되던 태의감은 원간섭기에 들어 사의서(司醫署) → 전의시(典醫寺)→ 태의감(太醫監)→ 전의시(典醫寺) 등으로 개칭이 반복된다. 우선 충렬왕 34년(1308) 5월에 사의서로 개칭된 것은 충선왕 개혁정치의 하나였다.31) 관명을 함부로 고쳤다고 홍중희가 원에 호소하였다는32) 기록으로 미루어 원과의 교감이 없이 관서명을 고친 조치로 보인다.33) 이는 사의서의 관품이 상승한 것에서도 뒷받침된다. 또한 태의감을 사의서로 개칭하면서 검약(檢藥)을 배치하였다. 검약 배치는 충선왕대에 태의감이 혜민국을 관할하게 됨으로써34) 대민의료를 주도하는 상황과 관련된 조치로 이해된다. 즉 혜민국은 고려 후기에 혜민전약국(惠民典藥局)으로 바뀐 데서 보듯이 일반 민들에게 약을 지급하는 것이 주된 임무였는데, 검약은 대민의료와 관련된 약의 검사 및 수급 업무를 맡은 것 같다.35)

앞 인용문에 따르면 충렬왕 34년 이후 언제인가 전의시로 개칭하면서

---

30) 『東文選』 卷29, 批答 平章崔濡辭知貢擧不允 참고.
31) 『高麗史節要』 卷23, 충렬왕 34년 5월. "前王改官制. 遣李混・崔鈞等, 來宣官制及批判."
32) 『高麗史』 卷33, 世家33, 충선왕 원년 3월. "時, 洪重喜以擅改官號, 訴于中書省."
33) 이 무렵 중국측 자료에도 고려의 관제 개편과 관련되는 기록이 있다. 『資治通鑑後編』 卷150, 宋紀150에는 "甲午, 元以高麗國官制僭濫, 遣使諭旨, 凡省院臺部官名爵號, 與朝廷相類者, 改正之"라고 되어 있는데, 甲午年은 1294년(고려 충렬왕 20년, 원 세조 31년)으로 추정된다. 『元史』 卷208, 外夷傳95 高麗에는 "(大德)三年正月, 旺遣使入貢, 丞相謁勒哲等言, 世祖時或言高麗僭設省院臺, 有旨, 罷之. 其國遂改立僉議府・密直司・監察司, 今諝加其臣趙仁規司徒司空侍中之職"이라고 되어 있는데, 元 成宗 大德 3년은 1299년(고려 충렬왕 25년)이다.
34) 『高麗史』 卷77, 百官2 諸司都監各色 惠民局.
35) 손홍열은 檢藥이 조선시대에 각도에 파견되어 약재 채취와 관리를 맡아보던 전의감・혜민서의 審藥과 비슷한 존재라고 추측하였다(孫弘烈, 1988, 『韓國中世의 醫療制度硏究』, 修書院, 95쪽).

령(令)을 판사(判事)라 고치고 랑(郎)을 주부(注簿)라 고쳤다. 이 개칭 시기는 상약국을 장의서로 고친 충선왕 2년(1310)의 일로 판단된다.36) 여러 관서와 주군(州郡)의 호칭을 변경한 충선왕 2년 8월에 전의시로 바뀌었을 것이다.37) 그 이후 전의시 관원이 분명한 '전의령(典醫令)'이 충숙왕 5년(1318) 7월에 사망한 최서(崔瑞) 처(妻)인 박씨(朴氏)의 묘지명에 보이며,38) 충숙왕 14년(1327) 11월 기사에서는 '전의부정(典醫副正)'이 등장한다.39)

공민왕 5년(1356)에 전의시가 태의감으로 다시 바뀌는 것은 기철(奇轍) 제거와 쌍성총관부(雙城摠管府) 수복 등에 이은 7월 관제 회복의 일환이었다.40) 관서 등급으로 보더라도 '시(寺)'보다는 '감(監)'이 높다. 충선왕 2년 전의시로 바꾼 것은 원을 의식하여 스스로를 격하한 조치이고, 공민왕 5년 태의감으로 개칭한 것은 스스로를 높인 조치였다.

공민왕 11년(1362)에는 태의감이 전의시로 바뀌었다. 공민왕 11년 1월 '판태의감사(判太醫監事) 김현(金賢)'이라는 기록에서41) 태의감이 아직 존재함을 알 수 있으므로, 전의시로의 개칭은 공민왕 11년 3월 관제 개편의 일환인 듯하다.42) 이 개편은 대체로 충렬·충선왕대의 제도를 복구한 것인데, 홍건적 침입에 따른 전란 수습책이자 반원정책(反元政策)에 대한 원(元)의 반발을 무마하기 위한 조치였다.

공민왕 18년(1369)에는 전의시를 다시 태의감으로 바꾼다. 아마도 6월 관제 개편 때 개칭되었을 것이다.43) 공민왕 21년(1372)에 태의감을 또다시

---

36) 『高麗史』 卷77, 百官2 奉醫署, 충선왕 2년. "改掌醫署."
37) 『高麗史』 卷33, 世家33, 충선왕 2년 8월. "丙辰, 改諸司及州郡號."
38) 崔瑞 妻 朴氏 墓誌銘(김용선, 2006, 『개정판 역주 고려묘지명 집성』(하), 한림대학교 출판부, 720쪽). "一男正順大夫典醫令仲濡."
39) 『高麗史』 卷35, 世家35, 충숙왕 14년 11월. "典醫副正金碩."
40) 『高麗史』 卷39, 世家39, 공민왕 5년 7월. "丁亥, 復改官制."
41) 『高麗史節要』 卷27, 공민왕 11년 1월.
42) 『高麗史』 卷40, 世家40, 공민왕 11년 3월. "甲子……改官制."
43) 『高麗史』 卷41, 世家41, 공민왕 18년 6월. "己巳, 改官制."

전의시로 고친 것은 이 해 6월 관제 개편과 연관되는 듯하다.[44] 공민왕 18년의 개편은 원(元)의 연호 사용을 정지하고 명(明)의 사신이 오는 등 외교 정세의 변화와 관련된 변동으로 보이며, 21년의 개편은 신돈(辛旽) 제거에 따른 기강 쇄신 조치로 이해된다.[45] 대체로 고려 후기 태의감의 개칭 과정은 자주(自主)와 사대(事大) 사이의 갈등, 그리고 지배체제의 강화(强化)와 이완(弛緩)이라는 정치적 파동을 반영하고 있다.

태의감은 고려가 멸망하기 직전인 공양왕 원년(1389)에 십학(十學) 가운데 하나인 의학(醫學)을 분예(分隷)받아 다시 의학교육을 담당하는 한편[46] 공양왕 3년(1391)에는 봉의서(이전의 상약국)를 합병함으로써[47] 왕실 귀족과 관원의 진료 외에도 대민의료, 의학교육, 의관 등용을 담당하는 고려 최고 최대의 의료기구로 확고하게 자리잡았다.

고려의 중앙의료제도는 태의감 위주로 재편됨으로써 일원적인 의료기구로 귀결되었다. 동시에 태의감 의관들에 대한 대우는 품계와 경제적 처우 모두 개선되었다. 공양왕 3년(1391) 5월 제정된 과전법(科田法)에서는 모든 관원을 18과(科)로 나누어 토지를 지급하였다. 재내대군(在內大君)에서 문하시중(門下侍中)까지를 제1과로 삼아 150결을 지급하는 식이었다. 이 가운데 제9과는 좌우사의(左右司議)에서 전의정(典醫正)까지로 73결을 지급받고, 제13과는 전의시승(典醫寺丞)에서 중랑장(中郎將)까지로 43결을 지급받았다.[48] 전의시의 정(正)과 승(丞)이 과전 지급 대상으로 거론되고 있는데, 지급 대상이 품계별로 기록되어 있지는 않다. 하지만 3년 뒤인

---

44) 『高麗史』 卷43, 世家43, 공민왕 21년 6월. "乙酉, 改官制."
45) 박용운, 2001, 「『高麗史』 百官志의 特性과 譯註」, 『고려시대연구』III, 한국정신문화연구원, 76쪽.
46) 『高麗史』 卷77, 百官2 諸司都監各色 十學, 공양왕 원년.
47) 『高麗史』 卷77, 百官2 奉醫署.
48) 『高麗史』 卷78, 食貨1 田制 祿科田, 공양왕 3년 5월. "第九科, 自左右司議, 至典醫正, 七十三結……第十三科, 自典醫寺丞, 至中郎將, 四十三結."

조선 태조 3년(1394)의 기록을 토대로 조선 초의 과전 지급액을 품계별로 살필 수 있다. 공양왕 3년과 태조 3년의 과전 지급액을 정리하면 다음 표와 같다.

<표 4-5> 공양왕 3년과 조선 태조 3년의 과전 지급표[49]

공양왕 3년(1391)의 과전 지급액			조선 태조 3년(1394)의 과전 지급액		
과등	대상	結數	과등	대상	結數
1	在內大君~門下侍中	150結	1	正1品	150結
2	在內府院君~檢校侍中	130結	2	從1品	125結
3	贊成事	125結	3	正2品	115結
4	在內諸君~知門下	115結	4	從2品	105結
5	判密直~同知密直	105結	5	正3品(大司成)	85結
6	密直副使~提學	97結	6	正3品	80結
7	在內元尹~左右常侍	89結	7	從3品	75結
8	判通禮門~諸寺判事	81結	8	正4品	65結
9	左右司議~典醫正	73結	9	從4品	60結
10	六曹摠郎~諸府少尹	65結	10	正5品	50結
11	門下舍人~諸寺副正	57結	11	從5品	45結
12	六曹正郎~和寧判官	50結	12	正6品	35結
13	典醫寺丞~中郎將	43結	13	從6品	30結
14	六曹佐郎~郎將	35結	14	正・從7品	25結
15	東・西 7品	25結	15	正・從8品	20結
16	東・西 8品	20結	16	正・從9品	15結
17	東・西 9品	15結	17	正・雜權務	10結
18	權務・散職	10結	18	令同正・學生	5結

표에서 보듯이 과전 분급액은 두 기록 모두 18과로 설정되었는데, 태조 대에는 품계(品階)를 기준으로 약간 조정되었다. 조선 초 과전의 편제는 물론이고 공양왕 3년 과전법 규정의 15~17과가 품계를 기준으로 삼았다는 점을 감안하면, 과전법의 1~14과 역시 1~6품의 관원이 정(正)-종(從)의 순서로 배정되었다는 점은 쉽게 추측이 된다. 따라서 7품(品)이 두 기록에

---

49) 『高麗史』卷78, 食貨1 田制 祿科田, 공양왕 3년 5월. 이 표는 李景植, 1986, 『朝鮮前期土地制度硏究』, 一潮閣, 245쪽 '科田・職田의 各品別 支給額'을 토대로 재작성한 것이다.

서 각각 15과와 14과에 배치된 것을 고려할 때 공양왕대에 전의시 정은 정4품이며 전의시 승은 정6품 정도에 해당한다.

그런데 고려 문종대와 비교하면 정4품인 태의감 감이 공양왕대의 전의시 정에 해당하고, 종8품인 태의감 승은 공양왕대의 전의시 승에 해당한다.50) 문종대와 공양왕대를 비교하면 전의시 정과 태의감 감은 똑같이 정4품이지만, 태의감 승(전의시 승)은 종8품→ 정6품으로 상승하였다. 또한 문종대에 태의감 승이 전지 30결과 시지 5결을 받은 것과 비교하면51) 공양왕대 전의시 승은 43결을 받고 있어서 고려 말에 의관들의 경제적 대우도 상승하였음을 알 수 있다.52)

조선에서 국왕 중심의 중앙집권체제가 강화됨에 따라 태의감의 위상은 조정되었다. 고려에서는 태의감 관질이 상약국보다 높았다. 하지만 조선의 『경국대전』에서는 전의감(典醫監)과 내의원(內醫院)이 모두 정3품아문임에도 불구하고 내의원이 더 높다.53) 내의원은 국왕의 의료를 담당하기 때문이었다. 의료기구의 위상 역시 정치적 상황에 조응하여 변동되었던 것이다.

(2) 상약국

고려의 상약국(尙藥局)은 중국 의료관서를 본딴 기구이다. 원래 북위(北魏)에 상약국이 있었는데 당(唐)에서는 전중성(殿中省)에 배속시켰다. 송(宋) 초기에는 상약국이란 이름만 존재했을 뿐이었으며, 휘종 2년(1103,

---

50) 孫弘烈, 1988, 『韓國中世의 醫療制度硏究』, 修書院, 97쪽 참고.
51) '<표 4-4> 목종~인종대 태의감 의관의 전시 및 녹봉 비교표' 참고.
52) 고려 말에 태의감 의관들의 대우가 개선되었다고 해서 의료인에 대한 인식이 높아진 것은 아니었다. 조선에서는 국초부터 의료인이 천시되었다. 의술이 뛰어난 李敏道가 개국공신 교서에서 의술이 뛰어나다고 기록되는 것을 부끄러워했다는 기사는 의료를 경시하는 여말선초의 분위기를 잘 보여준다(『太祖實錄』卷2, 태조 원년 11월 6일(癸未)).
53) 『經國大典』卷1, 吏典 京官職.

고려 숙종 8년) 2월에야 상약국은 비로소 어약(御藥)을 바치면서 황제의 치료를 담당하였다. 흠종 원년(1126, 고려 인종 4년)에 송의 상약국은 폐지되었다.54) 송 초기에 어약을 담당했던 곳은 상약국이 아니라 어약원(御藥院)이었다. 송 진종 3년(997, 고려 성종 16년) 처음 설치된 어약원은 입내내시성(入內內侍省)에 속해 있다가, 휘종 2년(1103, 고려 숙종 8년) 전중성에 병합되면서 내약국(內藥局)으로 개명하였다. 흠종 원년(1126, 고려 인종 4년) 전중성을 폐지할 때 다시 입내내시성에 속했으며, 남송에서도 계속 어약원이라고 불렀다.55)

연대를 다시 정리하면 고려에서 상약국이 등장하는 것은 989년(성종 8년) 이전이다. 반면 송의 어약원은 997년(성종 16년)에 등장하며, 송의 상약국은 1103(숙종 8년)~1126년(인종 4년) 사이에만 있었다. 따라서 고려의 상약국은 송의 어약원보다 먼저 만들어졌으므로 송의 관제를 직접 본받은 게 아니었다.

고려에서 상약국은 태의감과 쌍벽을 이루는 중앙의료기구로서 어약을 담당하였다. 성종 8년(989)에 이미 상약국의 존재가 확인되지만,『고려사』백관지 봉의서(奉醫署)에서는 목종대부터 상약국의 연혁을 따진다. 태의감의 경우와 마찬가지로 백관지 기록을 모두 인용하면 다음과 같다.

 봉의서(奉醫署).
 어약(御藥)의 조제를 관장하였다.
 목종조에는 상약국에 봉어(奉御)·시어의(侍御醫)·직장(直長)·의좌(醫佐)가 있었다.
 문종이 봉어(奉御)는 1명에 관질(官秩) 정6품으로, 시의(侍醫)는 2명에 종6품으로, 직장(直長)은 2명에 정7품으로, 의좌(醫佐)는 2명에 정9품으로, 의침사(醫針史)는 2명 약동(藥童)은 2명으로 정하였다.

---

54) 龔延明 編著, 1997,『宋代官制辭典』, 中華書局, '尙藥局' 항목.
55) 龔延明 編著, 1997,『宋代官制辭典』, 中華書局, '御藥院' 항목.

IV. 의료제도의 발전과 의료의 활성화   195

보물 제646호인 청자상감상약국명합(靑瓷象嵌尙藥局銘盒). 유물 명칭대로 '상약국'이라는 글자가 상감기법으로 새겨진 뚜껑 있는 청자 그릇이다. 환약(丸藥)을 보관하던 용기로 추측된다. 뚜껑에는 운용문(雲龍紋) 즉 구름에 둘러싸인 용이 여의주를 물고 있는 모습이 섬세하게 조각되어 있다. 왕실용 도자기답다.
ⓒ한독의약박물관

충선왕 2년(1310)에 장의서(掌醫署)로 고쳤다가 뒤에 봉의서(奉醫署)로 고치고, 정6품 령(令)·정7품 직장(直長)·정9품 의좌(醫佐)를 두었다.

공민왕 5년(1356)에 상의국(尙醫局)으로 고치면서, 령을 봉어(奉御)로 고치고 직장(直長)·의좌(醫佐)는 전과 같이 하였다.

11년(1362)에 다시 봉의서(奉醫署)로 고치면서, 봉어를 령(令)으로 고쳤다.

18년(1369)에 다시 상의국(尙醫局)으로 고치면서, 또 봉어(奉御)로 고쳐 불렀다.

21년(1372)에 다시 봉의서(奉醫署)로 고치면서, 이로 말미암아 령(令)으로 고쳤다.

공양왕 3년(1391)에 전의시(典醫寺)에 병합되었다.

이속(吏屬)으로는 문종이 서령사(書令史) 2명, 산사(算士) 2명을 두었다.[56]

상약국 남쪽 행랑에 불이 나자 예종이 거둥하여 구하였다는 기록에서 보듯이[57] 상약국은 별도 건물로 독립되어 있었다. 무신집권기까지도 상약국은 궁궐 서쪽에 자리잡고 있었던 것 같다.[58]

상약국은 봉어(奉御)-시어의(侍御醫)-직장(直長)-의좌(醫佐)-의침사(醫針史)-약동(藥童)으로 구성되었는데, 6품인 봉어와 시어의를 제외하면 모두 참외(參外)인 7품 이하이다. 태의감에 비해 관서의 품계가 낮은데다 주로 왕실 귀족을 치료하였고 의료정책의 입안·집행 기능은 없었다. 구사(丘史) 수에서 태의감 판사는 8명, 태의감 감은 7명, 태의감 소감은 7명인 데 반해, 상약국의 책임자 즉 상약봉어로 추정되는 지상약국사(知尙

---

56) 『高麗史』卷77, 百官2. "奉醫署. 掌和御藥. 穆宗朝有尙藥局奉御·侍御醫·直長·醫佐. 文宗定奉御一人, 秩正六品, 侍醫二人, 從六品, 直長二人, 正七品, 醫佐二人, 正九品, 醫針史二人, 藥童二人. 忠宣王二年, 改掌醫署, 後改奉醫署, 置令, 正六品, 直長, 正七品, 醫佐, 正九品. 恭愍王五年, 改尙醫局, 改令爲奉御, 直長·醫佐如故. 十一年, 復改奉醫署, 改奉御爲令. 十八年, 復改尙醫局, 又改稱奉御. 二十一年, 復改奉醫署, 仍改爲令. 恭讓王三年, 倂於典醫寺. 吏屬, 文宗置書令史二人·筭士二人."

57) 『高麗史節要』卷7, 예종 5년 4월. "尙藥局南廊火. 王親御尙乘局東門, 救之."

58) 『高麗史』卷22, 世家22, 고종 2년 7월.

藥局事)는 6명에 불과하였다.59)

　성종 8년(989) 상약국에서 태의감과 함께 고위 관원을 치료하게 했음은 앞서 살핀 바와 같다. 그런데 문종대에 들어 상약국의 배속 관원이 축소되는 것과 선종대에서 예종대를 거치면서 관원 진료를 태의감에서 맡게 되는 것으로 보아, 관원을 진료하는 기능은 태의감으로 이전되고 왕실 귀족의 치료라는 본연의 업무만 남았다.60) 문헌 기록에 등장하는 내의(內醫)는 주로 상약국 의관을 가리키는데, 국왕의 경우에는 몇 명의 의관이 협진하는 형태로 진료를 담당하였다.61)

　태의감과 상약국이 업무분장에서는 구분되어 있지만, 의관들은 두 기구 모두에서 근무할 수 있었다. 고종 15년(1228)에 사망한 윤응첨(尹應瞻)은 상약국의 시어의(侍御醫)·봉어(奉御)를 역임한 후 목(牧)의 부사(副使)와 공부시랑(工部侍郞)·호부시랑(戶部侍郞)·병부시랑(兵部侍郞)·판소부감사(判少府監事) 등을 거친 후 판태의감사(判太醫監事)가 되었다.62) 상약국 의관으로 입사하여 다른 관직을 거치다가 태의감의 책임자가 된 사례이다. 상약국과 태의감의 의관들은 서로 넘나들었을 뿐만 아니라, 의관들도 중외(中外)의 일반 관직을 역임할 수 있었다. 이상로(李商老)는 의관으로 활동한 게 분명함에도 불구하고 의직이 아니라 양온승(良醞丞)을 제수받고 내시에 속해 있었다.63)

---

59) 『高麗史』 卷72, 輿服1 鹵簿 百官儀從, 명종 20년.
60) 손홍열은 상약국이 궁궐 내의 치료 외에도 고관을 위한 국립의료기구이자 유행병의 치료도 분담하였을 것이라고 이해하고 있다. 특히 동서대비원 직제가 정비된 문종 이전과 혜민국이 설치된 예종 7년(1112) 이전에는 상약국이 태의감, 제위보와 함께 대중의 질병 치료를 맡았을 것이라고 설명하였다(孫弘烈, 1988, 『韓國中世의 醫療制度硏究』, 修書院, 90쪽).
61) 『高麗史』 卷10, 世家10, 헌종 원년 1월. "王幼冲, 不知修省, 只引內醫三四人, 討問方書, 或習書畫."
62) 尹應瞻 墓誌銘(김용선, 2006, 『개정판 역주 고려묘지명 집성』(상), 한림대학교출판부, 553~556쪽).
63) 『高麗史』 卷122, 列傳35 李商老.

상약국의 관서 골격은 고려시대 내내 그대로 유지되었지만, 문종대에 들어 태의감과 마찬가지로 상약국에도 의침사(醫針史)가 배치되어 침술이 전문적으로 시술되었다. 따라서 위상 약화와 관원 축소에도 불구하고 상약국의 진료 기술은 더욱 세분화되었다고 평가할 수 있다. 상약국은 공양왕대에 이르러 전의시(이전의 태의감)에 병합되었는데, 충선왕 2년(1310)에 장의서(掌醫署)로 바뀌는 것을 비롯하여 고려 말까지의 개칭 과정은 앞서 살핀 태의감의 개칭 과정과 완전한 짝을 이루고 있다.

이상에서 태의감과 상약국의 연혁을 살펴보았다. 의료기구는 기존 기구가 미흡하여 현실과 부합하지 않거나 지배체제를 변경할 필요가 있기 때문에 정비한다. 대체로 보아 태의감이나 상약국은 위진남북조 이래의 제도이며, 고려에서 중국 의료제도를 본받고자 한 것은 분명하다. 성종~목종대에 정립된 고려 의료제도의 골격은, 문종대 이래 송 의학의 수입에도 불구하고 그대로 유지되었다. 의료제도의 측면에서 볼 때 한림의관이나 관약국을 제외하면 송 의료기구의 영향은 미미하였다.

나아가 문종대에 고려적인 제도가 완비되자 제도 측면에서는 더 이상 송의 의료제도를 지향하지 않는다. 무신집권기까지도 고려 의료기구의 운용은 상당히 안정적이어서 일부러 송에 맞춰 혁신할 필요를 느끼지 못했던 것으로 판단된다. 이미 송이 멸망하고 원의 지배 아래 있던 원간섭기에는 송의 제도를 본받을 명분도 필요성도 절실하지 않았다.

문종대 이래 고려에서 실제로 원한 것은 송의 의료기구가 아니라 송의 의술이었다. 앞으로 살피겠지만 송 의술의 유입은 문종대 후반부터 인종대까지 일관되게 지속된다. 하지만 인종대 의업 교과목에서 보듯이 고려는 송 의술조차도 전면적으로 수입하지 않는다. 송의 9개 분과가 고려에서 통용되지 않은 데서도 당시의 분위기를 짐작할 수 있다. 송 의학의 수입은 고려의 시의(時宜)에 부합하는 범위 내에서만 나타난다.

3) 의업의 전개와 의학교육

(1) 의업의 경과와 응시자격의 변동

의학교육의 장려와 확대는 고려시대 내내 지속되었지만 시기별로 그 양상은 달랐다. 문종대까지는 의업 응시요건을 완화하여 의업 응시자를 확대하는 방향으로 의학교육을 권장했다. 그 이후에는 송 의학의 수용을 목표로 의학교육을 혁신하려 하였지만, 실상은 송 의학보다 주로 송대 이전 의서의 간행을 통해 의학 지식의 확대를 추구하는데 그치고 있었다. 고려 말에는 의업이 향리층에 의해 독점되는 경향을 보이자 의학의 위축을 감수하고라도 향리의 응시를 제한함으로써 신분제의 강화를 추구하였다. 여기에서는 이러한 내용의 의학교육과 의업의 전개 과정을 살펴보고자 한다.

원래 고려의 의업(醫業)은 광종 9년(958)에 시작되었으며, 성종대에는 중국의 사회질서를 받아들이지 않을 수 없다는 인식 아래 중국 문물을 기꺼이 도입하였다. 성종은 의업에도 많은 노력을 기울여서 연달아 의업 합격자를 배출하고 12목에 의학박사를 파견하였다. 특히 의학박사의 교육 대상은 지방 장리(長吏)와 백성(百姓)의 자제였는데, 의업을 통한 신분 상승 통로를 열어두었다는 점이 주목된다. 중외(中外)의 의학교육은 성종대 이후에도 계속 장려되었는데, 목종 2년(999)에는 서경의 의(醫)·복업생(卜業生) 가운데 20년 이상 재학(在學)한 자와 50세가 넘은 자에게 관직 진출을 허락하였으며, 목종 6년(1003)에는 3경 10도의 의학 생도를 권면하고 의학박사를 독려하였다.

지방 의학교육의 문호를 널리 개방했음에도 불구하고, 현실에서는 지방의 지배층인 향리 자제들이 주된 교육대상이었다. 성종대에 개경으로 올라와 공부한 지방 학생들은 대부분 향리 자제들이며, 학생들의 귀향 직후에 경학박사와 의학박사를 파견한 이유는 귀향한 이들을 가르치려는 조치로 이해되기 때문이다. 현종대에 규정된 약점사는 의학박사에게 배운 향리 자제들이었다고 생각된다. 따라서 의학교육 대상을 확대하려는 취지에도 불구하고 현실적으로는 지방 지배층 중심으로 의학교육이 제한되었다.

고려의 과거로는 제술(製述)과 명경(明經)의 양대업(兩大業) 외에 의(醫)·복(卜)·지리(地理)·율(律)·서(書)·산(算)·삼례(三禮)·삼전(三傳)·하론(何論) 등의 잡업(雜業)이 있어서 필요한 관원을 충원하였다.64) 현종 15년(1024)과 덕종 즉위년(1031)에 예비고사가 갖춰지면서 과거 체제는 점차 정비되었다. 의업을 통해 의관이 되기 위해서는 예비고사에 해당하는 의업감시(醫業監試)와 본고사에 해당하는 동당시(東堂試)를 모두 통과해야 했다. 만약 안부(安孚)처럼 지방 출신이라면 해당 지역의 향공시(鄕貢試)에 합격한 이후에야 의업감시를 볼 수 있었으므로 3단계의 시험을 통과해야 하는 셈이었다.65) 즉 향공시(鄕貢試, 界首官試)·서경시(西京試, 留守官試)·개경시(開京試) 같은 1단계를 거쳐 2단계인 의업감시(醫業監試)에 합격한 후 동당시의업(東堂試醫業)을 통과해야 했다.66) 인종 14년(1136) 이후에 태의감에서 의업감시를 주관하게 되었음은 앞서 언급한 바와 같다.67)

의업 응시자격은 시기에 따라 계속 변동하였다. 당연한 이야기지만, 앞서 살핀 지방 향리층이나 백성(百姓) 외에 지배층에서도 의업에 응시할 수 있었다. 예를 들어 현종 8년(1017)에는 의업에 응시하는 품관(品官)에게

---

64) 『高麗史』 卷73, 選擧1 科目1 序文. "其科擧, 有製述·明經二業, 而醫·卜·地理·律·書·筭·三禮·三傳·何論等雜業, 各以其業試之, 而賜出身."

65) 『高麗史』 卷73, 選擧1 科目1, 예종 5년 9월. "判, 製述·明經諸業新擧者, 屬國子監三年, 仕滿三百日者, 各業監試許赴. 西京則留守官選上, 鄕貢則東南京·八牧·三都護等界首官, 依前式, 試選申省."

66) 趙東元, 1974, 「麗代 科擧의 豫備考試와 本 考試에 對한 考察」, 『論文集』 8집, 圓光大學校 ; 朴龍雲, 1990, 「高麗時代의 科擧-雜科에 대한 檢討」, 『高麗時代 蔭敍制와 科擧制 硏究』, 一志社 ; 허흥식, 2005, 「고려 과거의 응시자격」, 『고려의 과거제도』, 일조각.

67) 『高麗史』 卷73, 選擧1 科目1, 인종 14년 11월.

2개월의 의업 준비 휴가를 주었다.68) 휴가 기간을 기준으로 과거별로 경중(輕重)을 따져보면, 의업(醫業)의 비중은 양대업(兩大業)보다 낮고 산업(算業)보다는 높았으며, 복업·율업·서업과는 대등하게 취급되었다. 그리고 양인들의 과거 응시는 인종 14년(1136)에 명경업감시(明經業監試)를 비롯하여 서업감시(書業監試)·산업감시(算業監試)·율업감시(律業監試)의 과목을 백정(白丁)과 장정(壯丁)별로 정하는 데서 확인된다.69) 이 조치들은 의업 응시자를 배려함으로써 전문관료를 육성하려는 의도로 이해된다.

그런데 현종대에는 구사(驅史)와 같은 잡류(雜類)의 후손도 과거에 응시할 수 있었다.70) 강서(康序)와 강사후(康師厚)의 사례가 이를 잘 보여준다. 문종 12년(1058) 현재 강사후는 10년 이상 과거를 준비했으며, 그의 아버지인 강서도 열 번 과거를 보아 마의(麻衣)를 벗고 벼슬에 올랐다고 한다.71) 강서의 경우에 과거 실시 주기와 나이를 감안하면 30년 전인 1028년(현종 19년)경에는 과거에 응시했을 것이다. 성종대에 지방의 '백성(百姓)'에게도 의업을 허용한 후 현종대에는 중외를 막론하고 잡류까지도 의업 응시가 가능했다는 이야기다.

정종대(靖宗代)에 들어서는 반역자를 포함하여 향(鄕)·부곡민(部曲民)과 악공(樂工)·잡류(雜類)는 과거를 볼 수 없도록 결정되었다.72) 이에 따라 의업 응시는 지방의 향리 자제들이나 중앙의 품관 등 지배층만이

---

68) 『高麗史』 卷73, 選舉1 科目1, 현종 8년 10월. "判, 東堂監試給暇, 兩大業試前三朔, 醫·卜·律·書業二朔, 算業一朔."
69) 『高麗史』 卷73, 選舉1 科目1, 인종 14년 11월. 朴龍雲, 1990, 『高麗時代 蔭敍制와 科擧制 硏究』, 一志社, 571쪽, 604쪽 참고.
70) 雜類에 대해서는 다음 연구가 참고된다(洪承基, 2001, 「고려시대의 雜類」, 『高麗社會史硏究』, 一潮閣 ; 오일순, 2000, 「雜類層의 성격과 雜類職의 雜色役化」, 『高麗時代 役制와 身分制 變動』, 혜안).
71) 『高麗史節要』 卷5, 문종 12년 5월.
72) 『高麗史』 卷73, 選舉1 科目1, 靖宗 11년 4월. "判, 五逆·五賤·不忠·不孝·鄕·部曲·樂工·雜類子孫, 勿許赴擧."

가능했는데, 이것이 의술의 위축을 가져온 것 같다. 의학을 광범히 학습시킬 필요가 있다는 명분으로 문종 2년(1048)에는 잡류들에게도 의업의 문호를 다시 개방하였다.

"의업(醫業)은 널리 학습해야 하므로 호정(戶正) 이상의 아들로 한정하지 말고, 서인(庶人)이라 할지라도 악공(樂工) 계열의 잡류(雜類)가 아니라면 모두 시험에 응시하게 하라"라고 판(判)하였다.73)

호정 이상의 아들만이 가능했던 응시자격이 이제 악공(樂工) 계열이 아닌 한, 문복(門僕)·주선(注膳)·전리(電吏) 등의 잡류(雜類)에게도 부여된 것이다. 기존 연구에서는 위 기사를 '악공과 잡류'의 과거 응시를 금지하는 내용으로 해석하였다. 그런데 동일한 내용을 수록한 『고려사절요』에서는 잡류의 과거 응시를 허용하고 있다.

무자년(1048, 문종 2년)의 제지(制旨)에서는, "전리(電吏)·소유(所由)·주선(注膳)·막사(幕士)·구사(驅史)·문복(門僕)의 자손이 제술(製述)·명경(明經)·율(律)·서(書)·산(算)·의(醫)·복(卜)·지리(地理)의 학업을 공부하여 등과(登科)하거나 병진(兵陣)에서 큰 공을 세웠을 경우에는 조정의 반열에 오르는 것을 허락한다"라고 하였다.74)

잡류의 과거 응시 허용을 둘러싸고 위의 두 기사가 상반되는 것처럼 여겨져서 연구자들 사이에 해석이 엇갈려 있다.75) 하지만 두 기록은 상충

---

73) 『高麗史』 卷73, 選擧1 科目1, 문종 2년 10월. "判.……若醫業, 須要廣習, 勿限戶正以上之子, 雖庶人非係樂工雜類, 並令試解."
74) 『高麗史節要』 卷5, 문종 12년 5월. "戊子年制旨, 電吏·所由·注膳·幕士·驅史·門僕子孫, 工於製述·明經·律·書·算·醫·卜·地理學業, 登科, 或兵陣之下, 成大功者, 許陞朝行." 박종기는 '戊子年'이 성종 7년(988)이라고 이해한다(朴宗基, 1990, 『高麗時代部曲制研究』, 서울大學校出版部, 47~49쪽).
75) 박용운은 靖宗代에 악공 잡류의 자손은 과거 응시를 금지하도록 법제화하였지만,

되지 않으며, 인용문에서 해석한 바와 같다고 생각한다. 즉 모든 잡류에게 제술(製述)에서 의업(醫業)에 이르는 과거를 전부 볼 수 있도록 허용하되, '악공 계열의 잡류'만은 불허한다는 결정이었다. 여기에 대해서는 악공과 잡류의 관계에 대한 부연 설명이 필요하다.

고려에서 악공(樂工)은 특히 천시된 부류였다. 무신집권기에 벌어진 참정(參政) 차약송(車若松)의 사례는 악공을 천시하는 풍조를 잘 보여준다. 차약송은 기생첩과의 사이에서 두 아들을 낳았는데, 맏아들은 국학(國學)에 들어가서 복응재(服膺齋)의 학생(學生)이 되고, 둘째는 유품직(流品職)에 임명되었다. 이때 최충헌은 몰래 어사대를 사주하여 상주(上奏)하였다. 그 아들을 영관(伶官)[樂官]에 소속시켜 7품으로 제한하도록 하고 학적(學籍)에서도 삭제해버린 것이다.[76] 악공이 이처럼 7품으로 승진이 제한된 한품서용(限品敍用) 대상이라는 사실은 "나라의 제도에 악관(樂官)은 최고가 7품으로 제한되었다"라는[77] 기록에서도 확인할 수 있다. 그런데 문종대에는 악공 자식들에 대한 규정이 논의되었다.

"아들이 3, 4명인 악공(樂工)에게는 아들 한 명에게 그 업을 잇도록 하고,

실제로는 응시를 묵인하여 오다가 문종 2년부터 정식으로 허용되었다고 추측하였다(朴龍雲, 1990, 「高麗時代의 科擧－製述科의 應試資格」, 『高麗時代 蔭敍制와 科擧制 硏究』, 一志社, 234~236쪽). 반면 오일순은 康師厚의 사례를 예외로 이해하면서, 靖宗에서 文宗代까지는 잡류들의 과거 응시가 원칙적으로 금지되었다가, 仁宗代에 이르러 잡류 자손들의 과거 응시가 허용된다고 설명하였다(오일순, 2000, 『高麗時代 役制와 身分制 變動』, 혜안, 72~78쪽). 문제의 구절에 대해 허흥식은 "비록 서인이라도 악공이나 잡류와 연관되지 않았으면 시험에 제한하지 않았다"라거나 "서인이라도 악공·잡류와 혼인하지 않았으면 모두 응시하도록 한다"라고 해석하였다(허흥식, 2004, 「『高麗史』選擧志 譯註(1)」, 『고려시대연구』Ⅵ, 한국정신문화연구원, 43쪽 ; 허흥식, 2005, 『고려의 과거제도』, 일조각, 113쪽).
76) 『高麗史節要』卷14, 신종 6년 7월.
77) 『高麗史節要』卷20, 충렬왕 11년 2월. "國制伶官限七品." 조선 초의 경우에 樂工 가운데 典樂工人들은 公賤이나 妓孫이어서 賤人에 속했다(劉承源, 1981, 「朝鮮初期의 雜職－掌樂院의 雜職－」, 『震檀學報』51집, 102쪽).

나머지 아들들은 주선(注膳)·막사(幕士)·구사(驅史)에 속하게 하는데, 배융부위(陪戎副尉)·배융교위(陪戎校尉)로 전직하되 승진은 요무교위(耀武校尉)로 제한한다"라고 판(判)하였다.[78]

이 기록에서 악공이 잡류와는 구분되는 부류인 동시에 잡류와 비슷하기도 한 부류임을 알 수 있다. 악공의 자손들 중 주선·막사·구사 등의 잡류가 된 이들이 바로 위에서 말한 '악공 계열의 잡류'에 해당할 것이다. 이들의 관직은 종9품하(陪戎副尉)·종9품상(陪戎校尉)에서 시작하여 정6품상(曜武校尉, 耀武校尉)으로 승진이 제한되었다.[79] 이렇게 본다면 문종 2년에 이르러 '악공 계열의 잡류'가 아닌 한 전리·소유 등의 잡류 자손은 제술(製述)을 비롯하여 의업(醫業)까지 모두 응시할 수 있게 되었다. 과거 문호의 대폭적인 확대였다.

하지만 의업 응시가 무한정 열려있는 것은 아니었다. 문종 9년(1055) 기록에 의하면 씨족(氏族)에 부적(付籍)하지 않은 자는 과거 응시를 금지하였다.[80] 과거에 응시하려면 4조(祖)의 성명(姓名)·관계(官階)·관직(官職)이 등록되어야 했다.[81] 가계(家系)의 허물을 심사하기 위한 이러한 조치는 의관이 되는 데에도 혈연과 신분이 중요한 요건이었음을 드러낸다.

그 후 인종 3년(1125)에는 의업에 합격한 잡류의 승진을 7품으로 제한하되, 세간의 평판이 있거나 실력이 뛰어난 경우에는 4품직까지 허용하였

---

78) 『高麗史』 卷75, 選擧3 銓注 限職, 문종 7년 10월. "判, 樂工有三四子者, 以一子繼業, 其餘屬注膳·幕士·驅史, 轉陪戎副尉·校尉, 限至曜武校尉."
79) 박용운, 1997, 『高麗時代 官階·官職 研究』, 고려대학교출판부, 45쪽 참고.
80) 『高麗史』 卷73, 選擧1 科目1, 문종 9년 10월. "內史門下奏, 氏族不付者, 勿令赴擧."
81) 朴龍雲, 1990, 『高麗時代 蔭敍制와 科擧制 研究』, 一志社, 230~232쪽. 손홍열은 문종 9년의 기록을 中央의 氏族志에 수록된 자에게 과거 응시를 허용했다고 해석함으로써, 姓氏를 가진 中央貴族이나 地方豪族들만 醫業에 응시할 수 있었을 것이라고 이해하였다. 그 후 사회 발전에 따라 하급향리나 양인들이 성씨를 가지게 되면서 점차 의업 응시자의 폭이 넓어졌다고 설명한다(孫弘烈, 1988, 『韓國中世의 醫療制度研究』, 修書院, 125쪽).

다.82) 승진 제한이 있는 한품서용(限品敍用)이기는 하지만 의업 합격자가 4품까지 도달할 수 있는 길이 열린 것이다. 과거 진흥책의 일환인 이 조치에 따라 문복(門僕)・주선(注膳)도 의업이나 제술업까지 응시하여 고위 관원이 될 수 있었다. 인종 18년(1140) 기록에 따르면 당시에는 제술(製述)・명경업(明經業)을 비롯하여 의업(醫業) 등의 응시자가 적다고 지적되었다.83) 의학을 장려하고 의업을 진흥시키기 위해서는 의업 합격자에 대한 대우를 높이는 게 효과적이었던 것이다.

의업 응시자가 서인과 잡류까지 포함하는 방향으로 변동된 것은 의학교육의 확대가 의업 문호의 개방으로 연계된 실정을 잘 보여준다. 그런데 응시자의 확대 추세는 의업의 희소성을 약화시키면서 등용문으로서 과거의 속성을 뒤흔들었다. 결과적으로 핵심 지배층으로서는 더욱 의업에 종사하지 않게 되었다. 고려시대 과거의 꽃에 해당하는 제술업(製述業)의 운영을 살펴보면, 고려 전기에는 지방 향리층에게 신분 상승의 통로로 기능하였지만, 중기에 들어서는 중앙의 문벌에서 독점함으로써 향리들의 신분 상승이 어려워졌다.84) 지방 향리나 양인들에게 신분 상승을 위한 과거의 통로는 의업(醫業)을 비롯한 잡업(雜業)이 될 수밖에 없었다. 고려에서 갑족(甲族) 출신의 의업 합격자가 발견되지 않는 것은 우연이 아니다. 명의(名醫)로 손꼽히는 최사전이나 설경성은 탐진이나 경주에서 대대로 의술에 종사한 향리 출신들이며, 안부(安孚)도 홍주의 향리였다가 의업에

---

82) 『高麗史』 卷75, 選舉3 銓注 限職, 인종 3년 1월. "判, 電吏・杖首・所由・門僕・注膳・幕士・驅史・大丈等子孫, 依軍人子孫, 許通諸業選路例, 赴舉. 其登製述・明經兩大業者, 限五品, 醫・卜・地理・律・筭業者, 限七品, 若堅貞節操, 有名聞者, 所業特異者, 擢大業甲乙科, 則許授淸要理民職. 丙科同進士, 則三品職, 醫・卜・地理・律・筭業, 則四品職. 其非登科入仕者, 亦限七品, 至玄孫許通."
83) 『高麗史』 卷73, 選舉1 科目1, 인종 18년 윤6월. "中書門下奏,……製述・明經兩大業, 及醫・卜・地理業, 國家所不可廢, 而今赴擧者少."
84) 허흥식, 2005, 「고려의 국자감시와 향리의 신분상승」, 『고려의 과거제도』, 일조각 참고.

급제하였다.

의료 부문에 나타난 지배층의 양극 분화를 잘 보여주는 것이 의직의 품계 규정이다. 앞서 살펴본 바와 같이 의과 응시자의 범위가 넓어지는 것에 상응하여 인종 3년(1125)에는 의업(醫業) 등제자(登第者)가 4품직까지도 승진하도록 규정하였다.[85] 하지만 태의감의 책임자인 판사(判事)는 문종대 이래 종3품이었다. 양대업(兩大業) 등제나 음서(蔭敍)로 관직에 진출한 핵심 지배층이 의료 관서를 장악하고, 의업 등제자는 그 실무를 담당하도록 구조화된 것이었다.

계림(雞林)에서 대대로 의술을 업으로 삼았던 설경성(薛景成)의 집안.『고려사(高麗史)』열전(列傳)에 따르면 설경성은 상약의좌(尙藥醫佐)로 관직을 시작하였다.

의업(醫業)이 잡과(雜科)로 취급되자 의직에 대한 인식은 사회적 지위에 따라 극단으로 갈렸다. 의업을 통한 신분 상승을 꿈꾸는 천인들이나 일반 양인들의 입장에서는, 응시자격에 대한 신분적 규정 외에도 전문적인 의술 공부로 인해 의업은 등용문(登龍門)이 될 수밖에 없었다. 반면 의업의 한품서용을 제정한 핵심 지배층으로서는 의업에 종사할 필요를 느끼지 못했다. 결국 의직은 점차 향리, 서인, 잡류 등이 전담하는 상황에 이르게 되었다. 의업 문호의 확대로 의료를 중시(重視)한 국가의 조치가 오히려 지배층으로부터 의업이 천시(賤視)되는 역설을 일으켰다.

---

85) 예외적으로 고종대에 활동하던 安珦는 州吏였지만 醫業으로 出身하여 정3품인 密直副使에 이르렀는데, 그 역시 醫職으로 정3품이 된 것은 아니었다(『高麗史』卷105, 列傳18 安珦).

이에 따라 양반 자제들은 양대업을 통해 문반으로 진출하는 데 반해, 향리들은 의업 등 잡업(雜業)에 응시하는 추세가 나타났다. 향리들의 관직 진출을 비판하는 고려 말의 기록에 따르면 외방(外方)의 향리들이 응시하는 과거로는 명서업(明書業)·지리업(地理業)·의업(醫業)·율업(律業)이 거론될 뿐 양대업은 제시되지 않고 있다.86) 응시하는 과거의 종류가 사회적 지위에 따라 달랐다는 의미이다.

향리들이 이처럼 의업에 몰려든 이유는 향역(鄕役)이 고역(苦役)이었기 때문이다.87) 지방의 지배층이던 향리들이 향역부담층으로 전락한 것은 12세기 무렵부터였다. 고려 전기의 지방지배질서가 동요하면서 향리층은 향촌사회 질서를 주도하지 못하게 되었으며, 일부 향리들은 잡업을 통해 입사면역(入仕免役)하고 재지품관(在地品官)으로서 본향(本鄕)에 지배력을 행사하였다.88) 고려 말로 갈수록 의업 응시자는 향리에 의해 독점되는 경향을 보였다.

여말선초에는 향리들이 의업마저 응시하지 못하도록 바뀌게 된다. 응시 제한이 오히려 강화되는 것이다. 향리들이 잡과(雜科)에 응시하는 경우가 많아지자 공민왕 12년(1363)에는 향읍(鄕邑)이 쇠퇴한다는 이유로 제술과·명경과의 정과(正科)에만 응시케 하고 잡과에는 참여하지 말도록 금지하였다.89) 또한 우왕 9년(1383)에 권근은 향리들이 의업으로 출신함에

---

86) 『高麗史』 卷75, 選擧3 銓注 鄕職, 우왕 9년 2월.
87) 고려 후기에 들어 鄕吏들이 免役하기 위해서 권세가에게 붙어 京職을 함부로 받는 경우가 늘어났다(『高麗史』 卷75, 選擧3 銓注 鄕職, 충숙왕 12년). 구체적인 예를 들자면 陝州의 鄕吏 李績은 避役하여 鷲城君 辛裔에게 벼슬을 구하였다(『高麗史節要』 卷25, 충목왕 2년 10월). 그리고 공민왕대에는 寺院에 의탁한 鄕役之吏를 체포하여 本役으로 돌려보내라고 조치하였다(『高麗史節要』 卷27, 공민왕 10년 5월).
88) 蔡雄錫, 2000, 「高麗 中·後期 지방사회의 변동과 본관제의 기능 변화」, 『高麗時代의 國家와 地方社會』, 서울대학교출판부.
89) 『高麗史』 卷75, 選擧3 銓注 鄕職, 공민왕 12년 5월. "敎, 比年外吏規免本役, 多以雜科出身, 以致鄕邑彫廢. 自今只許赴正科, 毋令與於諸業."

따라 실무를 담당할 사람이 없으니, 동당(東堂) 잡업(雜業)과 감시(監試) 명경(明經)을 모두 폐지하자고 주장하였다.

　좌사의(左司議) 권근(權近) 등이 "국가의 안위는 주군(州郡)의 성쇠에 달려 있습니다. 근년 이래로 지방 주현의 이속(吏屬)들이 본역(本役)을 면하고자 명서업(明書業)·지리업(地理業)·의업(醫業)·율업(律業)을 한다고 평계 하지만, 모두가 실제로는 재주가 없이 출신(出身)하여 면역(免役)합니다. 이 때문에 향리가 날로 줄어서 공무를 집행하기 어렵고 수령들이 역사(役事)시킬 바가 없음에 이르렀는데, 제업(諸業)으로 출신한 자가 그 향(鄕)에 물러가 앉아서 원하는 바를 제멋대로 행하여도 수령이 이를 어떻게 할 수 없습니다. 이러므로 주현에 약간 남아 있는 이속들이 분에 넘치는 마음을 가지게 되오니, 신 등은 주현이 이로 인하여 더욱 쇠할까 두렵습니다. 동당(東堂) 잡업(雜業)과 감시(監試) 명경(明經)을 모두 파하소서"라고 아뢰었다. 우왕[禑]이 명하여 동당 잡업과 감시 명경을 옛 제도에 의거하여 시행하고, 향리는 3정(丁) 중 한 아들에게 과거 응시를 허락하였다.90)

　향리들이 의업을 통해 의관으로 출신하는 길 자체를 차단함으로써 사회가 점차 획일화되고 신분구조가 고착화되는 징조로 읽힌다.91) 권근 등이 제기한 향리의 잡업 응시 금지는 향리층의 신분 상승을 억제하려는 발상이었는데, 우왕은 오히려 향리의 3정(丁) 중 한 아들에게는 과거를 허용함으로써 신분 상승의 문을 조금이나마 열어두자는 입장을 견지하였다.

　고려의 멸망이 다가올수록 의업을 포함한 잡업의 문호는 더욱 닫히고

---

90) 『高麗史』卷75, 選擧3 銓注 鄕職, 우왕 9년 2월. "左司議權近等言, 國之安危係乎州郡盛衰. 比年以來, 外方州縣吏輩規免本役, 稱爲明書業·地理業·醫·律業, 皆無實才, 出身免役. 故鄕吏日減, 難支公務, 至於守令, 無所役使, 諸業出身者, 退坐其鄕, 恣行所欲, 守令莫之誰何. 是以州縣僅存之吏, 皆生覬覦之心, 臣等切恐州縣因此益衰. 乞東堂雜業·監試明經, 一皆罷之. 禑令東堂雜業·監試明經, 依舊施行, 鄕吏則三丁一子許赴試."

91) 李成茂, 1980, 『朝鮮初期 兩班硏究』, 一潮閣, 26쪽 참고.

있었다. 창왕 원년(1389)에는 의학(醫學)을 전의시에 분예시켰는데,92) 그해 12월에 조준(趙浚)은 향리가 전의시 출신인 경우를 제외하고는 잡과로 출신하는 것을 금지하자고 주장하였다.93) 의학교육의 확대와 의술의 발전을 위해서는 신분에 상관없이 문호를 개방해야 하지만, 여말선초에는 향리의 의업 응시를 차단하였다. 신분제 강화를 위해서라면 의학의 위축도 감수했던 것이다.

(2) 간행 의서들과 의업 교과목

고려에서 의업에 응시하거나 의술을 배우기 위해서는 의서(醫書)가 필수적이었다. 예를 들어 문종 10년(1056)에는 서경유수(西京留守)가 의업 응시자들이 보는 책에 오류가 많으므로 비서각(秘書閣)의 의서를 보내달라고 요청하자 1부씩 인쇄하여 보내주었다.94) 책을 필사하는 게 아니라 인쇄하는 것이라면 많은 책들이 유통되었을 것으로 추측할 수 있다. 의서는 당시의 의학 수준을 어떤 형식으로든 반영할 수밖에 없으므로, 고려의학의 성격이나 지향을 드러낸다. 고려시대 의학의 수준을 가늠하기 위해 당시 간행되었던 의서들을 분석해볼 필요가 있다.

10~11세기에는 21종의 관판본(官版本)이 출간되었는데, 국왕으로 따지면 정종(靖宗)과 문종대(文宗代)에 많은 판본이 제작되었다.95) 21종의 서적

---

92) 『高麗史』 卷77, 百官2 諸司都監各色 十學. "恭讓王元年置十學敎官.……分隷……醫學于典醫寺." 『고려사』에는 공양왕 원년 기사로 표기되어 있지만, 이 조치는 창왕 원년 4~5월의 조치였다(『高麗史節要』 卷34, 창왕 원년 참고).
93) 『高麗史』 卷75, 選舉3 銓注 鄕職, 공양왕 원년 12월. "趙浚上言,……願自今,……雜科, 非成均典校・典法・典醫出身者,……勒令從本, 以實州郡. 今後鄕吏, 不許明經・雜科出身免役, 以爲恒式."
94) 『高麗史』 卷7, 世家7, 문종 10년 8월. "西京留守報, 京內進士・明經等諸業擧人所業書籍, 率皆傳寫字, 多乖錯, 請分賜秘閣所藏九經・漢・晋・唐書・論語・孝經・子・史・諸家文集・醫・卜・地理・律・算諸書, 置于諸學院. 命有司, 各印一本, 送之."
95) 南權熙, 2002, 『高麗時代 記錄文化 硏究』, 淸州古印刷博物館, 23~24쪽 참고. 남권희

을 분류하면 의서(醫書) 10종, 사서(史書) 5종, 경서(經書) 3종, 기타 3종이다. 의서가 사서나 경서보다도 월등히 많이 인쇄되었다는 것은 의서에 대한 수요가 그만큼 컸다는 뜻이다. 문종 12년(1058)에는 충주목(忠州牧)에서 새로 조판(雕板)한『황제팔십일난경(黃帝八十一難經)』,『천옥집(川玉集)』,『상한론(傷寒論)』,『본초괄요(本草括要)』,『소아소씨병원(小兒巢氏病源)』,『소아약증병원일십팔론(小兒藥證病源一十八論)』,『장중경오장론(張仲景五臟論)』 등을 바쳐오자 비각(秘閣)에 보관하도록 하였으며,96) 문종 13년(1059)에는 안서도호부사가 새로 조판한『주후방(肘後方)』73판(板),『의옥집(疑獄集)』 11판,『천옥집(川玉集)』10판을 바치자 비각에 보관하도록 조치하였다.97) 이 가운데『천옥집』은 문종 12년과 문종 13년에 모두 보이므로 의서가 실제로는 9종이 간행된 셈이다.

이 의서들은 고려에서 널리 활용된 의서일 것이므로, 기존 연구에서도 큰 관심을 가졌다. 미키 사카에와 김두종의 연구를 토대로 하되 의서별 저작 시기까지 덧붙여 검토해 보자.『황제팔십일난경』은 전국시대(戰國時代) 편작(扁鵲)이 주석을 붙인『황제팔십일난경』2권으로 후한(後漢) 이전에 만들어졌으며,『천옥집』은 천옥(川玉)이라는 호를 가진 의인이『상한론(傷寒論)』을 채집한 것으로,『상한론』은 위(魏) 왕숙화(王叔和)가 정리한『상한잡병론(傷寒雜病論)』10권으로,『본초괄요』는 당(唐) 장문의(張文懿)의『본초괄요시(本草括要詩)』3권으로,『소아소씨병원』은 수(隋) 소원방(巢元方)의

는 충주목과 안서도호부에서 각각 판각한『川玉集』을 별도로 계산하고『小兒藥證病源一十八論』을『小兒藥證』과『病源一十八論』이라는 별개 의서로 판단하여, 10~11세기에는 의서 11종을 포함하여 22종의 관판본이 간행되었다고 이해한다.
96)『高麗史』卷8, 世家8, 문종 12년 9월. "忠州牧進新雕黃帝八十一難經・川玉集・傷寒論・本草括要・小兒巢氏病源・小兒藥證病源一十八論・張仲卿五臟論九十九板. 詔置秘閣." '張仲卿五臟論'은 '張仲景五臟論'의 오식으로 판단된다.
97)『高麗史』卷8, 世家8, 문종 13년 2월. "安西都護府使都官員外郎異善貞等進新雕肘後方七十三板・疑獄集一十一板・川玉集一十板, 知京山府事殿中內給事李成美進新雕隋書六百八十板. 詔置秘閣, 各賜衣襨."

『제병원후론(諸病源候論)』 중 소아부분만 편집한 것으로, 『소아약증병원일십팔론』은 송(宋) 유경유(劉景裕)의 『소아약증(小兒藥證)』1권으로, 『주후방』은 진(晉) 갈홍의 『주후구졸방(肘後救卒方)』6권으로, 『의옥집』은 후진(後晉) 화응(和凝) 등이 편찬한 『의옥집(疑獄集)』 4권으로 이해된다.[98]

『장중경오장론』은 기존 연구에서 장부(臟腑)와는 관련이 없고 의방(醫方)에 속한 것이라고 설명하였다.[99] 그런데 『장중경오장론』은 후대에 일실되었지만, 돈황문서(敦煌文書) 가운데 4종이 발견되었다.[100] 『장중경오장론』에는 한대(漢代) 이후의 의가(醫家)들도 등장한다. 이 의서가 장중경의 저작이 아니라 후대에 편찬된 책이라는 의미이다. 그리고 당(唐) 황제(皇帝)들의 피휘(避諱)가 태종(太宗)과 고종(高宗)까지 해당되는 것으로 미루어 당(唐) 전기(前期)인 7세기의 편찬물로 이해된다. 『장중경오장론』의 내용은 주로 오장(五臟)의 기능, 병인(病因), 질병진단법과 상용(常用)하는 약물의 주된 효능에 대한 것이다. 이상의 논의를 정리하면 다음 <표 4-6>과 같다.

이 9종의 의서에 대해 미키 사카에는 송(宋)의 의서(醫書)이거나 송 판본(板本)에 의거했다고 이해한다. 고려 현종대에 『태평성혜방』이 들어온 이래 송 의학에 의거하는 분위기가 농후해졌는데, 이 의서들은 "고려 의학의 흥륭(興隆)"을 보여준다는 주장이다.[101] 미키 사카에는 문종대 고려 의학이 융성했다는 근거로 의서의 간행을 제시하며, 이 의서들은 '송 판본'이 대부분일 것이므로 송 의학이 유행했다고 결론짓는 것이다.

---

98) 三木榮, 1963, 『朝鮮醫學史及疾病史』, 自家 出版, 45~46쪽 ; 金斗鍾, 1966, 『韓國醫學史 全』, 探求堂, 125~126쪽. 이 가운데 『川玉集』은 『鄕藥集成方』에서 『川玉傷寒論』, 『川玉集傷寒論』이라고도 인용되었다. 『中國醫籍通考』에 따르면 이 책은 『藝文略』에 『穿玉集』으로 되어 있고 현재 失傳되었지만, 傷寒에 대한 의서로 추측된다(金南一, 1999, 「『鄕藥集成方』의 인용문헌에 대한 연구」, 『震檀學報』 87집, 200쪽).
99) 金斗鍾, 1966, 『韓國醫學史 全』, 探求堂, 126쪽.
100) 馬繼興 編, 1998, 『敦煌醫藥文獻輯校』, 江蘇古籍出版社, 55쪽.
101) 三木榮, 1963, 『朝鮮醫學史及疾病史』, 自家 出版, 46쪽.

<표 4-6> 문종 12년·13년에 간행된 고려의서 일람표

서명	판본 및 간행	미키 사카에	김두종
黃帝八十一難經	後漢 以前 저작인 『黃帝八十一難經』 2卷	宋 醫書이거나 宋板에 의거	
川玉集	미상	宋 醫書이거나 宋板에 의거	『傷寒論』을 채집
傷寒論	魏 王叔和의 『傷寒雜病論』 10卷	唐本보다는 宋 板本에 의거	
本草括要	唐 張文懿의 『本草括要詩』 3卷	宋 醫書이거나 宋板에 의거	
小兒巢氏病源	隋 巢元方의 『諸病源候論』 중 소아부분 편집	미상, 宋 板本에 의거	
小兒藥證病源一十八論	宋 劉景裕의 『小兒藥證』 1卷	宋 醫書이거나 宋板에 의거	『諸病源候論』 중 주요부분 첨가
張仲卿五臟論	唐 前期인 7세기(敦煌文書)	宋 醫書이거나 宋板에 의거	
肘後方	晉 葛洪의 『肘後救卒方』 6卷	宋 醫書이거나 宋板에 의거	
疑獄集	後晉 和凝 등의 『疑獄集』 4卷		

하지만 표에 보이는 바와 같이 이 책들은 한(漢)부터 수(隋)·당(唐)의 저작이 대다수이며, 송의 저작으로는 『소아약증』 1종이 있을 뿐이다. 즉 고려에서는 송대 이전의 중국 의서를 학습하고 있었다.

고려에서는 이 의서들의 송 판본을 수입하여 판각했을 수도 있지만, 송 판본의 수입이 이른바 '완성된 송 의학'의 수용을 의미하지는 않는다. 9종 중 하나인 『상한론(傷寒論)』의 연구 심화를 예로 들자면, 송에서는 고려 문종대에 해당하는 11세기 후반에야 상한론에 관해 저작할 수준에 도달하였다. 후한(後漢) 장중경(張仲景)이 천명한 상한론은 위(魏) 왕숙화(王叔和)가 『상한잡병론(傷寒雜病論)』이라는 제목으로 정리하였다가, 송대에 들어서야 본격적으로 연구되면서 임상에 쓰였다.[102]

송(宋)의 교정의서국(校正醫書局)에서 『상한잡병론』이 편집 교정되어

---

102) 홍원식·윤창열 편저, 2001, 『증보 중국의학사』, 一中社, 242쪽.

『상한론』으로 출간된 시기는 1065년(고려 문종 19년)이었다. 상한론을 연구한 송의 저작 가운데 큰 영향을 미친 방안시(龐安時)의 『상한총병론(傷寒總病論)』은 1100년에야 출간되며, 주굉(朱肱)의 『상한백문(傷寒百問)』은 1107년에야 출간된다.103) 문종 12년(1058) 당시에는 송에서도 상한론과 관련된 연구서가 출간되기 이전이었던 것이다.

이처럼 송의 대표적인 의학적 성취인 상한론 연구는 고려 문종대 즈음에야 활성화되고 있었다. 문종대 초반에 유통된 의서들이 송 의학의 완성된 이론을 수록한 것이 아님은 두말할 나위도 없다. 송 의학 역시 지속적으로 발전하는 중이었으므로, 고려에서 수입하고자 한 것은 '송 의학'이었지만, 실제로 수입된 것은 당시까지의 '중국 의학'이었다.

송 의학의 영향을 가늠할 수 있는 또 다른 자료는 인종대의 의업 교과목 기록이다. 인종 14년(1136)에는 의업식(醫業式)과 주금업식(呪噤業式)이 규정되었다.

무릇 의업(醫業)의 격식(格式)은 2일 동안 첩경(貼經)한다. 첫날은 『소문경(素問經)』 8조(條), 『갑을경(甲乙經)』 2조를 첩경하고 이튿날은 『본초경(本草經)』 7조, 『명당경(明堂經)』 3조를 첩경하는데, 양일(兩日)에 각각 6조 이상 통(通)해야 한다. 『맥경(脉經)』 10권을 읽게 하되, 파문(破文) 겸 의리(義理)는 6궤(机)를 통해야 하고, 파문은 4궤를 통해야 한다. 『침경(針經)』 9권과 『난경(難經)』 1권 등 10권에 대해서도 파문과 함께 의리를 겸하는데 6궤를 통해야 하며 파문은 4궤를 통해야 한다. 또한 『구경(灸經)』을 읽게 하는데 파문은 2궤를 통해야 한다.

무릇 주금업(呪噤業)의 격식(格式)은 2일 동안 첩경(貼經)한다. 첫날은 『맥경(脉經)』 10조를 첩경하고 이튿날은 『유연자방(劉涓子方)』 10조를 첩경하는데, 모두 6조 이상 통해야 한다. 소경(小經)에 해당하는 『창저론(瘡疽

---

103) 廖育群・傳芳・鄭金生 共著, 박현국・김기욱・이병욱 共譯, 2004, 『중국과학기술사(의학편)』, 一中社, 572~577쪽.

論)』7권, 『명당경(明堂經)』 3권을 읽게 하되 그 안에서 의리(義理)를 겸하여 6궤를 통해야 한다. 대경(大經)에 해당하는 『침경(針經)』 10궤를 읽게 하되 그 안에서 의리를 겸하여 6궤를 통해야 한다. 또한 7권(卷) 『본초경(本草經)』 2궤를 읽게 한다.104)

이 기록은 문종대로부터 반세기가 지난 시점이기도 하거니와 의업 교과목을 명시하고 있다는 점에서 매우 중요하다. 외교적으로도 북송(北宋)은 이미 인종 5년 (1127)에 망한 데다 대송외교 역시 쇠퇴기에 접어든 상태여서 반드시 송의 의료제도를 따를 필요가 없었다. 즉 외교 관계에 얽매이지도 않고 고려의 의학수준을 순수하게 보여준다. 의업식과 주금업식 내용을 표로 정리하면 다음과 같다.

고려에서 의관(醫官)으로 임용되기는 결코 쉽지 않았다. 인종 14년(1136)의 판(判)에 따라 의업식(醫業式)과 주금업식(呪噤業式)을 상세히 규정한 『고려사(高麗史)』 선거지(選擧志) 기록.

---

104) 『高麗史』 卷73, 選擧1 科目1, 인종 14년 11월. "判……凡醫業式, 貼經二日內. 初日, 貼素問經八條・甲乙經二條, 翌日, 貼本草經七條・明堂經三條, 兩日, 各通六條以上. 讀脉經十卷, 破文兼義理, 通六机, 破文, 通四机. 針經九卷・難經一卷幷十卷, 破文兼義理, 通六机, 破文, 通四机. 又讀灸經, 破文, 通二机. 凡呪噤業式, 貼經二日內. 初日, 貼脉經十條, 翌日, 貼劉涓子方十條, 並通六條以上. 讀小經瘡疽論七卷・明堂經三卷, 內兼義理, 通六机. 讀大經針經十机, 內兼義理, 通六机. 又讀七卷本草經二机."

<표 4-7> 인종 14년 의업식과 주금업식 교과목 일람표[105]

科目		試驗方法 貼經	讀經	합격선
醫業式	素問經 甲乙經	(初日)8條 (初日)2條		6條
	本草經 7권 明堂經 3권		(翌日)7條 (翌日)3條	6條
	脉經 10권		10机?	破文 겸 義理 6机 破文 4机
	針經 9권 難經 1권		10机?	破文 겸 義理 6机 破文 4机
	灸經		10机?	破文 2机
呪噤業式	脉經 10권	(初日)10條		6條
	劉涓子方	(翌日)10條		6條
	(小經) 瘡疽論 7권 (小經) 明堂經 3권		10机?	破文 겸 義理 6机
	(大經) 針經(9권)		10机	破文 겸 義理 6机
	本草經 7권		2机	2机

첩경(貼經)은 당(唐)의 과거처럼 1행(行)만 남겨 놓고 앞뒤를 덮은 후, 다시 1행 중의 몇 자를 종이에 붙여서 이를 알아맞히게 하는 방법이다. 파문(破文)은 중국에는 없던 방법인데, 수험생(受驗生)에게 셈대를 책에 꽂게 하여[揷籌] 거기를 펼쳐 읽힌 뒤 주석(註釋)과 구독(句讀) 등을 시험한 것으로 추측된다. 경의(經義)는 경(經)의 본문(本文)을 내어 놓고 경(經)의 정신에 입각하여 해석을 가하면서 논(論)을 세우게 한 것으로서, 송 신종 2년(1069, 고려 문종 23년) 이후 중국의 과거에 주로 쓰인 방법이다.[106]

---

105) 『高麗史』 卷73, 選擧1 科目1, 인종 14년 11월. 이 표는 孫弘烈, 1988, 『韓國中世의 醫療制度硏究』, 修書院, 127쪽 '醫業의 科目과 選拔方法', 130쪽 '呪禁業의 科目과 選拔方法'을 토대로 재작성한 것이다. 의업과 주금업의 교과목에 대해서는 다음 연구가 참고된다(金斗鍾, 1966, 『韓國醫學史 全』, 探求堂, 134~135쪽 ; 朴龍雲, 1990, 「高麗時代의 科擧−雜科에 대한 檢討」, 『高麗時代 蔭敍制와 科擧制 硏究』, 一志社, 614~618쪽 ; 허홍식, 2005, 『고려의 과거제도』, 일조각, 150~155쪽).
106) 趙東元, 1974, 「麗代 科擧의 豫備考試와 本 考試에 對한 考察」, 『論文集』 8집, 圓光大學校, 13쪽.

고려의 의업 교과목을 전시대인 신라를 비롯하여 인접국인 당, 송, 일본의 의업 교과목과 비교해 보면 다음과 같다.

<표 4-8> 고려와 외국의 의업 교과목 일람표107)

국가		의업 교과목
高麗	醫業	本草經 甲乙經* 素問經 針經* 脈經 明堂經* 難經* 灸經*
	呪噤業	七卷本草經 針經* 脈經 明堂經* 劉涓子方 瘡疽論
新羅		本草經 甲乙經* 素問經 針經* 脈經 明堂經* 難經*
唐		本草 甲乙 素問* 黃帝針經* 脈經 明堂 脉訣* 流注圖* 偃側圖* 赤烏神針經*
宋		素問 脈經 難經 傷寒論 諸病源候論 千金方 太平聖惠方 龍樹論
日本		本草 甲乙 素問* 黃帝針經* 脈經 明堂* 脉訣* 流注圖* 偃側圖* 赤烏神針經* 小品方 集驗方

<표 4-7>과 <표 4-8>에서 드러나는 가장 중요한 사실은 인종대의 의업식·주금업식 분화가 의학 지식의 발달과 고려 사회의 필요에 따른 조치였다는 점이다. 고려에서는 문종대 이래로 송 의학을 배웠음에도 불구하고 의업은 철저하게 당의 제도를 고집하였다. 기존 연구에서 지적하였듯이 고려의 의업 교과목은 당의 제도를 모방한 신라의 전통을 이은 것이다.108) 의서만이 아니라 의관 선발방식도 고려와 송은 확연히 달랐다. 송의 의학 교과목으로는 『소문(素問)』, 『맥경(脈經)』, 『난경(難經)』, 『상한론(傷寒論)』, 『제병원후론(諸病源候論)』, 『천금방(千金方)』, 『태평성혜방(太平聖惠方)』, 『용수론(龍樹論)』 등이 있으며, 시험방식은 묵의(墨義), 맥의(脈義), 대의(大義), 논방(論方), 가령(假令), 운기(運氣) 등 여섯 가지였다.

고려 후기에는 송 의학과 의서가 어느 정도 영향을 미쳤을까? 조선

---

107) 이 표는 孫弘烈, 1988, 『韓國中世의 醫療制度硏究』, 修書院, 57쪽 '三國醫學敎科書 比較表', 129쪽 '高麗와 唐의 敎科書'를 토대로 송의 의업 교과목을 덧붙여 작성한 것이다. *는 針生의 교과서, 신라와 고려의 경우는 針灸書를 가리킨다.
108) 孫弘烈, 1988, 『韓國中世의 醫療制度硏究』, 修書院, 129쪽.

태종 12년(1412)에는 충주사고 서적들을 옮겼는데, 『소아소씨병원후론(小兒巢氏病源候論)』, 『오장육부도(五臟六腑圖)』, 『신조보동비요(新彫保童秘要)』, 『광제방(廣濟方)』, 『진낭중약명시(陳郞中藥名詩)』, 『신농본초도(神農本草圖)』, 『본초요괄(本草要括)』, 『왕숙화맥결구의변오(王叔和脈訣口義辯誤)』, 『황제소문(黃帝素問)』 등의 의서가 눈에 띈다.[109] 이 의서들만이 고려 말에 통용되었다거나 의업 교과목이라고 할 수는 없겠지만, 이 기록으로 미루어 볼 때 고려 말까지도 여전히 송 의학의 영향은 크지 않았다.

요컨대 고려시대 중앙의료기구의 추이나 의직의 구성, 간행 의서와 의업 교과목 등을 검토해볼 때 송 의료제도의 영향은 그리 깊지 않았다. 송 의학의 영향이 전혀 없었던 것은 물론 아니었다. 송 의학은 의료제도보다는 의술에서 더 큰 위력을 발휘하였다. 곧 논의할 바와 같이 송 의학을 받아들이려는 고려의 의지는 확고하였으며, 고려의 향약의서를 분석해 보면 송 의학은 고려에 조금씩 침투하고 있었다.

2. 의료 환경의 변화

1) 약재의 증가와 수취구조

고려에서 의료제도를 운영하기 위해서는 반드시 약재가 필요하였다. 약재의 생산을 비롯하여 수취·보관·분급, 민간 차원의 약재 유통이 없을 수는 없는 노릇이었다. 고려 이전에는 인삼, 황기, 국화, 오수유,

---

109) 『太宗實錄』卷24, 태종 12년 8월 7일(己未). "命史官金尙直, 取忠州史庫書冊以進. 小兒巢氏病源候論·大廣益會玉篇·鬼谷子·五臟六腑圖·新彫保童秘要·廣濟方·陳郞中藥名詩·神農本草圖·本草要括·五音指掌圖·廣韻·經典釋文·國語·爾雅·白虎通·劉向說苑·山海經·王叔和脈訣口義辨誤·前定錄·黃帝素問·武成王廟讚·兵要·前後漢著明論·桂苑筆耕·前漢書·後漢書·文粹·文選·高麗歷代事迹·新唐書·神秘集·冊府元龜等書冊也."

모과, 천마 등 몇 개의 약재가 보이는데 그쳤지만, 고려에 들어 약재 생산은 점차 증가하였다. 고려에서도 토산약재가 중국으로 유출되는 것은 이전과 매한가지였다. 중국측 사료에 고려 약재에 관한 기록이 많이 등장하는 이유이기도 하다. 고려와 송의 교역에 사용되었던 약재 기록은 『고려사』나 『송사』 등에 적지 않게 흩어져 있다. 송대에 해당하는 기간 동안의 고려의 토산약재 기록을 정리하면 '<부록 2> 고려의 토산약재 일람표'와 같다. <부록 2>에 등장하는 교역 약재를 간추리면 다음과 같다.

감초(甘草), 강황(薑黃), 계백두(雞白蠹), 곤포(昆布), 남등근(藍藤根), 남순(藍筍), 납(蠟), 담라(擔羅), 두발(頭髮), 마자(麻子), 무이(蕪荑), 방풍(防風), 백부자(白附子), 백출(白朮), 복령(茯苓), 부자(附子), 비자(榧子), 사향(麝香), 산수유(山茱萸), 석결명(石決明), 석류(石榴), 세신(細辛), 송자(松子), 송탑자(松塔子), 송화(松花), 수은(水銀), 신라갈(新羅葛), 우슬(牛膝), 원지(遠志), 유황(硫黃), 율(栗), 인삼(人參), 자채(紫菜), 자초(紫草), 자황(雌黃), 조육(棗肉), 주홍(朱紅), 진자(榛子), 해송자(海松子), 행인(杏仁), 향유(香油), 홍화(紅花), 황칠(黃漆).

이 약재들이 고려의 토산약재를 모두 포괄한 것은 물론 아니다. 속수자(續隨子)나 노봉방(露蜂房)은 『신라법사방』과 『신라법사비밀방』에서 활용된 토산약재가 분명하지만 송대의 교역 기록에서는 찾을 수 없다. 고려시대 토산약재의 실상을 명확하게 보여주는 자료는 앞으로 분석하게 될 『향약구급방』이다. 따라서 위의 약재들은 교역된 약재 목록 정도로 이해하고, 적지 않은 약재가 생산되었다는 점만 기억하면 충분하다. 다만 감초(甘草)만은 예외인데, 뒤에서 다시 다루게 될 것이다.

약재가 대외 교역에서만 필요한 것은 아니었다. 성종은 재위 10년(991)에 서도(西都)에 행차하여 독질자(篤疾者)와 폐질자(癈疾者)에게 약(藥)을 지급하였다.[110] 이어 목종은 일반 민들에게도 의료 시혜를 베풀었다. 목종은 즉위 사면령을 반포하면서 질병에 걸린 자를 구제해 주었으며,111) 현종도 즉위 직후에 '노병(老病)'에 대한 대민의료를 시행하였다.112) 약재 하사와 대민 치료가 약재의 수취와 원활한 유통을 전제로 함은 물론이다.

이제 고려시대 약재의 수취와 유통을 살펴보도록 하겠다. 민간에서도 약재가 유통되었을 것임은 의심의 여지가 없지만, 단편적인 흔적만 남아 있을 뿐이다. 우선은 국가 단위에서 약재가 유통되는 방식부터 정리해 보자.

고려에서 약재의 수취와 분급은 공물 일반과 동일한 방식으로 운용되었다. 산지에서 약재를 수취하는 공납구조는 고려의 대표적인 약재였던 인삼(人蔘)을 통해 알 수 있으며, 생강(生薑)과 백자인(栢子仁) 등으로 보완할 수 있다. 인삼 공납과 관련된 모습을 보여주는 정종(靖宗) 2년(1036)의 기록은 다음과 같다.

> 중추원에서 "제지(制旨)를 살피건대, 인삼(人蔘) 300근을 바치도록 하셨습니다. 요사이 올린 1,000근으로도 넉넉히 어용(御用)에 이바지할 만합니다. 국부(國府)의 공물은 모두 백성의 고혈이므로 함부로 거두어서는 안 되니, 다시 바치지 말게 하소서"라고 아뢰니, 왕이 좋아하지 않았다.113)

인삼 1,000근은 공물로 수취되어 어용으로 배정되었던 분량인데, 인삼만이 아니라 어용에 필요한 다른 약재들도 일정한 분량이 규정되었을 것이다. 충렬왕대에 조윤통(曹允通)은 해마다 원(元)에 인삼 수백 근을 바치기 위해 인민을 징발하여 채취하면서 흠이 있거나 제때에 바치지

---

110) 『高麗史』 卷80, 食貨3 賑恤 鰥寡孤獨賑貸之制, 성종 10년 10월.
111) 『高麗史』 卷3, 世家3, 목종 즉위년 12월.
112) 『高麗史』 卷4, 世家4, 현종 즉위년 4월.
113) 『高麗史』 卷6, 世家6, 靖宗 2년 7월. "中樞院奏, 制旨, 令進人參三百斤. 近所進一千斤, 足以供御用. 國府之貢, 皆民膏血, 不可妄斂, 乞勿令復進. 王不悅."

못하면 백성을 괴롭혔다. 동북계(東北界)에서 산출되는 인삼을 전국의 주군에서 바치라는 것은 무리였으므로 외교문제로까지 비화하였던 것이다.114) 고려에서 인삼은 동북계 외에도 춘주산(春州産)이 최고라고 평가받았으며,115) 강릉도(江陵道)의 인삼도 유명하였다.116) 인삼 공납이 전국의 모든 주현에 부과되지는 않았듯이 다른 약재의 공납도 특산지별로 부과되었을 것이다.

생강 산출과 관련해서는 소(所) 가운데 강소(薑所)가 주목된다.117) 고려에서는 생강을 전문적으로 재배하는 지역이 있었다는 뜻이다. 생강은 재배기술상의 문제로 경상도·전라도 등의 남쪽 지방에서 산출되었는데, 고려에서는 특히 소(所) 단위로 집중 재배하여 공납에 충당하였다.『세종실록』지리지에는 해진군(海珍郡) 즉 고려의 진도현(珍島縣)에 생강소(生薑所)가 있었다는 기록이 남아 있다.118) 그런데 날 것 그대로 사용되는 생강(生薑)이나 말려서 사용하는 건강(乾薑)은『향약구급방』이나『신집어의촬요방』에서 빈번하게 처방되는 약재였다.119) 고려에서는 징렴(徵斂)이 소(所)에 특별히 집중되는 양상을 띠었는데,120) 생강을 생산하는 강소(薑所)의 부담

---

114) 『高麗史』卷123, 列傳36 曹允通. "忠烈時, 遣使召允通, 挈家入朝. 帝問曰. 世傳人參産汝國者嘉, 汝能爲朕致乎. 對曰, 臣若管其事, 歲可得數百斤. 帝賜傳遣之. 自是, 允通歲巡州郡, 發民採之, 或小有朽敗, 或非地産, 未及期者, 輒徵銀幣, 以營私利, 民甚苦之. 王遣張舜龍, 奏曰, 曹允通奉聖旨, 採人參, 人參唯産東北界, 允通强令諸道民就産處採納, 臣請隨所産處, 以時採貢."
115) 徐兢, 『高麗圖經』卷23, 雜俗2 土産. "人參之幹特生, 在在有之, 春州者冣良."
116) 『高麗史』卷79, 食貨2 科斂, 충혜왕 4년 3월. "先是, 嬖人審夫金承命, 往江陵道, 索人參. 時, 參貴不多得, 懼王罪己, 擅徵職稅."
117) 『新增東國輿地勝覽』卷7, 驪州牧 古跡 登神莊. "高麗時又有稱所者, 有金所·銀所·銅所·鐵所·絲所·紬所·紙所·瓦所·炭所·塩所·墨所·藿所·瓷器所·魚梁所·薑所之別而各供其物."
118) 『世宗實錄』卷151, 地理志 全羅道 羅州牧 海珍郡. "所四, 生薑·仇向·茶鹽·田浦保."
119) '<표 5-3>『향약구급방』과『신집어의촬요방』의 주요 약재 비교표', '<부록 4>『향약구급방』의 처방 약재 일람표' 참고.
120) 『高麗史』卷78, 食貨1 田制 貢賦, 예종 3년 2월. "判……銅·鐵·瓷器·紙·墨雜所

역시 녹록치 않았을 것이다.

　지역별 특산지가 있는 것은 백자인(栢子仁)도 마찬가지였다. 허리증(虛羸症)을 앓던 명종은 백자인주(栢子仁酒)를 복용하였는데,121) 어의(御醫)는 계림(鷄林)에서 생산되는 백자인이 가장 좋으므로 중사(中使)를 파견해 구하자고 건의하였다.

　　왕이 허리증(虛羸症)이 있어 백자인주(栢子仁酒)를 먹었다. 의원이 "백자인은 계림에서 나는 것이 제일 좋습니다. 중사(中使)를 보내어 이를 구하기를 청합니다"라고 아뢰었으나 허락하지 않았다. 우리(郵吏)를 보내기를 청했으나 또 허락하지 않으면서 "지금 농사 일이 한창 바쁜데, 무지한 소인(小人)들이 짐(朕)의 명령이라 빙자하여 백성을 소란하게 하고 농사를 방해할까 염려된다. 차라리 약물을 중지할지언정 어찌 농사짓는 백성으로 하여금 농업을 폐하게 할 수 있으랴"라고 말하고, 다시는 먹지 않았다.122)

　명종이 복용하던 백자인의 약효가 의심받은 이유는 계림 이외의 지역에서 산출되어 품질이 나빴던 탓이었다. 명종은 허락하지 않았으나, 필요한 특산물이 있을 때는 관리를 파견하여 별도로 수취하였음을 알 수 있다.

　　別貢物色, 徵求過極, 匠人艱苦, 而逃避. 仰所司, 以其各所別常貢物多少, 酌定, 奏裁."
121)　조선 초기의 『鄕藥集成方』에서도 栢子仁 즉 栢實은 虛損으로 인한 증상을 치료하는 데 사용되었다(『鄕藥集成方』 卷80, 木部上品 栢實). 明代에 편찬된 것이지만 『普濟方』에는 백자인을 활용한 栢子仁丸과 栢子仁酒 처방이 보인다. 특히 栢子仁丸은 원래 虛羸를 치료하는 처방으로 宋의 『太平聖惠方』에 수록되었다. 朱橚,『普濟方』(四庫全書本) 卷92, 諸風門. "栢子仁酒. 栢子仁[生硏, 二兩]・鷄糞白[炒, 二兩]・桂心[去粗皮]・生薑[不去皮, 切一兩]. 右㕮搗篩, 共炒, 令焦色, 乘熱, 投酒六升, 候冷, 去滓, 每服七分一盞, 空心, 日午夜臥, 服一方, 有黑豆, 無生薑"; 朱橚,『普濟方』(四庫全書本) 卷159, 咳嗽門. "栢子仁丸[出聖惠方]. 治久嗽肌體虛羸不思飮食宜服此方. 栢子仁・五靈脂[一兩]・䒷萎蘆[一兩, 隔紙炒令黃]・蝦蟆頭[一枚, 燒灰]・杏仁[一兩, 去皮尖雙仁炒]. 右爲細末, 煉蜜和丸如梧桐子大, 每服以溫粥飮下三十丸."
122)　『高麗史節要』 卷13, 명종 15년 4월. "王患虛羸, 嘗餌栢子仁酒. 醫奏云, 栢子仁産鷄林者最良. 請遣中使求之, 不許. 請遣郵吏, 又不許曰, 今農事方殷, 恐無知小人憑藉朕命, 擾民妨農. 寧輟藥物, 豈可使東作之民, 廢其業耶. 遂不復御."

약재 수취를 확대하기 위해서라면 울릉도까지 관원을 보내는 일도 서슴지 않았던 것 같다.123)

약재는 귀한 만큼 권귀(權貴)에 의해 침탈되어 교역에 활용될 소지가 많았다. 인삼 공납은 강원도에서 고역이었다. 안축(安軸, 1287~1348년)이 쓴 「인삼탄(人蔘歎)」은 삼공(蔘貢) 즉 인삼 공납의 실상을 특산지의 입장에서 잘 드러내고 있다.

> 인삼탄(人蔘歎)[삼공(蔘貢)의 폐단이 많아서 읊다].
> 신농씨가 책을 써서 약초명을 논하였고, 약초 중에는 신라의 인삼이 가장 중요했네. 한 뿌리에 세 가지가 나서 다섯 잎이 열리니, 사람의 병을 치료하는 신기한 효험은 말로 다하기 어려워라.
> 해마다 신성한 천자(天子)께 바치니, 약국(藥局)의 늙은 의원은 누구나 감탄하며 놀랐다네. 배와 수레에 탄 장사치들이 앞다투어 사들이니, 먼 곳으로 가져가 팔 때 그 가격은 비싸지네. 이 때문에 관청에서는 이로운 효험을 이롭게 여겨, 매해 편민(編民)에게 거두면서 기한을 정하네.
> 귀한 물건은 원래부터 귀한 법이니, 하찮은 풀들이 자라는 것과는 다르다네. 바야흐로 백성들이 (인삼을) 캐느라 온 산을 뒤지는데, 천 번 찾고 만 번 뒤져도 한 뿌리 얻을 뿐이라네. 어느 겨를에 날짜에 맞춰 배정된 수량에 맞출 수 있으려나, 농민의 옷은 다 해져 가시에 찔리는데. 올 가을 벼는 비바람에 쓰러졌는데, (인삼) 납입을 독촉하는 관원이 두려워 자기 일은 잊어버린다네. 돌아가서 처를 붙들고 슬픈 눈물 흘리니, 이미 마음은 땅을 버리고 떠날 작정이라네.
> 자연이 만물을 만들 때 약성(藥性)을 준 것은, 본래 지인(至仁)으로써 뭇 생명을 살리라는 뜻이라네. 백성들은 한결같이 약(인삼 : 인용자) 때문

---

123) 인종대에는 溟州道 監倉使 李陽實이 울릉도에서 과실의 씨와 나뭇잎 중에서 특이한 것들을 채취하여 바쳤다(『高麗史』 卷17, 世家17, 인종 19년 7월). 또한 의종은 溟州道 監倉 金柔立을 시켜 울릉도를 살피게 하였는데 柴胡, 藁本, 石南草 등이 많이 산출되나 암석이 많아 거주할 수 없다고 하여 의논을 그만두었다(『高麗史』 卷58, 地理3 蔚珍縣, 의종 11년).

IV. 의료제도의 발전과 의료의 활성화 223

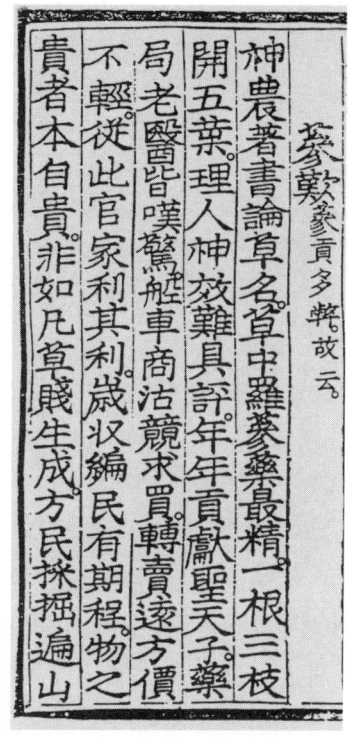

인삼(人蔘) 공납의 폐단은 매우 심각해서 백성들이 공납을 피해 흩어질 지경이었다. 강원도 존무사이던 안축(安軸)이 탄식하면서 적은 『근재집(謹齋集)』의 삼탄(蔘歎).

에 병드니, 약으로 말미암은 병을 치료하는 약은 누가 가져오려나. 인삼 뿌리를 먼 곳에 옮겨 심을 수 있다면, 뿌리를 긁어내고 종자를 말려서 분쟁 소지가 사라질 텐데. 우리 백성은 차라리 우민(愚民)이 될지언정 지혜를 더해서 더욱 총명해질 필요는 없다네.[124]

인삼 공납의 폐단은 강원도 존무사이던 안축이 탄식할 정도였다. 인삼은 중국에 공물로 바치고 약국(藥局)의 늙은 노인들이 감탄할 만큼 효험이 좋아서 항상 공급이 부족하였다. 상인들은 배를 이용해 인삼을 매매하는데 그 가격이 비쌌다. 관원들은 인삼을 캐는 편호(編戶)들에게 납기 기한을 닦달하였다. 인삼을 구하기가 어려워지자 편호들은 인삼만 캐다가 도망가는 지경에 이르기도 하였다. 병자를 치료하는 인삼이 멀쩡한 사람을 병들게 만드는 꼴이었다.

인삼과 같은 약재 수취에 필요한 것이 공적(貢籍) 또는 공안(貢案)이었다.[125] 문종 17년(1063) 삼사(三司)에서는 익령현(翼嶺縣)과 성주(成州)에서

---

124) 安軸, 『謹齋先生集』 卷1, 關東瓦注 詩 蔘歎. "蔘歎[蔘貢多弊, 故云]. 神農著書論草名, 草中羅蔘藥最精. 一根三枝開五葉, 理人神效難具評. 年年貢獻聖天子, 藥局老醫皆嘆驚. 船車商沽競求買, 轉賣遠方價不輕. 從此官家利其利, 歲收編民有期程. 物之貴者本自貴, 非如凡草賤生成. 方民採掘遍山谷, 千搜萬索得一莖. 何曾計日足銖兩, 農衣弊盡披蓁荊. 是時秋禾臥風雨, 畏吏督納忘私營. 歸來對妻苦悲泣, 已有棄土流亡情. 乾坤生物賦藥性, 本以至仁濟羣生. 生民一病出於藥, 理藥之藥其誰行. 有能移根種遠方, 括根無種非所爭. 吾民寧作至愚民, 不須益智多聰明."

황금(黃金)이 산출되니 공적(貢籍)에 붙이자고 아뢰었다.126) 황금이 산출되면서 새로 작성하게 된 공적이란 세공(歲貢) 즉 1년 단위로 수취하는 공물의 종류와 분량을 기입한 문건이다. 약재 역시 지역별로 재배가 확대될 때마다 공적에 기입되었을 것이다. 앞서 제시한 인삼, 생강, 백자인이나 뒤에 소개할 낭실(莨實)은 모두 지역별로 공적에 등록된 특산약재로 이해된다.127) 비슷한 예로 충혜왕대에 강릉도(江陵道)에서는 산세(山稅)로 송자(松子) 3,000석(石)을 바쳤는데,128) 이 송자도 약재로 사용된 듯하다.

약재 공납의 구체적인 절차에 관한 기록은 남아 있지 않지만, 다른 공물과 마찬가지로 삼사의 총괄 하에 각 도별로 약재를 할당하고 군현 단위로 부과되었다.129) 군현의 공납 약재는 다시 촌락 단위로 부과되었으며, 그 지역의 몇 개 호가 공납을 담당하는 대신 원적(元籍)에서 빠지면서 부역을 면제받았다.130) 가림현(嘉林縣)에서는 현(縣)의 촌락(村落)과 소(所)가 원성전(元成殿)·정화원(貞和院)·장군방(將軍房)·홀치순군(忽赤巡軍)에 분속(分屬)되었고,131) 맹성(孟城)에 부과된 먹은 공암촌에서 만드는 식이었다.132) 앞서 언급한 진도(珍島)의 생강소(生薑所)에서는 진도현(珍島縣)에

---

125) 貢籍(貢案)에 대해서는 다음 연구가 참고된다(金玉根, 1996, 『高麗財政史硏究』, 一潮閣, 148~153쪽).
126) 『高麗史』 卷8, 世家8, 문종 17년 1월. "三司奏, 翼嶺縣及西北面成州箠田場地, 産黃金, 請附貢籍."
127) 조선 초의 경우에는 인삼과 당추자 등이 공물로 詳定된 기록이 있다(『太宗實錄』 卷29, 태종 15년 4월 20일(丁亥)).
128) 『高麗史』 卷78, 食貨1 田制 貢賦, 충혜왕 후4년 11월. "江陵道獻山稅松子三千石."
129) 박종진, 2000, 『고려시기 재정운영과 조세제도』, 서울대학교출판부, 123~131쪽. 조세를 부과하는 군현의 범위가 主縣으로 한정되는지 屬縣까지 포괄되는지에 대해서는 견해가 엇갈린다(박종기, 1999, 「고려시대 부세수취와 속현」, 『역사와 현실』 31호 ; 박종진, 1999, 「고려시기 '수취단위'의 의미와 속현의 지위」, 『역사와 현실』 32호).
130) 『高麗史節要』 卷19, 충렬왕 3년 12월 참고.
131) 『高麗史』 卷89, 列傳2 齊國大長公主, 충렬왕 4년.
132) 李仁老, 『破閑集』 卷上. 박종진은 孟城에서 만든 먹을 매년 정기적으로 바치던

할당된 생강 공납을 책임졌을 것이다.

중앙 관서의 입장에서 보면, 사옹시(司饔寺)에서는 매년 각 도(道)에서 소 80~90마리 분량의 자기를 수납하고 있었다.133) 또한 안서도호부 염주(塩州)·해주(海州)·안주(安州)의 철공(鐵貢)은 군기감(軍器監)으로 보내져 병장기를 만들도록 되어 있었다.134) 약재 수취 역시 이와 흡사한 구조였다. 사옹시나 군기감처럼 중앙의 태의감에서는 필요한 약재를 특산 지역마다 공물로 배정했을 것이다. 군현으로서는 공물 상납처가 여러 곳이므로 납입 자체가 부담일 수밖에 없었다.135) 조선의 경우 평양부(平壤府)의 공물 상납처는 공조(工曹)·봉상시(奉常寺)·군기시(軍器寺)·상의원(尙衣院) 등 11개 관서이며, 납공(納貢) 품목은 수달피를 비롯하여 44종에 달하였다.136)

모든 공부(貢賦)는 수령(守令)·안렴(按廉)이 기한에 맞춰 운반·납입하고 감찰(監察)은 직접 감독해야 했다.137) 약재 납입의 책임자는 지방의 수령·안렴이겠지만, 실제로 그 임무를 담당한 것은 각지에 파견된 의사(醫師)나 의약 담당 향리인 약점사(藥店史)였을 것이다.

약재는 지방관들의 상경숙배(上京肅拜)를 통해서도 중앙의 지배층에게 진상된 것으로 보인다.138) 명종 16년(1186)에 사망한 최여해(崔汝諧)는 나주판관(羅州判官)이 되어 좋은 과실과 해포(海脯)를 왕에게 공궤(供饋)하였으며,139) 흔히 안렴사와 별감들은 상공(上供)을 빙자하여 주저(紬紵)·피폐(皮

常貢이 아니라 일시적인 명령에 따른 別貢이라고 설명한다(박종진, 2002,『고려시기 재정운영과 조세제도』, 서울대학교출판부, 119쪽).
133) 『高麗史』 卷118, 列傳31 趙浚.
134) 『高麗史節要』 卷5, 문종 12년 2월.
135) 『高麗史』 卷78, 食貨1 田制 貢賦, 공민왕 원년 2월.
136) 金玉根, 1996,『高麗財政史硏究』, 一潮閣, 150쪽.
137) 『高麗史』 卷78, 食貨1 田制 貢賦, 공민왕 원년 2월. "今後, 凡貢賦, 守令·按廉及期送納, 監察嚴加體察, 以除民害."
138) 李奎報,『東國李相國全集』 卷9, 古律詩에는 「庚申五月奉賀赦表朝天遞馬參禮驛有作」이 있어서 지방관인 이규보가 하사표를 바치러 상경하는 것을 알 수 있다.
139) 『高麗史節要』 卷13, 명종 16년 4월.

幣)·포과(脯果)·명표지(名表紙) 등을 거두었다.140) 각지의 토산약재 역시 이들 토산물처럼 개인적인 뇌물로 활용되었을 가능성이 높다.

수취된 약재는 개경으로 진상되어 태의감 약고(藥庫)나 선구보(善救寶) 등에 보관하였다.141) 다른 공물들이 장작감(將作監)의 탄고(炭庫), 태복시고 (太僕寺庫), 궁노도감(弓弩都監)의 병고(兵庫), 의성고(義成庫)의 주고(酒庫), 전농시(典農寺)의 주고(酒庫) 등에 보관되는 것과 동일한 방식이었다.142) 관견(官絹)을 훔치다 처벌받듯이143) 약재도 마찬가지로 엄격하게 관리되었을 것이다. 명종이 공물(貢物)로 올라온 재화는 국왕(국가)을 통해 다시 교역되어야 한다고 생각했듯이,144) 고려 정부에서는 공납을 활용해 약재를 국가에 집중시키면서 유통을 주도하려고 하였다.

흔히 약재는 전현직 고위 관원과 고승들에게 포상이나 치료용으로 하사되었다. 문종 34년(1080) 장수들에게 정향(丁香)을 하사하거나145) '묘청의 난'에서 군공(軍功)을 세운 김부식에게 약물(藥物)을 하사하는 것이 대표적이다.146) 일회적인 하사 외에도 약재는 의료기구인 상약국·태의감·동서대비원에서 어약(御藥)이나 치료용으로 사용되고, 혜민국·약점에서 판매되기도 하였다.147)

---

140) 『高麗史』 卷29, 世家29, 충렬왕 6년 3월.
141) 『高麗史』 卷53, 五行1 火 火災, 고종 40년 2월. "太醫監藥庫, 灾"; 『高麗史』 卷18, 世家18, 의종 10년 10월. "初, 王,……又於內閣別室, 居善藥, 意欲廣治衆病, 扁曰善救寶."
142) 박종진, 2002, 『고려시기 재정운영과 조세제도』, 서울대학교출판부, 130쪽.
143) 『高麗史』 卷17, 世家17, 의종 3년 12월. "檢校少府少監高元仁盜所守官絹百八匹. 罪當絞, 以犯在赦前, 杖脊, 配遠島."
144) 『高麗史』 卷20, 世家20, 명종 16년 7월. 이경록, 2000, 「高麗前期 銀幣제도의 成立과 그 性格」, 『韓國史의 構造와 展開』, 혜안 참고.
145) 『高麗史節要』 卷5, 문종 34년 12월.
146) 『高麗史』 卷98, 列傳11 金富軾.
147) 『高麗史』 卷80, 食貨3 賑恤 鰥寡孤獨賑貸之制, 성종 10년 10월. "幸西都, 篤疾癈疾者, 給藥"; 『高麗史』 卷4, 世家4, 현종 12년 2월. "賜京城男女年九十以上者酒食·茶·藥·布帛有差"; 徐兢, 『高麗圖經』 卷16, 官府 藥局. "高麗他貨, 皆以物交易, 唯市藥,

하지만 약재 유통의 가장 일반적인 방식은 분급이었다. 고려의 약재 분급은 세 가지로 나눌 수 있다. 퇴직 관원과 그 가족에게 인삼 등을 지급하는 향례(饗禮), 외관이 해당 관서에 부임할 때를 비롯하여 연초(年初)・월초(月初)에 지급하는 외관출관의(外官出官儀), 왕실과 고위 관원에게 정기적으로 봉약(封藥)을 지급하는 팔관회(八關會)・연등회(燃燈會)가 그것이었다. 향례와 외관출관의는 앞에서 다루었으므로, 여기에서는 팔관회・연등회만 서술하겠다.

팔관회나 연등회에서는 후대의 납약(臘藥)과 비슷한 봉약(封藥)을 하사함으로써 약재를 유통시켰다. 팔관회는 대회일(大會日)과 소회일(小會日)로 나누어 거행되었는데,148) 팔관회에서는 태자 이하 재신(宰臣), 추밀(樞密), 시신(侍臣) 등이 국왕으로부터 봉약을 하사받았다.149) 팔관회에서 지급하는 약은 의관(醫官)들이 소의 젖을 달여 만드는 전약(煎藥)으로서 당장 치료에 사용하는 약이 아니라 상비약에 해당하였다.150) 백관들에게는 대연(大宴)에서 약(藥)을 분급하였다.151) 공납으로 확보된 약재는 이처럼 다양한 경로를 통해 지배층과 지방민들에게 정기적으로 유통되었다.

인삼 300근을 추가로 과렴하려던 정종대의 사례처럼 공납 약재는 항상 부족하게 느껴지고 사용처는 넘치기 마련이었다. 특히 대외관계에서 인삼 수요는 컸다. 고려 인삼은 송에서도 유명하였으므로 공삼(貢蔘)이 빈번했

則間以錢寶焉."
148) 『高麗史』 卷69, 禮11 嘉禮 仲冬八關會儀, 공민왕 7년 11월. "己酉八關小會, 庚戌大會."
149) 『高麗史』 卷69, 禮11 嘉禮 仲冬八關會儀. "每宣賜別盞及大會日, 受花封藥宣果, 皆倣此."
150) 『高麗史節要』 卷13, 명종 18년 10월. "諫議大夫李純祐奏, 近代以來, 因八關煎藥, 命醫官, 歲聚四畿民乳牛, 絞取乳汁, 煎而成酥, 牸犢俱傷. 其藥本非備急, 且損耕牛, 請罷之. 制從之. 民多感悅." 이 제도는 四畿의 소를 모아 젖을 짠다는 것으로 보아 상당히 성행했음을 알 수 있다.
151) 『高麗史』 卷68, 禮10 嘉禮 大觀殿宴群臣儀. "有旨則進別盞, 八味後, 近侍官進湯藥, 及賜群官藥."

다. 인삼(人蔘) 세공(歲貢)에 부담을 느낀 충렬왕은 세공을 없애달라고 원(元)에 요청하였지만, 결국 재위 기간 동안 6회에 걸쳐 인삼을 원에 보내야 했다.152) 고려시대 약재들은 공물의 형식으로 끝없이 수취되었으므로 「인삼탄」에서 보았듯이 생산자들의 고통이 가중될 수밖에 없었다.

2) 민간의 약재 유통과 치료의 대중화

고려에서는 누구나 약점(藥店)에서 약재를 매입할 수 있었다. 개경에 약을 구입할 수 있는 혜민국이 있었음은 앞서 살핀 바와 같고, 약점 역시 대민의료와 관련되어 있었다. 선종 9년(1092)에 약점의 누문(樓門) 및 시항(市巷)의 민가(民家) 640호가 불탔다.153) 약점이 민가와 붙어있었던 이유는 약점이 일반 민들에게 약을 판매하기 위해 설치되었기 때문이다. 동전으로 약을 구입하였다는 『고려도경』의 기사는154) 공납 약재가 상품으로 판매되는 실상을 기록한 것이다.

고려에서는 태조대에 시전(市廛)을 설치한 이후 성종대에는 성례점(成禮店)을 비롯한 6개의 주점(酒店)을 국가에서 설치함으로써 상업활동을 자극하는 정책을 취하였다.155) 국가에서 개설한 다점(茶店)은 개인이 빌려 운영하였으리라 짐작되는데, 다구(茶具) 및 음용할 차를 상류층과 일반

---

152) 『高麗史』 卷28, 世家28, 충렬왕 3년 7월. "又請罷鑄劒採金貢參." 충렬왕대 원에 대한 貢蔘은 충렬왕 5년 10월, 19년 10월, 23년 11월, 25년 11월, 26년 10월, 27년 12월에 있었다.
153) 『高麗史』 卷53, 五行1 火 火災, 선종 9년 3월. "祭器都監·藥店·兩司樓門及市巷民家六百四十戶火."
154) 徐兢, 『高麗圖經』 卷16, 官府 藥局.
155) 『高麗史』 卷3, 世家3, 성종 2년 10월. 고려의 상업에 대해서는 다음 연구가 참고된다 (홍희유, 1989, 「고려시기의 상업과 화폐류통의 장성」, 『조선상업사(고대·중세)』, 과학백과사전종합출판사 ; 徐聖鎬, 1992, 「高麗 武臣執權期 商工業의 전개」, 『國史館論叢』 37집 ; 金三顯, 1992, 「고려후기 場市에 관한 연구」, 『명지사론』 4호 ; 李貞信, 1994, 「고려시대의 상업-상인의 존재형태를 중심으로-」, 『國史館論叢』 59집 ; 朴平植, 2000, 「高麗時期의 開京市廛」, 『韓國史의 構造와 展開』, 혜안).

민들 모두에게 판매하였다.156) 또한 주전책(鑄錢策)을 조정하는 와중에도 다점(茶店)·주점(酒店)·식미점(食味店)에서는 예전대로 전(錢)을 사용하라는 기사를 보면,157) 이 점(店)들은 관영 점포에 가까운 것으로 판단된다.

관영 상업이 아니더라도 고려에서 상업은 활성화되었다. 시장에서 매매되는 물건에는 생활필수품인 채소·과일까지 포함되었다.158) 이영진(李英搢)은 생선을 팔아 생계를 유지하고 백임지(白任至)는 땔나무를 팔아 생활하였다.159) 특히 개경에서는 관영 시장 외에도 기름을 파는 유시(油市), 종이류를 취급하는 저시(楮市), 가축을 매매하는 마시(馬市)·저시(猪市) 등이 있었고, 미곡류(米穀類) 시전은 주거지역에 널리 분포하였다.160) 민간에서 약재를 매매하는 상점 역시 당시의 주점(酒店), 다점(茶店), 쌍화점(雙花店)처럼 으레 '약점(藥店)'으로 통칭되었을 가능성이 높다.

유통되는 약재가 공납 약재만은 아니었다. 장사치들이 앞다투어 인삼을 사들여 먼 곳으로 가져가 판다고 「인삼탄」에서 지적하였듯이, 약재는 공납으로 모두 수취되지 않고 민간에서도 유통되었다. 낭실(莨實)의 경우가 그러하였다.

> 전(前) 서해도(西海道) 소복별감(蘇復別監) 송극현(宋克儇)이 낭실(莨實) 308곡(斛)을 거두어 최항(崔沆)에게 뇌물로 주고 어사(御史)를 제수받았다. 사람들이 그를 낭실어사(莨實御史)라고 불렀다.161)

---

156) 全完吉, 1987, 「高麗時代의 茶文化論(其一)」, 『民族文化硏究』 20호, 고려대학교 민족문화연구소.
157) 『高麗史』 卷79, 食貨2 貨幣, 목종 5년 7월.
158) 『高麗史』 卷90, 列傳3 帶方公俌.
159) 『高麗史』 卷100, 列傳13 李英搢, 白任至.
160) 서성호, 2000, 「고려시기 개경의 시장과 주거」, 『역사와 현실』 38호, 94~99쪽.
161) 『高麗史』 卷129, 列傳42 崔忠獻, 고종 43년. "前西海道蘇復別監宋克儇歛莨實三百八斛, 賂沆, 卽拜御史. 人號爲莨實御史."

낭실은 낭탕(莨菪) 열매 안에 들어있는 미립(米粒)만한 씨를 가리키는데,[162] 장풍(腸風)이 몇 년 동안 차도가 없이 이약(羸弱)할 때 사용하는 약재였다.[163] 조금 뒤에서 다룰 『신집어의촬요방』은 고종 13년(1226)에 간행되었으므로 위 인용문과의 시차가 크지 않은데, 누창(瘻瘡)·악창(惡瘡) 치료에 이 낭탕자(莨菪子)를 처방하고 있었다.[164] 그리고 조선 정종 원년(1399)에 간행된 『향약제생집성방』에서는 수사(水瀉)를 치료하는데 낭탕자가 사용되었다.[165] 조선 초의 『향약채취월령』에 따르면 낭탕자는 5월에 채취하였다.[166]

뇌물로 바친 낭실 덕분에 송극현이 어사를 제수받았다는 것은 낭실이 당시에 귀중한 약재로 간주되었음을 시사한다. 뿐만 아니라 그가 낭실을 과렴하였다는 것은 이 지역 특산물인 낭실이 지방관에 의해 사적으로 침탈되었음을 보여준다. 308곡이나 되는 약재는 최항 개인이 쓰기에는 너무 방대하므로, 낭실은 최항의 수중에 들어갔다가 별도로 유통되었음이 확실하다. 최항 개인의 선물용이나 교역에 사용되었을 것이다. 원간섭기의 자료이지만 충선왕은 즉위하자마자 약을 뇌물로 받으면 처벌한다고 경고하였다.

"일(一). 조정에서 근무하는 양반들은 남으로부터 뇌물을 받을 수 없고

---

162) 『鄕藥集成方』 卷79, 草部下品之上 莨菪子. "五月結實, 有殼作罌子狀如小石榴, 房中不至細, 靑白色如米粒, 一名, 天仙子……."
163) 朱橚, 『普濟方』(四庫全書本) 卷38, 大腸腑門. "莨菪煎[出聖惠方]. 治腸風積年不瘥羸弱. 用莨菪實一升, 治之."
164) 『醫方類聚』 卷181, 諸瘻門 聖惠方 治久瘻諸方. "治積年瘻瘡, 及壹切惡瘡救急者, 五方帛膏方. 五方帛[各壹寸]·亂髮[二兩, 洗令淨]·黃芩[壹兩]·紫苑[壹兩, 洗去苗土]·莨菪子[壹兩]……."
165) 『鄕藥濟生集成方』 卷6, 泄瀉痢. "又治水瀉方. 用乾棗十枚, 去核, 入莨菪子, 塡滿, 以麻纏, 却用炭火燒, 令烟盡……."
166) 『鄕藥採取月令』 五月(金信根 主編, 1992, 『韓國醫學大系』 41, 驪江出版社, 8쪽). "五月採……莨菪子, 同草, 圖經, 六月採子, 日乾. 一名, 牛黃天仙子."

심지어 차(茶), 약(藥), 종이, 먹 같은 것까지도 받을 수 없다. 이것을 위반한 자는 처벌한다"라고 하교(下敎)하였다.167)

문맥으로 보아 차(茶), 약(藥), 종이, 먹은 일상 물품으로 간주되고 있는데, 이는 곧 의약품 사용이 보편화되었음을 말해준다. 당시에 약(藥)을 뇌물로 받는 경우가 적지 않았음을 반증하며, 나아가 민간에서 의약품이 꽤 유통되고 있음을 짐작할 수 있다. 실제로 김륜은 종족(宗族)과 친구가 병이 들었다는 말을 들을 때마다 약을 사서 위문하였다.168) 김륜이 구입한 치료제는 약물로도 활용되는 일상 사물이 아니라 원래적 의미의 약재로 이해된다. 이처럼 낭실을 비롯해 인삼, 송자 같은 약재는 민간 시장에서 매매되었다.

그렇지만 모든 약재를 언제나 충분히 구할 수 있는 것은 아니었다. 인종 2년(1124) 송에 파견된 김부철의 사적(私覿) 선물에 사용된 것은 복령(茯苓) 2근, 백출(白朮)[白術] 2근 정도였다.169) 복령과 백출은 선물로 활용될 정도로 중국에서도 인기가 있었지만 겨우 2근씩을 마련하는 데 그칠 뿐이었다.

약재가 어느 정도 보편화되는 것과 함께 영리를 추구하는 민간 의료인도 전국에서 활동하였다. 앞서 나온 이상로는 청주에서 의료를 생업으로 삼았으며, 고종대 장성현의 서릉(徐稜)은 어머니 목에 독종이 생겼는데 의원에게 치료를 청하였다.170) 영리 목적은 아니지만 승려들도 의학 지식을 축적하고 민간의료의 일각을 담당하였다. 예를 들어 원응국사(圓應國師,

---

167) 『高麗史』 卷84, 刑法1 職制, 충선왕 즉위년 1월. "下敎曰,……─. 凡侍朝兩班不得受人賄賂, 至於茶・藥・紙・墨, 亦不可受. 違者罪之."
168) 金倫 墓誌銘(김용선, 2006, 『개정판 역주 고려묘지명 집성』(하), 한림대학교출판부, 921쪽). "聞其病, 每市藥, 造門."
169) 張世南, 『游宦紀聞』 卷6. "茯苓二斤・白術二斤."
170) 『高麗史』 卷121, 列傳34 徐稜. "徐稜長城縣人. 高宗時養母不仕, 母發項疽, 請醫胗之."

1052~1144년)는 자신을 직접 진맥하면서 삼부맥(三部脈), 즉 촌구(寸口)의 촌(寸)·관(關)·척(尺) 세 부위의 맥이 끊어지면 사망한다고 인식할 정도로 의학 지식에 해박하였다.[171] 또한 원간섭기에 의승(醫僧) 묘원(妙圓)은 문량공(文良公) 조간(趙簡)을 외과술로 치료하였다.

문량공은 늙어서 악성 종기 때문에 어깨와 목을 거의 분별할 수 없었다. 모든 의원이 손을 쓰지 못했다. 묘원(妙圓)이란 승려가 "이 종기는 뼈에 뿌리를 박고 있어서 뼈가 반은 썩었을 것인데, 그 썩은 뼈를 긁어내지 아니하면 나을 수 없습니다. 그러나 뼈를 긁어내는 아픔을 참아내지 못할까 염려됩니다"라고 말하였다. 문량공은 "죽기는 마찬가지니 시험해 보라"라고 말하였다. 드디어 예리한 칼로 살을 베어내니 과연 뼈가 썩어 있었다. 그 썩은 뼈를 긁어내고 약을 발랐다. 문량공은 기절하여 이틀 동안 정신을 잃었다.[172]

약재의 유통 확대나 민간 의료인의 성장은 당연히 의학 지식의 활용과 짝을 이루는 현상이었다. 법제적으로도 특정한 질병에는 특정한 치료법(처방)이 규정되었다. 『고려사』 형법지의 「위방사료병(違方詐療病)」은 잘못된 치료에 대한 처벌 조항이었다. 시기는 명확하지 않지만, 재물을 취한다는 내용으로 미루어 주된 적용대상은 민간 의료인으로 판단된다.

틀린 방문(方文)으로 병을 치료한다고 속여 재물을 취한 자에게는, 1척(尺)에 장(杖) 60이고 1필(匹)에 70이며, 2필에 80이고 3필에 90이며, 4필에 100이고 5필에 도(徒) 1년이며, 7필에 1년 반이고 15필에 2년이며, 24필에

---

171) 성균관대학교 박물관, 2005, 「雲門寺 圓應國師碑」, 『고려시대 금석문 탁본전』, 237쪽.
172) 李齊賢, 『櫟翁稗說』 前集2. "文良旣老, 瘇疽肩項, 幾不辨. 衆醫拱手. 僧有妙圓者曰, 此疽根於骨, 骨當半朽, 不刮去, 不理. 唯恐不能忍之也. 文良曰, 死等耳, 第試之. 乃以利刃割肉, 骨果朽. 刮之, 傅以藥. 文良絶而瞑者二日."

2년 반이고 25필에 3년이며, 30필에 2,000리(里)이고 35필에 역(役)과 유(流)를 가하며, 수속(收贖)의 예(例)에 해당되지 않는다.[173]

이상과 같이 고려에서는 질병에 걸리면 치료하는 것이 당연하게 여겨지면서, 약재 사용이 점차 확대되고 의료가 대중화되어갔다. 민간에서의 의료 양상을 염두에 둔다면 고려에 들어서야 본격적으로 의료의 시대가 열렸다고 평가할 수 있다.

3) 송 의학의 유입

고려와 송의 외교관계는 960년 송의 건국 직후부터 시작되었다. 송 건국 이듬해인 광종 12년(961)과 광종 13년(962)에는 연달아 송에 사신을 파견했으며 광종 14년(963) 12월부터는 송의 연호를 사용하였다. 성종 5년(986) 송에서 거란을 공격하면서 고려에 협공을 제안했을 때 고려는 외교적 수사로 얼버무렸는데, 성종 13년(994)에는 반대로 거란에 보복하려는 고려의 요청을 송에서 거절하였다. 결국 송과의 국교가 단절되었다.

현종 5년(1014) 고려에서 송에 사신을 보내 옛날과 같이 귀부(歸附)하기를 청하자 송에서는 등주(登州)에 관사(館舍)를 설치하고 대접하도록 하였다. 이어 현종 7년(1016)과 현종 12년(1021)에는 송에서『태평성혜방(太平聖惠方)』을 고려에 보내주었다. 하지만 송과의 외교는 현종 22년(1031)부터 다시 끊어졌다가 문종대에야 재개된다. 고려와 송의 외교는 이처럼 단속적

---

[173]『高麗史』卷85, 刑法2 禁令. "違方詐療病, 因取財物者, 一尺杖六十, 一匹七十, 二匹八十, 三匹九十, 四匹一百, 五匹徒一年, 七匹一年半, 十五匹二年, 二十匹二年半, 二十五匹三年, 三十匹二千里, 三十五匹加役流, 不在收贖之例." 이 규정은『唐律疏議』에 똑같은 기록이 있어서, 당의 법률을 본따 제정한 것임을 알 수 있다(채웅석, 2001, 「高麗時代의 財産刑－贖刑・罰科金・賠償・籍沒－」,『고려시대연구』III, 한국정신문화연구원, 145~146쪽 ; 이현숙, 2007, 「고려시대 官僚制下의 의료와 民間의료」,『東方學志』139집, 33~36쪽 참고).

(斷續的)인 모습을 띠었다.174)

문종은 재위 12년(1058)에 배를 만들어 송에 보내려다 신하들 반대로 유보한 적이 있었다. 이듬해 송 천주(泉州) 상인인 황문경(黃文景), 소종명(蕭宗明)과 함께 고려에 온 의인(醫人) 강조동(江朝東)이 돌아가려 하자 문종은 강조동 등에게 머무는 것을 허락했다.175) 기록에 보이는 송 의료인의 첫 등장이다. 민간 차원이기는 하지만 강조동 같은 송 의료인의 체류를 통해 송 의학에 대한 정보가 고려에 전해졌을 것이다. 강조동의 왕래는 송의 전문인력들에 의한 양국 교류의 일환이었다.176)

10년 뒤인 문종 22년(1068)에 송의 상인 황신(黃愼)이 효유(曉諭)하려는 송 황제의 뜻을 전하자 고려에서는 조공하겠다는 뜻을 복건(福建) 전운사(轉運使) 나증(羅拯)에게 공첩으로 알렸다. 문종 24년(1070) 송에서는 고려 사신을 접대하는 방안을 논의하고 문종 26년(1072) 6월에는 송에서 의관(醫官) 왕유(王愉)·서선(徐先)을 보내왔는데, 이들은 이듬해 8월에야 송으로 돌아갔다.177) 1년 2개월 머무는 동안 왕유 등은 문종을 치료하면서 자연스레 송 의학을 고려에 알리는 역할도 맡았으리라 생각된다. 문종 28년(1074)에는 송 양주(楊州)에서 의조교(醫助敎) 마세안(馬世安) 등 8명이 왔다.178) 마세안은 몇 년 뒤에도 고려에 사신으로 파견되는 송 의관이었다. 고려로서는 송 의학에 대한 접촉 빈도를 높이는 중이었다.

문종 30년(1076) 고려의 최사훈(崔思訓)이 송을 방문하면서 분위기가 무르익자 마침내 문종 32년(1078) 송에서는 안도(安燾)를 파견하여 공식적

---

174) 張東翼, 2000, 『宋代麗史資料集錄』, 서울대학교출판부 참고.
175) 『高麗史』 卷8, 世家8, 문종 13년 8월. "宋泉州商黃文景·蕭宗明·醫人江朝東等將還. 制許留宗明朝東等三人."
176) 崔永好, 2007, 「고려시대 송나라와의 해양교류-송나라출신 전문인력의 입국과 활동을 중심으로-」, 『역사와 경계』 63집, 217쪽.
177) 『高麗史』 卷9, 世家9, 문종 26년 6월. "宋遣醫官王愉·徐先來";『高麗史』 卷9, 世家9, 문종 27년 8월. "宋醫王愉·徐先等還."
178) 『高麗史』 卷9, 世家9, 문종 28년 6월. "宋楊州醫助敎馬世安等八人."

으로 외교를 재개하였다. 고려 문종의 중국 문물에 대한 모화(慕華)와 송의 친려반요정책(親麗反遼政策)이 맞아떨어진 결과였다.[179] 고려인들이 성종 7년(988) 송(宋) 예부시랑(禮部侍郎) 여단(呂端) 이래 중국 사신을 못 본 지 오래였는데 안도의 행실이 탐욕스러울 줄은 생각지 못했다고 비난한 기록은 고려와 송의 외교가 100년 가까이 소원했음을 잘 보여준다. 송은 중국의 다른 왕조에 비해 폐쇄적인 외교관계를 유지하였으므로, 지배층 일부를 제외하면 고려에 대해 잘 모르고 있었다.[180] 송상(宋商)의 활발한 활동을 토대로 송과의 교섭이 자주 시도되었지만 전반적으로 고려와 송의 관계는 그리 긴밀하지 않았다.[181]

대송외교에서 의료가 중시되었다는 점은 문종대 외교관계가 복원되자 마자 곧바로 송의 의관을 요청한 데서 잘 드러난다. 하지만 송 의학을 그대로 고려에 적용할 수는 없었다. 고려의 의료현실을 반영해야 한다는 점에서 송 의학의 선별 수용은 필수적이었다. 따라서 송 의학의 유입 과정은 중국 의학의 토착화 과정이었으며, 고려의 토산약재 즉 향약(鄕藥) 에 대한 자각 과정이기도 하였다. 송 의학의 유입을 단계별로 자세히 살펴볼 필요가 있다.

문종 32년(1078) 안도가 송으로 귀환할 때 문종은 표문을 통해 자신의 풍비(風痺)를 치료해줄 것을 요청하였는데, 이듬해 기록에 그 표문 내용이 남아 있다.

---

179) 申採湜, 1997, 「10~13世紀 東아시아의 文化交流-海路를 통한 麗·宋의 文物交易을 中心으로-」, 『中國과 東아시아世界』, 國學資料院, 88쪽.
180) 全海宗, 2000, 「高麗와 宋의 交流」, 『동아시아사의 비교와 교류』, 지식산업사, 79쪽 ; 張東翼, 2000, 『宋代麗史資料集錄』, 서울대학교출판부, 52쪽, 58쪽, 195쪽.
181) 『高麗史』 卷3, 世家3, 성종 7년 10월 ; 『高麗史』 卷9, 世家9, 문종 32년 7월. 金庠基, 1986, 「高麗의 海上活動」, 『東方史論叢』, 서울대학교출판부 ; 朴玉杰, 1997, 「高麗 來航 宋商人과 麗·宋의 貿易政策」, 『大東文化硏究』 32집 참고.

신(臣, 문종 : 인용자)이 나이 많고 기력이 쇠진한 관계로 갑자기 풍비증(風痺症)에 걸렸는데 고려에는 의원의 기술이 부족하여 치료 솜씨가 굼뜨고 약재가 좋지 못하여 효력이 미약합니다. 청컨대 이곳의 사정을 염두에 두시고 약자를 구원하여 인(仁)을 확장하는 마음으로써, 주나라의 완벽한 의원을 선발하여 이 병을 진찰하게 하시고, 신농씨가 발견한 온갖 약재를 사용하도록 보내주십시오.[182)]

　문종이 인식하는 고려 의료의 문제점은 두 가지였다. 고려 의관의 의술은 저급하다는 것과 토산약재는 효과가 없다는 것이었다. 두 가지 문제점은 그 후에도 계속 지적되었다. 숙종은 즉위하자마자 요에 사신을 파견하였는데, 헌종의 소갈증(消渴症)에 대해 의원은 용한 의술이 부족하여 적절한 치료법을 알지 못하며, 좋은 약재가 떨어져서 지금까지 효과를 보지 못하였다고 설명하였다.[183)] 문종과 마찬가지로 숙종도 고려 의료의 문제점으로 의술의 저급함과 약재의 부족을 꼽고 있다.

　고려 의료의 한계를 두 가지로 인식한 문종으로서는 송 의술의 습득과 약재의 수입으로 해결책을 마련할 수밖에 없었다. 송 의학의 우수성과 선진성을 인정하고 있는 고려로서는 당연한 움직임이었다.

　그런데 송 의학의 수용이 문종 개인의 치료를 위한 움직임만은 아니었다. 고려의 재해기록을 살펴보면 11세기 들어 가뭄, 기근, 전염병 등 재해가 갑자기 빈발하였다. 문종이 즉위할 무렵과 재위 기간에는 수재, 우박, 서리, 지진까지 급증하였다.[184)] 재해가 기근, 질병의 형태로 백성들의

---

182) 『高麗史』 卷9, 世家9, 문종 33년 7월. "臣年衰所自, 風痺忽嬰, 當國醫寡術而功遲, 藥不靈而力薄. 伏望聽卑在念, 拯弱推仁, 選周室之十全, 就加診視, 分神農之百品, 許及餌嘗."
183) 『高麗史』 卷11, 世家11, 숙종 즉위년 10월. "緣痟渴之夙嬰, 歷歲時而漸極. 其奈醫乏十全之妙, 莫究診藥, 虧百品之靈, 猶微瞑眩, 匪朝伊夕, 有加無瘳."
184) 고려 전기의 자연재해에 대해서는 다음 연구가 참고된다(김연옥, 1998, 『기후변화』, 민음사, 160~176쪽 ; 李正浩, 2007, 「高麗前期 自然災害의 발생과 勸農政策」, 『역사와 경계』 62집, 25쪽).

IV. 의료제도의 발전과 의료의 활성화 237

삶을 직접 위협하는 상황에서 의료에 대한 문종의 관심은 높을 수밖에 없었다. 따라서 11세기 재해와 질병의 급증은 송 의학의 적극적 수입에 대한 사회적 배경이라고 이해해도 무방하다. 의료에 대한 사회적 수요가 점증하던 고려로서는 문종의 치료라는 형식을 빌려 송 의학에 대한 갈증을 표출하고 있었다.

문종의 질병이 심각한 것으로 알려지자 송의 대응이 곧바로 이어졌다.[185] 문종 33년(1079) 7월 송에서는 한림의관(翰林醫官) 형조(邢慥)를 비롯하여 주도능(朱道能)·심신(沈紳)·소화급(邵化及)을 파견하여 문종을 치료하였다. 이들은 침향(沈香)을 비롯한 100종의 약재 외에 우황(牛黃)·용뇌(龍腦)·주사(朱砂)·사향(麝香)도 가지고 왔다.[186] 문종 34년(1080) 3월에

---

185) 李燾, 『續資治通鑑長編』 卷293, 元豊 원년 10월 계해. "詔遣翰林醫官邢慥·邵化及·秦玠, 醫高麗國王王徽, 內殿承制王舜封管押, 以徽嬰風痺, 因安燾等, 使還, 上表乞醫故也." 문종은 일본에도 의원을 요청했다가 외교 결례를 범했다는 이유로 거절당하였다(노명호 외, 2000, 『韓國古代中世古文書研究』(上) 校勘譯註篇, 서울대학교출판부, 446쪽). 『朝野群載』를 비롯한 일본 사료에는 이 사건의 경과가 꽤 자세히 기록되어 있다(張東翼, 2004, 『日本古中世 高麗資料研究』, 서울대학교출판부, 101~118쪽 ; 김기섭 외, 2005, 『일본 고중세 문헌 속의 한일관계사료집성』, 혜안, 541~555쪽). 이와 관련해서는 다음 연구가 참고된다(奧村周司, 1985, 「医師要請事件に見る高麗文宗朝の對日姿勢」, 『朝鮮學報』 117집).

186) 『高麗史』 卷9, 世家9, 문종 33년 7월. "宋遣王舜封·邢慥·朱道能·沈紳·邵化及等八十八人來. 詔曰, 省所上表, 臣年衰所自, 風痺忽嬰, 當國醫寡術而功遲, 藥不靈而力薄. 伏望聽卑在念, 拯弱推仁, 選周室之十全, 就加診視, 分神農之百品, 許及餌嘗, 所敷悃悰, 恭俟兪允事, 具悉. 卿有土東蕃, 乃心中夏, 逾奕世嚮風之志, 修頻年底貢之儀, 因敕使人, 往頒詔幣, 迨玆復命, 載聞露章, 申繹忱辭, 有嘉亮節, 且聞疹瘁之久, 未遘醫劑之良, 念來諗之勤惓, 軫永懷於惻怛, 特馳信介, 爰挾善工, 博求百藥之珍, 再越重溟之阻, 俾加攻治, 行卽夷瘳, 況忠義之所存, 宜神明之來相, 更維愼嗇, 庸副遐思. 今差閤門通事舍人王舜封·翰林醫官邢慥等, 往彼看醫, 兼賜藥一百品, 具如別錄, 至可領也. 瓊州沈香·廣州木香·康寧府鐵粉·廣州丁香·東京鈆霜·邕州自然銅·廣州血竭·階州雄黃·西戎天竺黃·幷州石膏·鄆州天麻·西戎安息香·壽州石斛·懷州牛膝·齊州天南星·鄆州阿膠·益州芎藭·廣州肉荳蔻·齊州半夏·銀州柴胡·夏州肉蓯蓉·蜀州大黃·廣州沒藥·代州鹿角膠·原州甘草·鄆州赤箭·眞定府薏苡仁·台州烏藥·廣州檳榔·蘇州麥門冬·定州枸杞·商州枳殼·廣州餘甘子·北京山芋·廣州蓽撥·東京郁李仁·柳州桂心·西京菖蒲·廣州蓬莪茂·蔡州丹蔘·西京槐膠·海州海桐皮·東京遠志·漢州蜀椒·威勝軍黃

는 호부상서 유홍(柳洪)과 예부시랑 박인량(朴寅亮)을 송에 보내 약재(藥材)를 내려준 데 대해 사례하고 이어 방물을 바쳤다.[187] 문종 34년(1080) 7월에도 송에서는 문종을 치료하기 위해 의관(醫官) 마세안(馬世安)을 파견해왔는데,[188] 마세안은 이듬해 3월에도 고려에 머무르고 있었다.[189] 문종 35년(1081) 4월 고려에서 약재 하사를 감사한 것으로 미루어[190] 마세안도 약재를 가져온 게 분명하다. 당재(唐材)의 지속적인 유입과 송 의관(醫官)의 장기 체류는 송 의학의 수입이 점차 확대된다는 의미였다.

송에서는 '우수한 의원을 선발하고 진귀한 약재들을 사방으로 찾았다'고 설명하였는데, 형조나 마세안은 아마 풍비를 잘 치료하는 의관이었을 것이다. 특히 소화급은 문종을 위해 약을 만들었다. 인삼(人蔘)이 매우 단단하므로 도끼로 자르자 인삼 향이 건물을 가득 채웠다는 기록이 남아 있다.[191] 그런데 인삼은 문종 33년(1079) 송에서 보내온 약재에 포함되어 있지 않다. 당시에도 고려는 송에 인삼을 계속 바치고 있었으며, 송상(宋商)

耆·益州升麻·齊州防風·鄆州天門冬·漢州防己·益州獨活·同州熟乾地黃·蜀州附子·定州續斷·陳州白殭蠶·益州羌活·蜀州天雄·滁州山茱萸·蜀州烏頭·定州狗脊·蘇州吳茱萸·蜀州側子·廣州藿香·眞定府車前子·西京躑躅·鄭州麻黃·西京赤芍藥·汝州澤瀉·潞州杜仲·西京生乾地黃·廬州秦皮·蔡州白芷·西京旋覆花·德州白薇·澤州地母·幷州酸棗仁·東京牽牛·涇州秦芃·東京蒺藜子·宕州藁本·蜀州當歸·東京蔓荊子·益州乾漆·潞州前胡·東京兎絲子·泗州葛根·澤州茵芋·潞州胡麻子·澤州黃芩·蔡州地楡·定州五靈脂·西京莽草·定州大戟·漢州五茄皮·梓州厚朴·定州茜根·西京仙寧脾·定州地骨皮·西京何首烏·商州威靈仙·西京牧丹皮. 別賜牛黃五十兩·龍腦八十兩·朱砂三百兩·麝香五十臍. 已上各用閒金鍍銀鈒花合一具盛, 共重四百兩, 朱漆外匣全, 下藥供御, 杏仁煮法酒一十瓶, 用閒金鍍銀鈒花瓶十一隻盛, 重一千兩, 朱紅漆明金雕花外匣全."

187) 『高麗史』卷9, 世家9, 문종 34년 3월. "遣戶部尙書柳洪·禮部侍郞朴寅亮如宋, 謝賜藥材, 仍獻方物."
188) 『高麗史』卷9, 世家9, 문종 34년 7월. "宋遣醫官馬世安來."
189) 『高麗史』卷9, 世家9, 문종 35년 3월. "以宋帝節日, 賜宴于馬世安所館, 兼致禮幣."
190) 『高麗史』卷9, 世家9, 문종 35년 4월. "遣禮部尙書崔思齊·吏部侍郞李子威如宋, 獻方物, 兼謝賜醫藥."
191) 孔平仲, 『談苑』卷2. "卲化及爲高麗國王治藥云, 人參極堅, 用斧斷之, 香馥一殿."

IV. 의료제도의 발전과 의료의 활성화 239

들도 인삼을 고려로부터 수입하고 있었다.[192] 소화급은 중국에서 인삼을 가져오지 않고 고려의 토산 인삼을 사용했을 가능성이 높다.

송과 고려의 의학 교류가 일방적이었던 것만은 아니다. 선종 8년(1091) 송에서는 고려에 서적을 요구하는데, 의서(醫書)로는 『고금록험방(古今錄驗方)』 50권, 『장중경방(張仲景方)』 15권, 『심사방(深師方)』, 『황제침경(黃帝鍼經)』 9권, 『구허경(九墟經)』 9권, 『소품방(小品方)』 12권, 『도은거효험방(陶隱居效驗方)』 6권, 『동군약록(桐君藥錄)』 2권, 『황제태소(黃帝太素)』[黃帝大素] 30권, 『명의별록(名醫別錄)』 3권이 보인다.[193] 송으로서도 고려와의 교섭이 간헐적이었기 때문에 이때에 와서야 의서를 구하는 것이었다. 고려에서는 선종 9년(1092)에 황종각(黃宗慤)을 사신으로 보내 『황제침경』을 송에 전달하는 동시에 많은 도서를 구입하고자 노력하여 『책부원귀(冊府元龜)』를 구해 귀국하였다.[194]

숙종 4년(1099) 1월 고려의 진봉사인 윤관(尹瓘)은 송에서 『태평어람(太平御覽)』과 『신의보구방(神醫普救方)』을 구하였으나 교정(校定) 뒤에 보내주겠다는 답을 들었다.[195] 『신의보구방』은 숙종 6년(1101) 5월에 임의(林懿), 백가신(白可臣) 등이 송에서 돌아올 때 가져왔고, 숙종은 『신의보구방』에 대해 제세요술(濟世要術)이라고 극찬하며 기뻐하였다.[196] 송 의학을 접하는

---

192) 『高麗史』 卷9, 世家9, 문종 34년 7월. "柳洪等還自宋, 帝附勅八道……其五曰, 省所上進,……蔘一千斤·松子二千二百斤·香油二百二十斤·鞍轡二部·細馬二匹·螺鈿裝車一兩事, 具悉"; 『高麗史節要』 卷16, 고종 18년 7월. "宋商, 獻水牛四頭. 崔瑀 給人參五十斤·廣布三百匹."
193) 『高麗史』 卷10, 世家10, 선종 8년 6월.
194) 『宋史』 卷487, 列傳246 外國3 高麗, 元祐 7년. "遣黃宗慤來獻黃帝鍼經, 請市書甚衆. 禮部尙書蘇軾言, 高麗入貢, 無絲髮利而有五害. 今請諸書, 與收買金箔, 皆宜勿許. 詔許市買金箔. 然卒市冊府元龜以歸."
195) 李燾, 『續資治通鑑長編』 卷505, 元符 2년 1월 갑자. "高麗國進奉使尹瓘等言, 乞賜太平御覽等書. 詔所乞太平御覽幷神醫普救方, 見校定, 俟後次使人到闕, 給賜."
196) 『高麗史』 卷11, 世家11, 숙종 6년 5월. "任懿·白可臣等還自宋. 帝賜神醫補救方. 王受詔於宣政殿"; 『高麗史節要』 卷6, 숙종 6년 6월. "王曰, 大平御覽, 文考嘗求而不

데는 의서 수입이 송 의관과의 인적 교류에 못지않게 중요했기 때문이다. 송 황제에게 적극 요청하여 의서를 하사받는 것 외에, 황종각이 그러했듯이 구입을 통해서도 도서 확보에 힘썼다. 예종 즉위년(1105)의 정문(鄭文) 졸기(卒記)에 의하면, 정문은 사신으로 송에 들어갔을 때 황제가 하사하는 돈과 비단으로 도서를 구입하였다.[197] 사신의 중요한 임무가 도서의 획득임을 짐작할 수 있는데, 송 의서도 구입 대상이었을 것이 확실하다.

송 의학의 유입이 약재나 의서의 수입에만 그치는 것은 아니었다. 송 의학을 둘러싸고 인적 교류 역시 가속화되었다. 먼저 숙종 6년(1101)에 사망한 신수(愼修)는 송(宋) 개봉부(開封府) 출신으로 학식이 있고 의술에는 더욱 정통했다. 신수는 과거에 급제한 후 참지정사까지 두루 역임하였다. 신수의 의학 지식이 송 의학에 기반한 것임은 의심할 여지가 없다. 아무래도 신수의 활동에 비례하여 숙종대에는 송 의학에 친밀성을 느꼈을 것이다. 뿐만 아니라 신수의 아들인 신안지(愼安之) 역시 의약(醫藥)에 정통하였으며 송·요와의 외교문서 대부분을 작성할 정도로 신망이 있었다. 신안지는 예종과 인종을 섬겼는데, 고려에 송 의학을 지지하는 고위 관원이 있다는 점은 송 의학 유입에 긍정적인 영향을 미칠 수밖에 없었다.[198]

송 의관의 고려 파견도 지속되고 있었다. 문종대와 마찬가지로 숙종 역시 송에 의관 파견을 요청하였다. 숙종 8년(1103) 6월 송에서는 의관(醫官) 모개(牟介)·여병(呂昞)·진이유(陳爾猷)·범지재(范之才)를 보내왔다.[199] 모개는 홍성궁(興盛宮)에 계속 머물면서 의생(醫生)들을 교육하고 이듬해 2월에 귀국한다.[200] 송 의관들은 숙종 6년에 새로 수입된 『신의보구방』을

得, 神醫普救方濟世要術也. 今朕兩得之, 此使者之能也. 其賀登極及奉慰使副僚佐, 並加爵賞."

197) 『高麗史節要』 卷7, 예종 즉위년 12월.
198) 『高麗史』 卷11, 世家11, 숙종 6년 2월 ; 『高麗史』 卷97, 列傳10 愼安之.
199) 『高麗史』 卷12, 世家12, 숙종 8년 6월. "幷遣醫官牟介·呂昞·陳爾猷·范之才等四人來, 從表請也."

비롯한 송 의학을 가르쳤을 것이다. 그렇다면 송 의관에게 배웠던 의생은 누구일까? 이탄지(李坦之, 1086~1152년)의 묘지명에 그 단서가 남아 있다.

어려서는 재상 소하(蕭何)의 법률(法律)을 익히고, 자라서는 의약(醫藥)에 매우 밝았다. 마침 중국의 이름난 의관(醫官)이 상선을 타고 고려로 오자 임금이 명령을 내려 명가(名家)의 자제들을 선발하여, 그 의술을 배우도록 하였다. 공도 거기에 뽑혀서 신묘한 의술을 깊이 얻게 되었다.201)

이탄지가 나중에 약원(藥員)으로 종군(從軍)하거나 검교태의소감(檢校太醫少監)을 역임할 수 있었던 것은 어릴 때 송 의학을 집중적으로 배웠기 때문일 것이다. 이탄지가 의술을 배운 시점은 명기되지 않았으나, 연표식으로 작성한 이 묘지명에서는 예종 3년(1108)의 사건이 위 인용문의 뒤를 잇고 있다. 예종 3년 이전에서 이탄지가 배울 수 있는 송 의관의 고려 파견 시기는 숙종 8년(1103)밖에 없다. 즉 이탄지는 17살의 어린 나이에 송 의학을 습득하기 위해 선발되어 모개에게 배웠음을 알 수 있다. 이처럼 고려에서는 송 의학을 우월한 것으로 인정하면서 명가(名家), 즉 지배층의 어린 자제를 선발하여 송 의학을 적극 수용하였다. 왕의 치료에 집중하던 문종대와는 달리 이제는 송 의학의 전면적인 수입을 의도한 조치였다.

고려 지배층이 의학에 관심을 쏟았다는 점은 숙종 6년(1101)에 『신의보구방』을 가져왔던 임의(林懿)의 행적에서도 다시 확인된다. 예종 12년 (1117)에 사망한 임의는 관직에서 은퇴한 후에는 방약(方藥)을 점검(點檢)하였다고 한다.202) 임의는 의서를 공부하면서 개인적으로 약재를 축적한

---

200) 『高麗史』 卷12, 世家12, 숙종 8년 7월. "宋醫官牟介等, 館于興盛宮, 教訓醫生"; 『高麗史』 卷12, 世家12, 숙종 8년 10월. "以宋帝天寧節, 命太子, 設齋于奉恩寺. 醫官牟介等, 往觀之. 賜牟介等酒幣"; 『高麗史』 卷12, 世家12, 숙종 9년 2월. "宋醫官牟介等還."
201) 李坦之 墓誌銘(김용선, 2006, 『개정판 역주 고려묘지명 집성』(상), 한림대학교출판부, 192쪽). "少習蕭相法律, 比壯頗曉醫藥. 會中國名醫官隨商舶至東土, 主上下制, 簡擇名家子, 往習其術. 公亦預其選, 而深得其妙焉."

것으로 이해되는데, 의학에 대한 관심이 민간의료로도 확대될 소지를 보여주고 있다. 굳이 추론을 덧붙이면 임의가 관심을 보이는 의학은 새로 들어오고 있는 송 의학이었을 것이다. 임의 자신이 송 의서를 들여오는데 기여한 공으로 승진까지 했기 때문이다.[203]

당시 송과의 문물교류가 의료에만 한정된 것은 아니었다. 예종 10년 (1115) 7월에는 김단(金端)·견유저(甄惟底)·조석(趙奭)·강취정(康就正)·권적(權適) 등 5명을 송(宋) 태학(太學)에 입학시켰는데, 유학(儒學)을 비롯한 송의 제도를 직접 배우기 위한 움직임이었다. 특히 "오도(吾道)를 동쪽 나라로 오게 하여, 길이 태양처럼 비춰주신 은혜를 입게 하소서"라는 예종의 소망은[204] 송의 문물을 표준으로 삼겠다는 강한 의지의 표명이었다.

예종 13년(1118)은 고려 의료사에서 빠뜨릴 수 없는 중요한 해이다. 이해 7월에 송에서는 의관(醫官) 양종립(楊宗立) 등 7명을 보내왔는데, 송 황제의 조서는 다음과 같았다.

> 지명주(知明州) 누이(樓异)의 보고에 의하여 고려국 왕세자, 왕자, 왕아무개의 글에 대방맥(大方脈)과 창종과(瘡腫科) 등 전문 의원들을 포함하여 3~4명가량을 보냄으로써 의료에 관심을 두고 의학을 보급시켜달라고 요청했음을 알았다.……이에 국의(國醫)에게 명령하여 약품을 가져가 의학교육을 도움으로써 모두의 건강을 유지하게 하노니 지극한 마음으로 내 특별한 은혜를 받들기 바란다. 이제 병의랑(秉義郞) 합문지후(閤門祗候) 조의(曹誼)를 시켜 한림의관(翰林醫官) 태의국(太醫局)[大醫局] 교수(敎授) 사자(賜紫) 양종립(楊宗立), 한림의유(翰林醫諭) 태의국(太醫局)[大醫局] 교

---

202) 任懿 墓誌銘(김용선, 2006, 『개정판 역주 고려묘지명 집성』(상), 한림대학교출판부, 62쪽). "及老乞骸, 唯以點檢方藥, 看佛書爲樂."
203) 『高麗史』卷95, 列傳8 林懿. "宋哲宗崩, 懿與侍郞白可臣奉使弔慰. 一行人皆黷貨利, 懿獨廉謹, 宋人稱之. 寶帝所賜神醫普救方來. 王曰, 此方濟世要術. 其賫來使副僚佐, 宜並加爵賞. 未幾拜御史大夫."
204) 『高麗史』卷14, 世家14, 예종 10년 7월. "令吾道以東行, 永荷大明之下燭."

수(敎授) 사자(賜紫) 두순거(杜舜擧), 한림의후(翰林醫候) 태의국(太醫局)[大醫局] 교학(敎學) 성상(成湘), 적공랑(迪功郎) 시태의학록(試太醫學錄)[試大醫學錄] 진종인(陳宗仁)·남줄(藍茁) 등을 데리고 가게 하였다.205)

우선 대방맥과(大方脉科)와 창종과(瘡腫科)의 의관을 보내달라는 고려의 요청이 눈에 띈다. 앞서 설명한 것처럼 송의 태의국에서는 9과, 즉 대방맥과(大方脈科), 풍과(風科), 소방맥과(小方脈科), 안과(眼科), 창종겸상절과(瘡腫兼傷折科), 산과(産科), 구치겸인후과(口齒兼咽喉科), 침구과(針灸科), 금촉겸서금과(金鏃兼書禁科)를 통해 의학을 교육했다. 고려에서 요청한 대방맥과와 창종과(瘡腫兼傷折科)는 요즘의 내과(內科)와 외과(外科)에 해당한다. 송에서는 9과 전체의 학생 300명 가운데 대방맥과 학생이 120명으로 가장 많았다. 이들은 『소문』이나 『난경』 같은 고전 외에도 송대에 편찬된 『태평성혜방』까지 배워야 했다.206) 고려에서 대방맥과와 창종과 의료인을 요청한 것은 송 의학에 대한 이해의 심화를 보여준다.

예종 13년의 송 의관 왕래가 고려 의학에 큰 기여를 했다는 것은 송의 일관된 평가였다. 『송사』에서는 고려 풍속이 의술(醫術)을 모르던 상태였다가 예종이 송에 의원(醫員)을 요청한 뒤부터 비로소 의술에 통하게 되었다고 서술하였다.207) 『고려도경』에서는 한결 상세하게 설명하고 있다.

선화(宣和) 무술년(1118, 예종 13년)에 (고려) 사신이 와서 표장(表章)을

---

205) 『高麗史』 卷14, 世家14, 예종 13년 7월. "省知明州樓异奏, 高麗國王世子·王子·王某書, 乞借差大方脉·瘡科等共三四許人, 使存心醫療, 式廣敎習事.……爰命國醫, 仍齎藥品, 俾往資於敎習, 用悉保於康寧其体, 至懷克承殊遇. 今差秉義郎閤門祗候曹誼, 管押翰林醫官大醫局敎授賜紫楊宗立·翰林醫諭大醫局敎授賜紫杜舜擧·翰林醫候大醫局敎學成湘·迪功郎試大醫學錄陳宗仁·藍茁前去"; 『高麗史節要』 卷8, 예종 13년 7월. "宋遣閤門祗候曹誼來. 先是太子附奏, 乞大方脉·瘡膧科等醫. 帝令誼押翰林醫官楊宗立等七人, 送之."
206) 홍원식·윤창열 편저, 2001, 『증보 중국의학사』, 一中社, 235쪽.
207) 『宋史』 卷487, 列傳246 外國3 高麗. "俗不知毉, 自王俁來請醫, 後始有道其術者."

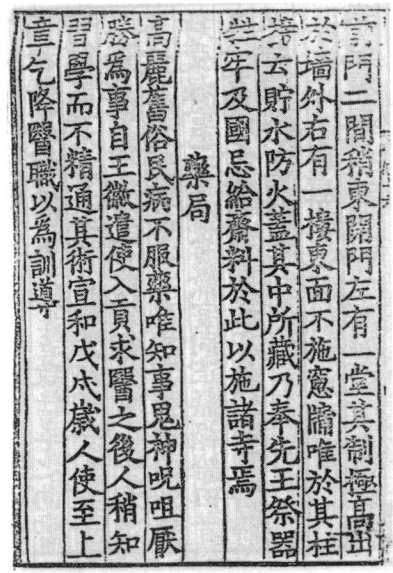

예종 13년(1118) 송 의관이 고려에 와서 보제사(普濟寺) 근처 약국(藥局)에서 의학을 가르쳤다. 『고려도경(高麗圖經)』에서 이 내용을 기록한 서긍(徐兢)은 고려 의학에 큰 기여를 했다고 평가했다.

올려 의관(醫官)을 파견하여 훈도(訓導)로 삼게 해달라고 요청하였다. 황제가 그 요청을 받아들여 남줄(藍茁) 등에게 고려로 가도록 명령하였으며 2년 뒤에 귀환하였다. 이때부터 의학에 정통한 사람들이 많아졌다. 이에 보제사(普濟寺) 동쪽에 약국(藥局)을 세우고 세 등급의 관원을 두었다. 첫째는 태의(太醫), 둘째는 의학(醫學), 셋째는 국생(局生)이라고 불렀는데, 녹색 옷에 목홀(木笏)을 들고 매일 그 직임(職任)을 담당하였다.208)

송의 의관들은 비교적 장기간인 2년 동안 고려 의생을 가르치게 되었다. 숙종 8년(1103)에 모개 등 의관 4명이 홍성궁에서 의생들을 가르쳤을 때는 8개월간의 교습에 불과했다. 태의국의 교수인 것으로 보아 양종립 등은 교습을 위해 특별히 선발된 인원일 뿐만 아니라 교관의 숫자도 5명으로 증가한 데서 의학교육이 더욱 중시됨을 알 수 있다. 송 의관이 머물던 곳은 사신들의 조서를 봉안하는 양랑(兩廊)이었으며, 홍위관(興威館)은 송 의관을 접대하던 곳이었다.209)

『고려도경』에 등장하는 '약국(藥局)'에 대해서는 송의(宋醫)들에게 의학

---

208) 徐兢, 『高麗圖經』 卷16, 官府 藥局. "宣和戊戌歲, 人使至, 上章乞降醫職, 以爲訓導. 上可其奏, 遂令藍茁等往其國, 越二年乃還. 自後通醫者衆. 乃於普濟寺之東, 起藥局, 建官三等. 一日太醫, 二日醫學, 三日局生, 綠衣木笏, 日涖其職."

209) 徐兢, 『高麗圖經』 卷27, 館舍. "詔位. 詔書位, 在樂賓之西, 館伴位之北. 小殿五間, 繪飾華煥. 兩廊, 昔爲押伴醫官之室, 今以爲二道官位. 各以官序分居之……客館……興威館, 在奉先庫之北, 昔嘗以待醫官之所."

을 배우려고 설치한 임시 교육기관이라거나,[210] 송의 관약국을 본딴 혜민국이라거나,[211] 송의 신의학을 교육하고 진료하던 전문 의학교육기구로 추측하고 있다.[212] 연구자들의 의견이 상이하므로 여기에서는 보제사(普濟寺) 약국(藥局)의 실체를 재검토해 보기로 하겠다.

보제사 약국을 이해하기 위해서는 송의 의료제도부터 살펴볼 필요가 있다. 송의 사신인 서긍은 자국의 의료제도를 염두에 두고 고려의 의료제도를 서술했기 때문이다.[213] 애매한 서술로 인해 이러저러한 추측이 난무하지만, 이 기사가 의학교육에 관한 내용이라는 점은 문맥상 분명하다.

그런데 보제사 동쪽의 '약국'에 배치한 태의(太醫), 의학(醫學), 국생(局生)은 모두 송의 의료제도에 등장한다. 송의 태의국에서는 의학교육만을 전담하였으며 제거(提擧) 1명, 판국(判局) 2명, 교수(敎授) 9명 및 국생(局生) 300명이 있었다.[214] 『송사』 선거지에 따르면 태의국의 별칭이 바로 '의학(醫學)'이었다.[215] 이로부터 송 태의국 즉 의학에서는 제거(提擧)나 판태의국(判太醫局)이 관서 운영을 책임졌고, 교수(敎授)는 국생(局生)을 가르쳤음을 알 수 있다. 이때 교수의 정식 명칭은 기구명에 따라 '태의국(太醫局) 교수(敎授)'나 '의학(醫學) 교수(敎授)'였을 것이다. 앞 인용문에서 양종립의

---

210) 金斗鍾, 1966, 『韓國醫學史 全』, 探求堂, 173쪽.
211) 孫弘烈, 1988, 『韓國中世의 醫療制度硏究』, 修書院, 111쪽 ; 李美淑, 2002, 『高麗時代 技術官 硏究』, 상명대학교 박사학위논문, 46~47쪽.
212) 三木榮, 1963, 『朝鮮醫學史及疾病史』, 自家 出版, 56쪽 ; 宋春永, 1998, 『高麗時代雜學敎育硏究』, 螢雪出版社, 54쪽.
213) 徐兢은 송의 문물을 기준으로 고려의 실정을 기술하였다(조동원, 2005, 「『선화봉사고려도경』 해제」, 『고려도경』, 황소자리 참고). 예를 들어 『高麗圖經』에 기록된 鄕樂器의 명칭은 고려가 아니라 宋의 용어였다. 徐兢이 자기 나라인 송에서 사용하는 樂器名을 빌어서 기록했기 때문이다(宋芳松, 1988, 『高麗音樂史硏究』, 一志社, 10쪽).
214) 廖育群·傳芳·鄭金生 共著, 박현국·김기욱·이병욱 共譯, 2004, 『중국과학기술사(의학편)』, 一中社, 551쪽.
215) 『宋史』 卷157, 選擧110 選擧3 醫學 ; 龔延明 編著, 1997, 『宋代官制辭典』, 中華書局, '太醫局' 항목.

직함이 바로 '한림의관(翰林醫官) 태의국(太醫局) 교수(敎授)'였다. 이렇게 본다면 『고려도경』에 나오는 보제사 약국의 태의-의학-국생은 송 태의국의 제거(提擧)-교수(敎授)-국생(局生)에 상응한다. 따라서 보제사 약국은 송의 태의국에 비견되는 의학교육기관이며, 예종 13년에 양종립 등이 의학 교수로서 송 의학을 가르쳤던 곳이다.

『동문선』에는 예종 13년 의학 교육의 의미를 지적한 글이 실려 있다. 김연(金緣)이 쓴 「사견의관교습표(謝遣醫官敎習表)」가 그것이다. 의관을 파견해 가르쳐 준 것을 송 황제에게 감사하는 표문이다. 김연은 나중에 김인존(金仁存)으로 개명하였는데, 『제중입효방』을 저술하게 되는 김영석(金永錫)의 아버지이기도 하다.216) 김인존은 경원 이씨와 결혼하며 해주 최씨와도 혼맥으로 연결된 고려 갑족(甲族)의 일원이었다. 선종, 현종, 숙종 3대(代) 동안 국왕의 측근이었던 김인존은 특히 예종의 고명대신으로서 인종대에도 정계의 중심에 서 있었다.

> 우리나라는 산천이 멀리 동쪽 끝에 한정되어 있지만 관대(冠帶)는 실로 중국에 비길 만하며 왕화(王化)가 미치고 있습니다. 비록 사람들이 염치는 거칠게나마 알지만 의학은 깨치지 못하였습니다. 병에 걸리면 단명(短命) 한 자가 많은 것을 항상 걱정하여 바야흐로 아뢰려고 하였습니다. 어찌 생각이나 했겠습니까. 황제께서는 뛰어난 지혜로 기미를 보고 지극한 총명으로 사리를 살피어, 만물의 막힌 것을 풀어 주고 구류(九流)의 근원을 짐작하여 천하 백성들이 모두 인수(仁壽)에 오르게 하셨습니다. 그리고 해동(海東)의 풍속이 혹시 편안함을 잃을까 염려하여 사신을 멀리 보내 중국의 고명한 기술을 내리며, 듣지 못했던 의술을 깨우치도록 명하셨습니다. 화타(華佗)·편작(扁鵲) 같은 양의(良醫)가 우리 학생들을 지도하고 황제(黃帝)·신농(神農) 같은 은택이 우리나라를 적셨습니다.217)

---

216) 『高麗史』 卷96, 列傳9 金仁存.
217) 『東文選』 卷34, 表箋 謝遣醫官敎習表. "當國山川邈限於東陲, 冠帶實侔於中夏, 皇猷所曁. 人雖粗識廉隅, 醫學難通. 病則時多夭關, 居常忖揆, 方議升聞. 豈謂皇帝獨智見

「사견의관교습표」에는 작성 시기가 명시되어 있지 않다. 김인존의 생존 기간 동안 송의 의관이 고려에서 교습한 것은 숙종 8년(1103)과 예종 13년(1118)뿐이다. 김인존의 사망이 인종 5년(1127) 12월인 데다 그가 숙종대보다는 예종~인종대에 왕성한 활동을 펼쳤다는 점을 감안하면, 이 글은 양종립 파견에 대한 예종 13년의 감사 표문이라고 이해하는 것이 타당하다.[218]

김인존에 따르면 고려의 문제는 중국 문물 유입으로 염치는 알 정도가 되었음에도 불구하고 의학수준은 상대적으로 낮은 것이었다. 송에 대한 표문이라는 점을 염두에 두면, 의학을 몰라서 병사(病死)하는 경우가 많다는 지적은 송 의학을 활용하여 백성들이 천수를 누리게 하겠다는 의지이기도 하다. 김인존은 송의 고명한 양의가 고려 의생에게 '듣지 못했던 의술'을 가르쳐 황제·신농의 혜택을 고려에 베풀어준 것에 감사하였다. 그동안의 송 의학 수용이 아직도 미진하다고 평가하면서 더욱 송 의학에 몰두하는 모습을 보여주고 있다.[219]

한편 송 사신단에도 의관들이 포함되어 있었다.『고려도경』을 쓰는 계기가 된 인종 원년(1123)의 사신단에도 의관 3명이 있었다. 사신단 가운데 의관 이안인(李安仁)·학수(郝洙)는 송 사신단의 건강을 돌본 것으로 보이지만, 한림의학(翰林醫學) 양인(楊寅)은 고려인을 위로하고 살피는 충

機, 至聰察事, 導宣萬物之蘊, 斟酌九流之源, 驅天下之民, 盡躋於仁壽. 慮海隅之俗, 或失於康寧, 屬馳周隰之遠華, 爰降漢庭之高術, 俾令往敎, 用曉未聞. 佗緩良才, 誘乃靑衿之輩, 軒農惠澤, 洽于蒼震之邦."
218) 이능화도 「謝遣醫官敎習表」가 예종 13년 7월의 의관 파견에 대한 감사의 글이라고 이해하였다. 하지만 근거를 제시한 것은 아니었다(李能和, 1931, 「朝鮮醫藥發達史」(三),『朝鮮』15권 8호, 朝鮮總督府, 1931년 8월호).
219) 중국측 기록에 의하면 宣和 원년(1119, 고려 예종 14년)에 고려의 요청에 따라 송에서 의관 2명을 파견하여 예종의 질병을 치료한 것으로 되어 있다. 고려가 송 의관을 요청한 것은 송과 요의 외교관계를 차단하기 위한 조치이기도 하였다(『宋史』卷487, 列傳246 外國3 高麗).

대하절(充代下節)의 일원인 것으로 미루어 고려에 송 의술을 전하는 역할을 맡지 않았을까 추측된다.[220] 이상에서 다룬 고려와 송 사이의 의료 교류를 연대별로 정리해 보면 다음과 같다.

    현종 7년(1016) 송에서 『태평성혜방(太平聖惠方)』을 고려에 보내옴.
    현종 12년(1021) 송에서 『태평성혜방(太平聖惠方)』을 고려에 보내옴.
    문종 13년(1059) 송 천주(泉州) 상인과 함께 온 의인(醫人) 강조동(江朝東) 등에게 머무는 것을 허락함.
    문종 26년(1072) 송에서 의관(醫官) 왕유(王愉)·서선(徐先)을 고려에 파견함.
    문종 28년(1074) 송에서 의조교(醫助敎) 마세안(馬世安) 등 8명을 고려에 파견함.
    문종 32년(1078) 고려에서 송으로 귀환하는 안도(安燾)에게 문종의 풍비(風痺)를 치료할 의관(醫官)과 약재(藥材)를 요청함.
    문종 33년(1079) 송에서 의관(醫官) 형조(邢慥)·주도능(朱道能)·심신(沈紳)·소화급(邵化及)과 약재 104종을 보내서 문종의 풍질(風疾)을 치료함.
    문종 34년(1080) 송에서 의관(醫官) 마세안(馬世安)을 고려에 파견함.
    선종 8년(1091) 송에서 일실(逸失)된 의서(醫書)를 고려에 요청함.
    선종 9년(1092) 고려에서 『황제침경(黃帝鍼經)』을 송에 보냄.
    숙종 6년(1101) 송에서 『신의보구방(神醫普救方)』을 고려에 보내옴.
    숙종 8년(1103) 송에서 의관(醫官) 모개(牟介)·여병(呂昞)·진이유(陳爾猷)·범지재(范之才)를 파견하여 이듬해까지 고려 의생을 교육함.
    예종 13년(1118) 송에서 의관(醫官) 양종립(楊宗立)·두순거(杜舜擧)·성상(成湘)·진종인(陳宗仁)·남줄(藍茁)을 파견하여 2년간 고려 의생을 교육함.

---

220) 徐兢, 『高麗圖經』 卷24, 節仗. "次充代下節. 國朝故事, 奉使高麗下節皆卒伍. 比歲稍許命官士人, 藝術工技, 以代其選. 今使者之行也, 人人仰體聖上懷徠之意, 願爲執鞭, 以觀異域之俗.……翰林醫學楊寅.……次上節.……醫官李安仁·郝洙, 書狀使臣馬俊明·李公亮, 其服紫衣, 塗金御仙花帶."

Ⅳ. 의료제도의 발전과 의료의 활성화 249

인종 원년(1123) 송에서 한림의학(翰林醫學) 양인(楊寅), 의관(醫官) 이안인(李安仁)·학수(郝洙)를 고려에 파견함.

송 의학에 대한 관심에 비례하여 고려 국왕들의 의약에 대한 조예도 깊어지고 있었다. 예종은 왕비가 병들었을 때 직접 약을 조제할 만큼 의약 지식이 풍부했다.[221] 의종은 내합별실(內閤別室)에 선구보(善救寶)를 설치하고 약(藥)을 모아두었다.[222] 아무래도 좋은 약이란 희귀한 중국 약재일 가능성이 높은데 광치중병(廣治衆病)의 의지를 지니고 있었다. 명종 역시 원각국사(圓覺國師)나 왕태후(王太后) 임씨(任氏)를 위해 직접 약을 달일 정도로[223] 의학 지식이 상당했다.

고려 국왕들이 의료에 깊은 조예를 갖는데 왕족이나 관료들이 의료에 무관심할 수는 없었다. 지배층 가운데 약재를 수집하고 치료에 활용하는 이들이 등장하였다. 우선 문종의 손자인 왕원(王源)은 의술이 탁월해서 일찍부터 약으로 인민들을 널리 다스렸다.[224] 문종의 고손인 왕면(王沔) 역시 약재로 사람들을 치료한 것으로 유명하였다.[225] 왕면과 친분이 있던 이규보(李奎報)도 의약에 관심이 컸다. 이규보는 약포(藥圃)를 재배하거나 약보(藥譜)를 보고 본초서(本草書)를 읽었다.[226]

---

221) 『高麗史』 卷88, 列傳1 睿宗文敬太后李氏. "自寢疾, 王親調藥餌. 及薨, 屢擧哭臨."
222) 『高麗史』 卷18, 世家18, 의종 10년 10월. "初, 王,······又於內閤別室, 居善藥, 意欲廣治衆病, 扁曰善救寶."
223) 성균관대학교 박물관, 2005, 「寧國寺 圓覺國師碑」, 『고려시대 금석문 탁본전』, 241쪽, "甲午十月己丑, □天壽寺, 大延□□十一月癸巳, 遘微疾, 上親臨病席, 手供藥餌"; 『高麗史』 卷20, 世家20, 명종 13년 11월. "王太后任氏薨. 太后之病也, 王親自調藥, 夜不解衣者."
224) 王源 墓誌銘(김용선, 2006, 『개정판 역주 고려묘지명 집성』(상), 한림대학교출판부, 333쪽). "公兩通儒釋, 尤工醫術, 而嘗以藥, 博濟人民."
225) 『高麗史』 卷90, 列傳3 朝鮮公燾. "高宗五年卒. 性純厚沈靜, 工筆札, 多技能, 尤精醫術, 以畜藥, 活人爲事. 凡有疾瘇者, 皆造其門, 略無憚色, 人皆歎服."
226) 李奎報, 『東國李相國全集』 卷5, 古律詩 卜居罵溪偶書草堂閑適兼敍兩家來往之樂贈西隣梁閣校. "灌藥常同井, 移瓜欲共園"; 卷6, 古律詩 宿瀨江村舍. "散盡舊書留藥

그런데 송 의학의 수입에도 불구하고 고려의 의학교육, 의업 전개, 의서 종류, 민간의료 등에서는 송 의학의 주도성이 그다지 느껴지지 않는다. 송 의학이 고려에서 광범위하게 수용되지 못한 이유로는 송 의학 자체가 계속 발전하는 중이었다는 점과 송 의학을 전적으로 수용하기에는 처방 약재의 부족이 심각했다는 점을 꼽을 수 있다. 외래 약재는 송상(宋商)을 통해 교역되는 것이 대부분이었을 것인데, 송에서 수입되는 약재가 충분하지 못하다는 것은 모든 사람이 송 의학을 향유할 수 없다는 것을 뜻한다.

치료방법에서 고려 전기에는 침술(鍼術)을 사용하는 경우가 많다. 인종 즉위년(1122)에 사망한 이중약(李仲若)은 의학을 독학하여 왕을 치료할 정도의 실력을 가졌는데, 주로 침으로 치료하였다.[227] 이는 침술의 효능을 믿은 것이겠지만 약재 수급이 불안정한 탓도 있었을 것이다. 앞서 언급한 이상로는 의종의 발병을 침으로 치료하였으며, 명종 26년(1196) 78세로 사망한 □순성(□純誠)도 침을 놓고 약을 주어 치료했다고 한다.[228] 몇 가지의 사례를 토대로 단언하기는 조심스럽지만, 대체로 보아 고려 전기나 중기의 치료술은 침술(鍼術)에 의지하려는 경향이 있었으며, 점차 탕제를 활용한 내복약(內服藥) 치료가 증가한다.

이상에서 검토한 바와 같이 문종대 이래 『신의보구방』 등의 의서가 유입되고 송 의관이 여러 번 고려에 파견되었다. 송 의학을 수용하려는 고려의 노력은 지속적이고 간절하였으며, 고려 국왕들까지 의학에 깊은 관심과 지식을 가지게 되었다. 하지만 의료기구의 전개, 의업 교과목과 간행 의서 등을 검토해 보면 송 의학의 영향은 그리 깊지 않았다. 송

譜, 撿來餘畜有茶經"; 卷10, 古律詩 讀本草. "二毛作郡終無用, 欲讀方經作老醫"; 卷15, 古律詩 退公無一事. "對客蒸蔬菜, 呼兒灌藥苗."
227) 『高麗史』 卷97, 列傳10 韓安仁 ; 林椿, 『西河集』 卷5, 逸齋記.
228) □純誠 墓誌銘(김용선, 2006, 『개정판 역주 고려묘지명 집성』(하), 한림대학교출판부, 1165쪽). "每施鍼下藥, 輒應手而愈."

의학에 몰입한 것은 국왕을 비롯한 소수 지배층이었으며, 아직은 이들을 통해 송 의학이 저변을 넓히는 중이었다.

V. '향약'의 성장과 의료사적 의의

1. '향약'에 대한 자각

1) 『제중입효방』과 치료의 일상화

고려 문종이 인식한 바와 같이 당시 의료의 문제점은 의술 수준이 저급하다는 것과 토산약재의 효과가 의심스럽다는 것이었다. 고려에서 중국 의학이 전면화될수록 처방된 당재(唐材) 즉 외래 약재의 수요는 자연히 증가하였다. 중국측의 시선을 보여주는 숙종 8년(1103)『계림유사』에서는 고려의 산출 약재로 인삼(人蔘)과 송자(松子)를 거론할 뿐이었다.[1]

약재 확보에 가장 좋은 방법은 처방된 당재의 충분한 수입이었다. 증가하는 당재 수요를 충족시키지 못하는 상황이라면 당재와 약성(藥性)이 비슷한 대체약재를 국내에서 찾는 수밖에 없었다. 중국 의학이 전면화될수록 이른바 향약(鄕藥)이 필요해지는 형국이었다. 실제로 『경사증류비급본초』(1108년)에 의하면 이미 대체약재가 사용되고 있다.

해송자(海松子). 맛은 달고 약간 따뜻한 성질이며 독은 없다. 골절(骨節), 풍두(風頭)로 인한 현기증, 피부가 하얗게 죽은 증상에 주로 사용한다. 수기(水氣)를 흩뜨리고, 오장(五藏)을 윤택하게 하며, 허기가 지지 않게

---

1) 孫穆,『雞林類事』. "地瘠, 唯産人參·松子·龍鬚布·藤席·白硾紙." 송과의 교역기사에 등장하는 고려의 토산약재에 대해서는 '<부록 2> 고려의 토산약재 일람표' 참고.

한다. 신라에서 산출되는 것은 삼각형의 작은 밤톨만한데 그 가운데 들어 있는 씨앗은 향기롭고 맛이 좋다. 동이(東夷)들은 이것을 식용한다. 과부(果部)에 해당하지만 중국 송자(松子)와는 다르다[이제 부신(附臣)인 당(唐) 유우석(劉禹錫) 등이 삼가 살피건대, 일화자(日華子)는 "송자(松子)가 풍비(風痺) 한기(寒氣)와 허리(虛贏) 소기(少氣)를 몰아내고 부족한 기운을 보충하고 피부를 윤택하게 하며 오장을 살지게 한다"라고 했다. 동인(東人)들은 (해송자로) 마부(麻腐)를 대체하면서 식용한다].2)

여기에서는 고려의 『제중입효방(濟衆立效方)』과 『신집어의촬요방(新集御醫撮要方)』을 분석함으로써 향약(鄕藥)을 본격적으로 다루어보려고 한다. 이들 의서는 의학 지식의 축적과 약재를 활용한 치료법을 수록하고 있으므로 고려 의학의 실상을 구체적으로 드러낸다. 뿐만 아니라 이 의서들은 중국 의학의 침투 정도를 표시하는 눈금이며, 또 다른 향약의서(鄕藥醫書)인 『향약구급방(鄕藥救急方)』 및 『비예백요방(備預百要方)』을 분석하는데 있어서 빠뜨릴 수 없는 비교자료이기도 하다.

『제중입효방』을 저술한 이는 김영석(金永錫)이다. 선종 6년(1089) 태어나 의종 20년(1166) 사망한 김영석의 생애는 『고려사』를 비롯한 여러 자료에 언급되어 있어 상세히 복원할 수 있다. 그는 정당문학, 중서시랑평장사, 상서좌복야 등을 역임한 고위 관원이었을 뿐더러, 아버지 김인존(金仁存), 할아버지 김상기(金上琦), 증조부 김양(金陽) 역시 각각 문하시중, 평장사, 우복야를 지냈으므로 당대 최고의 가문 출신으로 꼽기에 부족함이 없다.3)

---

2) 唐愼微, 『經史證類備急本草』 卷23, 果部三品. "海松子. 味甘小溫無毒. 主骨節・風頭眩去・死肌變白. 散水氣, 潤五藏, 不飢. 生新羅如小栗三角, 其中仁香美. 東夷食之. 當果, 與中土松子不同[今附臣禹錫等, 謹按, 日華子云, 松子逐風痺寒氣, 虛贏少氣, 補不足, 潤皮膚, 肥五藏. 東人以代麻腐, 食用]."

3) 朴龍雲, 1990, 『高麗時代 蔭敍制와 科擧制 硏究』, 一志社, 368쪽. 김영석의 官歷에 대해서는 다음 연구가 참고된다(李鎭漢, 1999, 『고려전기 官職과 祿俸의 관계 연구』, 一志社, 199~213쪽).

의료인으로 활동한 기록은 남아 있지 않지만 김영석은 의술에 관심이 클 수밖에 없었다. 묘지명에 나온 바와 같이 그 자신이 풍비(風痺)에 걸려 죽을 때까지 병을 다스렸으며, 장인인 이공수(李公壽) 역시 평소 풍비(風痺)에 시달렸다.4) 뿐만 아니라 김영석의 장남, 차남, 장녀는 모두 김영석보다 빨리 세상을 떠났는데,5) 전근대의 요절(夭折)이 대부분 그러하듯이 질병사였을 가능성이 상당히 높다.

당시 김영석의 가족들만 요절한 것은 아니었다. 고려 전기의 재해와 전염병 기록을 살펴보면 11세기 전반기와 12세기 전반기가 주목되는데 가장 빈번한 시기는 1100~1140년으로 전체 재해의 40%가 집중되었다.6) 숙종에서 인종대에 해당하는 이 시기에 재해가 급증하면서 전염병이 유행하자 의료문제는 문종대보다 더 심각하게 제기되었을 것이다. 게다가 김영석은 네 차례 지방관을 맡고, 세 차례 동로병마사(東路兵馬使)가 되었으며, 한 차례 북로원수(北路元帥)가 되어 가는 곳마다 명성을 얻었다. 백성들의 안위에 주의를 기울였을 김영석은 의료에도 관심을 쏟았으리라 생각된다. 김영석이『제중입효방』을 저술했다는 기록은 그의 묘지명에 실려 있다.

> 일찍이 송(宋)과 신라(新羅)의 의서를 열람하고, 기이하고 중요해서 사람들에게 편리한 것을 손수 뽑았는데 책 이름을『제중입효방(濟衆立效方)』이라고 하니, 세상에 전해졌다.7)

---

4) 『高麗史』卷95, 列傳8 李子淵. "公壽素患風痺."
5) 金永錫 墓誌銘(김용선, 2006,『개정판 역주 고려묘지명 집성』(상), 한림대학교출판부, 322~323쪽).
6) 李正浩, 2007,「高麗前期 自然災害의 發生과 勸農政策」,『역사와 경계』62집, 43쪽. 고려시대 전염병 유행에 대해서는 다음 연구가 참고된다(宋洋禎, 2000,「高麗時代 疫疾에 대한 硏究－12・13세기를 중심으로－」,『명지사론』11・12합집 ; 이현숙, 2007,「전염병, 치료, 권력 : 고려 전염병의 유행과 치료」,『梨花史學研究』34집).
7) 金永錫 墓誌銘(김용선, 2006,『개정판 역주 고려묘지명 집성』(상), 한림대학교출판

『제중입효방』은 김영석이 관료로서 활발히 활동하던 젊은 시절에 저술한 것으로 짐작된다. 일찍이 의서를 열람하면서 사람들에게 편리한 것을 손수 뽑았다는 설명으로 미루어 김영석 만년의 저작으로 볼 수는 없어서이다. 김영석이 의종 20년(1166)에 78세로 사망한 점을 감안하면 인종대 후반에서 의종대 초반쯤에 이 책을 집필했다고 판단된다.[8]

『제중입효방』이라는 서명은 '백성을 구제하는 데 효과가 뛰어난 처방서'라는 뜻을 담고 있다. 이미 효과가 입증된 처방들을 주로 수록했다는 점은 의심할 여지가 없다. 사람들이 편하게 사용하였다는 설명은 『제중입효방』이 열람에 편리한 증상 중심의 체계였음을 시사한다. 특히 병인론(病因論)을 깊이 있게 다루거나 다양한 처방들을 수록하기 보다는 구급방(救急方)처럼 처방을 단순화했으며, 책 분량도 방대할 수는 없었다. 방서(方書)들이 흔히 그러하듯이 환자 입장에서는 증상 중심으로 편집되고 단방(單方)에 가까운 처방을 제시하는 의서가 편리하기 때문이다. 아울러 백성들이 활용한다는 점을 고려하면 고가 약재나 외래 약재 대신 주변에서 쉽게 구할 수 있는 토산약재를 주로 활용하는 방식을 지향했을 것이다. 현재 남아 있는 처방에서도 솔잎과 소금만을 사용하고 있다.

김영석은 『제중입효방』을 저술하기 위해 송과 신라의 의서를 열람했다고 하는데, 이 책의 저술 외에 김영석이 의료인으로서 활동한 기록은 찾을 수가 없다. 평생 문반(文班)의 길을 걸었던 그로서는 당시에 접하기 쉬운 의서를 참고했을 가능성이 높다. 김영석에게 영향을 끼쳤을 의서로는 송에서 유입된 『태평성혜방(太平聖惠方)』・『신의보구방(神醫普救方)』과 신라 의서인 『신라법사방(新羅法師方)』 정도를 추측할 수 있다. '송 의서'를

부, 323쪽). "嘗閱大宋新羅醫書, 手撰奇要便於人者, 名之曰濟衆立效方, 傳於世."
8) 기존 연구에서는 『濟衆立效方』이 1147~1166년 사이, 즉 의종대에 쓰여졌으리라 추측한다(申舜植 외, 1996, 『歷代 韓醫學文獻의 考證』 I, 한국한의학연구소, 74쪽 참고).

열람했다는 설명에서 고려 의학이 당 의학에서 벗어나 송 의학의 영향권 내로 점차 옮겨가는 분위기를 읽을 수 있다. 문종대 이래 유입되기 시작한 송 의학이 고려 의료에 적극 활용되기 시작했다는 이야기다.

김영석은 중국 의학 가운데서도 송 의학에 친연성을 느낄 수밖에 없었다. 앞서 언급한 것처럼 김영석의 아버지가 바로「사견의관교습표(謝遣醫官敎習表)」를 써서 송 의학을 환영한 김인존이었다. 또한 김영석이 활동했던 예종과 인종대는 "화풍(華風)을 따랐다"라는 사찬(史贊)처럼9) 송 문물을 적극 수입하는 분위기가 조성되고 있었다. 송 의서가 전래되고 송 의관이 고려에서 여러 차례 의생들을 교육하고 있던 시기였음은 바로 앞에서 살핀 바와 같다.

『제중입효방』이 세상에 전해졌다는 설명을 염두에 두면,『제중입효방』은 목판 등에 새겨 대량으로 인쇄했을 가능성이 있다. 이미 고려에서는 문종 12년(1058)과 문종 13년(1059)에『황제팔십일난경』등의 의서를 간행한 경험들도 축적되어 있었다. 고려 이전에는 대중이 의료의 주된 대상이 아니었으므로 대중용 의서를 편찬할 이유 자체가 없었다.

따라서 인쇄 여부를 넘어서『제중입효방』편찬은 그만큼 대민의료가 중시됨을 보여준다. 대민의료의 시행에서 의서 편찬은 제위보·동서대비원의 공간적 한계를 극복하는 돌파구가 될 수 있었다. 제위보는 개경 인근에 위치하였고 동서대비원은 개경과 서경 지역에 설치되었으므로, 이들 대민의료기구를 활용해 전국적인 의료를 시행하는 데는 부족함이 없을 수 없었다.『제중입효방』만이 아니라 곧 살피게 될『향약구급방』과『비예백요방』역시 의술의 대중화에 기여하는 유용한 수단이라고 평가할 수 있다.

의서를 사회적 맥락에서 해석하자면,『제중입효방』을 12세기 전반의

---

9)『高麗史』卷14, 世家14, 예종 17년 史贊. "睿宗,……歆慕華風."

고려 사회와 연결시켜야 할 것이다. 널리 알려진 바와 같이 생산력 발전에서 촉발된 농민층의 분화, 전시과제도를 뒤흔드는 토지 탈점 현상, 외관제(外官制) 강화에 짝하는 수취 강도의 고조, 농민항쟁으로 연결될 일반 민들의 유망, 향촌 내 계층갈등의 부각에 따른 지방사회의 동요 등이 이 시기의 주된 흐름이다.[10] 추측하자면 이 책 출간은 인종 5년(1127) 일반 민들에게 농업을 권장하고 제위보・동서대비원에 넉넉히 저축하여 질병을 구제하려는[11] 안민(安民) 조치와 연관되었을 수도 있다.

『제중입효방』이 당시의 사회변동에 대한 의학적 대응이라는 점은 분명하지만, 앞에서 서술한 것 이상으로 그 연관 관계를 깊게 결부시키는 것은 무리이다. 『제중입효방』이 김영석 개인의 저작이라는 점 외에도, 그 저술 경위의 설명은 단편적인 묘지명 기록에 불과하며, 남아 있는 처방은 중풍 치료법 1건에 그치기 때문이다.

현재 남아 있는 『제중입효방』의 기록은 한 군데밖에 없다. 조선 세종대에 편찬된 『향약집성방(鄕藥集成方)』에서 『제중입효방』의 중풍 치료법을 인용하고 있는 것이다.

> 중풍으로 반신불수 되는 증상.……[제중입효방] 편풍(偏風)에 의한 수족불수(手足不遂)와 동통(疼痛)을 치료하는 처방. 솔잎[松葉] 5말 정도, 소금 2되. ○ 이상을 쪄서 뜨거운 상태로 자루에 넣어 환처(患處)를 찜질한다. 식으면 다시 찌는데, 치유될 때까지 계속 반복한다.[12]

---

10) 12세기의 동향에 대해서는 다음 연구가 참고된다(채웅석, 1990, 「12, 13세기 향촌사회의 변동과 '민'의 대응」, 『역사와 현실』 3호 ; 朴宗基, 1990, 「12, 13세기 農民抗爭의 原因에 대한 考察」, 『東方學志』 69집 ; 한국역사연구회, 1993, 『역사와 현실』 9호, '12세기 전반기 정치세력과 정치운영' 공동연구).

11) 『高麗史』 卷15, 世家15, 인종 5년 3월.

12) 『鄕藥集成方』 卷3, 風門 中風半身不遂. "中風半身不遂……濟衆立效. 治偏風手足不隨疼痛. 松葉五斗許, 塩二升. ○ 右蒸熱盛帒, 中熨之. 冷則更蒸, 以差爲度."

V. '향약'의 성장과 의료사적 의의   259

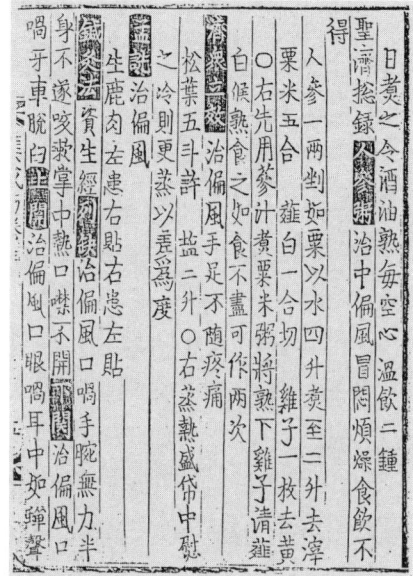

중풍(中風)으로 손발을 움직일 수 없을 때는 솔잎과 소금으로 찜질하라는 『제중입효방(濟衆立效方)』의 처방. 인종대 후반에서 의종대 초반 무렵에 김영석(金永錫)이 집필했다.

한마디로 중풍이 들어 손발을 움직일 수 없거나 통증이 심할 때는 솔잎과 소금을 쪄서 찜질하라는 처방이다. 1건만 남아 있어서 『제중입효방』 처방의 특징을 단정할 수는 없지만 희귀 약재 대신 일상에서 쉽게 구하는 솔잎과 소금을 사용한다는 점은 인상적이다. 약재 수급의 어려움을 감안한 처방으로 판단된다.

그런데 이와 흡사한 처방이 고려의 또 다른 의서인 『향약구급방(鄕藥救急方)』에 수록되어 있다. 『향약구급방』에는 "중풍으로 한쪽을 쓰지 못하는 증상을 치료하는 데는 생솔잎 6말에 소금 2되를 넣고 잘 섞은 다음 자루에 넣고 쪄서 뜨거워지면 환부를 찜질하는데, 식으면 뜨거운 것으로 바꿔서 다시 한다. 너무 뜨거워 데지 않도록 조심하고 하루에 서너 번 찜질하면 좋다"라고 처방하고 있다.13) 『제중입효방』의 처방을 『향약구급방』에서 인용하는 동시에 조선의 『향약집성방』에서도 인용하고 있는 것이다. 상식에 가까운 사실이지만 『제중입효방』→『향약구급방』→『향약집성방』의 계승 관계를 새삼 확인하게 된다.

요컨대 김영석의 생애와 관원으로서의 행적을 모두 따졌을 때 『제중입효방』은 김영석이 기존 의서를 구급방서로 편집한 의서였다. 송 의학의

---

13) 『鄕藥救急方』 下卷, 中風. "理中風半邊不遂. 用生松葉擣[六斗]·塩二升, 相和盛布囊中蒸之, 承熱, 熨患處, 冷更易. 熱不至傷肌, 日三四熨之, 良."

영향도 반영한 의서이지만 처방에서는 토산약재로 치료하고 있다.『제중입효방』등의 의서 간행은 인쇄술을 통해 의술이 대중화하는 데 큰 전기를 마련하였다는 것을 의미한다.

2) 『신집어의촬요방』과 송 의학의 수용

(1) 『신집어의촬요방』의 편찬

『신집어의촬요방(新集御醫撮要方)』은 『제중입효방』과 마찬가지로 현존하지 않으며,『의방유취(醫方類聚)』를 비롯한 후대 의서에 인용된 채로 남아 있다. 이 책이 간행된 해는 고종 13년(1226)이다. 문종대부터 150년가량 지난 시점이어서 송 의학의 수용 정도를 가늠하는 데 유용하다. 그리고 대몽항쟁이 시작되는 무렵이어서 이 책은 고려의 전환기에 간행된 의서이기도 하다. 무엇보다도 고종대 즈음에는 『향약구급방(鄕藥救急方)』도 간행되었다.『신집어의촬요방』과『향약구급방』의 비교를 통해 고려의 의료실태를 파악할 수 있다.

그동안『신집어의촬요방』에 대해서는 한의학계의 복원 노력이 있었을 따름이다. 의료사에서는 제대로 분석한 적이 없었으며, 저자인 최종준(崔宗峻)에 대한 연구가 일부 진행되었다.[14]

김두종은『신집어의촬요방』의 주치병증(主治病症)과 약재를 살펴보면 중국 의학 지식을 받아들인 것이 확실하지만 실용방법은 반드시 그렇지 않다고 설명한다. 예를 들어 정지환(定志丸) 처방에서는 『외대비요』의 약재를 사용하지만, 약재의 조제법과 배합 분량은 일치되지 않은 것이 많다고 지적하였다. 김두종에 따르면 고려 중기에 의학은 당·송의 의학 지식을 기초로 하여 자국의 풍습에 적응한 독자적 경험 술법을 발휘할

---

14) 朴龍雲, 1978,「高麗時代의 定安任氏·鐵原崔氏·孔巖許氏 家門 分析」,『韓國史論叢』 3집 ; 하정용 외, 2008,「崔宗峻의 年表 作成을 위한 역사적 고찰-『御醫撮要方』의 복원을 위한 선행과제-」,『韓國韓醫學硏究院論文集』 14권 3호.

단계에 도달했다고 한다.15)

미키 사카에는 고종대의 급박한 정세로 송 의학을 연찬(研鑽)할 여유도 없고 당재(唐材) 수입도 완전히 끊어지자 『신집어의촬요방』과 『향약구급방』이라는 '고유의학(固有醫學)'이 나타났다고 설명하였다. 이 두 의서는 모두 반도(半島) 전래(傳來)의 의방(醫方)을 집성한 책으로 송 의방(醫方)을 직접 조술(祖述)한 것이 아니며, 반도 소산의 약재로써 질병을 치료하려 했다는 이해였다.16) 그런데 미키가 『신집어의촬요방』을 세밀히 검토한 것은 아니었다고 실토하는 데서 알 수 있듯이,17) 기존 연구에서는 『신집어의촬요방』의 내용과 성격을 정면에서 다루지 못하였다.

우선 『신집어의촬요방』의 전반적인 성격에 대해서는 이규보가 쓴 서문이 남아 있어서 도움이 된다.

『신집어의촬요방(新集御醫撮要方)』 서문(序文).
무릇 인생에서 중히 여기는 것은 몸과 목숨일 뿐이다. 사생(死生)·수요(壽夭)는 모두 하늘에 매인 것이라 하지만, 조섭함이 적절하지 못해서 질병이 침범할 때 좋은 방문(方文)과 신묘한 약으로 치료하지 못한다면, 어찌 목숨을 횡실(橫失)하는 자가 없겠는가?
이에 옛 성현이 『본초(本草)』·『천금(千金)』·『두문(斗門)』·『성혜방(聖惠方)』 등 모든 방서를 저술하여 만백성의 생명을 구제하였다. 하지만 권질이 너무 호번하여 열람하기에 곤란했다. 질병이 시간을 오래 끌어 만성이 될 것 같으면 의원을 찾는 것이 가능하고, 모든 서적을 뒤져서 그 방문을 찾는 것도 가능하다. 그러나 갑자기 중병(重病)을 얻어 창졸간에 위급해진다면 어느 겨를에 의원을 찾고 서적을 뒤질 수 있겠는가? 아예

---

15) 金斗鍾, 1966, 『韓國醫學史 全』, 探求堂, 138~139쪽.
16) 三木榮, 1963, 『朝鮮醫學史及疾病史』, 自家 出版, 61쪽. 손홍열은 미키 사카에와 김두종의 『신집어의촬요방』 설명을 간단히 재정리하는 데 그치고 있다(孫弘烈, 1988, 『韓國中世의 醫療制度硏究』, 修書院, 151쪽).
17) 三木榮, 1963, 『朝鮮醫學史及疾病史』, 自家 出版, 62쪽.

정밀하고 요긴한 처방만을 채집하여 위급에 대비하는 수단으로 삼는 것만 못하다.

국조(國朝)에 다방(茶房)에서 수집한 약방문(藥方文) 1부(部)가 있었는데 글은 간략하지만 효과는 신기하여 모든 목숨을 구할 수 있었다. 시간이 흐르자 탈루되어 거의 폐실(廢失)될 지경에 이르렀다. 지금 추밀상공(樞密相公) 최종준(崔宗峻)이 이것을 애석히 여긴 끝에 그것을 인쇄하여 널리 보급할 것을 생각하고, 이를 국왕께 아뢰니 국왕께서 흔쾌히 허락하셨다.

공(公)은 이에 2권으로 나누고 또 여러 처방 중에서 가장 긴요한 것만을 첨부하여 사람을 시켜 선사(繕寫)하게 한 다음, 책 이름을 『어의촬요(御醫撮要)』라 하고, 어명으로 서경유수관(西京留守官)에게 보내어 인쇄하여 세상에 유포하게 하였다. 이것은 특별히 성조(聖朝)에서 백성을 적자(赤子)로 여기는 인정(仁政)이며, 또 사군자(士君子)가 중생을 널리 구제하는 뜻이기도 하다.

아, 좋은 점은 덮어두지 않는 것이 나의 고집(固執)인데, 공이 또 명하여 서문을 쓰게 하니, 어찌 피할 수 있겠는가? 삼가 두 번 절하고 그 대략을 쓴다.

병술년(1226, 고종 13년) 4월 일에 서문을 쓰다.[18]

서문에 따르면 『신집어의촬요방』의 저본은 다방(茶房)에서 수집한 약방문(藥方文) 1부(部)였다. 다방 약방문 1부란 중국 의서에서 뽑아 편찬한 1권짜리 책을 의미할 것이다. 본래 다방은 차(茶)를 올리는 기구였지만

---

18) 李奎報,『東國李相國全集』卷21, 說序 新集御醫撮要方序. "新集御醫撮要方序. 夫有生之所重者, 身與命而已矣. 雖死生壽夭皆關乎天, 若因節宣失適, 爲疾恙所寇. 而無良方妙藥以理之, 則其間豈無橫失其命者耶. 是古聖賢所以著本草・千金・斗門・聖惠諸方, 以營救萬生之命者也. 然部秩繁浩, 難於省閱. 其若寢疾彌留, 勢可淹延時日, 則調醫可也, 搜諸書求其方, 亦可也. 至如暴得重病, 蒼皇危急, 則又何暇調醫搜書之是爲也. 不若採菁撮要, 以爲備急之具也. 國朝有茶房所集藥方一部, 文略效神, 可濟萬命. 以歲久脫漏, 幾於廢失矣. 今樞密相公崔諱宗峻見而惜之, 思欲摹印以廣其傳, 以此聞于上, 上遂欣然領可. 公於是分爲二卷, 又添附諸方之最要者, 使人繕寫, 名之曰御醫撮要, 承制勅, 送西京留守官, 彫印, 使流播於人間. 是亦聖朝視民如赤子之仁政也, 抑又士君子所以汎濟含生之意也. 噫. 有善不可蓋者, 予守也, 公又命之爲序, 則其可避乎. 敢再拜略書梗槩耳. 時丙戌四月日, 序."

어약(御藥)의 조제 역시 담당했는데, 다방의 관원은 문관(文官)이 대부분이었고 의관(醫官)들도 소속되어 있었다.19) 국왕을 지근거리에서 보좌하는 다방의 성격으로 미루어, 애초에 이 책은 국왕을 비롯한 왕실의 진료에 소용되는 의서였다.20)

고려 의료의 현안으로 서문에서는 간략한 구급약방문 편찬을 꼽았다. 『본초』등의 중국 의서는 생명을 구제하는 데 유용하지만 호번하다는 비판이었다. 『신집어의촬요방』에 "가장 긴요한 것만을 첨부"한다는 것은 중국 의서 특히 최신 송 의서의 처방을 추가한다는 뜻이 아닐까 싶다. 내용이 증가함에 따라 2권으로 늘어났지만, 3권짜리 『향약구급방』과 비교하면 그 분량은 비슷하거나 약간 작다. 그리고 대량 유포하기 위해 이번에 증보하는 『신집어의촬요방』은 목판으로 인쇄하였다. 증보와 함께 『신집어의촬요방』의 활용 범위가 왕실을 넘어서 민간에까지 미치고 있음을 알 수 있다. 이 때문에 『신집어의촬요방』의 가치에 대해 이규보는 사군자가 중생을 구제하는 인정(仁政)이라고 주장하였다. 앞서 살핀 시민여자(視民如子)의 논리로 이 책의 간행 의의를 설명하는 점이 흥미롭다.

이 책을 편찬한 최종준은 고려 귀족 가문의 전형으로서 다양한 관직을 역임한 고위 관원이었다. 뿐만 아니라 최종준의 조카사위가 바로 최우(崔瑀)였다.21) 최씨정권의 독재가 가속화되고 있는 상황에서 큰 권력을 누렸던 최종준이 다방에서 비장(秘藏)하고 있는 의서를 구하는 것은 별로 힘든 일이 아니었을 것이다. 서문을 쓴 이규보 역시 최종준 및 최우와 밀접한

---

19) 三木榮, 1963, 『朝鮮醫學史及疾病史』, 自家 出版, 61~62쪽 ; 金斗鍾, 1966, 『韓國醫學史 全』, 探求堂, 173~174쪽 ; 孫弘烈, 1988, 『韓國中世의 醫療制度研究』, 修書院, 100~103쪽.
20) 원래의 茶房 藥方文 편찬에 참여한 다방 의관은 상약국 어의들이었을 것이다. 이미숙은 다방 의직은 태의감 소속의 의관이 겸직하였던 것으로 추측한다(李美淑, 2002, 「高麗時代 技術官 研究」, 상명대학교 박사학위논문, 54쪽).
21) 『高麗史節要』 卷15, 고종 9년 4월.

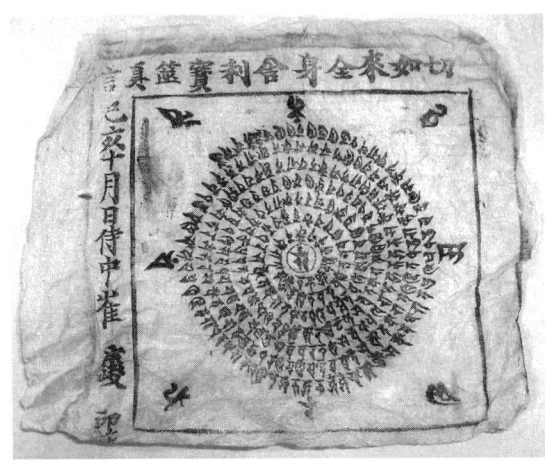

2007년 발견된 서울 수국사(守國寺)의 다라니(陀羅尼). 목조 불상(佛像)의 복장(腹藏) 유물이다. 다라니 왼편에 기해년 즉 고종 26년(1239)에 시중(侍中) 최종준(崔宗峻)이 시주한 것으로 표기되어 있다. ⓒ한국미술사연구소

관계를 유지하고 있었다. 예를 들어 이규보가 최우를 진양후로 봉하는 교서인 「봉진양후교서(封晋陽侯敎書)」를 쓸 때 최종준은 그 책봉을 집행하였다.22) 이규보는 최종준과 술자리를 함께 즐기던 사이였으며, 최종준의 요청에 따라 대나무를 그린 병풍에 화제(畵題)를 쓰기도 했다.23)

『신집어의촬요방』은 단순히 권력 핵심에 있던 최종준 개인의 저작이 아니었다. 서문에서는 최종준의 건의를 국왕이 허락했다고 편찬 경위를 밝혔지만 최종준 자신이 의료에 관심을 가질 만한 특별한 계기는 발견되지 않는다. 그런데『증보문헌비고(增補文獻備考)』에서는 "최종준 봉선찬(崔宗峻 奉宣撰)" 즉 최종준이 국왕 명령으로 편찬했다고 해제하였다.24)『증보문헌비고』가 후대의 기록이어서 조심스럽기는 하지만, 일반적인 경우처럼 『신집어의촬요방』의 본문 첫머리를 인용하여 '봉선찬(奉宣撰)'이라고 정

---

22) 『東文選』卷25, 制誥 封晋陽侯敎書.
23) 『東文選』卷51, 贊 崔相國宗峻使丁郎中鴻進畵墨竹請予作贊二首書屛之左右 ; 『東文選』卷61, 書 上崔相國宗峻謝宴書移都年.
24) 『增補文獻備考』卷246, 藝文考5 醫家類. "御醫最要方. 二卷, 宣肅公崔宗峻奉宣撰." 『朝鮮古書目錄』에는 "御醫最要方. 二卷, 崔宗俊撰"이라고 되어 있다(朝鮮古書刊行會, 1911,『朝鮮古書目錄』, 朝鮮雜誌社(아세아문화사, 1972년 영인), 90쪽).

리한 것으로 판단된다. 이 판단이 맞는다면 이 책은 관찬(官撰) 의서(醫書)이
다. 최종준의 정치적 비중과 명망을 고려한다면, 그는 『신집어의촬요방』
의 증보를 총지휘하는 임무를 맡았다.25)

『신집어의촬요방(新集御醫撮要方)』이라는 서명은 '새로 편집한 어의촬
요방' 정도의 의미이다. 서문에 따르면 "御醫撮要"라고 불렸다고 하는데,
이 서명의 발음은 '『어의촬요』'가 아니라 '『어의최요』'였던 것 같다. 무엇
보다 조선의 『분문온역이해방(分門瘟疫易解方)』에서는 "御어醫의撮최要
요方방"이라고 발음을 달았다.26) 고려와 조선에서 '촬(撮)'의 음가는 '최'였
을 가능성이 있다. 이 책을 『증보문헌비고』에서는 "어의최요방(御醫最要
方)"이라고 표기했으며, 이규보의 서문에서도 '또 여러 처방 중에서 가장
긴요한 것만을 첨부하였다[又添諸方之最要者]'라고 하여 '최요(最要)'라는
표현이 등장하기도 한다. 한편 조선 초의 『의방유취』나 『향약집성방』에서
는 이 책을 "御醫撮要"나 "撮要"라고 표기하고 있다. 즉 고려나 조선에서는
이 책을 '어의최요방'이나 '어의최요'로 부르면서, '최요'라고 약칭한 것으
로 생각된다. 이 글에서는 현재 통용되는 발음에 따라 '『신집어의촬요방(新
集御醫撮要方)』'이라고 통칭하겠다.

(2) 『신집어의촬요방』의 지향

『신집어의촬요방』의 처방은 『향약제생집성방』, 『향약집성방』, 『의방
유취』, 『분문온역이해방』에 남아 있다. 『의방유취』 권14의 제풍문(諸風門)
을 예로 들면, 『신집어의촬요방』의 소속명탕(小續命湯)에는 마황(麻黃), 방
기(防己), 인삼(人參), 황금(黃芩), 계심(桂心), 부자(附子), 감초(甘草), 작약(芍

---

25) 최종준이 속한 철원최씨 집안은 고려에서 강한 文筆的 傳統을 지니고 있었다(朴龍
雲, 1978, 「高麗時代의 定安任氏·鐵原崔氏·孔巖許氏 家門 分析」, 『韓國史論叢』
3집, 65쪽).
26) 『分門瘟疫易解方』 鎭禳門, 疫癘病候.

藥), 궁궁(芎藭), 행인(杏仁)[杏人], 방풍(防風), 생강(生薑)[生姜] 등 12가지 약재가 들어있다고 인용하는 식이다. 『향약제생집성방』 8방, 『향약집성방』 13방, 『의방유취』 124방, 『분문온역이해방』 1방 등 총 146방이 발견되는데, 중복 인용되는 처방이 11방이므로 실제로는 135방이 확인된다.

기존 연구에서는 『향약집성방』, 『의방유취』, 『분문온역이해방』에 인용된 처방들을 찾아 『어의촬요연구』라는 제목으로 정리하였는데,[27] 여기에서도 자료집으로 유용하게 활용하도록 하겠다. 다만 『어의촬요연구』에서는 『향약제생집성방』에 인용된 처방을 수록하지 못하였다. 현존하는 『향약제생집성방』 권4~6에는 『신집어의촬요방』의 8개 처방이 인용되어 있다. 8방 가운데 5방은 전에 알려진 내용과 일치하고,[28] 3방은 일치하지 않는다. 『어의촬요연구』 132방의 형식을 토대로[29] 『향약제생집성방』의 3방을 뒤에(133~135번) 덧붙여 처방명과 처방 약재를 표로 정리하면 '<부록 3> 『신집어의촬요방』의 처방 약재 일람표'와 같다.

<부록 3>에 따르면, 135개 처방에서 약재가 기재된 처방이 118개이며, 명칭만 남아 있는 처방은 17개이다. 118개 처방에서 등장하는 총 약재수는 1,022개로서, 1처방당 평균 8.66개의 약재를 처방하고 있다. 『신집어의촬요방』에서 약재를 가장 많이 사용한 처방은 영보단(靈寶丹)으로 무려 35종의 약재를 사용한다. 우황청심원(牛黃淸心圓)도 『신집어의촬요방』에 처음 소개되는데 28종의 약재로 만들었다.[30] 『향약구급방』에서 1처방당 평균 1.37개의 약재가 사용되는 것과 비교해 보면,[31] 『신집어의촬요방』은 약재

---

27) 안상우·최환수, 2000, 『어의촬요연구』, 한국한의학연구원.
28) 안상우·최환수, 2000, 『어의촬요연구』, 한국한의학연구원, 31·63·78·82·83번 기록.
29) 안상우·최환수, 2000, 『어의촬요연구』, 한국한의학연구원, 36~41쪽.
30) 牛黃淸心圓을 만드는데 필요한 28종의 약재는 牛黃, 官桂, 金箔, 麝香, 蒲黃, 犀角, 當歸, 雄黃, 乾地黃, 生腦子, 山藥, 大豆黃卷, 阿膠, 神麴, 人參, 乾薑, 防風, 黃芩, 麥門冬, 白芍藥, 杏仁[杏人], 吳白朮, 柴胡, 桔梗, 白茯苓, 川芎, 甘草, 羚羊角屑이다.
31) '<부록 4> 『향약구급방』의 처방 약재 일람표' 참고.

를 월등하게 많이 사용한다. 『신집어의촬요방』이 복방(複方) 중심이라면 『향약구급방』은 단방(單方) 중심인 것이다.32) 『신집어의촬요방』의 처방당 약재수가 많다는 것은 다양한 약재의 수급이 원활해야 한다는 점을 전제한다. 약재를 충분히 공급받을 수 있는 사람들에게 『신집어의촬요방』은 유익한 의서라는 뜻이다. 따라서 『신집어의촬요방』의 성격을 보다 분명히 이해하기 위해서는 약재의 종류를 분석해볼 필요가 있다.

『신집어의촬요방』에 등장하는 약재 총수는 1,022개이지만 겹치는 동일 약재를 제외하면 256종의 약재가 사용되었다. 약재의 사용빈도를 살펴보면 꿀[蜜]이 53회로 가장 많다. 하지만 꿀은 처방의 주재료가 아니라 포제하는 과정에서 첨가되는 경우가 대부분이며, 꿀을 제외한다면 감초(甘草) 42회, 인삼(人蔘) 30회, 건강(乾薑) 27회의 순서로 사용되고 있다. 감초는 약재가 기록된 118개 처방의 35.5%에서, 인삼과 건강은 25.4%와 22.9%에서 쓰였다. 감초는 3개 처방당 1번꼴로, 인삼과 건강은 4개 처방당 1번꼴로 사용된다. 『신집어의촬요방』에서 4회 이상 등장하는 처방 약재와 그 횟수는 다음과 같다.

밀(蜜, 53), 감초(甘草, 42), 인삼(人蔘, 30), 건강(乾薑, 27), 육계(肉桂, 23), 당귀(當歸, 22), 복령(茯苓, 19), 사향(麝香, 17), 부자(附子, 15), 천궁(川芎, 15), 방풍(防風, 14), 백출(白朮, 14), 용뇌(龍腦, 14), 파두(巴豆, 14), 목향(木香, 13), 빈랑(檳榔, 13), 생강(生薑, 13), 대황(大黃, 12), 염(鹽, 11), 황금(黃芩, 11), 조협(皂莢, 10), 주사(朱砂, 10), 행인(杏仁, 10), 황련(黃連, 10), 작약(芍藥, 9), 황기(黃耆, 9), 납밀(蠟蜜, 8), 산약(山藥, 8), 서각(犀角, 8), 세신(細辛, 8), 웅황(雄黃, 8), 진피(陳皮, 8), 천남성(天南星, 8), 천마(天麻, 8), 유향(乳香, 8), 마유(麻油, 7), 백부자(白附子, 7), 백지(白芷, 7), 상백피(桑白皮, 7), 우황(牛

---

32) 기존 연구에서 이미 『향약구급방』은 단방 중심이며, 『신집어의촬요방』은 복방 중심이라고 지적되었다(崔桓壽·申舜植, 1997, 「『醫方類聚』의 引用書에 관한 연구(1)」, 『韓國韓醫學研究院論文集』 3권 1호).

黃, 7), 원지(遠志, 7), 정향(丁香, 7), 천오두(川烏頭, 7), 천초(川椒, 7), 황단(黃丹, 7), 건지황(乾地黃, 6), 독활(獨活, 6), 면(麵, 6), 숙지황(熟地黃, 6), 아교(阿膠, 6), 정력자(葶藶子, 6), 지각(枳殼, 6), 축사(縮砂, 6), 강활(羌活, 5), 단향(檀香, 5), 망초(芒硝, 5), 박하(薄荷, 5), 반하(半夏, 5), 송지(松脂, 5), 오수유(吳茱萸, 5), 우슬(牛膝, 5), 욱리인(郁李仁, 5), 토사자(免絲子, 5), 파극(巴戟, 5), 견우자(牽牛子, 4), 길경(桔梗, 4), 난발(亂髮, 4), 마인(麻仁, 4), 마황(麻黃, 4), 백두구(白豆蔻, 4), 산수유(山茱萸, 4), 석창포(石菖蒲, 4), 육종용(肉蓯蓉, 4), 차전자(車前子, 4), 출미(秫米, 4), 현삼(玄蔘, 4), 후박(厚朴, 4).

 감초는 인삼이나 당귀에 비해서도 자주 사용되고 있다. 요즘과 별반 다르지 않아 보이지만, 약재 수급이 요즘처럼 원활하지 않은 고려로서는 쉽지 않은 일이다. 조금 뒤에 서술하겠지만 고려에서 감초(甘草)는 수입 약재였다. 감초가 고려 토산물로 중국측 문헌에 처음 등장하는 것은 고종 11년(1224)경이지만, 실제 향약으로 생산되기 시작한 것은 조선 성종대 이후였기 때문이다. 『향약구급방』과 『신집어의촬요방』의 처방 약재를 비교해 보면 감초가 『신집어의촬요방』에서는 2번째로 많이 사용되는 약재로서 42회 처방되는 데 반해, 『향약구급방』에서는 9번째로 많이 사용되는 약재로서 11회 처방되는 데 그치고 있다.[33] 감초가 『향약구급방』에서는 제한적으로 사용되지만 『신집어의촬요방』에서는 충분히 활용되는 차이가 있음을 알 수 있다.

 고려의 인삼(人蔘)은 현재의 '산삼(山蔘)'에 해당한다. 인삼에 대한 공물 수취에서 보았듯이 고려에서 인삼이 흔전만전인 것은 아니었다. 비슷한 시기에 출간된 『향약구급방』에서 인삼이 한 번도 처방되지 않는 것은 그만큼 고가이자 희귀한 약재였기 때문이다.[34] 하지만 『신집어의촬요방』

---

[33] '<표 5-3> 『향약구급방』과 『신집어의촬요방』의 주요 약재 비교표' 참고.
[34] 『향약구급방』 본문에는 人蔘이 전혀 보이지 않으며, 「方中鄕藥目草部」에서만 유일하게 '인삼'이 나올 뿐이다. 하지만 「方中鄕藥目草部」는 『향약구급방』 초판본에 속하지 않는다. 이에 대해서는 본문에서 논의한다.

에서는 인삼전(人蔘煎), 인삼환(人蔘丸), 삼령탕(蔘苓湯), 인삼탕(人蔘湯)처럼 인삼이 빈용되었다. 감초나 인삼은 주로『신집어의촬요방』에서 사용되는 특징이 있다.

반면『신집어의촬요방』에는『향약구급방』의 빈용약재(頻用藥材)들이 거의 사용되지 않는다.『신집어의촬요방』에서 계자백(鷄子白)은 1회, 동자소변(童子小便)은 1회, 애엽(艾葉)은 3회, 총(葱)은 1회 사용될 뿐이다. 계란 흰자[鷄子白]나 아이 오줌[童子小便] 따위는 일상에서 흔한 사물들로서 구하기 어려운 것이 아닌데도『신집어의촬요방』에서는 드물게 등장한다. 『신집어의촬요방』부자고(附子膏)를 예로 추가하자면 정창(丁瘡)의 독기를 뽑을 때는 피침(鈹針)으로 주위를 쨈 후 부자(附子), 파두(巴豆), 호분(胡粉)으로 만든 고약을 붙인다. 그런데『향약구급방』에서는 비슷한 증상인 창종(瘡腫)에 대해 침으로 쨈 후 쥐똥[老鼠屎], 암컷 참새의 똥[雌雀屎], 식초[苦醋], 돼지기름[猪脂]으로 만든 고약을 사용한다.35) 한마디로『신집어의촬요방』이 당재(唐材)나 고가 약재를 주로 처방하는 데 비해,『향약구급방』은 음식을 비롯한 일상 사물을 약물로 활용하는 경향이 뚜렷하다.

의서에 따라 사용 약재가 다른 이유는 약재 취득이 신분계급별로 제한되면서 일어난 현상이라고 볼 수밖에 없다. 약재의 분포와 처방의 실례로 미루어『신집어의촬요방』이『향약구급방』과는 다른 계통의 의서라는 점이 분명하며, 약재 사용 계층도 확연히 구분된다.『신집어의촬요방』은 소수 지배층 중심의 의서라는 의미이다.36)

『신집어의촬요방』이 지배층 중심의 의서라는 점은『신집어의촬요방』의 편제에서도 확인된다.『어의촬요연구』에서는『신집어의촬요방』처방을 다음과 같이 분류하고 있다.

---

35)『鄕藥救急方』中卷, 丁瘡.
36) 김호는『신집어의촬요방』이 일반인들을 대상으로 만들어졌다고 설명한다(김호, 2000,『허준의 동의보감 연구』, 일지사, 46쪽).

풍문(風門, 19), 서문(暑門, 1), 상한문(傷寒門, 2), 안문(眼門, 1), 치문(齒門, 2), 인후문(咽喉門, 4), 비문(鼻門, 1), 이문(耳門, 2), 혈병문(血病門, 1), 기문(氣門, 2), 심복통문(心腹痛門, 2), 요각문(腰脚門, 3), 각기문(脚氣門, 3), 비위문(脾胃門, 12), 곽란문(霍亂門, 2), 숙식문(宿食門, 1), 적취문(積聚門, 1), 해수문(咳嗽門, 6), 학문(瘧門, 2), 수종문(水腫門, 5), 대소변문(大小便門, 2), 이문(痢門, 8), 설사문(泄瀉門, 1), 허문(虛門, 14), 경계문(驚悸門, 2), 건망문(健忘門, 1), 중악문(中惡門, 1), 주병문(酒病門, 7), 옹저문(癰疽門, 4), 제루문(諸瘻門, 1), 치루문(痔瘻門, 2), 제창문(諸瘡門, 5), 고약문(膏藥門, 1), 탕화상문(湯火傷門, 2), 잡병문(雜病門, 7), 부인문(婦人門, 2).[37]

『신집어의촬요방』에서는 풍문(風門)에 해당하는 처방이 19건으로 가장 많다. 풍문에서 다루는 질병은 요즘의 중풍(中風)인데, 고려에서는 풍질(風疾)이나 풍비(風痺) 등으로 불렀다. 현종 7년(1016) 원공국사는 풍아(風痾)에 걸려 사망하였으며, 널리 알려진 것처럼 문종도 풍비(風痺)로 고생하였다.[38] 인종대에 들어 김부일은 풍허(風虛)에 시달렸고 이공수는 풍비(風痺)로 사망하였다.[39] 명종대에 사망한 이문탁과 충목왕대에 사망한 김륜의 사망원인도 각각 풍비(風痺)와 풍질(風疾)이라고 한다.[40] 묘지명을 보면 사인(死因)으로 풍질(風疾)이나 풍병(風病)이 자주 등장하는데, 풍질(風疾)은 아주 고통스러워서 차라리 죽고 싶다고 토로할 정도였다.[41] 『신집어의

---

37) 안상우·최환수, 2000, 『어의촬요연구』, 한국한의학연구원, 33~34쪽 참고. 風門, 暑門 등의 病門 순서는 『의방유취』의 병증 구분을 따른 것이다.
38) 성균관대학교 박물관, 2005, 「居頓寺 圓空國師勝妙塔碑」, 『고려시대 금석문 탁본전』, 146쪽. "後以欻遘風痾, 綿留氣序, 十全參請, 尚傳遺類之言, 萬乘欻懷, 頻致藥瘍之施"; 『高麗史』 卷9, 世家9, 문종 32년 7월. "安燾等還. 王附表謝之, 且自陳風痺, 請醫官藥材."
39) 『高麗史』 卷97, 列傳10 金富佾. "富佾嘗苦風虛"; 李公壽 墓誌銘(김용선, 2006, 『개정판 역주 고려묘지명 집성』(상), 한림대학교출판부, 93쪽).
40) 李文鐸 墓誌銘(김용선, 2006, 『개정판 역주 고려묘지명 집성』(상), 한림대학교출판부, 376쪽); 金倫 墓誌銘(김용선, 2006, 『개정판 역주 고려묘지명 집성』(하), 한림대학교출판부, 921쪽).
41) 柳公權 墓誌銘(김용선, 2006, 『개정판 역주 고려묘지명 집성』(상), 한림대학교출판

촬요방』에서는 풍사(風邪)를 병인으로 지목하고 있다. 두들겨 맞아 온몸을 상했거나 센 약을 먹는 등의 원인으로 풍사(風邪)가 온몸에 있는 구멍으로 들어오면서, 그 독이 한편으로 몰려 팔다리에 감각이 없어져서 잘 놀릴 수 없고 말을 더듬거린다는 설명이었다.42)

흥미로운 사실은 『신집어의촬요방』에서는 풍질 처방이 가장 많은 반면, 곧 살필 『향약구급방』에서는 풍질 부분이 책 중간에 배치되었다는 점이다. 같은 시기에 발간된 의서이지만 지배층을 대상으로 하는 『신집어의촬요방』에서는 풍질을 심각한 질병으로 인식했음에 비해, 일반 민들을 대상으로 삼는 『향약구급방』은 심상한 질병으로 간주한 것이다. 경제적 빈부는 질병과 상관관계가 있는데,43) 아무래도 영양상태가 좋아 비만일 가능성이 높은 데다 운동량이 부족할 수 있는 왕실 구성원이나 지배층은 풍질에 걸릴 확률이 크다.44) 요컨대 신분계급에 따른 경제적 빈부와 영양상태의 차이에 의해서 흔히 걸리는 질병에 차이가 나타나고, 이러한 질병의 분포

부, 438쪽). "今疾若玆, 不如化之愈也."
42) 안상우·최환수, 2000, 『어의촬요연구』, 한국한의학연구원, 靈寶丹(『醫方類聚』卷18, 諸風門6 聖惠方4 治一切風通用丸藥諸方). "或食而傷飽, 或不食而太飢, 或飮啜太多, 或乾渴乏水, 或食酸鹹, 或茹辛辣, 或胃熱衝風, 或大寒近火, 或庭前看月, 或樹下承凉, 或刺損肌膚, 或撲傷肢體, 或飡躁藥, 或飮甘泉, 或久失節宣, 或恒多恣縱, 因此風趂百竅, 毒聚一肢, 遂使手足不仁, 言語謇澁."
43) 빈곤이 질병의 직접적 원인은 아니지만, 질병으로 이끄는 영향요인 중 주된 결정인자이다. 계층별 생활양식, 주거환경 등은 질병과 밀접한 관계가 있어서 하류층은 질병 발생률과 사망률이 상대적으로 높다(토마스 매큐언, 서일·박종연 역, 1996, 『질병의 기원』, 東文選, 172쪽 ; 鄭慶均 외, 1991, 『保健社會學』, 서울대학교출판부, 53쪽). 고려에서도 이규보는 부귀한 사람이 질병에 잘 걸리지 않는다고 하였다. 그는 질병과 경제적 빈부의 상관관계를 이해하고 있었다(李奎報, 『東國李相國全集』卷15, 古律詩 次韻廉按使金郎中戲贈文學. "江山遍歷崎嶇地. 嵐瘴難侵富貴身.").
44) 風이 百病의 시작이라는 『黃帝內經』의 표현대로 風邪로 인한 모든 질병이 風病에 해당한다. 풍병은 마비, 구안와사, 정신이상 등을 主症으로 하는 中風이 대표적이지만, 이 같은 증상이 없는 風病도 포괄하는 多義的 槪念이다(白上龍, 1994, 『風의 本質과 醫學에서의 運用에 대한 考察』, 경희대학교 석사학위논문 참고).

가『신집어의촬요방』과『향약구급방』에서는 편제와 처방 숫자의 차이로 수렴되었다.

『신집어의촬요방』은 소수 지배층 중심의 의서일 뿐만 아니라 성인 남성 중심의 의서이기도 하다. 위 분류를 살펴보면『신집어의촬요방』에 소아과 처방은 하나도 없으며 부인과 처방은 2개에 불과하다. 소아과와 부인과가 빈약한 이유는 명확하지 않아서 몇 가지 추론만 가능하다. 우선『신집어의촬요방』에는 원래 소아과나 산부인과 관련 처방이 많았는데,『의방유취』등에서 인용하기에는 조악해서 무시되었을 수 있다. 하지만 다른 분과의 처방에 비해 소아과나 산부인과만 특별히 무시되었다는 추측은 납득하기 어렵다. 남아 있는 130여개의 처방이라면 통계적인 신뢰도를 어느 정도 가지기 때문이다.

소아과나 산부인과 처방이 부족한 이유가『신집어의촬요방』은 국왕만을 치료대상으로 삼았기 때문일 수도 있다. 그런데 부인이나 소아를 전문으로 다룬 처방은 2개에 불과하지만, 다른 처방에서는 부인이나 소아를 추가로 설명하며 복용량을 별도로 지정하기도 한다. 영보환(靈寶丸)에서는 소아 나이대로 먹도록 복용량을 조절하였고, 해독웅황원(解毒雄黃圓)에서는 소아의 대소(大小)에 따라 복용량을 가감하였으며, 병자급풍단(餠子急風丹)에서는 부인들에게 생강·박하를 달인 물이나 술과 함께 먹도록 복용법을 달리하였다.45) 당시에 부인이나 소아는 성인 남성을 기준으로 삼아 약재량을 조절하는 게 일반적이었다.

그런데 부인이나 소아에 대한 추가 설명조차『신집어의촬요방』에서는 아주 적다. 조선 초의 경우를 살펴보면, 내의(內醫)들은 궁궐 내에서 여남은 살 먹은 아이를 치료하거나 어린 왕자의 치료도 담당하였다.46) 내의들의

---

45) 안상우·최환수, 2000,『어의촬요연구』, 한국한의학연구원, 靈寶丸, 解毒雄黃圓, 餠子急風丹.
46)『太宗實錄』卷29, 태종 15년 1월 16일(乙卯) ;『太宗實錄』卷35, 태종 18년 2월

치료대상이 성인 남성으로만 한정되지는 않았던 것인데, 고려의 의관 역시 부인이나 소아를 치료했을 것이다. 하지만 부인이나 소아를 위한 처방을 『신집어의촬요방』에 수록하는 데는 인색하였다. 결국 『신집어의 촬요방』은 소수 지배층을 치료하기 위한 의서로 편찬되었을 뿐만 아니라, 철저히 성인 남성을 기준으로 삼았으므로 소아·여성은 중요하게 인식하지 않았다는 것을 알 수 있다.

(3) 『신집어의촬요방』과 송 의학의 영향

현존하지 않으므로 『신집어의촬요방』의 본래 모습이나 차례는 전혀 알 수가 없다. 하지만 몇 가지 단서를 토대로 본문의 원형을 복원할 수는 있다. 다른 의서들에 수록된 『신집어의촬요방』 기록을 대조하여 『신집어의촬요방』의 원문(原文)을 추론하는 방식이다.

먼저 『의방유취』와 『향약집성방』에는 『신집어의촬요방』을 동시에 인용한 곳들이 몇 군데 있다. 예를 들어 『의방유취』와 『향약집성방』에서는 심한 치통(齒痛)을 치료하는 『신집어의촬요방』의 형개탕(荊芥湯) 처방을 동시에 인용하였다. 그런데 『의방유취』와 『향약집성방』의 기록은 동일한 형식이어서47) 『신집어의촬요방』의 원래 문장을 그대로 전재하였음을 알 수 있다. 기운이 잘 통하지 않을 때 사용하는 생기탕(生氣湯)도 같은 형식이며48) 오경환(五京丸), 후박탕(厚朴湯), 애엽전환(艾葉煎丸) 등도49) 『의

7일(戊子).

47) 『醫方類聚』卷73, 齒門3 御醫撮要. "荊芥湯. 療牙齒風疼痛不可忍. 荊芥[十穗]·川椒[七粒]·塩[一分]. 右件先以塩於銚子中炒, 以水三大盞, 同煎十餘沸, 熱含冷吐. 忌猪魚醬蒜麵醋"; 『鄕藥集成方』卷34, 齒牙門 牙齒疼痛. "荊芥湯. 治牙齒風疼痛不可忍. 荊芥[十穗]·川椒[七粒]·塩[一分]. ○ 右先以塩於銚子中炒, 以水三大盞, 同煎十餘沸, 熱含冷吐. 忌猪魚醬蒜麴醋."

48) 『醫方類聚』卷87, 諸氣門2 和劑局方 一切氣 ; 『醫方類聚』卷105, 嘔吐門2 御醫撮要.

49) 안상우·최환수, 2000, 『어의촬요연구』, 한국한의학연구원, 五京丸, 厚朴湯, 艾葉煎丸.

'전염병에 걸리면 창출, 복령, 인삼, 감초, 주사로 신명단(神明丹)을 만들어 정월 초하루에 천운(天運)을 받은 방위를 향한 채 복용하라.'『분문온역이해방(分門瘟疫易解方)』에 인용된『신집어의촬요방(新集御醫撮要方)』의 처방인데, '御어醫의撮최要요方방'이라고 발음을 달았다.

방유취』와『향약집성방』에 중복 인용되어 있어서『신집어의촬요방』이 원래 문장대로 인용됨을 재확인할 수 있다. 다른 의서인『분문온역이해방』에도『신집어의촬요방』의 형식은 그대로 남아 있다.

御醫撮要方. 神明丹. 主一年溫疫之災. 蒼창朮튤[四兩 炒 ○ 넉량을 봇그라] 茯복苓령[三兩 去膜焙 ○ 석량을 소옴ᄀ톤 씨인 것 업게 ᄒ고 브레 물외라] 人신蔘ᄉᆞᆷ[二兩 去蘆頭 ○ 두량 머리 업게 ᄒ라] 甘감草초[一兩 炙 ○ ᄒᆞᆫ량을 구으라]. 右件爲末, 煉蜜和丸彈子大, 以朱砂爲衣, 每歲旦五更初, 虔心祈告, 面向天運受氣方, 溫酒, 嚼下一丸, 如不飮酒者, 乳香湯下, 亦可[天運受氣方, 假令子年向子方, 丑年向丑方, 服之, 餘倣此].

御어醫의撮최要요方방의 神신明명丹단은 흐힛 됩단 모딘병 지긱을 고티ᄂᆞ니라. 이 약ᄃᆞᆯᄒᆞᆯ ᄀᆞ라 조린 ᄡᅮ레 ᄆᆞ라 탄ᄌᆞ만 비비여 朱쥬砂사로 의니퍼 한선날 오경의 조심ᄒᆞ야 빌오ᄂᆞ츌 天텬運운受슈氣긔方방을 향ᄒᆞ야 ᄃᆞᄉᆞᆫ 수레 ᄒᆞᆫ환식 시버 머그라 술 몯먹ᄂᆞ니어든 乳유香향 ᄯᆞᆯ힌 므레 머거도 됴ᄒᆞ니라[텬운슈긔방은 가령 ᄌᆞ녀니어든 ᄌᆞ방 튝녀니어든 튝방 향ᄒᆞ야 머그라 녀나ᄆᆞᆫ 힝도 이대로 ᄒᆞ라].[50]

따라서『신집어의촬요방』본문은 처방명, 치증(治證), 약재 종류와 분량

---

50) 『分門瘟疫易解方』鎭禳門, 疫癘病候. 이 처방은『醫方類聚』에 처방명만 실려 있는 辟溫神明丹과 같은 처방으로 추측된다(안상우・최환수, 2000, 『어의촬요연구』, 한국한의학연구원, 69쪽).

나열, 포제법과 복용법 설명, 금기 같은 특기사항으로 구성되었다. 앞의 형개탕 처방을 예로 들면『신집어의촬요방』본문은 다음과 같았다.

형개탕.
치아가 풍으로 몹시 아픈 것을 치료한다.
형개[10이삭]·천초[7알]·소금[1푼].
위의 약재에서 먼저 소금을 냄비에 넣어 볶은 다음, 큰 잔으로 물 3잔에 함께 넣고 10여 번 끓어오르게 달여, 뜨거울 때 머금었다가 식으면 뱉는다.
돼지고기, 생선, 간장, 마늘, 밀가루 음식, 식초를 먹지 말아야 한다.

한의서의 체재는 보통 질병에 대한 처방(處方)을 위주로 하거나, 질병 범주에 따른 병증(病症)을 위주로 구성된다.『의방유취』의 체재가 후자인 데 비해, 처방 중심의『신집어의촬요방』은 전자에 해당한다. 대체로 보아 처방 중심으로 편제된『신집어의촬요방』에서는 생리론이나 병인론 서술이 아직은 체계적이지 못하다. 그렇다고 해서『신집어의촬요방』에 병인론이나 치료원칙에 대한 언급이 전혀 없는 것은 아니었다. 처방 설명 속에 이것이 부분적으로 들어있다. 고려의 다른 의서인『향약구급방』·『비예백요방』과 비교하면, 오히려『신집어의촬요방』에서는 처방별로 세분화하여 질병 원인을 설명하면서 치료 원리를 제시하려고 노력하였다.『향약구급방』은 별도 처방명 없이 질병별로 단방을 나열할 뿐이었다. 의서의 체재면에서 보았을 때 당시로서는『신집어의촬요방』이 가장 발전된 형식을 띠고 있다.

병인론에서도『신집어의촬요방』은 최신 이론 즉 송 의학을 반영하고 있었다.『신집어의촬요방』에서는 풍병 원인을 몸 바깥의 풍사(風邪) 즉 사기(邪氣)와 몸에 내재한 진기(眞氣)의 관계에서 찾는다. 흑룡원(黑龍圓) 처방을 예로 들면 기와 혈이 다 허하고 주리가 약하여 풍사(風邪)라는 사기(邪氣)와 진기(眞氣)가 부딪히면서 풍병이 생긴다고 이해한다.51) 마찬가지로 영보단(靈寶丹) 처방에서는 풍사가 여러 원인으로 남녀의 기혈(氣血)에 침투하므로 풍병이 발생한다고 설명한다.52) 이 처방은 『태평성혜방』 처방을 『신집어의촬요방』에서 변형한 것이어서,53) 송의 『태평성혜방』이 현종대에 유입된 이후 임상에 활용되고 있음을 확인할 수 있다. 앞에서 소개한 신명단(神明丹)에서는 온역 즉 전염병을 예방하려면 천운수기(天運受氣)한 방향을 향해 서라고 하여 오운육기(五運六氣)를 연상시키는 표현을 사용한다. 이러한 서술들은 『신집어의촬요방』이 송대에 유행하는 운기학설(運氣學說)의 영향을 받고 있다는 점을 시사한다.

송 의학의 영향은 『신집어의촬요방』의 인용 의서에서도 확인이 가능하다. 『신집어의촬요방』의 135개 처방에는 기존 의서에서 인용한 것들이 상당수 있다. 인용 의서는 『신집어의촬요방』의 의학적 연원을 보여준다는 점에서 간과할 수 없다. 기존 연구에 의하면 이 책의 인용 의서는 『금궤방(金匱方)』, 『두문방(斗門方)』, 『천금방(千金方)』, 『태평성혜방(太平聖惠方)』, 『간이방(簡易方)』, 『화제국방(和劑局方)』, 『성제총록(聖濟總錄)』, 『위생보감(衛生寶鑑)』 등이다. 주로 당·송의 의서가 인용되었으며, 특히 『태평성혜방』(16회)과 『화제국방』(13회)을 인용한 경우가 많다. 『신집어의촬요방』은 이들 송대 의서에 크게 의지하였다.54)

---

51) 안상우·최환수, 2000, 『어의촬요연구』, 한국한의학연구원, 黑龍圓.
52) 안상우·최환수, 2000, 『어의촬요연구』, 한국한의학연구원, 靈寶丹.
53) 『醫方類聚』 卷18, 諸風門6 聖惠方4 治一切風通用丸藥諸方 참고.
54) 안상우·최환수, 2000, 『어의촬요연구』, 한국한의학연구원, 30~31쪽. 『어의촬요연구』에 의하면, 『의방유취』에서 추출한 128방의 『신집어의촬요방』 기록 가운데 『신집어의촬요방』 본편에서 채록한 것이 90조이고 다른 의서에서 인용한 것이 38방인데, 2/3 가량의 처방이 중국 의서에 수록되지 않은 것은 『신집어의촬요방』 처방이 茶房에서 전래된 고유의 전통처방이거나 중국 의학의 영향을 벗어나 독자적인 경험이 가미되었음을 증명한다고 한다(안상우·최환수, 2000, 『어의촬요연구』, 한국한의학연구원, 32~42쪽). 요컨대 『신집어의촬요방』은 독자의서라는 결론이다. 하지만 이른바 90조도 중국 의서와 다시 대조해 볼 필요가 있다.

『신집어의촬요방』이 송 의학을 추종하는 의서라는 점을 분명하게 보여 주는 처방은 우황청심원(牛黃淸心圓)이다. 요즘도 널리 사용되는 우황청심원은 『신집어의촬요방』에서 처음 소개되는데,[55] 중국에서 우황청심원이 등장한 것은 송의 『화제국방(和劑局方)』에서였다.[56] 그런데 『화제국방』의 우황청심원은 무려 29종의 약재로 조제하였으며, 『신집어의촬요방』에서는 28종의 약재로 처방하였다. 일부 약재의 차이에도 불구하고 주치(主治)와 약재의 종류가 흡사하므로 『신집어의촬요방』은 『화제국방』을 충실히 따르고 있는 게 분명하다.[57]

예를 들어 36번으로 정리한 生氣湯의 경우 『의방유취』 권87에서는 『화제국방』을 인용하였다고 표기하였지만, 『의방유취』 권105에서는 동일한 처방임에도 불구하고 별도의 인용 표기가 없다. 인용 표기가 없더라도 다른 의서를 인용했을 가능성이 존재하는 것이다. 또한 77번으로 정리한 內補丸도 『의방유취』 내에서 2번 중출되는데, 『의방유취』 권138에서는 『성혜방』을 인용했다고 표기하였지만, 『의방유취』 권141에서는 『성혜방』이라는 표기가 빠진 채 『신집어의촬요방』이라고만 되어 있다. 하나 더 거론하자면 49번으로 정리한 化痰玉壺丸은 아무런 인용 표시가 없어서 독자 처방으로 간주하였지만, 『太平惠民和劑局方』 卷4, 治痰飮에 나오는 化痰玉壺丸의 처방을 인용하였다. 따라서 '『신집어의촬요방』'이라고만 인용 표기가 된 부분도 다른 의서와 비교할 필요가 있다. 그런데 중국 의서를 인용했더라도 고려 의서인 것은 분명하다. 편찬 과정에서 중국 의서를 어떤 방식으로 인용하느냐에 따라 편찬자의 의도가 관철되기 때문이다. 인용을 통한 편찬인 셈이다. '독자적인 처방'이라고 간주하는 『신집어의촬요방』의 90방이 『신의보구방』을 상당히 인용했을 수도 있다. 『신의보구방』이 전해지지 않은 현재로서는 『성혜방』(16회)과 『화제국방』(13회)의 횟수에서 송 의학의 영향력을 확인하는데 그칠 따름이다.

55) 『醫方類聚』 卷19, 諸風門7 和劑局方 治諸風. "牛黃淸心圓……御醫撮要, 理一切風痺不仁, 膈中熱, 消痰飮, 止頭痛, 惡心嘔吐, 理風眩語澁, 解虛熱煩燥, 倦怠少力, 補心氣, 理健忘驚悸, 及精神昏憒, 意思不樂……."

56) 『太平惠民和劑局方』(四庫全書本) 卷1, 治諸風 牛黃淸心圓. 홍원식·윤창열 편저, 2001, 『증보 중국의학사』, 一中社, 251~252쪽 ; 동양의학대사전편찬위원회, 1999, 『東洋醫學大事典』, 경희대학교출판국, '우황청심환' 항목. 원래 『和劑局方』 10권은 宋 太醫局에서 편집하여 神宗 元豊 원년(1078, 고려 문종 32년) 이후에 初刊된 의서로서 藥局에서 사용하던 製劑藥 처방집이었다. 『太醫局方』이라는 서명은 徽宗 大觀 원년(1107, 고려 예종 2년) 전후에 陳師文 등이 수정하면서 『和劑局方』으로 바뀌었다(동양의학대사전편찬위원회, 1999, 『東洋醫學大事典』, 경희대학교출판국, '태평혜민화제국방' 항목).

송 의학이 고려에서만 인기가 있는 것은 아니었다. 『신집어의촬요방』에 등장하는 고량강(高良薑)은 송(宋) 고량군(高良郡)에서 산출되는 생강과(生薑科) 식물이다. 이 고량강이 12세기 초에는 고려와 일본에서 만병통치약으로 쓰이면서 '말세묘약(末世妙藥)'이라 일컬어졌다.58) 『신집어의촬요방』에서는 고량강이중환(高良薑理中丸)이나 호초이중환(胡椒理中丸)에 고량강을 처방하고 있어서 그 인기를 실감할 수 있다. 특히 '고량강이중환(高良薑理中丸)'의 처방명에 고량강이 들어있는 데서 보듯이, 토사곽란(吐瀉癨亂) 치료에는 고량강이 가장 중요한 약재였다. 고량강의 유통과 그 치료술에서 확인되는 바와 같이 송 의학은 동아시아 삼국에서 공유되고 있었다.

이처럼 『신집어의촬요방』의 병인론을 비롯하여 인용 의서와 약재를 통해 문종대 이래 송 의학이 고려에 수용되는 광경을 살필 수 있다. 송 의학이 고려 의학에 스며들듯 『신집어의촬요방』의 처방은 고려의 일상에 스며들었다. 이규보의 '기해년(1239, 고종 26년) 정단(正旦)에 신명단(神明丹)을 마시고 희롱 삼아 짓다'에서는 앞서 소개한 신명단을 연초마다 복용하고 있었다.

　　닭도 울기 전에 이불 쓰고 앉아서,
　　신단(神丹)을 먹기 위해 술 한 잔 마시네.
　　일흔 두 알이 뱃속에 쌓였으리니,
　　창자를 몽땅 뒤지면 말[斗]로도 될 수 있으리라.
　　어찌 세월만이 나이 먹게 하겠는가,
　　신명환도 나이를 세는 산가지가 되네.
　　이 신단은 젊어지는 약이 아니니,
　　술이 아니었으면 아마 신단도 먹지 않았으리.59)

---

57) 『어의촬요연구』에서는 우황청심원이 고려의 독자적인 처방이라고 평가한다(안상우·최환수, 2000, 『어의촬요연구』, 한국한의학연구원, 61쪽).
58) 김기섭 외, 2005, 『일본 고중세 문헌 속의 한일관계사료집성』, 혜안, 637~638쪽.

당시 일흔 두 살이던 이규보가 자신의 뱃속에는 일흔 두 알의 신명단이 쌓여있다고 하는 것으로 보아 매년 연초에 신명단을 한 알씩 복용하는 풍속이 오랫동안 널리 퍼져있음을 짐작할 수 있다.

석곡환(石斛丸)도 사용되는 것은 매한가지였다. 『신집어의촬요방』에는 보익석곡환(補益石斛丸)이라는 처방명만 남아 있으나, 이규보가 쓴 '석곡환(石斛丸) 하사에 대하여 유공(柳公)이 사은하는 표'에서는 그 내용을 짐작할 수 있다.

> 삼가 생각하건대, 신(臣)이 전에 풍비병(風痺病)에 걸려 분에 넘친 관직을 사직하였는 바, 몸은 비록 집으로 물러와 휴양하면서 우러러 성상의 은혜에 감사하고 있으나, 아직도 병상을 떠나지 못하고 해가 바뀌도록 누웠사오며, 백방으로 치료하여도 낫지 않고 오기(五氣)가 서로 뒤틀립니다. 이 석곡환(石斛丸)이란 명약은 실로『금편(金篇)』의 묘방으로, 정기를 보하며 몸을 이롭게 함이 이미 의서에 나타나 있고, 근골(筋骨)을 장하게 하며 몸을 가볍게 한다는 것을 의원들도 두루 알고 있는 사실이나, 궁중의 비장(祕藏)이 아니면 민간에서 쉽게 구하기 어렵습니다.60)

이 글은 이규보가 유공(柳公)을 대신해서 감사를 표시한 것이다. 유공(柳公)은 유공권(柳公權)으로 추측된다. 풍비병(風痺病)으로 오랫동안 고생하는데 구하기 어려운 석곡환을 하사받아 망극하다는 내용이다. 이외에도 온백환(溫白丸)은 귤피탕(橘皮湯)으로 복용하는데, 고종대에는 귤피탕이 사찰에서 사용되는 기록이 있어서61) 『신집어의촬요방』 처방이 상용(常用)

---

59) 李奎報, 『東國李相國後集』卷5, 古律詩 己亥正旦飮神明丹戲作. "擁衾閑坐未雞鳴, 爲服神丹吸一觴. 七十二丸應積貯, 搜腸傾倒斗堪量. 豈獨歲華加我齒, 神明丸亦作年籌. 此丹非是還童藥. 不爲傾盃殆必休."

60) 李奎報, 『東國李相國全集』卷29, 表 柳公謝賜石斛丸表. "伏念臣昨罹風痺之交侵, 乞免官班之非據, 雖退適於蛙井, 仰感天恩, 尙未離於蟻床, 臥更歲律, 百方莫療, 五氣相乖. 惟石斛之名丸, 實金篇之遺訣, 補精益內, 旣著於方經, 壯骨輕身, 又聞於術士, 如非內府之祕蓄, 誠匪人間之易求."

됨을 재차 확인할 수 있다.

『신집어의촬요방』처방이 상용된다는 것은 고려 사회에서 중국 의학이 그만큼 영향력을 발휘한다는 의미이다. 그렇다면 『신집어의촬요방』이 통용될수록 고려 의학의 자주성은 엷어지는 것일까? 『신집어의촬요방』을 토대로 기존에 논의된 '고려 의학의 자주성'을 재검토해 볼 필요가 있다.[62]

송 의학을 고려 의학의 표준으로 삼고 있는 상태에서 다른 의학을 찾는다는 것은 상상하기 어렵다. 충분히 중국 의학을 토론하고 임상 실험해 본 뒤 이를 변용하거나 극복하는 단계로 나아가서 독자 의학을 창출하게 될 것이며, 그 이전이라면 충실히 추수하는 것이 당연하다. 그렇다고 해서 비슷한 약재를 쓴다는 이유로 중국 의학의 아류라고 곧바로 단정할 수는 없다. 중국 의서와 완벽하게 일치하지 않는 변주(變奏)는 자연스러운 현상이기도 하다. 과연 『신집어의촬요방』에서 중국 의학의 수용과 향약의 활용은 어떤 양상으로 전개되는가?

우선 『신집어의촬요방』에서 중국 의서의 처방을 기준으로 삼는다는 점은 분명하다. 마사원(摩挲圓) 처방에서 사용된 13개 약재는 『화제국방』을 참고한 것이다.[63] 『화제국방』과 비교하면 웅황(雄黃)과 진주 가루[眞珠末]가 빠져 있는데, 진주는 고려에서 구할 수 없어서 포기한 게 아닌가

---

61) 『東文選』 卷18, 七言排律 次韻答晥上人. "家風淡似橘皮湯." 이 시에 등장하는 승려 天因의 생몰연대는 1205년(희종 원년)~1248년(고종 35년)이어서 무신집권기의 시임을 알 수 있다.
62) 기존 연구에서는 『신집어의촬요방』에 삼국 이래의 경험이 축적되어 있는 데다 거란과 몽고의 압박을 겪고 있던 무신집권기의 자주적 기풍이 가미되었다고 평가한다(안상우・최환수, 2000, 『어의촬요연구』, 한국한의학연구원, 17쪽). 고려 의학이 중국과 다르므로 자주적이라는 주장은 흔히 발견된다(宋春永, 1996, 「元 干涉期의 自然科學-醫學을 중심으로-」, 『國史館論叢』 71집 등). 하지만 『신집어의촬요방』이 발간된 고종 13년(1226)은 대몽항쟁이 본격적으로 시작되기 전이다. 그리고 거란과의 대규모 전쟁은 성종, 현종대에 이미 끝났으므로 거란의 압박이 『신집어의촬요방』 저술의 배경이란 설명에도 흔쾌히 동의하기 어렵다.
63) 『醫方類聚』 卷19, 諸風門7 和劑局方 治諸風. "摩挲圓……御醫撮要, 理風中癱, 及氣痺, 幷諸風身體冷……."

생각된다. 당재의 확보가 여의치 않자 처방에서 빼는 방식으로 대응한 경우이다.

토산약재를 대체약재로 활용하는 경우도 있다. 보생환(保生丸)에 사용되는 진범(秦艽)이 그것이다. 원래 진교(秦艽)는 중국 감숙성 등에서 산출되지만, 진범(秦艽)은 한국에서 산출되는 대체약재로서 독성이 있다.[64] 진범 사례처럼 고려로서는 당재를 구할 수만 있다면 대체약재조차 필요가 없었을 것이다. 당재 수요에 비해 공급이 충분하지 않은 상태에서 처방의 확대나 외교환경의 변화로 당재 확보가 여의치 않게 되자 당재에 버금가는 토산약재를 찾을 뿐이었다.

약재의 확보는 고려만 겪는 어려움이 아니었다. 송(宋) 온혁(溫革)이 쓴 『쇄쇄록(瑣碎錄)』에서도 "광주로 들어오는 외국약에 위조한 것이 많다. 유향은 대개 백교향에 엿을 섞어 만든 것이 많다"라고[65] 할 정도로 중국 역시 가짜 약재에 시달렸다. 고려나 송이나 약재 구득이 어려운 건 마찬가지였던 것이다.

따라서 『신집어의촬요방』 등에서 보이는 대체약재의 사용은 약재 수급상의 문제이므로 의학의 자주성과는 그다지 상관이 없다. 오히려 대체약재의 사용은 송 의서의 처방을 기준으로 삼는다는 점에서 송 의학에의 경도(傾倒)를 표시한다. 『신집어의촬요방』처럼 부득이해서 대체약재를 쓰는 경우와 약성에 대한 이해를 거쳐 별도 약재를 개발하는 경우는 현격한 차이가 있다. 『신집어의촬요방』에 등장하는 대체약재의 존재는 약재 확보를 위한 즉자적인 노력을 보여준다.

그런데 『신집어의촬요방』에서는 중국 의서의 처방 약재를 보다 정확히 규정하는 모습도 발견된다. 견우자는 흑과 백의 두 종류가 있는데, 검은

---

64) 동양의학대사전편찬위원회, 1999, 『東洋醫學大事典』, 경희대학교출판국, '진교', '진범' 항목.
65) 『醫方類聚』 卷1, 總論1 瑣碎錄 辨僞. "廣州番藥多有僞者. 好乳香, 多是白膠香攪糖爲之."

것이 흑축(黑丑)이고 흰 것이 백축(白丑)이다.66) 목향환(木香丸)에서『위생 보감』은 '견우(牽牛)'라고 처방하였지만,『신집어의촬요방』에서는 '흑견 우(黑牽牛)'라고 세분하여 처방하였다.67) 약재의 변화를 넘어 복용법의 변화도 감지된다. 이중원(理中圓)에서『신집어의촬요방』과『화제국방』은 사용 약재와 치료 목적이 동일하지만,『신집어의촬요방』에서는 1번에 15알씩 복용하는 데 비해『화제국방』에서는 1알씩 복용한다.68)

복용법의 차이 외에 처방의 변화도『신집어의촬요방』에 나타났다.『신 집어의촬요방』에서 항상 중국 처방의 간략화를 지향하는 것은 아니다. 『신집어의촬요방』의 지보단(至寶丹)과『화제국방』의 지보단을 비교하면 『신집어의촬요방』이 오히려 인삼·용치·천남성 등 3종의 약재를 더 넣고 있으며, 모든 약재에서 그 분량도 더 많다.69) 지보단이라고 하더라도 이처럼 내용이 다른 것은 고려적인 치료방식이 존재함을 의미한다.

나아가『신집어의촬요방』의 대영보단(大靈寶丹)에서는 모든 풍병에 천 남성 등 17종의 약재로 만든 대영보단을 먹는다고 하였다. 대영보단을 35종의 약재가 들어가는 영보단(靈寶丹)과 대조해 보면, 풍병 치료에 사용 되는 것은 동일하지만 처방 약재의 종류와 숫자는 많이 다르다.70) 그런데 『사고전서』에서는 '대영보단'이 검색되지 않는다. 대영보단은 영보단을 변주한 고려의 독자적인 처방이라고 판단된다.

---

66) 동양의학대사전편찬위원회, 1999,『東洋醫學大事典』, 경희대학교출판국, '견우자' 항목.
67)『醫方類聚』卷22, 諸風門10 衛生寶鑑 風中腑諸方. "木香丸. 疎風順氣, 調榮衛, 寬胸膈, 清頭目, 化痰涎, 明視聽散積滯. 檳榔·大黃[煨, 各二兩]·陳皮[去白, 焙, 一兩]·木 香·附子[炮]·人參[各一兩]·官桂·川芎·羌活·獨活·三稜[炮, 各半兩]·肉荳 蔲[六箇, 去皮]. 右拾貳味爲細末, 每料末貳兩, 入牽牛[御醫撮要, 黑牽牛子], 淨末壹兩, 蜜丸桐子大, 每服拾丸至拾伍丸, 臨臥, 生薑·橘皮湯下. 此藥, 治療極多, 不可具述."
68)『醫方類聚』卷100, 脾胃門2 和劑局方 脾胃, 理中圓.
69)『醫方類聚』卷19, 諸風門7 和劑局方 治諸風, 至寶丹.
70) 안상우·최환수, 2000,『어의촬요연구』, 한국한의학연구원, 大靈寶丹, 靈寶丹.

이상의 검토로 미루어『제중입효방』과『신집어의촬요방』에 보이는 중국 의학의 수용 단계는 송 의서 학습을 통해 의학 지식의 이해가 깊어지면서 당재(唐材)에 해당하는 대체약재를 찾아 사용하는 수준이었다. 이러한 준용(遵用)을 넘어『신집어의촬요방』에서는 변용(變用)도 나타나고 있었다. 중국 의서의 처방 약재를 엄밀히 규정하거나 처방 및 복용법에 변화를 주는 방식이었다. 요컨대『신집어의촬요방』에서는 전반적으로 중국 의학을 추수하되, 대체약재나 복용법 등에서는 고려의 지리적 사회적 여건에 맞춤으로써 고려 의학의 독자성을 모색한 것으로 평가된다.

2. '향약론'의 전개

1)『향약구급방』과 향약의 활용

(1)『향약구급방』의 간행

고려에서 '향약(鄕藥)'이라는 표현은 별로 보이지 않는다. 기록으로 살펴보면 '향약'이라는 단어가『고려사』와『고려사절요』에는 전혀 등장하지 않으며,『향약구급방(鄕藥救急方)』이라는 서명(書名)에서 처음 나타난다. 『향약구급방』본문에는 "약성상반(藥性相反)에 관한 내용은『향약(鄕藥)』에 나온다"라고 하여,71)『향약구급방』이전에도『향약』으로 불리던 다른 의서가 있었던 것 같지만, 어떤 의서인지는 전혀 알 수 없다. 고려에서 의료에 그토록 관심을 쏟았음에도 불구하고『향약구급방』에 이르러서야 '향약'이라고 표현된다는 점이 흥미롭다.

'향약(鄕藥)'은 당약(唐藥)과 비슷한 약효를 지닌 토산약재(土産藥材)이다. 하지만 향약이라는 표현 자체가 당약과 대비되어 사용된다. 중국 의학의 유입을 전제로 하므로 향약 개념이 사용된다는 것은 중국 의학의

---

71)『鄕藥救急方』下卷, 藥性相反. "藥性相反錄出鄕藥."

영향력이 그만큼 광범위해졌다는 반증이기도 하다. 아울러 향약은 치료약재(治療藥材)이다. 향약은 자신의 토산약재로 질병을 치료할 수 있다는 의토성(宜土性)을 본래적 속성으로 한다. 의토성에 대한 자각은 향약의서들의 공통점이다.72) 그러므로 '향약'이라는 표현이 사용된다는 것은 당약을 염두에 두고 토산약재의 수급(需給)과 약성(藥性)을 대자적(對自的)으로 인식하는 단계에 접어들었다는 뜻이다. 김춘수의 시처럼 그의 이름을 불러주었을 때 나에게로 와서 꽃이 되었다. 고려 의학의 발전에서 '향약(鄕藥)' 이전 시기와 이후 시기는 낮과 밤처럼 분명한 차이가 있다.

『향약구급방(鄕藥救急方)』은 향약 개념이 본격적으로 사용된 의서이다. 중국 의학의 적극적 수용과 향약에 대한 자각을 토대로 한다는 점에서 이 책은 고려 의학이 새로운 단계에 도달했음을 표징한다. 이 책을 세밀히 분석하지 않을 수 없다.

『향약구급방』은 조선 태종 17년(1417)의 중간본(重刊本)이 일본 궁내청(宮內廳) 서릉부(書陵部)에 남아 있다.73) 흔히 중간본에 수록된 발문(跋文)을 토대로『향약구급방』초간본(初刊本)의 간행 시기를 추측하고 있다. 윤상(尹祥)은 발문에서 "예전에 대장도감(大藏都監)에서 이 책을 간행하였는데, 세월이 오래되자 책판은 썩고 옛 책은 찾아보기 어렵게 되었다"라고 썼다.74) 기존 연구에서는 대장도감이 고종대에 설치되었다는 점에서『향

---

72) 金斗鍾, 1966,『韓國醫學史 全』, 探求堂, 206쪽 ; 신순식 외, 1995,『韓國韓醫學史 再定立』상, 한국한의학연구소, 44~45쪽.
73) 일본 궁내청 서릉부에서 소장하고 있는『鄕藥救急方』을 영인한 자료가 몇 종 있다. 金信根 主編, 1992,『韓國醫學大系』1, 驪江出版社 ; 申榮日, 1994,『『鄕藥救急方』에 對한 硏究』, 경희대학교 박사학위논문 ; 한국한의학연구원 홈페이지(http://jisik.kiom.re.kr/search/searchOldBookClass.jsp) ; 국립중앙도서관 고서실의 마이크로필름 등이 그것이다. 마지막 자료는 1996년 2월 13일에 촬영한 것으로 국립중앙도서관에서 궁내청 서릉부의 협조로 확보한 필름이다. 자료별로 해상도에 약간씩 차이가 있다.
74)『鄕藥救急方』跋文. "昔大藏都監刊行是書, 歲久板朽, 舊本罕見."

V. '향약'의 성장과 의료사적 의의   285

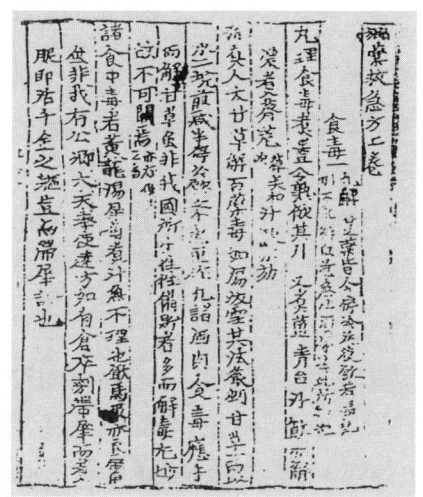

현존하는 한국 최고(最古)의 의서인 『향약구급방(鄕藥救急方)』. 조선 초기의 중간본(重刊本)이지만 책자 형태로 남아 있는 덕분에 향약(鄕藥)의 발전 과정을 잘 살필 수 있다.

약구급방』도 고종대에 출간되었다고 설명한다. 미키 사카에가 『향약구급방』의 찬자를 고종대의 정안(鄭晏)으로 추정한 이래,75) 정안과 연관된 설명이 뒤따랐다.76) 현재 『향약구급방』 간행은 고종 19년(1232)~고종 38년(1251) 사이나,77) 대장경 간행사업이 끝날 무렵인 고종 34년(1247)~고종 38년(1251) 사이에 정안이 남해(南海)의 분사대장도감(分司大藏都監)에서 개인적으로 각수자(刻手者)를 동원하여 간행하였을 것으로 추측

하고 있다.78)

하지만 『향약구급방』의 간행 시기가 고종대인지에 대해서는 보완 설명이 필요하다. "예전에 대장도감에서 이 책을 간행하였다"라는 발문의 표현에는 『향약구급방』이 고종대에 간행되었다는 뜻이 전혀 없기 때문이다. 대장도감의 흔적을 찾아보면, 충선왕 후원년(1309)에도 그 존재가 확인된다.79) 조선 건국 직후의 "도당(都堂)에서 대장도감(大藏都監)을 폐지

---

75) 三木榮, 1963, 『朝鮮醫學史及疾病史』, 自家 出版, 63쪽.
76) 이태진, 2002, 『의술과 인구 그리고 농업기술』, 태학사, 114~117쪽 ; 洪榮義, 1997, 「高麗後期 大藏都監刊『鄕藥救急方』의 刊行經緯와 資料性格」, 『韓國史學史研究』, 나남출판, 183쪽.
77) 申榮日, 1994, 『『鄕藥救急方』에 對한 研究』, 경희대학교 박사학위논문, 2쪽.
78) 洪榮義, 1997, 「高麗後期 大藏都監刊『鄕藥救急方』의 刊行經緯와 資料性格」, 『韓國史學史研究』, 나남출판, 177~178쪽.
79) 『高麗史』 卷78, 食貨1 田制 租稅, 충선왕 후원년 3월. "傳旨曰, 典農司所收諸寺社及有券功臣田租, 皆還給, 其餘田租, 移入龍門倉, 以米三百石, 分賜大藏都監·禪源社."

하기를 청하였다"라는[80] 기록에서도 대장도감이 고려 말에 여전히 존속했음을 알 수 있다. 굳이 간행 시기의 단서를 찾자면 『향약구급방』 상권에 나온 "박엽. 신라인들은 호(瓠)를 박이라고 불렀는데 『삼국사(三國史)』에 나온다"라는 문장이다.[81] 따라서 『향약구급방』은 『삼국사기(三國史記)』가 집필된 인종 23년(1145) 이후의 의서가 분명하다. 그리고 발문에 나온 바대로 대장도감이 설치된 고종대 이후에 간행되었다.

그렇다고 해서 『향약구급방』이 고려 말에 간행되지는 않았다. 『향약집성방』에 인용된 향약의서들을 확인해 보면 『향약구급방』과 『삼화자향약방』의 처방이 겹치는 경우가 꽤 많다. 『삼화자향약방』의 200여개 방문 중 40여개가 『향약구급방』 방문과 같다.[82] 『삼화자향약방』에서는 『향약구급방』을 인용하되 제법(製法), 복용법, 주의사항, 출전을 간략화하고 향명(鄕名)도 생략하였다. 세월이 오래되자 『향약구급방』을 찾아보기 어렵게 되었다는 중간본 발문을 상기하면, 고려 후기에 들어 『향약구급방』이 희귀해지면서 『삼화자향약방』을 읽었던 것으로 판단된다. 여기에서는 『향약구급방』의 간행 시기가 불분명하다는 정도에서 논의를 그치고, 우선은 기존 연구에 따라 고종대 즈음에 출간된 것으로 간주하고 검토하겠다.

이미 경험한 것을 토대로 시골에서도 사용하기 위해 재간(再刊)한다는 윤상의 설명으로 미루어, 고려에서 『향약구급방』은 실용적인 목적을 어느 정도 충족시키고 있었다. 현존하는 3권짜리 『향약구급방』 중간본(重刊本)의 체재는 다음과 같다.[83]

---

80) 『太祖實錄』 卷1, 태조 원년 8월 2일(辛亥). "都堂請罷大藏都監."
81) 『鄕藥救急方』 上卷, 齒蚘. "朴葉, 亇人謂瓠爲朴, 三國史出." 이 표현은 『三國史記』 卷1, 新羅本紀1, 혁거세거서간 원년에 보인다.
82) 孫昌學, 1992, 『三和子鄕藥方의 刊行時期에 對한 硏究』, 경희대학교 석사학위논문, 19~20쪽. 손창학은 『삼화자향약방』이 『향약구급방』의 藍本이라고 주장하였지만, 처방을 비교해 보면 『향약구급방』이 먼저 편찬되었음을 알 수 있다.
83) 미키 사카에는 『향약구급방』의 질병 분류는 고려에서 유행한 『태평성혜방』을 따랐을 것으로 추측하였다(三木榮, 1963, 「朝鮮疾病史」, 『朝鮮醫學史及疾病史』,

V. '향약'의 성장과 의료사적 의의 287

『향약구급방』 목차(目次)
상권 : 식독(食毒), 육독(肉毒), 균독(菌毒), 백약독(百藥毒), 석독(螫毒), 골경(骨鯁), 식얼(食噎), 졸사(卒死), 자일(自縊), 열갈(熱渴), 낙수(落水), 중주(中酒), 단주(斷酒), 타절(墮折), 금창(金瘡), 후비(喉痺), 중설(重舌), 치감(齒蚶)
중권 : 정창(丁瘡), 옹저(癰疽), 장옹(腸癰), 동창(凍瘡), 악창(惡瘡), 칠창(漆瘡), 탕화창(湯火瘡), 단독은진(丹毒癮疹), 대지창(代指瘡), 표저(瘭疽), 부골저(附骨疽), 선개와창(癬疥癨瘡), 전촉목죽첨자(箭鏃木竹籖刺), 치루장풍(痔漏腸風), 심장통(心腸痛), 냉열리(冷熱痢), 대소변불통(大小便不通), 임질(淋疾), 소갈(消渴), 소변하혈(小便下血), 음퇴음창(陰㿉陰瘡), 비뉵(鼻衄), 안병(眼病), 이병(耳病), 구순병(口脣病)
하권 : 부인잡방(婦人雜方), 소아잡방(小兒雜方), 소아오탄제물(小兒誤呑諸物), 수종(水腫), 중풍(中風), 전광(癲狂), 학질(瘧疾), 두통(頭痛), 잡방(雜方), 복약법(服藥法), 약성상반(藥性相反), 고전록험방(古傳錄驗方), 수합법(修合法)
방중향약목초부(方中鄕藥目草部)
『향약구급방』 발문(跋文) 및 간기(刊記)

『향약구급방』 본문은 55목(目)으로 구성되어 있으며, 하권 잡방(雜方)까지 52목에서 처방을 수록하고 있다.[84] 초간본에는 서문이 있었을 가능성이

自家 出版, 123쪽).
84) 『향약구급방』의 목차에서는 하권 마지막의 '수합법(修合法)'이 빠져있다. '수합법(修合法)'을 포함하면 본문은 56목이 된다. 『향약구급방』 중간본의 발문에 따르면 인쇄에는 2달 남짓 걸렸는데, 정교하게 교정하거나 정성들여 편집한 것은 아니다. 예를 들어 上卷에서는 '皂莢[鄕名注也邑]'이라는 설명을 두 번 반복하고, 「방중향약목초부」에서는 '桑根白皮'를 세주처럼 '桑[根白皮]'라고 표기하며, 下卷에서는 '如桐[子大 曉]頭溫酒下六十丸'에서 세주처럼 작게 '子大 曉'를 표기한다. 또한 책의 차례와 본문 제목이 다른 경우가 상당히 많다. 무엇보다 신체부위를 다루면서 인후·혀·치아는 상권에 배치하고, 코·눈·귀·입은 중권에 배치하는 것을 감안하면 『향약구급방』 체재가 매우 정합적으로 구성된 것은 아니다.

높은데 남아 있지 않다.『향약구급방』의 7개 처방이 별도로『향약집성방』에 인용된 것을 근거로, 기존 연구에서는 초간본과 중간본이 많이 달랐으리라 추측하였다.85) 초간본이 희귀해지고 그 목판도 손상됨에 따라 중간본이 부득이하게 변형되었음은 분명하다. 하지만 중간본이 고려 초간본의 형태에서 크게 어긋나지는 않은 것 같다. 하권이 잡방(雜方), 복약법(服藥法), 약성상반(藥性相反), 고전록험방(古傳錄驗方), 수합법(修合法) 등으로 마무리되는 것으로 보아 자기 완결적인 체재를 구성하고 있다고 판단되기 때문이다. 본문의 연관성을 기준으로『향약구급방』내용을 범주화시켜보면 의서로서의 구성이 온전함을 확인할 수 있다.

상권 : 중독(음식물 중독→ 약물 중독→ 벌레독 중독)⇒ 일상적인 위협 요소(골경→ 식얼→ 졸사→ 자일사→ 일사병→ 익사→ 술→ 타절→ 금창)⇒ 신체부위(인후→ 혀→ 치아)
중권 : 창저류(瘡疽類)⇒ 내상류(內傷類)⇒ 신체부위(코→ 눈→ 귀→ 입)
하권 : 전문과(부인과→ 소아과→ 수종→ 중풍→ 전광→ 학질→ 두통)⇒ 잡병⇒ 기타(복약법→ 약성상반→ 고전의 경험방→ 수합법)

『향약구급방』상권은 일상의 구급상황, 중권은 창저와 내상 등 주요 질병, 하권은 전문과와 기타 질병 등으로 구분되었다. 원종 5년(1264) 기록을 보면, 고려에서는 30년 동안 전쟁, 기근, 전염병에 계속 시달렸다고 하므로,86) 고종대 중반부터는 의료여건이 악화되었다.『향약구급방』에서 주의 깊게 다루는 음식물 중독 등의 응급상황이 고종대의 가장 긴요한 의료현안이었을 것이다. 그리고 당시 고려에서는 내과 · 외과 외에 안과 · 이비인후과 · 치과 · 부인과 · 소아과 등이 조금씩 분화 중임을『향약구급방』의 차례에서 알 수 있다.

---

85) 申榮日, 1994,『『鄕藥救急方』에 對한 硏究』, 경희대학교 박사학위논문, 174~175쪽.
86)『高麗史』卷26, 世家26, 원종 5년 5월. "爰示小邦之形狀, 兵戎飢疫之相壓三十年."

『향약구급방』의 간행이 고종대라는 점 때문에 대몽항쟁에서 발생하는 질병들을 치료하기 위한 의서라고 평가되기도 하지만,[87] 이 책 편차에서 드러나듯이 『향약구급방』은 전쟁으로 인한 부상을 치료하고자 저술된 것이 아니었다. 타절(墮折), 금창(金瘡), 전촉목죽첨자(箭鏃木竹籤刺) 등 전쟁과 관련될 수 있는 항목은 『향약구급방』 상권과 중권에 흩어져 있다.

한편 『향약구급방』 하권 뒤에 덧붙인 「방중향약목초부(方中鄕藥目草部)」에는 창포(菖蒲)를 비롯한 180종의 약재가 실려 있다. 이 약재들은 향약명이 병기되어 향약의 실상을 파악하는 데 매우 유익할뿐더러 약성과 채취법도 서술하고 있어 눈길을 끈다. 그런데 이 「방중향약목초부」는 책의 차례에 나오지 않는 데다 그 설명도 『향약구급방』의 본문과 일치하지 않는다. 예를 들면 「방중향약목초부」에서는 시호(柴胡)가 상한병(傷寒病)을 치료한다고 설명하지만, 『향약구급방』 본문에서는 시호가 학질 치료에 단 한번 나올 뿐이며 '상한(傷寒)'이라는 표현 자체도 등장하지 않는다.

기존 연구에서는 「방중향약목초부」를 『향약구급방』 초간본에 실려 있었다고 이해하면서 고려시대의 향약을 보여주는 1차 자료로 활용하기도 하고,[88] 「방중향약목초부」는 『향약구급방』의 한 부분이 아니었는데 중간본 간행시에 최자하(崔自河)가 합본했으리라 추측하기도 하였다.[89]

---

87) 申榮日, 1994, 『『鄕藥救急方』에 對한 硏究』, 경희대학교 박사학위논문, 172쪽 ; 宋春永, 1996, 「元 干涉期의 自然科學－醫學을 중심으로－」, 『國史館論叢』 71집, 150쪽 ; 洪榮義, 1997, 「高麗後期 大藏都監刊 『鄕藥救急方』의 刊行經緯와 資料性格」, 『韓國史學史硏究』, 나남출판, 183쪽.

88) 李德鳳, 1963, 「鄕藥救急方의 方中鄕藥目 硏究」, 『亞細亞硏究』 6권 1호, 고려대학교 아세아문제연구소 ; 尹章圭, 2004, 『『鄕藥採取月令』의 국어학적 연구』, 성균관대학교 박사학위논문.

89) 申榮日, 1994, 『『鄕藥救急方』에 對한 硏究』, 경희대학교 박사학위논문, 182쪽 ; 신영일, 「高麗時代의 醫學」(신순식 외, 1995, 『韓國韓醫學史 再定立』 상, 한국한의학연구소), 194쪽. 신영일은 『향약구급방』 본문의 '鄕名'과 「방중향약목초부」의 '俗云'의 표기가 다른 것으로 보아 『향약구급방』 본문과 「방중향약목초부」는 편찬 시기가 다르거나, 아니면 전혀 다른 두 사람에 의하여 쓰여졌는데, 특히 「方中鄕藥目草部」가 고려에서 편찬되었다고 이해한다. 그는 본초서를 통해 볼

「방중향약목초부」의 저술 시기를 검토하기 위해 『향약구급방』 본문, 『향약구급방』 「방중향약목초부」, 『향약채취월령』의 향명(鄕名) 표기를 비교해 보자.

<표 5-1> 『향약구급방』, 『향약구급방』 「방중향약목초부」, 『향약채취월령』의 향명 비교표

약재명	『향약구급방』 본문	『향약구급방』「방중향약목초부」	『향약채취월령』
苦蔘	板麻	板麻	板麻
射干	虎矣扇	虎矣扇	虎矣扇
黃芩	甘板麻	數板麻 / 甘板麻	甘板麻
藜蘆	箔草	箔草	朴草
薏苡仁	伊乙每	伊乙梅	有乙梅
天南星	豆也末次	豆也味次	豆也摩次作只
萆麻子	阿叱加伊	阿次加伊	阿次叱加伊
桔梗	道羅次	刀亇次	都乙羅叱
升麻	雉骨木	雉骨木 / 雉鳥老草	知骨木 / 雉鳥老ㅐ
京三稜	結次邑笠根	結叱加次根	牛夫月乙
威靈仙	狗尾草	車衣菜	車衣菜
菖蒲	消衣亇	松衣亇	松衣亇
蔄茹	烏得夫得	五得浮得	吾獨毒只

세 자료의 표기가 완전히 일치하는 경우부터 서서히 달라지는 경우를 모두 살필 수 있다. 이러한 표기 방식의 차이로 미루어 볼 때 「방중향약목초부」는 『향약구급방』과 동시에 만들어진 자료가 아니었다. 「방중향약목초부」는 『향약구급방』과 『향약채취월령』 사이의 어디쯤에서 제작된 자료가 분명하다. 『향약채취월령』이 세종 13년(1431)의 기록이라는 점을 감안하면, 기존 연구의 추측대로 「방중향약목초부」는 『향약구급방』이 중간된 태종 17년(1417)보다 조금 앞선 시기에 만들어졌고 중간본 간행시 합본되

때도 「방중향약목초부」가 송 의서의 영향을 받은 것으로 미루어 고려에서는 송 의학의 강한 영향을 받았다고 설명한다. 하지만 「방중향약목초부」가 고려시대에 나온 본초서인지는 아직 엄밀하게 논증되지 않았다.

었을 것이다. 따라서 고려에서 간행된 『향약구급방』 초간본의 내용은 하권 수합법(修合法)까지였다.

(2) 『향약구급방』의 체재

『향약구급방』 체재의 특징을 살피기 위해 치료를 다룬 52목을 다른 의서들과 비교해 보면 다음과 같다.

<표 5-2> 『의방유취』, 『신집어의촬요방』, 『향약구급방』의 내용 비교표[90]

구분	『의방유취』의 病門(門[章數])		『신집어의촬요방』(處方)		『향약구급방』(目)	
	편차	%	편차	%	편차	%
理論	總論3 (1[3])	0.8				
臟腑	五藏門9, 脾胃門4, 三焦門2 (3[15])	3.7	理中圓, 養脾圓, 小理丸, 橘皮丸, 化痰玉壺丸, 沈香湯, 六壹湯, 白朮湯, 豆蔻湯, 蔘香湯, 厚朴湯, 金粟湯 (12)	9.1		
六淫	諸風門12, 諸寒門1, 諸暑門2, 諸濕門1, 傷寒門37 (5[53])	13.3	小續命湯, 靈寶丹方, 牛黃丸, 至寶丹, 牛黃淸心圓, 摩挲圓, 薄荷煎圓, 資壽方黑龍圓, 木香丸, 大靈寶丹, 愈風丹, 碧琳丹, 餠子急風丸, 宣補大黃丸, 靈寶丸, 七聖丸, 香犀丸, 菊花湯, 防風浴湯, 白虎湯, 辟溫神明丹, 神明丹, 三拗湯 (23)	17.4	中風 (1)	1.9
部位	眼門7, 齒門3, 咽喉門4, 口舌門2, 耳門2, 鼻門2, 頭面門4, 毛髮門2, 身體門1, 四肢門2, 心腹痛門3, 腰脚門3 (12[35])	8.8	駐景丸, 細辛湯, 荊芥湯, 鵬砂圓, 解毒雄黃圓, 金消丸, 含化龍腦丸, 止衄吹鼻散, 消石膏, 耳膏, 九痛丸, 五京丸, 肉蓯蓉丸, 補骨脂丸, 熟乾地黃丸 (15)	11.4	喉痺 重舌 齒蚛 心腸痛 鼻衄 眼病 耳病 口脣病 頭痛 (9)	17.3
病症	血病門3, 諸氣門4, 諸疝門3, 陰癩門1, 諸痺門1, 脚氣門2, 蠱門2, 嘔吐門2, 膈噎門2,	23.9	黃蓍湯, 七氣湯, 生氣湯, 靑橘皮丸, 澤瀉丸, 風脚黑豆煎, 高良薑理中丸, 白豆蔻湯, 十全溫白丸,	38.6	冷熱痢 大小便不通 淋疾 消渴 小便下血 陰癩陰瘡	17.3

---

[90] 이 표의 항목 기준과 『의방유취』 92病門의 분류는 申舜植 외, 1997, 『歷代 韓醫學文獻의 考證』 II, 한국한의학연구원, 55~60쪽의 표를 따랐다. 『신집어의촬요방』은 안상우・최환수, 2000, 『어의촬요연구』, 한국한의학연구원, 36~41쪽 '어의촬요방 출전별 복원대조표'를 참고로 작성하였다. 『신집어의촬요방』 艾葉煎丸은 外科 -雜病으로도 볼 수 있고 病症-諸痢로도 볼 수 있는데 여기에서는 외과-잡병으로 처리하였다. 이처럼 모호한 경우가 없는 것은 아니지만, 대체적인 내용을 파악하는 데는 지장이 없다.

病症	霍亂門2, 沙證門1, 眩暈門1, 宿食門1, 積聚門5, 咳逆門1, 咳嗽門7, 聲音門1, 諸瘧門3, 消渴門3, 水腫門4, 脹滿門2, 黃疸門2, 諸淋門2, 赤白濁門2, 大小便門3, 諸痢門6, 泄瀉門3, 諸虛門12, 勞瘵門3, 痼冷門2, 積熱門1, 火門1, 虛煩門1, 驚悸門1, 健忘門1, 諸汗門1, 癲癎門2 (37[95])		耆婆萬病圓, 紫蘇子丸, 胡椒理中丸, 皂莢丸, 生犀丸, 洗肝湯, 人參煎, 辰砂丸, 恒山丸, 海蛤丸, 牽牛湯, 水脚黑豆丸, 水腫黑豆煎, 十水腫散, 神功圓, 麻仁圓, 梅連丸, 內補丸, 駐車丸, 阿膠丸, 栢葉丸, 石榴皮湯, 赤芍藥散, 艾葉散, 止瀉無比丸, 八味圓, 兔肝丸, 杞菊丸, 巴戟天丸, 椒紅丸, 補益石斛丸, 鹿茸丸, 黃耆丸, 蓯蓉丸, 茯神丸, 巴戟丸, 楮實丸, 鹿角膠煎, 摩風膏, 人參丸, 定志圓, 檀香丸 (51)		水腫 癲狂 瘧疾 (9)	
外科	中惡門2, 解毒門4, 酒病門2, 蟲毒門1, 諸蟲門1, 辟蟲門1, 蟲傷門1, 獸傷門2, 隱疹門1, 疥癬門1, 諸臭門1, 癰疽門9, 丁瘡門1, 丹毒門1, 瘰癧門2, 諸瘻門1, 瘦瘤門1, 痔漏門3, 便毒門1, 金瘡門2, 諸刺門1, 折傷門1, 諸瘡門6, 膏藥門2, 湯火傷門1, 漆瘡門1, 怪疾門1, 雜病門3, 諸湯門1, 諸香門1 (30[61])	15.3	五補丸, 朱砂丸, 白乳丸, 草豆蔻湯, 金露湯, 玉液湯, 龍腦湯, 參苓湯, 生薑湯, 內針牛黃丸, 萬靈膏, 騏驎膏, 附子膏, 五方帛膏, 蝟皮丸, 軟玉膏, 大黃泥, 香泥, 走馬膏, 敗毒膏, 白蠟膏, 神效貼灸膏, 溫白丸, 七宣丸, 艾葉煎丸, 乾地黃丸, 薄荷湯, 人參湯, 杏霜湯 (29)	22.0	食毒 肉毒 菌毒 百藥毒 蠱毒 中酒 斷酒 墮折 金瘡 丁瘡 癰疽 腸癰 凍瘡 惡瘡 漆瘡 湯火瘡 丹毒 癩疹 代指瘡 瘰癧 附骨疽 癬疥 癧瘡 箭鏃木竹籤刺 痔漏腸風 (23)	44.2
應急	救急門2 (1[2])	0.5			骨鯁 食噎 卒死 自縊 熱渴 落水 (6)	11.6
豫防	養性門7 (1[7])	1.8				
婦人	調經5, 通治3, 諸風3, 諸虛2, 勞瘵1, 傷寒1, 咳嗽1, 嘔吐1, 霍亂1, 血病1, 積聚2, 頭痛1, 心腹痛2, 腰脚1, 脚氣1, 大小便1, 諸淋1, 諸痢1, 痔漏1, 乳癰1, 水腫1, 陰腫1, 求嗣1, 胎教7, 妊娠1, 坐月1, 產難2, 胞衣不下1, 産後9 (1[56])	14.1	保生丸, 乳汁不通散 (2)	1.5	婦人雜方 (1)	1.9
小兒	總論2, 浴兒1, 臍病1, 變蒸1, 口舌1, 頭面2, 眼1, 耳1, 鼻1, 齒1, 咽喉1, 龜背1, 手脚1, 行遲1, 難乳1, 心腹痛1, 脾胃2, 嘔吐1, 霍亂2, 吐衄1, 咳嗽1, 諸瘧1, 黃疸1, 宿食1, 積聚1, 腫脹1, 癰疽1, 湯火傷1, 丹毒1, 癩疹1, 大小便2, 諸淋1, 諸痢3, 諸痔1, 癲癎1,	17.8			小兒雜方 小兒誤吞諸物 (2)	3.9

小兒	諸蟲1, 諸疳3, 驚癇6, 啼2, 中惡1, 尸疰1, 魃病1, 諸風1, 瘂痓1, 傷寒2, 疹痘3, 諸熱2, 諸汗1, 落床1, 誤呑物1, 雜病1 (1[71])				小兒雜方 小兒誤呑諸物 (2)	
기타					雜方 (1)	1.9
총계	92病門[398章]	100%	132處方	100%	52目	100%

표에서는 의서별로 체재의 특징이 잘 드러나 있다.『신집어의촬요방』에서 육음(六淫)과 병증(病症)을 더하면 전체 내용의 절반을 훨씬 상회한다. 풍병, 비위병, 허병 등 내과 계열의 질병이 외과 계열의 질병보다 훨씬 부각되어 있다는 의미이다. 물론 풍, 허, 비위 등의 치료는『신집어의촬요방』의 내용이 낫다고『의방유취』편찬시 평가받았을 가능성도 있다. 하지만 외상에 대한『신집어의촬요방』의 처방은 실제로도 소수에 불과하므로, 『신집어의촬요방』에서 주로 다루는 질병은 장부, 육음, 병증 등 내과 계열이었다고 간주해도 무방하다.『신집어의촬요방』은 구급의서용으로 편찬된 것이 아니기 때문이었다.『향약구급방』이 외과 계열의 질병에 초점을 맞추고 있는 것과는 대비된다.

『향약구급방』의 내용은 외과 〉 부위 〉 병증 〉 응급 순으로 비중이 높다. 외과로 분류된 식중독 같은 부분이 응급과 연관되어 있는 점을 고려하면,『향약구급방』이 일상의 응급상황에 대비한 의서라는 점이 다시 확인된다.[91]『향약구급방(鄕藥救急方)』이란 책 이름에 담긴 의미와 같이, 이 책은 당시 구급방서(救急方書)의 대표격이었던 것이다.

[91) 조선 전기의『救急方』과 비교할 때『鄕藥救急方』은 지배층을 위한 구급의서였다는 견해가 있다. 凍死・饑饉에 대한 대응책이 없고 알콜 중독을 구급질병으로 다룬다는 점, 일반 민들이 구하기 어려운 金을 약재로 제시한다는 점, 기미나 여드름 등 외모와 관련된 피부질환을 다룬다는 점 등에서 강화도로 피난 온 지배층을 위한 의서라는 주장이다(이현숙・권복규, 2007,「고려시대 전염병과 질병관—『향약구급방』을 중심으로—」,『史學研究』88호). 이 주장에 대한 검토는 본문의 논의로 대신한다.

이 표에 따르면 『향약구급방』에서 산부인과는 1목(目), 소아과는 2목에 불과하며, 책 전체에서의 비중은 5.8%에 그칠 뿐이다.92) 성인 남성을 중심에 두고 『향약구급방』을 편찬했다는 뜻이다. 본문을 살펴봐도 치료대상이 다를 경우에는 '소아'나 '부인'이라고 구분하여 처방을 별도로 제시한다.93) 조선 초에 간행된 『의방유취』의 차례와 비교해 보면 『향약구급방』에서는 여성과 소아에 대한 관심과 배려가 대단히 소홀하다. 뿐만 아니라 노인 치료에 대한 『향약구급방』의 언급은 단 2회에 불과하다.94)

『신집어의촬요방』과 마찬가지로 『향약구급방』에서도 소아, 여성, 노인의 특수성을 인정하되 성인 남성을 표준으로 삼고 있다. 의서에 깃든 성인 남성 중심의 인간관은 전근대 한의학에서 대체로 공통되는 논리이다. 신분계급제적인 사회질서가 남(男)·녀(女)·노(老)·소(少)를 차별하는 인체론으로 현상(現像)하면서 의학에도 그대로 관철되는 것이다.

『향약구급방』의 계통을 살피기 위해 인용 의서를 분석하는 데는 주의가 필요하다. 기존 연구에서는 『향약구급방』의 처방별로 전거 의서를 하나씩 거론하면서 『천금방』, 『외대비요』, 『경험양방』, 『주후비급방』, 『성제총록』, 『태평성혜방』, 『보제본사방』, 『소심양방』, 『비예백요방』 등을 출전으로 설명하고 있다.95) 하지만 『향약구급방』에 인용된 처방의

---

92) 이태진은 고종대에 『新集御醫撮要方』·『鄕藥救急方』 등 향약의서의 발간과 早死 현상의 격감이 일치한다는 사실에 주목하고 있다(이태진, 2002, 『의술과 인구 그리고 농업기술-조선 유교국가의 경제발전 모델-』, 태학사, 92쪽). 그러나 본문에서 분석하듯이 『신집어의촬요방』이나 『향약구급방』에는 소아를 위한 처방 자체가 많지 않다. 『신집어의촬요방』과 『향약구급방』에 실린 몇 건의 소아 처방 덕분에 이 시기 소아사망률이 저하되었다고는 도저히 볼 수 없다. 의료사나 인구사의 연구 성과에 비추어볼 때 전근대에서 소아사망률 저하의 가장 큰 요인은 영양상태 개선이다.

93) 『鄕藥救急方』 中卷, 惡瘡과 丹毒癮疹에서는 '小兒'라고 표시하였고, 『鄕藥救急方』 中卷, 淋疾에서는 '小兒'와 '婦人'을 별도로 언급하였다.

94) 『鄕藥救急方』 上卷, 齒䘌. "理牙齒不生. 雌雞屎[頭員者雌]·雄雞屎[頭尖者雄]. 右等分, 細研, 以針刺齒不生處, 貼之. 老人二十日, 少者十日, 當出"; 『鄕藥救急方』 下卷, 婦人雜方. "此粥, 不唯産後可服, 老人藏腑秘, 常服之, 下氣尤妙."

원출전이 여럿인 경우가 왕왕 있다. 예컨대『향약구급방』상권의 약물 중독에 대한 처방인 '오두(烏頭) 천웅(天雄) 부자독(附子毒) 대두자즙(大豆煮汁) 해(解)'를 중국 의서에서 찾아보면, 이 치료법은『천금방』,『외대비요』,『증류본초』,『보제방』등 4개 의서에 수록되어 있다.[96] 명대(明代)에 간행된『보제방』을 제외하더라도 3개 의서가 남는데,『향약구급방』에서 어느 의서를 전거로 삼았는지 판단하기는 어렵다. 또한『향약구급방』상권의 노자(鸕鷀) 처방 역시『주후비급방』,『천금방』,『외대비요』,『보제방』등에 나온다.[97] 따라서『향약구급방』의 인용 의서를 특정 의서로 단정하거나 통계 내는 것은 쉽지 않다.[98]

물론『향약구급방』에서 중국 의학의 소개를 위해 진력하는 것은 사실이었다.『향약구급방』상권에 나오는 절서군장(浙西軍將) 장소(張韶) 이야기는『주후비급방』의 기사를 그대로 인용한 것이며,[99]『향약구급방』중권에 실린 종기의 종류와 치료법에서는 손사막(孫思邈)과 북제(北齊) 마사명(馬

---

95) 申榮日, 1994,『『鄕藥救急方』에 對한 硏究』, 경희대학교 박사학위논문 ; 이현숙, 2007,「전염병, 치료, 권력 : 고려 전염병의 유행과 치료」,『梨花史學硏究』34집 참고.
96) 孫思邈, 林億 等 校正,『備急千金要方』(四庫全書本) 卷72. "烏頭・天雄・附子毒, 用大豆汁, 遠志・防風・棗肉・飴糖" ; 王燾,『外臺秘要方』(四庫全書本) 卷31. "又中烏頭・天雄・附子毒方. 用大豆汁, 遠志・防風・棗飴糖, 解之" ; 唐愼微,『證類本草』(四庫全書本) 卷2. "烏頭・天雄・附子毒, 大豆汁, 遠志・防風・棗肉・飴糖" ; 朱橚,『普濟方』(四庫全書本) 卷251, 諸毒門解諸毒附論. "解烏頭・天雄・附子毒方[出千金方]. 用大豆汁, 遠志・防風・棗肉・飴糖, 並能解之. 一方, 專用遠志・防風 二味, 投大豆汁調下. 一方, 專用防風・棗肉, 濃煎湯服之, 亦可."
97) 葛洪,『肘後備急方』(四庫全書本) 卷6. "又方口稱鸕鷀則下" ; 孫思邈, 林億 等 校正,『備急千金要方』(四庫全書本) 卷66. "又方口稱鸕鷀, 鸕鷀則下" ; 王燾,『外臺秘要方』(四庫全書本) 卷8. "口稱鸕鷀, 鸕鷀則下[並出第二十六卷中]" ; 朱橚,『普濟方』(四庫全書本) 卷64. "治魚骨鯁, 口稱鸕鷀則下."
98) 이 글 V장 1절에서는『신집어의촬요방』과 중국 의서와의 연관성을 분석하였다. 그것은『의방유취』에서『신집어의촬요방』의 처방을 원래의 중국 의서와 함께 병기하고 있기 때문에 가능하다.
99)『鄕藥救急方』上卷, 螫毒 ; 葛洪,『肘後備急方』(四庫全書本) 卷7.

嗣明)의 사례를 적극 소개하고 있다.100) 또한 『향약구급방』 중권의 표저에
서는 손가락을 잘라서 독을 제거한다는 중국 남방의 치료법을 소개하
며,101) 『향약구급방』 하권의 고전록험방(古傳錄驗方)은 아예 중국의 경험
사례를 모은 것으로 고려의 실례는 보이지 않는다. 특히 『향약구급방』과
당(唐) 왕도(王燾)가 쓴 『외대비요』를 비교해 보면102) 『향약구급방』에서는
복용량 등 『외대비요』 처방의 내용을 그대로 인용하면서 향명 부분만
추가하여 고려 사람들이 이해하기 쉽도록 풀었을 따름이다. 중국 의학에의
의존은 『향약구급방』이 중국 의서를 토대로 편찬하는 한 벗어날 수 없는
한계였다.

그렇다면 『향약구급방』은 왜 당대(唐代)의 『천금방』이나 『외대비요』를
주로 인용하는가? 손사막의 『천금방』을 인용하였다는 것은 『천금방』의
체재와 처방에 동의한다는 뜻이다. 『천금방』의 특징은 간단한 구급방
중심이라는 것이다. 예컨대 『향약구급방』 중권을 보면 종기의 종류와
치료법에서 똥을 사용하는 치료법은 손사막의 처방을 따르고 있다.103)

---

100) 『鄕藥救急方』 中卷, 癰疽.
101) 『鄕藥救急方』 中卷, 瘭疽.
102) 『鄕藥救急方』 上卷, 喉痺. "又用雄雀矢[鄕名雄鳥屎頭尖爲雄矢], 細研, 調灌半錢,
溫水調下也"; 王燾, 『外臺秘要方』(四庫全書本) 卷22, 療咽喉閉塞口噤方. "用雄雀
糞, 硏末, 每服溫水, 調灌半錢匕, 立差."
103) 『鄕藥救急方』 中卷, 癰疽. "又癰腫發背, 初作及經日已上, 腫勢焮熱, 毒氣盛, 日夜痛,
百藥不效方. 雞卵一箇, 新出人屎尖如雞卵大. 右二物, 相和攪調和, 微火熬令得所,
捻作餠子, 可頭大小, 帖紙上, 以貼腫上, 仍用故帛覆之, 轉動及歇氣, 一宿定, 如多日
患者, 三日貼之, 一日一易, 卽差. 孫眞人云, 此方穢惡, 不可施之貴勝, 然愈疾, 一切諸
方, 皆不及之. 此外諸方還復, 設員備儀注而已"; 孫思邈, 林億 等 校正, 『備急千金要
方』(四庫全書) 卷66, 丁腫方 癰疽第二 治癰腫發背初作及經十日已上腫赤焮熱毒
氣盛日夜疼痛百藥不效方. "雞子[一枚]·新出狗屎[如雞子大]. 右二味, 攪調和, 微火
熬令稀稠得所, 捻作餠子, 於腫頭堅處, 帖之. 以紙帖上, 以帛抹之, 時時看視, 覺餠子
熱, 卽易. 勿令轉動及歇氣, 經一宿, 定如多日患者, 三日帖之, 一日一易, 至瘥止. 此方
穢惡, 不可施之貴勝, 然其愈疾, 一切諸方, 皆不可及. 自外諸方還復, 備員設儀注而已.
學者當曉此方, 以備諸急爾." 이와 흡사한 예로는 심장발작이나 의식불명에 대한
두 의서의 처방도 들 수 있다『鄕藥救急方』 上卷, 卒死 ; 孫思邈, 林億 等 校正,

『향약구급방』에서는『외대비요』의 단방 처방도 그대로 활용하였다.104) 이외에도『천금방』과『외대비요』에서는 젖[人乳], 똥, 흙, 돼지기름[猪脂], 면(麵) 따위의 일상 사물로 치료하였으며, '당재(唐材)'라고 할 만한 협의의 약재(藥材)는 그리 많지 않다. 치료법에 보이는 이러한 특징은 당시 중국 의술의 미발달이『천금방』·『외대비요』에 반영된 결과이며, 이후 중국에서도 본초학의 발전과 더불어 당재(唐材)가 본격적으로 확대된다.

이처럼 중국 의서에서도 시기가 올라갈수록 간단한 처방이 주를 이루었다. 일상 사물의 사용이 고려 향약만의 특성은 아니었던 것이다.『향약구급방』에 인용된 중국 의서와 향약의서의 서술을 비교해 보면, 약재 종류나 숫자에서 크게 다르지 않으며 분위기도 서로 비슷하다. 즉『신집어의촬요방』과는 달리『향약구급방』에서는 당시 고려인들이 활용할 수 있는 수준의 당(唐) 의학(醫學)을 주로 받아들이고 있었다.

(3)『향약구급방』의 임상적 가치

『향약구급방』의 본문 구성은 비교적 단순하다.『향약구급방』본문을 분석하기 위해 육독(肉毒) 즉 '고기를 먹고 생긴 중독'의 치료법을 거론하면 다음과 같다.

제니(薺苨)[위에 나왔다]나 남(藍)[향명(鄕名)은 청태(靑苔)인데 일반적으로 말하는 청을소지(靑乙召只)가 아니다]즙, 콩, 팥, 감초를 달인 물을 식혀서 마신다. 해독에 콩과 팥을 달인 물은 절대 감초만 못하다.
어떤 사람은 오두나 파두독에 감초 달인 물을 먹고 바로 나왔다.
여로[藜草]독에는 파 달인 물을 목구멍으로 넘기면 바로 낫는다.

『備急千金要方』(四庫全書本) 卷75, 備急方 卒死第一).
104)『鄕藥救急方』上卷, 肉毒. "有人中烏頭巴豆毒, 甘草入腹, 卽定. 中藜蘆[藿草]毒, 葱湯下咽, 便愈"; 王燾,『外臺秘要方』(四庫全書本) 卷31. "千金論曰,……又論曰,……有人中烏頭巴豆毒, 甘草入腹, 卽定. 中藜蘆毒, 葱湯下咽, 便愈."

어떤 사람이 옥호환(玉壺丸)을 먹었는데도 구토가 그치지 않았으며 모든 약을 먹어도 낫지 않았다. 남[위에 나왔다]즙을 먹자마자 바로 나았는데, 모두 잘 알아야 한다.

생선 중독에는 노근즙을 달인 후 식혀 마시면 바로 낫는다.105)

『향약구급방』 본문은 증상별로 여러 치료법이 나열되어 있다. 그리고 처음 등장하는 약재에는 '향명(鄕名)'을 세주(細註)로 설명하고 있다. 이 '향명'은 고려시대 초간본에 수록되어 있던 원래의 향약 표기였다. 호도(胡桃)에 대해 "향명으로는 '당추자'이지만 요즘은 '추자'라고도 하는데 '추자'는 아니고 '호도'이다"라고106) 한 것을 보면, 고려에서는 '당추자'라고 부르다가 중간본(重刊本)을 내던 조선 초에는 '추자'라고 불렸는데, 추자가 아니라 '호도'가 맞는다는 뜻이기 때문이다. 시간이 흐르면서 향명과 실체 사이의 착오가 나타나자 이를 바로잡으려고 한 설명이다.

『향약구급방』에서는 향명 부여 외에 약재별 효능에 대한 지식도 축적하고 있었다. 인용문을 보면 구토에는 남(藍)즙이 옥호환(玉壺丸)보다 낫다고 주장하였다. 원래 화담옥호환은 『화제국방』에 수록되어 있는데, 구토 등을 가라앉히기 위해 천남성, 반하, 천마, 두백면이 사용된다.107) 『신집어의찰요방』에서도 『화제국방』을 본받아 허약한 비위를 치료하거나 위장 장애에는 화담옥호환을 처방하였다.108) 그런데 옥호환 처방을 잘 알고

---

105) 『鄕藥救急方』 上卷, 肉毒. "薺苨[出上]・藍[鄕名靑苔, 俗云靑乙召只, 非也]汁・大小豆・甘草煮汁, 停冷飮之. 解毒, 大小豆汁, 殊不及甘草. 有人中烏頭巴豆毒, 甘草入腹, 卽定. 中藜蘆[箔草]毒. 葱湯下咽, 便愈. 有人服玉壺丸, 嘔吐不已, 服百藥不止. 藍[出上]汁入口, 卽定, 皆有相須也. 食魚肉中毒, 煮蘆根汁, 停冷飮, 卽解."

106) 『鄕藥救急方』 下卷, 小兒雜方. "鄕名唐楸子, 今俗云楸子, 亦非楸子, 乃胡桃."

107) 陳師文 等撰, 『太平惠民和劑局方』(四庫全書本) 卷4, 治痰飮[附欬嗽] 化痰玉壺丸. "治風痰吐逆, 頭目眩, 胸膈煩滿, 飮食不下, 及咳嗽痰盛, 嘔吐涎沫. 天南星[生]・半夏[生, 各一兩]・天麻[半兩]・頭白麵[三兩]. 右爲細末, 滴水爲丸如梧桐子大, 每服三十丸, 用水一大盞, 先煎令沸, 下藥煮五七沸, 俟藥浮, 卽熱漉出放溫, 別用生薑湯下, 不拘時候服."

있는 『향약구급방』의 저자들이 일부러 고려에서 '청태(靑苔)'라고 부르는 남(藍)즙의 효과를 강조하고 있다. 이 처방 역시 『비급천금요방』 등에 수록된 것이지만,109) 『향약구급방』에서는 청태라는 향명을 붙임으로써 향약 사용을 유도하였다. 청태즙처럼 고려에서 쉽게 구하는 사물이라도 천남성 같은 당재들보다 효과적이라고 인정하고 있었던 것이다.

인용문에서 쉽게 알 수 있듯이 『향약구급방』에는 질병론이나 인체론에 대한 이론 설명이 거의 없다. 이론과 관련해서 『향약구급방』 전체를 살펴보면 심복통(心腹痛) 치료에 오운육기(五運六氣)를 연상시키는 태세(太歲)에 주목하는 처방,110) 음(陰)과 양(陽)에서 어느 한쪽이든 지나치면 병이 된다는 인식,111) 산실(産室)이 너무 더우면 주리(腠理)가 열려 쉽게 풍(風)이 들어가 정신이 혼모해진다는 정도의 언급이 보일 뿐이다.112) 드물지만 치료원리에 대해 "대개 피가 통하지 않으면 창(瘡)이 생기는데, 간(肝)은 피를 보관하는 장기이니, 결명자[決明]가 간의 기운을 조화롭게 하고 원기를 상하지 않게 한다"라고 언급하는 경우가 없지는 않다.113) 하지만 살이 붓는 부골저(附骨疽) 같은 복잡한 질병에는 다양한 처방이 수록된 큰 의서

---

108) 『醫方類聚』 卷102, 脾胃門4 御醫撮要. "化痰玉壺丸. 理脾胃虛弱, 胃膈痞悶, 心腹疠痛, 少氣下痢, 腹滿身重, 四肢不擧, 腸鳴飱泄, 食不消化. 天南星・半夏・天麻[各半兩]・白麪[四錢, 入末同拌和丸]. 右件爲末, 同生白麪滴水爲丸如桐子大, 每服十五丸, 水壹盞, 先煎令沸, 入藥煮五沸, 放冷漉出, 別用生姜湯下, 不計時候."
109) 孫思邈, 林億 等 校正, 『備急千金要方』(四庫全書本) 卷72. "有人服玉壺丸, 治嘔不能已, 百藥與之不止. 藍汁入口, 卽定"; 王燾, 『外臺秘要方』(四庫全書本) 卷31. "有人服玉壺丸, 吐嘔不已, 以百藥與之, 不止. 藍汁入口, 卽定."
110) 『鄕藥救急方』 中卷, 心腹痛. "理九種心痛, 取當大歲上槐嫩枝一握, 去兩頭, 水三升, 煮取一升, 頓服."
111) 『鄕藥救急方』 下卷, 癲狂. "凡陽盛則狂, 狂者, 欲奔走叫呼. 陰盛者癲, 癲者, 眩倒不省."
112) 『鄕藥救急方』 下卷, 婦人雜方. "大底産室但無風爲佳, 然不可衣被帳褥大暖. 大暖則腠理開, 易於中風, 便昏冒."
113) 『鄕藥救急方』 中卷, 癰疽. "大氐血滯則生瘡, 肝爲宿血之藏, 而決明和肝氣, 不損元氣也."

를 살피라고 하거나,114) 변화가 심한 소아방은 단방(單方) 정도로 치료할 수 없으므로 전문의서를 참고하라고 유도한다.115)

병인론(病因論)에 대해 천착하지 않고 복잡한 질병을 다루지 않는다는 『향약구급방』의 편찬 원칙을 가장 잘 보여주는 내용은 본문 마지막에 나온다.

> 지금까지 논한 총 53부는 모두 급한 때에 쉽게 얻을 수 있는 약이며, 표리냉열(表裏冷熱)을 다시 잘 살피지 않더라도 쉽게 알 수 있는 질병을 기록한 것이다. 비록 효과가 있는 단방(單方)이더라도 표리냉열을 살핀 다음에 써야 하는 것은 기록하지 않았다. 잘못 써서 해를 입을까 걱정해서 이다. 사대부(士大夫)들이 잘 살펴 쓰기를 바랄 뿐이다.116)

쉽게 구할 수 있는 약[易得之藥]으로 쉽게 알 수 있는 질병[易曉之病]을 치료하며, 질병의 표리냉열을 따져야 하는 오용 가능성이 있다면 단방이라도 수록하지 않는 것이 『향약구급방』의 편찬 원칙이었다. 『향약구급방』에서 이론 설명이 대단히 취약한 것은 이득(易得)한 약재로 이효(易曉)한 부분만을 다루겠다는 원칙에서 비롯된 결과였다.

그런데 인용문에서는 『향약구급방』을 활용할 사람들로 사대부(士大夫)를 지목하였다. 다시 말하면 골경(骨鯁)을 치료하기 위해 '용(龍)' 자(字)를 허공에 쓸 수 있는 사람들이 『향약구급방』의 독자였다.117) 약재가 부족한

---

114) 『鄕藥救急方』 中卷, 附骨疽. "外用針灸, 內用下藥, 宜檢大方中."
115) 『鄕藥救急方』 下卷, 小兒雜方. "凡小兒, 血肉柔脆, 易染於疾, 而五變九蒸, 變改萬端, 非單方之所能具載, 今略記易行方."
116) 『鄕藥救急方』 下卷, 古傳錄驗方. "右摠五十三部, 皆倉卒易得之藥, 又不更尋表裏冷熱, 其病皆在易曉者錄之. 雖單方效藥, 審其表裏冷熱, 然后用者, 亦不錄焉. 恐其誤用致害也. 庶幾士大夫審而用之." 이 문장의 '五十三'은 '五十五'의 오식이 아닐까 생각된다.
117) 『鄕藥救急方』 上卷, 骨鯁. "理鯁不下.······又以東流水一盃, 東向坐, 以手指書龍字, 訖飮之卽下. 如不會書者, 以他人書, 亦得."

현실에서 『향약구급방』의 편찬 목적은 향약을 활용한 대중의 치료를 사대부가 담당하도록 유인하는 것이었다. 이것은 지배층이 각 지역에서 자기 식솔과 일반 민들의 의료를 담당하는 의료체계를 의미한다. 치료 대상은 일반 민들이지만, 대중 의료의 주도는 사대부에게 맡겨져 있는 구조였다.

『향약구급방』이 사대부를 독자이자 치료의 주체(의료인)로 삼는다면, 『신집어의촬요방』에서는 의관(醫官)이라는 전문의료인을 독자로 상정하는 차이가 있었다. 『신집어의촬요방』 소속명탕(小續命湯)에서는 '풍병의 경중과 몸의 허실'에 따라 복용을 결정한다고 하여 대증적인 치료가 아닌 변증논치(辨證論治)를 의도하며, 영보단(靈寶丹)에서는 '군신기구(君臣旣具)'라고 하여 군약(君藥)과 신약(臣藥) 개념을 활용한다. 『신집어의촬요방』의 상세한 서술방식은 전문의료인이 치료를 담당하고 약제를 조제하기 때문에 가능했다.

고려 향약의 실태는 『향약구급방』의 처방 약재를 분석하면 한눈에 살필 수 있다. 『향약구급방』의 약재, 처방당 약재수를 모두 정리한 것이 '<부록 4>『향약구급방』의 처방 약재 일람표'이다. <부록 4>에서 『향약구급방』의 처방당 평균 약재수와 빈용약재를 『신집어의촬요방』의 그것과 비교해 보면 사용 약재의 특성이 드러난다. 이 표에 따르면 『향약구급방』에서는 549처방에 754개의 약재가 사용되었다. 1처방당 평균 1.37개의 약재가 사용된 셈이다. 심지어 약재를 전혀 사용하지 않는 처방도 23개나 제시되었다. 즉 『향약구급방』에서는 1~2개 정도의 적은 약재로 질병을 치료하며, 대다수의 처방은 약재 1개만을 사용하는 단방(單方)이었다. 상권에 배치된 구급방일수록 단방이 많으며, 중권과 하권의 내상이나 전문과일수록 약재가 평균치를 상회한다.

『향약구급방』에서 가장 많은 약재가 사용되는 처방은 와창(癧瘡) 등

일체의 무명창(無名瘡)을 치료하는 것인데 6종이 사용되었다.[118] 그것은 머리카락[頭髮], 참기름[眞油], 황벽피(黃蘗皮), 송진[松脂], 복숭아씨[桃人, 桃仁], 방울풀 열매[馬兜鈴]로서 일상에서 쉽게 구할 수 있는 것들이었다. 찜질 및 뜸 치료도 자주 보이며,[119] 침을 이용한 절개나 뽕나무 껍질을 이용해 꿰매는 외과수술도 활용되었지만,[120] 대부분의 외과적 상처도 내복약으로 치료한다. 크게 보아 『향약구급방』의 치료법은 거의 복약요법이라고 할 수 있다.

『향약구급방』에서 가장 널리 사용된 약물은 식초[醋]이며, 꿀[蜜]·소금[鹽]·당귀·쑥[艾]이 그 뒤를 잇고 있다. 『향약구급방』에서 4회 이상 등장하는 처방 약재와 횟수를 꼽으면 다음과 같다.

초(醋, 27), 밀(蜜, 22), 염(鹽, 21), 당귀(當歸, 15), 애(艾, 15), 산(蒜, 12), 생지황(生地黃, 12), 유(油, 12), 감초(甘草, 11), 남칠(藍漆, 11), 저지(猪脂, 11), 계자(雞子, 10), 조협(皂莢, 10), 면(麵, 9), 인유(人乳, 9), 대두(大豆, 8), 석회(石灰, 8), 총(葱, 8), 포황(蒲黃, 8), 황벽(黃蘗, 8), 규자(葵子, 7), 괄루(栝蔞, 7), 마자(麻子, 7), 해(薤, 7), 백작약(白芍藥, 6), 상피(桑皮, 6), 생강(生薑, 6), 소두(小豆, 6), 소변(小便, 6), 조(棗, 6), 계시(雞屎, 5), 도인(桃仁, 5), 삭조(蒴藋, 5), 인시(人屎, 5), 행인(杏仁, 5), 계관혈(雞冠血, 4), 고삼(苦蔘, 4), 마린화(馬藺花, 4), 방풍(防風, 4), 석위(石葦, 4), 송지(松脂, 4), 우슬(牛膝, 4), 우시(牛屎, 4), 창이(蒼耳, 4).

식초, 소금, 쑥, 마늘 따위의 일상 식재료가 치료 약재로 널리 쓰이는 현상을 한눈에 확인할 수 있다. 이것들은 전통적으로 약재로 간주되어

---

118) 『鄕藥救急方』 中卷, 癬疥瘑瘡. "理瘑瘡等, 一切無名瘡. 頭髮若干, 用眞油, 熳火煎之, 髮銷爲度, 取黃蘗皮[細末]·松脂[細硏]·桃人[細硏]·馬兜鈴[細末], 各等分, 和上件油, 熳火更煎如膠, 貼之, 妙."
119) 『鄕藥救急方』 上卷, 螫毒 ; 『鄕藥救急方』 中卷, 痔漏腸風.
120) 『鄕藥救急方』 上卷, 金瘡, 齒䘌.

왔으므로 '약물(藥物)'로 분류되어야 마땅하지만, 아무래도 좁은 의미의 '약재(藥材)'와는 차이가 있다. 치료 약물을 자세히 살펴보면 주위에서 쉽게 구할 수 있는 음식(참기름, 소금 등), 채소(콩, 파, 참깨, 생강 등), 곡물(보리, 밀, 기장, 녹두 등), 축산물(돼지기름, 계란 등), 식물(국화) 등이 사용되며 똥, 오줌, 쇠를 달인 물 등도 쓰였다.

앞서 『신집어의촬요방』에서는 256종의 약재가 활용되었다. 자주 사용하는 10종의 약재를 대상으로 『향약구급방』과 『신집어의촬요방』을 비교해 보면 다음과 같다.

<표 5-3> 『향약구급방』과 『신집어의촬요방』의 주요 약재 비교표

순위	『향약구급방』(처방수)	『신집어의촬요방』(처방수)
1	醋(27)	蜜(53)
2	蜜(22)	甘草(42)
3	鹽(21)	人蔘(30)
4	當歸(15)	乾薑(27)
5	艾(15)	肉桂(23)
6	蒜(12)	當歸(22)
7	生地黃(12)	茯苓(19)
8	油(12)	麝香(17)
9	甘草(11)	附子(15)
10	藍漆(11)	川芎(15)

이 표에서 『향약구급방』에서만 보이는 약재는 소금[鹽], 쑥[艾], 마늘[蒜], 생지황(生地黃), 기름[油], 남칠(藍漆)이다. 흔히 음식으로 사용하는 것들이다. 그런데 흥미있는 것은 인삼(人蔘)이다. 『신집어의촬요방』에서는 인삼이 3번째로 자주 처방된 약재로서 4개 처방당 1번꼴로 사용되었다. 그런데 『향약구급방』에서는 전체를 통틀어 인삼이 단 한 번도 처방되지 않는다. 같은 무렵에 출간된 두 의서에서 사용 약재가 선명하게 구분되고 있다. 물론 인삼은 향약이지만 고려에서 인삼이 보편화된 것은 아니었다. 정확하

게 말한다면 『신집어의촬요방』을 읽는 독자층은 인삼을 쉽게 사용할 수 있는 반면, 『향약구급방』의 처방으로 치료받는 환자들은 인삼을 이용할 수 없었다는 의미이다. 약재의 가치는 인식하고 있었지만, 약재의 활용에서는 신분계급간의 차이가 드러나고 있었던 것이다.

약재 사용에서 보이는 신분계급간의 차이는 중국 의학의 유입 과정에서 피할 수 없는 현상이었다. 문종대 이래 송 의학이 확대될수록 임상에서는 약재 부족에 시달리게 되었다. 게다가 북송이 멸망한 후로 고려에서는 남송과 간헐적으로 교류할 뿐이어서 중국 약재의 수입은 쉽지 않았다. 약재 확보가 용이한 지배층에서는 여러 종의 당재를 사용하는 복방(複方)에 의존할 수 있지만, 일반 민들의 경우에는 약재 부족으로 인해 한두 가지의 향약으로 대처할 수밖에 없었다.

(4) 『향약구급방』과 향약의 자주성

기존 연구에서는 흔히 고려시대 향약(鄕藥)이 자주성(自主性)을 상징한다고 설명하였다. 향약은 자국산 약재의 총칭으로서 『향약구급방』 같은 향약서들은 종래의 외국 약재들을 국산으로 충당하려는 의도로 편찬되었다는 견해이다.121) 타당한 지적처럼 들린다. 그런데 향약을 사용하면 무조건 자주적인가? 곧 다룰 감초 같은 외래 약재의 토산화가 오히려 자주적인 성격이 강하다.

진실로 『향약구급방』 편찬자들은 중국 의학에 대해 자주성을 실현하려는 저술 의도가 충만했을까? 이 시기의 향약 사용은 중국 의서의 처방을 전제로 하므로, 『향약구급방』 편찬은 중국 의학의 영향권 내로 급속히 편입된다는 의미를 지닌다. 『향약구급방』에 깃든 자주성과 그 의학론을 다시 엄밀하게 논의할 필요가 있다.

---

121) 金斗鍾, 1966, 『韓國醫學史 全』, 探求堂, 141쪽.

『향약구급방』 본문에서 향명(鄕名)을 병기한 것은 고려에서 약재의 향약 명칭이 매우 중요한 문제였음을 보여준다. 『향약구급방』에서는 토산 약재(土産藥材)에 '향명(鄕名)'을 부여하여 당재(唐材)와 동일시함으로써 약재 수급의 난관을 극복하였다. 향명 부여는 고려 향약(鄕藥)을 중국 의서에 등장하는 당재(唐材)와 동일한 약효를 지닌 것으로 공증(公證)하는 조치이다.

『향약구급방』에서 향명으로 표기된 약재는 135종이다.[122] 이 향명이 모두 『향약구급방』 편찬시에 확정된 것은 아닐 것이다. 이전부터 중국 의서의 처방을 활용하면서 대조를 통해 당재와 동일하다고 인정받게 된 토산약재들이라고 이해하는 것이 자연스럽다. 앞의 인용문에서 남(藍)에 대해 '향명(鄕名)은 청태(靑苔)인데 일반적으로 말하는 청을소지(靑乙召只)가 아니다'라고 설명한 것은 상이한 약재를 향명으로도 구분하려는 세심한 노력이었다. 즉 향약이 하나씩 발견 혹은 개발되는 지난(至難)한 과정이 『향약구급방』에서는 135개의 향명으로 표현된 셈이다.

동시에 135개의 향명(鄕名)을 매개로 향약이 당재와 등치됨으로써 이제 중국 의학은 고려에서 보다 광범위하게 통용될 수 있었다. 향약의 활성화가 고려로서는 자신들의 의료를 발전시키는 과정이었지만, 동아시아로서는 한의학(漢醫學)의 외피를 쓴 동아시아의료의 보편성이 고려라는 개별 국가에 관철되는 계기였다.

한편 송과의 단교로 인해 약재 수급이 어려워지자 약재에 대한 자립의식이 나타나면서 향약이 등장한다는 견해가 있다.[123] 고종대에 강화도 천도로 당재(唐材)를 수입할 수 없게 되자 향약을 활용하는 『향약구급방』을 편찬했다는 논의도 동일한 맥락의 주장이다.[124] 이러한 이해방식은 조선

---

122) 南豊鉉, 1999, 「『鄕藥集成方』의 鄕名에 대하여」, 『震檀學報』 87집, 188쪽.
123) 三木榮, 1963, 『朝鮮醫學史及疾病史』, 自家 出版, 87쪽 ; 姜到炫, 2004, 『高麗後期 性理學 수용과 疾病 대처 양상의 변화』, 서울시립대학교 석사학위논문, 11~12쪽.

초에 와서 또다시 되풀이된다. 명으로부터의 무역이 제한되자 자주적인 약재 공급이 추진되었다는 설명이다.[125]

외교관계 단절로 약재 수입이 줄어들면 약재 운용이 타격을 입는 것은 분명하다. 하지만 단교 조치로 한국 의학의 자립의식이 갑자기 등장한다고 이해한다면, 외교관계가 복원되었을 때는 그 자립의식이 다시 사라진다고 설명할 수밖에 없다. 이 주장들은 이 글 서론에서 논의한 타율성론과 그리 다르지 않다. 만일 송이나 명과의 외교관계가 원만했다면 한국에서 향약은 등장할 수 없는 것일까? 향약의 발전이 외교나 교역에 의해서만 규정되는 것은 아니다. 약재 수입의 급격한 감소는 토산약재에 대한 수요를 제고시키는 추가 변수로서 기능할 뿐이다.

중국 의학이 유입될 때부터 향약은 그 가능성을 배태하고 있었다. 향약의 초기 모습은 고려의 현실을 토대로 중국 의학의 처방을 준수하는 것이다. 『향약구급방』의 약물들 대부분이 흙이나 풀 따위의 일상 사물들로서, 협의의 '약재'와는 거리가 있어 보이는 이유가 여기에 있다. 일반 민들이 모두 향유할 수 있는 약재 수급이 뒷받침 되지 않으므로, 주로 당 의학에 기반하여 중국이든 고려든 별 차이가 없는 일상 사물을 치료에 사용하였다. 당시로서는 중국 의학의 처방을 활용하기에 별 무리가 없는 방안이었다.

아울러 의술 확대에 비례하는 약재 수요의 급증을 중국 약재의 수입만으로 감당할 수 없게 되면서 자연스레 토산약재에 대한 관심이 높아진다. 아직은 대체약재를 찾는 수준이지만 이른바 의토성(宜土性), 즉 사람을 둘러싼 '풍토(風土)'와 '질병(疾病)'과 '약재(藥材)'의 일체성(一體性)이 자연스레 부각된다. 토산약재의 증가와 함께 토산약재의 반복적인 사용을

---

124) 이현숙·권복규, 2007, 「고려시대 전염병과 질병관-『향약구급방』을 중심으로-」, 『史學研究』 88호, 612쪽.
125) 三木榮, 1963, 『朝鮮醫學史及疾病史』, 自家 出版, 126쪽.

통해 약성(藥性)에 대한 경험과 이해가 축적되면서 토산약재를 별개의 약재로 인정한다. 토산약재에 대한 이해가 깊어짐에 따라 고려의 향약이 본격적으로 발전하기 시작하는 것이다.

향약의 확대는 대체약재의 증가 외에 외래 약재의 재배를 통해서도 가능하다. 감초(甘草)의 토산화(土産化)는 향약의 성장을 보여주는 구체적인 실례였다. 고려에서 약재의 부족 현상은 감초 같은 빈용약재에서 두드러졌다. 감초는『향약구급방』과『신집어의촬요방』모두에서 빈용약재였으므로 그 수요가 급증하고 있었다. 하지만 감초는 아직 수입 약재였다.

감초는 콩과에 속하는 다년생 식물로 1m 가량 자라는데, 가을에 채취한 뿌리를 말린 것이 약용하는 '감초'이다. 몽고 및 중국 북부에 분포하며, 원래 한국에서는 재배하지 않았다. 강가 등 모래질 땅에서 자라며, 6~7월에 꽃이 피고 7~9월에 열매를 맺는다. 주된 효능은 보비익기(補脾益氣)·윤폐지해(潤肺止咳)·완급지통(緩急止痛)·해독(解毒)인데, 상한론(傷寒論)에서 사용빈도가 높다.126)

고려 문종 33년(1079) 송의 소화급이 가져온 104종의 약재에는 '원주(原州)의 감초(甘草)'가 포함되어 있다. 소화급이 감초를 가져왔다는 것은, 요즘은 당연하게 보이지만 감초가 필수적인 기본 약재로 취급되었다는 의미이다. 그런데 고려에서 감초가 기본 약재로만 간주된 것은 아니었다. 감초는 오약(五藥)의 하나로서 불복장(佛腹藏)에 사용될 정도로 소중하게 여겨졌다. 충목왕 2년(1346)경 문수사의 불복(佛腹)에는 발원문 외에도 옷, 약재, 목합 등을 넣었다. 여기에 납입한 약재가 당시에 중시되고 널리 알려진 약재였을 것임은 두말할 나위가 없다.

---

126) 동양의학대사전편찬위원회, 1999,『東洋醫學大事典』, 경희대학교출판국, '감초' 항목 ; 배기환, 1999,『한국의 약용식물』, 교학사, 252쪽 ; 이영노, 2004,『原色韓國植物圖鑑(改訂增補版)』, 교학사, 382~383쪽 ; 김인락·구환석, 2004,「감초의 생리활성에 관한 본초의학적인 고찰」,『東義韓醫硏』8집, 東義大學校韓醫學硏究所, 39쪽.

아미타불 복장(腹藏)에 납입한 물건 목록.

청목향, 곽향, 침향, 유향, 정향, 부자, 하자, 인삼, 감초, 계심, 유리, 호박, 진주, 생금, 생은, 대황, 소황, 우황, 자황, 웅황, 심경, 심주, 후령, 오색백, 오색사 15척, 건반, 황폭자, 사리동, 팔엽동, 청화, 대청, 대록, 주홍, 황칠, 남분, 칠□, 아교, 오곡.[127]

문수사의 경우에는 감초 외에도 많은 약재가 불복장에 소용되었지만, 장곡사의 사례는 다르다. 장곡사 약사여래좌상(藥師如來坐像)은 복장(腹藏) 봉서(封書)로 미루어 지정(至正) 6년(1346, 충목왕 2년) 7월 8일에 수납되었는데, 복장 유물 가운데 은합(銀盒)에는 다섯 개의 주머니 안에 곡식과 식물 종자가 들어 있었다. 이 다섯 개의 주머니들은 『제불보살복장단의식(諸佛菩薩腹藏壇儀式)』의 오곡(五穀)·오개(五芥)·오황(五黃)·오약(五藥)·오향(五香)·오보(五寶) 등에 해당하며, 이 가운데 오약(五藥)은 마자(麻子)·백개(白芥)·웅황(雄黃)·감초(甘草)·정향(丁香)으로 추정된다.[128]

감초가 고려 토산물인 것처럼 처음 서술된 자료는 송의 나준(羅濬)이 쓴 『보경사명지(寶慶四明志)』이다. 고려 고종대에 해당하는 기록으로서 다음과 같다.

가정(嘉定) 17년(1224, 고려 고종 11년)······(고려의 : 인용자) 여러 재화는

---

127) 李基白 編著, 1987, 「文殊寺 阿彌陀佛坐像 腹藏 入物色記」, 『韓國上代古文書資料集成』, 一志社, 193쪽. "弥陁腹藏入物色記. 靑木香·藿香·沈香·乳香·丁香·苻子·荷子·人蔘·甘草·桂心·瑠璃·琥珀·眞珠·生金·生銀·大黃·小黃·牛黃·雌黃·雄黃·心鏡·心珠·喉鈴·五色帛·五色糸十五尺·乾飯·黃幅子·舍利同·八葉同·靑花·大靑·大祿·朱紅·黃漆·南粉·漆□·阿膠·五穀." 文殊寺 佛像의 조사 경위와 佛腹藏 遺物의 상태에 대해서는 다음 연구가 참고된다(姜仁求, 1975, 「瑞山文殊寺 金銅如來坐像腹藏遺物」, 『美術資料』 18집, 國立中央博物館).

128) 閔泳珪, 1966, 「長谷寺 高麗鐵佛 腹藏遺物」, 『人文科學』 14·15합집, 연세대학교 인문과학연구소.

다음과 같다.……백부자, 무이, 감초, 방풍, 우슬…….129)

본래 『보경사명지』의 고려 인삼과 소나무 설명은 『고려도경』의 기록을 그대로 인용한 것이다.130) 고려의 토산약재에 대해 나준은 『고려도경』을 인용한 후 감초 등을 덧붙였다. 1123년의 『고려도경』에서는 감초가 언급되지 않다가 100년 뒤에야 갑자기 토산물로 등장하는 점이 눈에 띈다. 감초가 고종대에야 겨우 토산약재로 언급된다는 것은 고려에서 감초 재배가 늦었음을 의미한다. 그렇다면 『보경사명지』의 기록대로 고종대에는 정말로 감초가 고려에서 생산되었을까? 극히 의심스럽다. 감초 생산과 관련하여 향약의서나 토산에 관한 기록을 모두 찾아볼 필요가 있다.

고려시대 초간본을 조선 태종 17년(1417)에 중간한 『향약구급방』을 비롯하여 『향약구급방』 중간본 말미의 「방중향약목초부」, 세종 13년(1431)의 『향약채취월령』, 세종 15년(1433)의 『향약집성방』, 단종 2년(1454)의 『세종실록』 지리지에서 감초(甘草)는 전혀 보이지 않는다. 『향약구급방』을 비롯한 향약 자료나 전국의 토산물을 집대성한 지리지(地理誌)에 감초가 수록되지 않은 이유는 아직 토산약재가 아니었기 때문이다.

조선에서 감초와 관련된 최초의 기록은 태종 11년(1411)에 개성유후사 이문화(李文和)가 감초 1분(盆)을 바친 것이며,131) 두 번째 기사는 태종

---

129) 羅濬, 『寶慶四明志』 卷6, 郡志6 敍賦下 市舶. "嘉定十七年……裸貨具於左……白附子・蕪荑・甘草・防風・牛膝……."

130) 예를 들어 인삼 관련 설명을 비교해 보면 두 자료가 일치한다. 徐兢, 『高麗圖經』 卷23, 雜俗2 土産. "人參之幹特生, 在在有之, 春州者㝡良. 亦有生熟二等, 生者, 色白而虛, 入藥則味全. 然而涉夏, 則損蠹, 不若經湯釜而熟者, 可久留. 舊傳形匾者, 謂麗人以石壓去汁作煎, 今詢之, 非也. 乃參之熟者, 積壖而致爾. 其作煎當自有法也"; 羅濬, 『寶慶四明志』 卷6, 郡志6 敍賦下 市舶. "人參其幹特生, 在在有之, 春州者最良. 亦有生熟二等, 生者, 色白而虛, 入藥則味全. 然涉夏, 損蠹, 不若經湯釜而熟者, 可久留. 舊傳形匾者, 謂麗人以石壓去汁作煎, 今詢之, 非也. 乃參之熟者, 積壖而致爾. 其作煎當自有法也."

131) 『太宗實錄』 卷21, 태종 11년 5월 20일(庚辰).

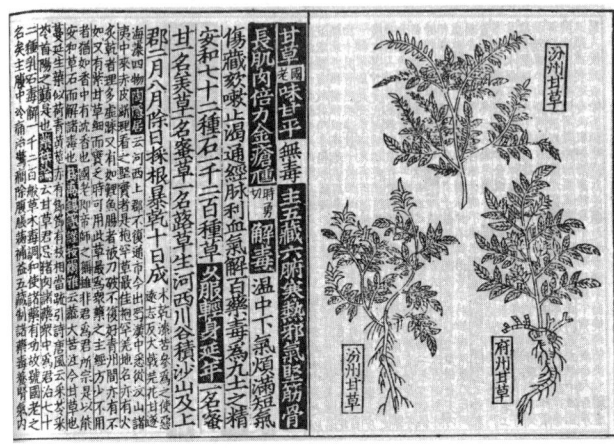

『중수정화경사증류비용본초(重修政和經史證類備用本草)』 초부 상품지상(草部上品之上)에 수록된 감초(甘草) 기록과 그림. 송의 대표적인 본초서(本草書)이다.

12년(1412)에 임첨년(任添年) 등이 중국에서 감초를 가져온 것이다.132) 이문화가 자신이 재배한 감초 1분을 바치거나 중국에 파견된 사신이 가져온 물품 가운데 굳이 감초를 기록했다는 건 그만큼 희소성이 있어서였다.

조선 전기의 실록(實錄)을 검토해 보면 감초를 확보하는 방법은 일본에서 유입되는 것이 대부분이었다. 예를 들어 세종 3년(1421)에 일본 구주총관(九州摠管) 평종수(平宗秀)가 감초 10근 등을 바친 것처럼133) 당시 감초는 일본으로부터 조금씩 들어오고 있었다. 그런데 감초의 유입 기록은 일본에만 집중되는 특징이 있는 데다 유입 횟수가 빈번한 것으로 보아 단순한 예물이 아니었다.134)

---

132) 『太宗實錄』 卷23, 태종 12년 5월 3일(丙戌).
133) 『世宗實錄』 卷14, 세종 3년 11월 6일(乙丑).
134) 당시 일본에서 유입되는 감초의 양과 시기를 實錄에서 찾아보면 다음과 같다.
甘草 10근(세종 3년 11월 6일(乙丑)), 甘草 20근(세종 5년 1월 1일(癸未)), 甘草 10근(세종 5년 1월 12일(甲午)), 甘草 20근(세종 5년 1월 12일(甲午)), 甘草 50근(세종 5년 1월 28일(庚戌)), 甘草 10근(세종 5년 5월 25일(甲戌)), 甘草 10근(세종 5년 6월 21일(庚午)), 甘草 15근(세종 5년 6월 26일(乙亥)), 甘草 50근(세종 5년 12월 25일(壬申)), 甘草 10근(세종 5년 12월 27일(甲戌)), 甘草 10근(세종 6년 11월 23일(甲午)), 甘草 수량 미상(세종 7년 1월 6일(丁丑)), 甘草 10근(세종 9년 1월 13일(壬寅)), 甘草 수량 미상(세종 10년 2월 2일(甲寅)), 甘草 수량 미상(세종 10년 3월 1일(癸未)),

태종대에 이문화가 개인적으로 감초를 재배했음에도 불구하고 실제로 조선에서 감초 재배에 뛰어든 것은 세종대에 이르러서였다. 세종 30년(1448)에 전라도와 함길도 감사에게 왜인(倭人)이 바친 감초를 재배하도록 명하였다.135)

3년 뒤인 문종 원년(1451) 5월에는 감초 재배를 소홀히 한 광양의 관원을 처벌하였다.136) 나주·진도·광양에서 감초를 기르게 하였는데 나주에서는 5조(條)로 195조를 생산하고 진도에서는 26조로 124조를 생산하였으나, 광양에서는 생산에 실패하였기 때문이다. 또한 서울 밤섬[栗島]에서도 감초를 재배하였는데 해마다 번성하였다. 이듬해 봄에 밤섬의 감초를 각도에 나누어 심도록 문종은 명하였다.137) 문종대에 들어서야 감초는 전국적인 재배에 착수하게 되었던 것이다. 감초의 이러한 토산화 과정을 성종은 다음과 같이 요약하였다.

> 감초(甘草)는 우리나라에서 생산되지 아니하여, 세종조(世宗朝)에 중국에서 구해 상림원(上林園)에 심게 하였다가, 마침내 여러 도(道)에 나누어 심게 하였는데, 번성(蕃盛)하게 하려고 한 것이다. 그러나 감초를 심은 지가 이미 오래되었지만 지금 여러 도에서 아뢴 것을 보니, 해마다 느는 것이 번성하지 않았다. 이것은 반드시 수령이 마음을 써서 배양(培養)하지 아니하고, 혹은 땅이 척박(瘠薄)하거나 잡초로 인하여 무성하지 못함이다. 척박한 토지에 심은 것은 점차 옮겨 심고, 잡초를 제거하여 힘써 번성하게 하라. 그리고 이제 시험해 쓰려고 하니, 나주에 심은 것 3냥(兩)과 진도에 심은 것 4냥, 함평에 심은 것 1냥, 영암에 심은 것 1냥, 보성에 심은 것 1냥, 길성에 심은 것 4냥, 경원에 심은 것 4냥, 온성에 심은 것 2냥, 회령에

甘草 수량 미상(세종 14년 5월 23일(庚辰)). 감초 유입이 많은 것처럼 보이지만, 이 문헌기록이 조선에서 확보하는 감초의 대부분이었다.
135) 『世宗實錄』卷119, 세종 30년 2월 1일(丁巳).
136) 『文宗實錄』卷7, 문종 원년 5월 1일(戊戌).
137) 『文宗實錄』卷10, 문종 원년 11월 3일(丁酉).

심은 것 3냥, 종성에 심은 것 3냥, 울산에 심은 것 1냥, 평양에 심은 것 1냥을 월령(月令)에 의하여 2월·8월의 제일(除日)에 채취해서 폭건(暴乾)하여 올려 보내라.138)

1983년 대한한의사협회의 주요 한약재 사용빈도 순위조사에 따르면 요즘의 빈용약재는 감초, 당귀, 생강, 인삼, 천궁, 백출, 백복령 순이다.139) 하지만 감초는 조선 성종대에야 겨우 향약화(鄕藥化)에 성공한 약재였다. 감초라는 외래 약재가 토산약재로 뿌리를 내리는 사례에서 드러나듯이, 향약의 성장은 결코 쉽지 않았다.

요컨대 『향약구급방』은 중국 의학을 적극 소화하면서 고려 의학의 표준으로 역할하고 있었다. 『향약구급방』에서는 '향명(鄕名)'을 부여함으로써 토산약재를 중국 의학 치료에 적합한 약재로 공인(公認)하였다. 임상의 측면에서 보자면, '향약'이라는 형식을 통해 고려의 의료체계에 토산약재를 편입시키는 과정이었다. 중국 의학의 준용(遵用)이었다. 그리고 청태즙의 사례에서 드러나듯이 당재보다 고려의 일상 사물이 더 뛰어난 효과가 있다고 인식하였다. 의학론의 측면에서 보자면, 토산약재 135종의 약성과 그 '의토성(宜土性)'에 대한 자각이었다. 중국 의학의 변용(變用)이었다. 그러므로 향약의 반복적인 활용과 의술의 축적을 토대로 『향약구급방』에서는 고려 의학이 자주성을 담보하기 시작했다고 결론지을 수 있다.

---

138) 『成宗實錄』卷178, 성종 16년 윤4월 29일(己酉). "甘草不産我國, 世宗朝求之中原, 種于上林園, 遂分種諸道, 欲其蕃盛. 種之已久, 而今觀諸道所啓, 逐年生植不蕃盛. 是必守令不用意培養, 或因地瘠, 或因雜草, 使不暢茂. 其瘠土所種, 漸次移種, 芟去雜草, 務令蕃盛. 且今欲試用, 羅州所種三兩·珍島四兩·咸平一兩·靈巖一兩·寶城一兩·吉城四兩·慶源四兩·穩城二兩·會寧三兩·鍾城三兩·蔚山一兩·平壤一兩依月令, 二月·八月除日採取, 暴乾上送."

139) 尹一弘·韓相仁, 1986, 「韓藥材의 需給構造-大邱藥令市를 中心으로-」, 『새마을·地域開發硏究』 7집, 영남대학교 새마을연구소, 14~15쪽.

2) 『비예백요방』과 향약론의 구조

(1) 『비예백요방』의 복원

『비예백요방(備預百要方)』이라는 의서가 있다. 원본이 남아 있지는 않지만 『향약제생집성방(鄕藥濟生集成方)』이나 『의방유취(醫方類聚)』에 단편적으로 인용되어 원래의 모습을 엿볼 수 있다. 특히 『의방유취』에서는 전편에 걸쳐 적지 않게 인용되고 있다. 이 책을 『향약제생집성방』에서는 '백요방(百要方)'이라고 약칭하는데, 『의방유취』에서는 '백요(百要)'라고 줄여 부르기도 한다.[140]

예전에는 『비예백요방』이 중국 의서라고 생각했지만[141] 최근에 이 책이 고려 의서로 밝혀졌다. 『어의촬요연구』에서 『신집어의촬요방』, 『비예백요방』, 『간기방』, 『권선서』가 한국 고유의 의서일 것이라고 추측하였는데,[142] 『의방유취』에 인용된 『비예백요방』 기록 중 "상서 김변의 경험이다[尙書金忭經驗]"라는 문장에 착안하여 『비예백요방』은 고려 의서로 확인되었다.[143] 김변(金忭)은 김영석의 증손이며 『비예백요방』은 김변이 1230~1240년경에 저술했다는 결론이었다. 『사고전서』를 찾아봐도 '상서 김변경험(尙書金忭經驗)'이라는 표현이나 '김변'이라는 인물은 보이지 않으므로, 김변에 관한 내용을 담은 『비예백요방』이 고려 의서라는 점은

---

140) 『鄕藥濟生集成方』卷4, 胸痺 百要方 ; 『醫方類聚』卷3, 總論3 備預百要方. "名之曰百要, 以類于左."
141) 『향약구급방』을 다룬 신영일의 연구에서는 『비예백요방』을 중국 의서로 간주하는 바람에 다소 엉뚱한 결론에 다다르게 되었다. 『향약구급방』이 가장 의지하는 의서가 『비예백요방』인데, 『비예백요방』은 중국 의서이므로 고려의 의학은 중국 의학 이론을 답습하고 있다는 결론이었다(申榮日, 1994, 『『鄕藥救急方』에 對한 硏究』, 경희대학교 박사학위논문, 176쪽).
142) 안상우·최환수, 2000, 『어의촬요연구』, 한국한의학연구원, 11쪽.
143) 『醫方類聚』卷24, 諸風門12 備預百要方. "四肢攣縮方. 木菓實擣碎, 以蒸甑之, 幷所蒸水, 置槽入沐, 勿令洩氣[尙書金忭經驗]." 안상우, 2000, 「고려의서 『비예백요방』의 고증―실전의서의 복원 Ⅱ」, 『韓國醫史學會誌』13권 2호 ; 安相佑, 2001, 「高麗醫書 『備豫百要方』의 考證」, 『書誌學硏究』22집.

쉽게 수긍된다.

김변은 『고려사』에서 고종 15년(1228)에 등장하며[144] 이규보가 쓴 「김변 양중서사인 불윤비답(金卞讓中書舍人 不允批答)」의 주인공이기도 하다.[145] 김인존의 열전에는 다음과 같이 소개되어 있다.

> 김영석(金永錫)의 증손은 김변(金卞)이며 일명 김기(金琪)이다. 그는 어려서부터 공부에 힘써 과거에 급제하였고 고종 때에는 정언, 어사를 지내고 안무사로 충청도에 부임하였으나 매일 술만 마시고 일을 보지 않았다. 또 백성의 재물을 긁어모아 권귀(權貴)에게 뇌물로 바치니 사람들이 모두 이를 갈며 원망하였다. 벼슬은 판소부감사에 이르렀다.[146]

기존 연구에서 강릉 김씨의 족보까지 뒤져 김변을 치밀하게 조사하고 전본(傳本)의 계통을 설명했음에도 불구하고, 『비예백요방』의 저자 및 저술 시기는 논의의 여지가 남아 있다. 특히 『비예백요방』이 『향약구급방』보다 먼저 편찬되었다는 주장은 심히 의심스럽다. 『비예백요방』의 치료법에 내포된 의술의 발전이나 의서로서의 특징에 대해서도 미처 논의된 바가 없었다. 『비예백요방』이 고려 의학에서 차지하는 위상을 제대로 평가하기 위해서는 처음부터 재검토해볼 필요가 있다.

먼저 『향약구급방』과 『비예백요방』의 관련성부터 살펴보자. 두 의서를 비교해 보면 우연의 일치라고는 볼 수 없는 똑같은 내용들이 자주 보인다. 예를 들어 이질에 대한 부분을 찾아보면 다음과 같다.

Ⅰ. 『향약구급방』.

---

144) 『高麗史』 卷22, 世家22, 고종 15년 1월.
145) 李奎報, 『東國李相國全集』 卷33, 敎書批答詔書 金卞讓中書舍人不允批答.
146) 『高麗史』 卷96, 列傳9 金仁存. "永錫曾孫卞, 一名琪. 幼力學, 登第, 高宗朝歷正言·御史, 出按忠淸, 日酣飮廢事. 又橫歛賂權貴, 人皆切齒. 仕至判少府監事."

V. '향약'의 성장과 의료사적 의의   315

냉리(冷痢)·열리(熱痢)[손진인(孫眞人)은 "모든 이질에는 반드시 음식[味]을 조심해야 한다. 음식을 조심하지 않으면 성인이라도 치료할 수 없다"라고 했다]. 대변 색이 푸른 이질이 냉리이며, 붉고 누런 이질은 열리이다.147)

II. 『비예백요방』.
냉리(冷痢)·열리(熱痢) 및 적백리(赤白痢) 처방[손진인(孫眞人)은 "모든 이질에는 반드시 음식[口味]을 조심해야 한다. 음식을 조심하지 않으면 성인이라도 치료할 수 없다"라고 했다]. 대변 색이 푸른 이질이 냉리이며, 붉고 누런 이질은 열리이다.148)

이질에 대해 손진인은 음식을 조심하라고 말했다는 설명에 이어, 냉리(冷痢)를 비롯한 이질 종류를 나열하는 내용이다. 두 의서는 서두에서 손진인을 인용하는 세주(細註) 형식까지 같은데, 이 문장은 『사고전서』에서도 찾을 수 없다. 두 의서는 서로 인용하고 있는 관계가 확실하다.

조금 더 비교해 보면 『비예백요방』이 『향약구급방』보다 소략하게 설명하는 경우들이 있다. 이번에는 이들 의서에 영향을 미친 중국의 처방까지 함께 살펴보자. 옹종(癰腫)·발배(發背)에 달걀과 똥을 섞어서 떡처럼 환부에 붙이면 통증이 사라진다는 처방이다.

I. 『비급천금요방』.
여러 날 앓은 사람은 3일간 붙이되 하루에 한 번씩 바꾸어주고 나으면 그친다. 이 처방이 지저분하여 귀한 사람에게는 쓰기 어려우나, 병을 치료하는 데는 어떤 처방도 여기에 미치지 못한다. 이외의 다른 처방은 도리어 쓸모없는 관원이나 의례적인 주석(註釋) 정도라고 비유할 수 있을

---
147) 『鄕藥救急方』中卷, 冷熱痢. "冷熱痢[孫眞人云, 凡痢克須愼味, 若不能愼, 雖聖人不理也]. 凡痢色靑者爲冷痢, 赤黃者爲熱痢."
148) 『醫方類聚』卷141, 諸痢門6 備預百要方. "冷熱痢及赤白痢方[孫眞人曰, 凡痢克愼口味, 若不能愼, 雖聖人不理也]. 凡痢色靑者爲冷, 赤黃者爲熱."

뿐이다. 의학자(醫學者)들은 마땅히 이 처방을 잘 익혀서 여러 가지 급한 상황에 대비해야 한다.149)

II. 『향약구급방』.
여러 날 앓은 사람은 3일간 붙이되 하루에 한 번씩 바꾸어주면 낫는다. 손진인(孫眞人)은 "이 처방이 지저분하여 귀한 사람에게는 쓰기 어려우나, 병을 치료하는 데는 어떤 처방도 여기에 미치지 못한다. 이외의 다른 처방은 도리어 쓸모없는 관원이나 의례적인 주석(註釋) 정도라고 비유할 수 있을 뿐이다"라고 하였다.150)

III. 『비예백요방』.
여러 날 앓은 사람은 3일간 붙이되 하루에 한 번씩 바꾸어준다. 손진인(孫眞人)은 "이 처방이 지저분하여 귀한 사람에게는 쓰기 어려우나, 병을 치료하는 신속함은 어떤 처방도 여기에 미치지 못한다"라고 하였다.151)

『비급천금요방』의 저자인 손사막(孫思邈)은 이 처방이 지저분하여 귀인에게는 쓰기 어렵지만 특효가 있으므로 배워야한다고 설명하였다. 손사막의 설명을 『향약구급방』과 『비예백요방』에서는 모두 '손진인(孫眞人)' 즉 손사막이라고 별도로 표기하였다. 강조를 위해서 일부러 저자 이름을 거론하였을 것이다. 문장을 대조해 보면 『향약구급방』은 『비급천금요방』을 충실하게 인용하고 있다. 반면 『비예백요방』은 『향약구급방』 문장을 재인용하면서 초략하고 있다. 즉 『비예백요방』이 『향약구급방』보다 늦게 편찬되었다.

---

149) 孫思邈, 林億 等 校正, 『備急千金要方』(四庫全書本) 卷66, 丁腫方. "如多日患者, 三日帖之, 一日一易, 至瘥止. 此方穢惡, 不可施之貴勝, 然其愈疾, 一切諸方皆不可及. 自外諸方還復備員設儀注而已. 學者當曉此方, 以備諸急爾."
150) 『鄕藥救急方』中卷, 癰疽. "如多日患者, 三日貼之, 一日一易, 卽差. 孫眞人云, 此方穢惡, 不可施之貴勝, 然愈疾, 一切諸方皆不及之. 此外諸方還復設員備儀注而已."
151) 『醫方類聚』卷178, 癰疽門9 備預百要方. "如多日患者, 三日帖之, 一日壹易. 孫眞人云, 此方穢惡, 不可施之貴勝, 然愈疾之速, 諸方皆不及此."

V. '향약'의 성장과 의료사적 의의 317

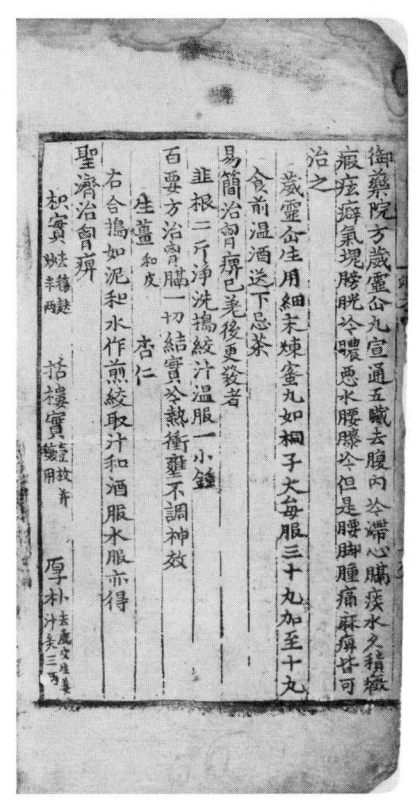

『향약제생집성방(鄕藥濟生集成方)』 흉비(胸痺)에 인용된 『비예백요방(備預百要方)』의 처방. 『백요방(百要方)』이라고 약칭하고 있다. 흉격(胸膈)에는 생강(生薑)과 행인(杏仁)을 달인 즙을 술에 타서 복용하라는 내용이다. ⓒ한독의약박물관

『비예백요방』의 저술 시기와 관련해서는 '인삼탕(人蔘湯)' 처방도 눈길을 끈다.152) 『향약구급방』에서는 인삼 처방이 한 건도 없었는데, 점차 일반 민들도 인삼을 사용할 수 있게 되자 이 처방이 『비예백요방』에 수록된 것으로 판단된다. 인삼 처방 같은 내용서지학적 검토를 통해서도 『비예백요방』이 『향약구급방』보다 늦게 편찬되었다는 점은 재확인된다. 따라서 『비예백요방』은 김변이 저술한 것이 아니라, 『향약구급방』보다 후대에 저술되면서 김변의 처방까지 포함되었다고 이해할 수밖에 없다.

그렇다면 기존 연구에서 김변의 저작이라는 결정적 근거로 제시한 "상서 김변의 경험이다[尙書金弁經驗]"라는 『비예백요방』의 세주(細註)는 어떻게 이해해야 할까? 처방에 대해 세주로 덧붙인 이 표현만으로는 김변이 『비예백요방』의 저자임을 단정할 수 없다. 『비예백요방』에는 "신상서의 처방에 보인다[出愼尙書方]",153) "식의심감에도 같다[食醫心鑑 同]",154) "당서 노당전에 나온다[出唐

---

152) 『醫方類聚』 卷164, 解毒門4 備預百要方.
153) 『醫方類聚』 卷70, 眼門7 備預百要方.
154) 『醫方類聚』 卷24, 諸風門12 備預百要方.

書盧堂傳]"는155) 비슷한 세주도 있기 때문이다. '김변의 경험'이나 '신상서의 처방'이라는 등의 세주는 『비예백요방』 집필 과정에서 증보된 처방의 출전을 표시한 것에 불과하다.

『비예백요방』에 『향약구급방』이 압축되어 있다는 점은 『비예백요방』의 편제에서도 확인된다. 앞서 살핀 것처럼 『향약구급방』의 첫머리는 독(毒)에 관한 내용인데 식독(食毒), 육독(肉毒), 균독(菌毒), 백약독(百藥毒)의 순서로 배치하였다. 『비예백요방』 해독(解毒) 부분도 이와 동일한 순서에 따라 처방을 배치하고 있다.156) 『의방유취』의 인용문헌에서 『비예백요방』은 들어있는데 반해 『향약구급방』은 빠져있는 이유도 여기에 있다. 즉 『의방유취』에서는 『비예백요방』에 온축되어 있는 『향약구급방』까지 흡수한 것이다. 『향약구급방』과 『비예백요방』의 성격이 흡사한데, 『비예백요방』만을 참고했다는 것은 『비예백요방』이 보다 발전된 내용을 담고 있어서이다.

(2) 『비예백요방』과 의술의 발전

이제 『비예백요방』의 내용을 본격적으로 분석함으로써 고려 의술의 발전 양상을 살펴보도록 하겠다. 조금 길더라도 『비예백요방』의 특징을 구체적으로 이해하기 위해 탕화창(湯火瘡) 즉 화상에 대한 『신집어의촬요방』, 『향약구급방』, 『비예백요방』의 치료법을 각각 소개한다.

I. 『신집어의촬요방』.
신효첩구고(神效貼灸膏). 백지(白芷)·황기(黃耆)·세신(細辛)·방풍(防風)·궁궁(芎藭)·작약(芍藥)·몰약(沒藥)·유향(乳香)·영릉향(苓陵香)·혈여(血餘)[각 2목(目)]·황단(黃丹)[6냥]·황랍(黃蠟)[반냥]·진유(眞油)[16

---

155) 『醫方類聚』 卷129, 水腫門4 備預百要方.
156) 『醫方類聚』 卷164, 解毒門4 備預百要方.

냥]. 위의 약재를 잘게 썰어 무명천에 싸서 기름과 함께 솥에 넣고 약한 불에 달여, 물에 떨어뜨려 보아 풀어지지 않고 구슬이 지면 무명천으로 싸서 찌꺼기를 버린다. 다음에 황단·황랍을 넣고 버드나무 주걱으로 계속 저어 새까맣게 되면 내놓아 식히고, 굳고 묽은 것을 보면서 따로 부드럽게 간 몰약·유향을 이 고약 속에 넣고 다시 섞어 고약을 만든다.157)

II. 『향약구급방』.

버드나무 껍질[柳白皮]을 잘라 섣달에 잡은 돼지기름[猪脂]을 넣고 함께 달인 다음, 찌꺼기는 버리고 바른다. 통증이 없어지며 빨리 낫는데 이것보다 좋은 처방이 없고 흉터도 안 생긴다.

또한 탕화창에는 처음에 찬물을 대는 것을 삼가야 한다. 열기가 찬물을 만나면 안으로 쫓겨 들어가 근골이 상하기 때문이다. 탕화창 초기에 약이 없으면 소금물[塩水]에 재[灰]를 개어 붙인다.

또한 숯가루[炭末]를 물에 개어 바른 다음 약을 함께 붙인다.

또한 파초기름[芭蕉油]을 바른다.

또한 계화(戒火)[일명 경천(景天). 꿩의 비름과 비슷하지만 잎이 두껍다] 초를 찧어 붙인다.

또한 백렴(白斂)[가위톱] 가루를 붙인다.

또한 탕화창으로 헌 데는 호마(胡麻)[참깨]를 진흙처럼 찧어 붙이면 통증이 멎는다.158)

III. 『비예백요방』.

---

157) 『醫方類聚』卷194, 湯火傷門. "御醫撮要. 神效貼灸膏. 白芷·黃耆·細辛·防風·芎藭·芍藥·沒藥·乳香·苓陵香·血餘[各二目]·黃丹[六兩]·黃蠟[半兩]·眞油[十六兩]. 右件咬咀, 緜裏納油鐺內, 熳火煎, 滴水中成珠不散, 以縝濾, 去滓. 次入黃丹·黃蠟, 以柳篦攪不住手, 成黑色放冷, 看硬軟, 沒藥·乳香別細硏, 納膏中, 更攪成膏."

158) 『鄕藥救急方』中卷, 湯火瘡. "取柳白皮切, 用臘月猪脂同煎, 去滓塗之. 止痛速差, 無過此藥, 并無痕. 又湯火瘡初犯, 愼勿着冷水. 熱氣被冷水, 迫入傷筋骨也. 初着無藥時, 用塩水和灰, 付之. 又用炭末, 水和付, 然後合藥貼之. 又用芭蕉油, 付之. 又戒火[景天, 如馬齒, 葉厚]草, 搗付之. 又白斂[犬刀叱草]末, 付之. 又湯火炒爛瘡, 細搗胡麻[荏子]如泥, 付之, 止痛."

끓는 물이나 불에 덴 것을 치료하는 처방.

처음 데었을 때 절대 찬물을 묻히지 않아야 한다. 열기가 찬 기운을 만나면 안으로 쫓겨 들어가 근골이 상하기 때문이다. 처음 데여서 창졸간에 약이 없으면 곧 따뜻한 물[溫水]에 재[灰]를 개어 붙인다.

또한 숯가루[炭末]를 물에 개어 붙이고, 나중에 약을 만들어 붙인다.

또한 계화초(戒火草)를 짓찧어 붙인다.

또한 석회(石灰)를 부드럽게 갈아 붙인다.

또한 보릿가루[大麥末]를 식초[醋]에 개어 붙인다.

또한 불에 데서 헌 데에 대한 처방으로는 호마[胡麻子]를 부드럽게 짓찧어 붙인다.

또한 팥가루[小豆末]를 뿌린다.

또한 못에 뜬 푸른 이끼[靑苔]를 붙인다.

탕화창의 발독지통고(拔毒止痛膏). 연단(鉛丹)(볶은 것)·조갯가루[蚌蛤粉]. 위의 두 약재를 같은 양으로 섞어 복사꽃 빛깔처럼 된 것을 날기름[生油]에 개어서 고약을 만들고, 젖은 종이로 싸서 보관하면서 마른 데 붙인다.

뜸자리 헌 데를 씻는 법. 뜸을 뜬 뒤에 쓴다. 붉은 껍질의 파[葱]·박하(薄荷). 위의 두 약재를 달여 헌 데의 언저리를 따뜻하게 씻어서, 풍기(風氣)가 헌 데 구멍으로 나오게 한다.

또한 복숭아나무[桃]의 동남쪽 가지와 버드나무 가지를 똑같이 썰어 달인 물로 씻는다.

또한 쑥잎[艾葉]을 찧어 가루를 내어 붙인다.[159]

탕화창에 『신집어의촬요방』은 13종의 약재가 들어가는 신효첩구고(神效貼灸膏)를 처방하였다. 『향약구급방』에서는 버드나무 껍질, 소금물, 숯

---

[159] 『醫方類聚』卷194, 湯火傷門. "備預百要方. 湯火瘡方. 初犯, 切不着冷水. 熱被冷, 逼入傷筋骨. 初得, 倉卒無藥, 即以溫水和灰付之, 又用炭末和水付, 然後合藥貼之. 又戒火草擣付. 又石灰細研付. 又大麥末和醋付. 又灼爛瘡方, 胡麻子細擣付. 又小豆末散之. 又池澤水面靑苔付之. 湯火瘡拔毒止痛膏. 鉛丹[炒過]·蚌蛤粉. 右二味無分兩, 但合如桃花, 以生油調作膏, 濕紙, 乾攤貼之. 灸瘡洗法. 灸後便用. 赤皮葱·薄荷. 右二味煎湯, 溫洗四邊, 使風氣出於瘡口. 又桃東南枝柳枝等切, 煎洗. 又艾葉擣末付."

가루 등을 바르며, 『비예백요방』에서는 계화나 석회 등을 찧어 붙이거나 2종의 약재로 발독지통고(拔毒止痛膏)를 만든다. 『신집어의촬요방』은 약재를 많이 사용하지만 다른 의서들에서는 한두 가지 약재로 치료함을 대번에 알 수 있다. 사용 약재에서도 『신집어의촬요방』은 '약재(藥材)'라는 표현에 어울리는 다양한 약재를 사용하지만, 『향약구급방』과 『비예백요방』에서는 일상에서 구하기 쉬운 버드나무, 소금, 숯 등을 사용하는 차이를 보인다.

더욱 시야를 넓힌다면 고종대에 『신집어의촬요방』과 『향약구급방』이 동시에 편찬된 것은 고려 의학의 흐름이 두 갈래였음을 드러낸다. 『신집어의촬요방』에서는 중국 의서를 능가하는 복방을 구사하면서 다양한 당재를 사용하였다. 국왕을 비롯한 소수 지배층 중심의 귀족의학은 중국 의학 특히 송 의학에 완전히 몰입되어 있었다. 반면 『향약구급방』은 단방 약물 위주로 일반 민들에게 활용되면서, 단방이나 일상 사물을 치료에 활용하는 당(唐)의 의서(醫書)를 유용하다고 여겼다. 『향약구급방』의 내용이 『비예백요방』으로 그대로 전해진다는 점을 고려하면, 『제중입효방』→『향약구급방』→『비예백요방』으로 고려시대 서민의학의 갈래를 잡을 수 있다.

탕화창 처방 숫자에서 『향약구급방』은 7가지 치료법을 제시한 데 비해 『비예백요방』은 12가지 치료법을 수록하였다. 두 의서간 치료법을 비교해 보면 『향약구급방』의 치료법은 『비예백요방』에 그대로 수록된 것도 있고 탈락된 것도 있다. 『비예백요방』은 『향약구급방』의 치료법을 수용하되 별도로 첨삭(添削)을 진행하여 12가지로 확대한 것이다.

『비예백요방』이 『향약구급방』 단계의 치료술을 확대한 내용에는 약재의 변화도 포함된다. 간단하고도 구하기 쉬운 약물을 사용하면서 대부분이 단방이라는 점에서 『비예백요방』은 『향약구급방』과 동류이다. 『향약구급방』과 동류이지만 『비예백요방』에서는 몇 종의 약재를 사용하는 복방화(複方化) 경향도 서서히 나타난다. 인용문에서 보이는 연단(鉛丹)·조갯가루를 원료로 삼는 발독지통고와 파·박하를 섞어 달이는 처방이 그 예이다. 복방화는 약재 생산의 확대에 따른 자연스런 변화이다. 두 의서간의 처방 차이는『비예백요방』이『향약구급방』의 계열이면서도 의술을 발전시키고 있는 양상을 잘 보여준다.

고려 의술의 발전을 보여주는 다른 예로는 부골저(附骨疽)를 꼽을 수 있다.『향약구급방』에서는 "외용으로는 침이나 뜸을 쓰고 안으로는 설사시키는 약을 복용해야 하는데, 마땅히 큰 의서를 살펴야 한다"라고160) 하여 치료법을 자세히 논의하지 않고 다른 전문의서를 읽을 것을 권했다. 하지만『비예백요방』에서는 부골저에 대해 처방을 내림으로써 치료법을 제시하기에 이른다.

> 부골저(附骨疽) 처방.……외용으로는 침이나 뜸을 쓰고 안으로는 설사시키는 약을 복용해야 하는데, 마땅히 큰 의서를 살펴야 한다. 석창포를 생것으로 짓찧어 노새 젖에 개어 붙이고 비단으로 싸맨 후 온돌(溫突)에 헌 데를 대고 있게 한다. 만일 노새 젖이 없으면 장남(長男)이 먹는 젖에 개어 붙인다.161)

『비예백요방』에서는 이처럼 치료 병증이 확대되었을 뿐만 아니라, 본문의 서술 형식과 병인론에서도 훨씬 진전된 모습을 띠었다. 다음의 신효결명산(神效決明散) 사례를 보면 처방명, 주치(主治), 처방 약재(향약명)와 그 분량, 포제법과 복용법으로 구성되어 있다. 중풍 치료법에서는 처방명을 생략한 채 약재 소개, 포제, 사용법을 연이어 설명하기도 한다.『향약구급방』에서 병증별로 약재명과 복용법만 나열하다시피 한 것과 비교하면,

---

160) 『鄕藥救急方』中卷, 附骨疽. "外用針灸, 內用下藥, 宜檢大方中."
161) 『醫方類聚』卷178, 癰疽門9 備預百要方. "附骨疽方.……外用針灸, 內用下藥. 宜檢大方中. 生擣菖蒲, 和騾乳, 付之, 帛裏, 溫突上壓之. 無騾, 第一男乳和付."

의서로서의 체재에서『비예백요방』은 훨씬 세련(洗鍊)된 면모를 갖추었다.

『비예백요방』. 신효결명산(神效決明散).
눈이 청맹이 되어 여러 해 동안 못보는 것을 치료한다.
결명자[3냥]·만청자[3냥, 찌고 3번 볶는데 바람 잘 통하는 곳에서 말린 것, 향명은 진청실(眞菁實)]. 이상을 곱게 가루로 찧어 식후마다 따뜻한 물에 2돈씩 타서 복용한다.162)

『비예백요방』. 제풍(諸風)……
또한 중풍으로 반신을 쓰지 못하여 팔다리가 불편한 병을 치료하는 처방.
솔잎 생것을 짓찧어 소금에 버무려 헝겊 자루에 넣고 쪄서, 뜨겁게 찜질해주되 피부가 데지 않도록 해야 한다. 식으면 더운 것으로 바꾸는데 하루에 5~6번 한다.163)

그런데 솔잎과 소금으로 중풍을 치료한다는 이 치료법은 앞서 나왔다.『제중입효방(濟衆立效方)』의 하나 남은 처방이 이와 같았으며,『제중입효방』을 이은『향약구급방(鄕藥救急方)』의 중풍 처방도 이와 같았다.『비예백요방』에서는 솔잎과 소금의 분량을 명시하지 않았지만『제중입효방』의 중풍 치료법은 고려 향약의서에서 면면히 계승되고 있는 것이다.

병인론에서도『비예백요방』은『향약구급방』보다 발전된 논의를 펼치고 있다. 예를 들어 안과 질환은 경진, 무자, 정축, 정미, 정묘, 정유년에 많이 발생한다고 하여 운기(運氣)와 특정 질병의 상관관계를 다루고 있는데,164) 이것은 오운육기(五運六氣)를 강조하는 송 의학의 내용이『비예백요

---

162)『鄕藥濟生集成方』卷5, 眯目. "百要. 神效決明散. 治睛盲積年失明. 決明子[三兩]·蔓菁子[三兩, 蒸三炊, 每度曬乾, 鄕名眞菁實]. 右擣羅爲散, 每於食後, 以溫水調下二錢."
163)『醫方類聚』卷24, 諸風門12. "備預百要方. 諸風……又中風半身不遂手足不仁方. 松葉生擣, 塩相和, 盛袋蒸之, 熱熨不至傷肌. 冷易, 日五六度."

방』에도 조금씩 투영된 것으로 판단된다. 또한 인의예지신(仁義禮智信)의 오상(五常)을 오장(五臟)과 결부시켜 질병을 설명하고 오풍(五風)·오미(五味)·계절과의 연관성도 다루며,165) 약 먹을 때의 음식물 금기까지 아우른다.166) 이상에서 살핀 바와 같이『비예백요방』은 치료술 확대를 비롯하여 치료 병증, 의서로서의 체재, 병인론 등에서 고려 의술의 발전 양상을 드러내고 있다.

(3)『비예백요방』의 향약론과 그 의의

그동안 고려시대 의료를 논의할 때 누구나 향약은 언급했지만 아무도 '향약(鄕藥)'을 정면에서 다루지는 않았다. 경청할 만한 견해로는 향약을 여말선초의 사회사적 맥락 속에서 이해하거나 의술의 발달이라는 측면에서 향약의 계기적 발전에 주목한 연구를 꼽을 수 있다.

전자의 견해에서는 신유학(新儒學)과 향약의 연관성에 초점을 맞추고 있는데 대략 다음과 같이 설명된다.167) 중국에서는 송대(宋代)에 들어 신유학의 인정론(仁政論)이 강조되었다, 민을 질고에서 벗어나 생리(生理)를 다하게 하는 것이 곧 하늘의 뜻이라는 논리였고,『태평성혜방』(980년)을 효시로 인술(仁術)을 강조하는 의서들이 다수 편찬되었다, 의술이 극히 낙후된 고려로서는 송 의술을 전수받고자 큰 관심을 기울였으나 송 의술은

---

164)『醫方類聚』卷1, 총론3 備預百要方. "義變傷仁, 天之太白, 犯歲星之變同. 目赤疼痛, 百翳生瘡, 或痒或刺, 瞋怒不已, 多作庚辰·戊子·丁丑·未·卯·酉之歲. 餘歲發者, 肝之受氣不足者也. 先治其肺, 後補於肝."
165)『醫方類聚』卷3, 총론 備預百要方 病源.
166)『醫方類聚』卷3, 총론 備預百要方 服藥法.
167) 이태진, 2002,「고려 후기의 인구증가 요인 생성과 향약의술 발달」,「『鄕藥集成方』편찬의 정치사상적 배경과 의의」,『의술과 인구 그리고 농업기술-조선 유교국가의 경제발전 모델-』, 태학사. 이태진의 견해에 대한 오종록, 이호철, 신동원 등의 검토가『역사비평』61호(2002)에 실려 있으며, 이에 대한 이태진의 반론이 『역사비평』62호(2003)에 실려 있다.

중국 약재 사용이 전제되므로 고려에서는 높은 소아사망률과 낮은 인구증가율에서 보듯이 그 의술 혜택이 제한되었다. 고려시대 향약의 흐름을 살피면 지방 향리인 약점사(藥店史) 등이 담당하는 향약 의술이 있었고, 이들의 노력을 중앙에서 의서로 수렴한 것이 고종대의 『신집어의촬요방』과 『향약구급방』이었다. 하지만 향약 의술은 고종대에 정립되었어도 공민왕대까지 130년간 희미해졌다. 결국 신유학의 수용과 함께 등장한 신진사대부들의 인정론(仁政論)과 약점사의 향약 의술이 만나면서 향약(鄕藥)이 본격적으로 활용된다는 논리다. 즉 향약 발전의 주체는 지방의 향리와 신분적으로 연결되는 신진사대부이며, 특히 조선 국왕들이 의서 편찬사업을 적극 벌인 데서 보듯이 신유학의 인정론이 본격화되면서 의술이 발전한다는 주장이었다.

    이러한 주장은 다른 연구에 의해 보완되었다.168) 이에 따르면 고려 후기에 신유학이 수입될 때 자존(自尊) 의식이 나타나면서 '동기(同氣)'(영역성)가 주목받는다고 한다. 성리학의 영향으로 자국(自國)이라는 '지역성'이 강조되자 한국인에게 가장 좋은 약재는 향약(鄕藥)이라는 인식이 형성된다는 설명이다. 이 향약론에 따라 조선의 신토불이 약재는 잡초(雜草)에 불과하였던 상황을 점차 역전(逆轉)시켜 중국의 약을 대체해가는데, 향약 담론을 주도하는 이들은 신진사대부들로서 향촌에서 의약 경험을 가지고 있었던 사람들이 많았다고 한다. 『향약혜민경험방(鄕藥惠民經驗方)』을 비롯한 향약의서의 잇따른 발간은 성리학적 의료관이 확산되면서 나타나는 의약보급운동의 일환이라는 견해였다. 한마디로 여말선초 향약론의 배경에는 신유학(성리학)의 도입에 따른 자연관의 변화가 깔려있다는 것으로 신진사대부와 향약을 연계시켜 이해하는 점이 특징이다.169)

---

168) 金澔, 1996, 「朝鮮前期 對民 醫療와 醫書 編纂」, 『國史館論叢』 68집 ; 김호, 2000, 「15·16세기 향약 의술의 발달」, 『허준의 동의보감 연구』, 일지사 ; 姜到炫, 2004, 『高麗後期 性理學 수용과 疾病 대처 양상의 변화』, 서울시립대학교 석사학위논문.

이 견해에서는 『향약구급방』과 신유학의 직접적인 연관성이 적극적으로 인정되지 않는다. 그리고 지방 향리를 언급하고는 있지만 여말선초에야 신유학에 의해 향약 발전이 본격화된다고 인식함으로써, 신유학 이전의 향약에 대해 단절적으로 인식하는 태도를 취한다. 향약이 자발적으로 발전할 가능성은 선험적으로 배제되는 것이다. 이 주장은 크게 볼 때 전근대 동아시아 역사를 유교의 역사라고 파악하면서 '유교'와 '국가'와 '역사'를 동일시하는 인상을 주며, 나아가 유교자본주의에 대한 호의적 입론의 연장선상에 있는 것으로 판단된다. 특히 이 주장의 전체 논리구조는 신유학이 등장해야만 의술이 발달하고 인구가 증가하며 농업기술이 진전되는 것으로 짜여 있다. 신유학이 고려 내의 사상발전의 산물이 아니라는 점을 감안하면 향약 발전의 계기가 외래적인 조건에 의해 규정된 것이다. 외적 조건의 규정성이 강한 사례도 있을 수 있지만, 향약의 경우에도 외적 조건에 해당하는 신유학의 규정성이 그토록 강했는지는 의문이다. 아무래도 이 견해는 정체성론의 입장에서 고려시대 향약을 이해하고 있다고 생각된다. 외래 사상보다는 의료 자체를 논의의 중심에 놓고, 그 발달 과정을 추적하면서 향약의 내적 논리 즉 향약론을 계기적으로 살필 필요가 있다. 『비예백요방』 등에서 나타난 고려 의학의 발달 과정은 앞서 서술하였으며, 향약론은 조금 뒤 다시 다루겠다.

아울러 향약을 발전시킨 주체를 굳이 따지자면 일반 민들의 기여가 더 크다고 판단된다. 진범(秦凡) 같은 대체약재의 개발이나 감초(甘草) 같은 외래 약재의 토산화 과정에서 보듯이 향약은 약재 생산과 질병 치료의 끊임없는 시행을 통해 조금씩 진전되었기 때문이다. 일반 민들에

---

169) 원래 이 견해는 震檀學會 제26회 한국고전연구 심포지엄으로 열린 '향약집성방'의 종합적 검토'에서 제기되었다(李泰鎭, 1999, 「『鄕藥集成方』 편찬의 政治思想的 배경과 의의」, 『震檀學報』 87집 ; 金澔, 1999, 「여말선초 '鄕藥論'의 형성과 『鄕藥集成方』」, 『震檀學報』 87집).

의해 향약이 발달하는 모습을 보여주는 다른 실례로는 향명 표기법의 변화를 들 수 있다. 향명(鄕名)을 차자(借字)로 표기한 의서로는 『향약구급방』 초간본(13세기 중엽) 외에도 『향약채취월령』(1431년)과 『향약집성방』(1433년)이 있다. 1443년 훈민정음이 창제되기 이전이므로 이 자료들은 차자 표기만이 가능했다.

『향약구급방』에서 약재를 향명으로 표기한 것은 135항이다. 이 가운데 『향약구급방』과 『향약집성방』의 향명 표기가 완전히 일치하는 경우가 18항이고, 동일한 향명이지만 표기상의 차이만 보이는 경우가 18항이다. 전체 135항 중 36항, 즉 26.7%의 표기에서만 두 자료가 대체로 일치하는 셈이다.170) 200년도 채 안된 시간 동안 향명과 그 표기법이 대폭 바뀌었음을 알 수 있다. 예를 들어 『향약구급방』에서는 '가히돗플(犬伊刀叱草)'이 '백렴(白斂)'이라고 되어 있지만, 『향약채취월령』과 『향약집성방』에서는 '가히돗플'을 '백약(百藥)'이라고 표기하였다. 백렴과 백약은 유사함에도 불구하고 별개의 약재인 점이 밝혀지자, 백렴을 '가히돗플'이라고 설명한 『향약구급방』의 오류를 바로잡게 된 것이다. 이처럼 향명 표기의 비교에서 드러나는 향명의 엄밀화는 향약 지식의 심화가 한순간에 도달한 것이 아님을 잘 보여준다. 향약이 발전하는 과정은 일반 민들이 실생활에서 끊임없이 약재를 활용하고 분별하는 가운데 한걸음씩 이루어졌다고 이해해야 한다.

한편 의술의 측면에서 향약의 발전을 다룬 연구는 한의학계에서 『향약구급방』의 원문을 복원하면서 제기되었다.171) 그에 따르면 송 의학의 영향을 받아 고려에서는 의학이론, 본초학, 치료술이 발전하면서 대증요법단계(對症療法段階)에서 변증논치단계(辨證論治段階)로 접어들었는데,

---

170) 南豊鉉, 1999, 「『鄕藥集成方』의 鄕名에 대하여」, 『震檀學報』 87집, 188~193쪽.
171) 申榮日, 1994, 「『鄕藥救急方』에 對한 硏究」, 경희대학교 박사학위논문, 182~183쪽 ; 신영일, 「高麗時代의 醫學」(신순식 외, 1995, 『韓國韓醫學史 再定立』 상, 한국한의학연구소), 196쪽.

중국 의학이론은 이법방(理法方)까지만 따르고 약(藥)에서는 우리 고유의 것을 사용하려는 자주적 풍조가 '향약(鄕藥)'의 이름으로 일어났다고 주장한다. 가장 주목할 부분은 고려시대 의학의 발전 단계를 이(理)-법(法)-방(方)-약(藥) 개념으로 설명한 것이다.

이법방약(理法方藥)은 한의학의 변증논치체계에서 이론과 실제를 연계시켜 질병 치료의 수준을 표시하는 개념이다.[172] 이법방약 개념을 향약에 적용함으로써 향약의 의의와 한계가 중국 의학과의 관계 속에서 설정된다. 즉 고려에서 의학이론의 독자화는 멀었지만 향약재에서는 한국적인 의학을 추구한다는 이해였다. 경청할 만한 견해이지만, 토론되어야 할 부분도 '향약'에 대한 설명이다. 이 견해는 향약의 등장에 대해 주관적인 의지를 지나치게 강조한다. '약(藥)'만은 향약을 쓰려는 고려의 의지가 강해서, 고려 중엽부터 향약이 등장하고 금(金)·원(元) 의학은 고려에 수입되지 못했다고 한다. 하지만 『향약집성방』이 편찬되는 조선 초에는 금·원 의학이 수용되는 점을 상기할 필요가 있다. 조선 초에 금·원 의학의 수용이 향약에 대한 의지가 약해서 일어난 것은 아니다. 고려시대 향약의 등장은, 앞서 서술한 바와 같이 의료관제의 정비, 의료인 육성, 약재의 생산 증가와 유통, 민간의료의 성장, 송 의학의 자극 등 의료의 내외 여건 속에서 이해되어야 한다. 뿐만 아니라 고려 사람들의 주관적 의지를 강조하기 보다는 향약 사용이라는 현상 안에 내재된 고려의 의학론, 즉 향약론을 규명해야 한다.

『비예백요방』에서 가장 중요한 부분은 『향약구급방』의 복약법(服藥法)이나 수합법(修合法)을 계승하면서 독자적인 향약론(鄕藥論)을 전개하는 것이다. 『비예백요방』에서는 천지간에 존재하는 모든 물건이 약이 될 수 있다고 주장한다.

---

172) 홍원식·윤창열 편저, 2001, 『증보 중국의학사』, 一中社, 351쪽.

사용하는 약물들은 천지 사이에 없는 것이 없다. 즉 산, 언덕, 전야, 성곽, 도로, 정원, 섬돌, 방, 문, 담벽, 옷, 이부자리, 깨진 그릇, 썩은 물건, 오래 묵은 흙덩이, 오래 쌓인 먼지 등 없는 것이 없다. 그러므로 어떤 병이 생기든 모든 약이 이처럼 앞에 구비되어 있다. 깊은 물을 건너거나 얇은 얼음을 밟는 것처럼 삼가면서, 무거운 것을 가벼이 여기거나 함부로 처리하지 않는다면 비록 먼지[塵土]일지라도 어찌 약효가 없겠는가.173)

이처럼 『비예백요방』에서는 모든 병에 필요한 약물이 눈앞에 구비되어 있으므로 신중하게 처방한다면 '먼지'일지라도 특효를 발휘한다고 주장하였다. 고려의 토산으로 질병을 치료할 수 있다는 '의토성(宜土性)'은 향약의 본래적 속성이며, 『향약구급방』에서는 토산약재의 약성에 대한 자각을 보여주었다. 『비예백요방』에서는 한걸음 더 나아가 모든 산출물에 대해 그 약효를 적극 긍정하고 있었다. 이를테면 고려의 모든 사물을 약재로 사용할 수 있다는 '만물위약론(萬物爲藥論)'이었다. 뿐만 아니라 적절한 처방만 내려진다면 먼지마저 약효가 인정되었다. 병마다 알맞는 약재가 있으므로 필요한 것은 많은 수의 당재가 아니라 한두 가지의 향약이라는 주장이었다. 이를테면 하나의 질병은 한두 가지 약재로 충분히 치료할 수 있다는 '일병소약론(一病少藥論)'이었다. 의학이론의 깊이에서 『비예백요방』은 『향약구급방』을 능가하였다.

치료수준에서도 『비예백요방』은 『향약구급방』보다 진전된 모습을 띠었다. 『향약구급방』에서는 『천금방』과 『외대비요』를 인용하면서 "일찍이 시험해 보니 믿을 만하다"라고 하여 임상으로 확인한 처방만 수록하였다. 이미 언급한 것처럼 의술의 측면에서 보면 당대(唐代)의 『천금방』·『외대비

---

173) 『醫方類聚』卷1, 총론3 備預百要方. "至於所用有物, 無非天地間用. 則山·丘·田野·城牆·道路·庭園·塔砌·堂舍·戶·壁·衣裳·褥席·敗器·朽物·遠結凝塊·久堆塵垢, 無所不有. 故一病才起, 百藥俱前如此. 則但存臨深履薄之愼, 不作輕重取捨之用, 則雖塵土, 豈無一驗矣."

요』는 고려의 의료상황에 부합하는 치료술을 제시했기 때문에 수용되었다. 또한 『향약구급방』의 편집 원칙은 쉽게 구할 수 있는 약[易得之藥]으로 쉽게 알 수 있는 질병[易曉之病]을 치료하며, 오용 가능성이 있는 처방은 수록하지 않는 것이었다.

『비예백요방』에서는 쉽게 구할 수 있는 약[易得之藥]의 치료법을 계승하면서도 모든 것이 약이 될 수 있다[萬物爲藥]는 논리를 전개하고 있었다. 처방 약재의 숫자로 보아도 일병소약론(一病少藥論)의 흐름에 있는 것은 분명하지만 복방화(複方化)된 처방들이 조금씩 늘어나고 있었다. 하지만 『비예백요방』이 『향약구급방』과 구별되는 가장 큰 차이는 다루는 질병의 범위였다. 『향약구급방』에서는 쉽게 알 수 있는 질병[易曉之病]만 다룬다는 원칙에 따라 부골저(附骨疽) 치료법을 논의하지 않고 다른 전문의서를 읽도록 권유하였다. 반면 『비예백요방』에서는 부골저의 처방을 제시함으로써 만병(萬病)을 치료하겠다는 의지를 과시하고 있었다. 『비예백요방』 단계에 들어 질병 치료의 범위가 확장되면서 만병개치(萬病皆治)의 논리로 발전하였다. 어떤 병이든 모든 약이 앞에 구비되어 있다는 인용문의 주장은 이 논리를 잘 표현하고 있다.

따라서 고려시대 의료사에서 『향약구급방』과 『비예백요방』이 갖는 의의는 향약에 대한 자각을 토대로 자신들의 향약론을 구축하고 있다는 점이었다. 토산약재를 당재에 대한 대체약재로 간주하는 데 그치는 것이 아니라, 토산약재의 약효를 적극적으로 긍정하면서 '향약(鄕藥)'으로 모든 질병을 치료하자는 주장이었다. 『비예백요방』에서 도달한 고려의 향약론은 의토성(宜土性)을 기본 전제로 하면서 만물위약론(萬物爲藥論)과 일병소약론(一病少藥論)으로 짜여진 논리였다.[174]

---

[174] 고려시대 향약론의 수준을 객관적으로 이해하는 데는 조선 초기의 의서인 『鄕藥濟生集成方』이 참고된다. 조선 태조 7년(1398)에 편찬을 시작한 이 책은 이듬해인 정종 원년(1399)에 간행되었다. 이 책의 序文·跋文을 비롯하여 처방과 약재를

고려시대 향약의 의료사적인 의의는 동아시아의료와의 관계 속에서도 논의해 볼 필요가 있다. 서론에서 제기한 바와 같이 향약에는 자주성의 측면과 국제성의 측면이 결합되어 있기 때문이다. 삼국 의학이 중국의 『외대비요』・『증류본초』나 일본의 『의심방』에 인용되듯이 한중일의 의학은 교류를 통해 동아시아의료를 이루는 동시에 각자 독자성을 지키게 된다. 전근대 동아시아체제는 중국 중심의 진봉체제(進奉體制)라고 요약할 수 있다. 고려에서도 전기에 독자 연호를 사용하고 원종(元宗)이 천자국을 꿈꾸는 데서 보듯이 고려 중심의 천하를 추구한다.[175] 동시에 고려에서는 힘의 우열에 따른 사대(事大)의 질서를 수용하였다. 중국에서도 사대의 질서에 순응함으로써 국가를 존속시켰음을 알았기 때문이다. 고려와 금(金)의 화친 논의에서 김부철(金富轍)은 금에 대한 사대(事大)를 주장하였다. 사대는 국가를 보존하는 권도(權道)이며, 한(漢)・당(唐)・송(宋)에서도 강대한 외이(外夷)에게 사대했다는 논리였다.[176]

사대의 질서는 중국만이 아니라 모든 인접국에 대해서도 통용되는 외교 규범이었다. 고려가 중국에 대해서 변방에 있다면 그 외의 국가에 대해서는 중심부에 위치하였다. 예컨대 대마도는 독자적으로 고려에 대해 진봉체제를 유지하는 식이었다.[177] 국가(지역)간의 진봉체제를 표시하는

분석해보면 고려시대 향약론과의 차이가 분명해진다. 『향약제생집성방』의 1처방당 평균 약재수는 2.39개여서 複方化의 경향이 강화되었다. 그리고 처방 약재는 고려처럼 '모든 萬物'이 아니라 '栽培 藥材'가 다수였다. 즉 『향약제생집성방』의 향약론은 하나의 질병에 많은 약재를 사용하며[一病多藥論], 재배 약재 위주로 치료한다[藥材爲藥論]는 것으로서, 이것은 고려의 향약론을 극복한 논리였다(이경록, 2010, 「조선초기『鄕藥濟生集成方』의 간행과 향약의 발전」, 『東方學志』 149집).

175) 『高麗史』 卷123, 列傳36 白勝賢.
176) 『高麗史』 卷97, 列傳10 金富佾.
177) 鎌倉幕府 編, 『吾妻鏡』, 安貞 원년(1227, 고려 고종 14년) 5월 14일. "彼國對馬嶋人, 古來貢進邦物, 歲修和好, 亦我本朝, 從其所便, 特營館舍, 撫以恩信."(張東翼, 2004, 『日本古中世 高麗資料硏究』, 서울대학교출판부, 319쪽에서 인용).

여러 층의 동심원이 모여 동아시아 질서를 구성한다.

그러나 동아시아체제는 영속적이지 않았다. 이색(李穡)은 한반도가 중국 요(堯)임금에 비견되는 유구한 역사를 가지고 있으며 원래 중국과 신복(臣服) 관계는 아니었다고 설명하면서, 아름다운 은혜를 베풀어준 명(明)에 대해 번방 역할을 하겠다고 서술하였다.[178] '성인이 나오면' 귀의하겠다는 것이었다. 명이 성인처럼 행동하지 않거나 아름다운 은혜를 베풀어주지 않는다면 달라질 수도 있다는 뜻으로 중국 중심의 진봉체제가 유동적일 수 있음을 보여주는 사고방식이었다.

의료에서도 진봉체제의 적극적 수용과 진봉체제 내에서의 독자성 확대라는 동아시아체제의 운영방식은 대체로 관철되었다. 고려에서는 송 의학을 전범으로 삼으려고 하였으며, 그 이후에는 금원사대가(金元四大家)가 유입되었다. '향약'이라는 개념 자체가, 동아시아의료의 보편성을 대표하는 중국 의학의 영향을 받으면서 고려의 의료현실을 인식하는 과정에서 형성되었다. 하지만 중국 의학이 영구적인 전범은 아니었다. 약재 확보, 처방의 독자화를 거쳐 향약이 한국 특유의 의학이론을 점차 지향하기 때문이었다. 따라서 '향약'은 중국 의학의 강력한 영향을 수용하되 그로부터 독립하여 별도의 의학체계를 완성해가는 방향으로 발전하였다.

그런데 약재의 원산지를 따져보면 한의학의 약재들이 모두 중국에서 기원한 것은 아니었다.[179] 『향약구급방』「방중향약목초부」에 실린 약재들의 원산지와 한반도 전래 경위를 살펴보면 향약재들의 원산지는 중국만이 아니라 아라비아, 열대아시아, 중앙아시아, 인도, 아프리카, 유럽 등이며 한반도 전래시기도 기원 전, 삼국시대, 고려시대 등으로 다양하였다.[180]

---

178) 李穡, 『牧隱文藁』 卷9, 序 送偰符寶使還詩序.
179) 이 글에서는 고려 의학을 중국 의학과의 관계에 초점을 맞춰 서술하였는데, 고려 의학에 영향을 미치는 요소로 중국 의학만 있었던 것은 아니다. 약재만 하더라도 아라비아나 일본 등으로부터 유입되고 있었다(金庠基, 1986, 「高麗의 海上活動」, 『東方史論叢』, 서울대학교출판부 참고).

불경(佛經)에 들어있는 의료 지식은 인도 의학을 반영한 것이어서, 불교를 통해 인도 의학이 중국과 고려에 전파된 것도 널리 알려진 사실이다. 중국 의학 역시 외래 약재들과 의학이론을 끝없이 흡수하며 치료술을 발전시키고, 인접국에 영향을 미쳤던 것이다. 따라서 동아시아의료가 중국에 의해서만 주도된 것은 아니었으며 고려 의학이 송 의학의 일방적인 도입으로 점철된 것도 아니었다. 고려에서는 송 이외의 인접국 즉 거란, 여진, 일본 등과도 문물교류의 일환으로 의학 교류를 진행하고 있었다. 약재 및 의학 지식의 교류를 통해 보더라도 개별 국가의 의학들은 상호 영향을 주고받으면서 동아시아의료를 발전시켜 나가고 있었다.

요컨대 향약의서의 분석을 통해서 볼 때 고려에서는 나름의 의학론을 구축하면서 의술의 지평을 확장해 나갔다. 『제중입효방』은 1건의 처방만 남아 있는 상태여서 평가하기가 조심스럽다. 『신집어의촬요방』은 주로 중국 의학에 대한 즉자적 대응에 머물면서 송 의학을 대체로 추종하는 수준의 의서였다. 반면 『향약구급방』과 『비예백요방』에서 고려 의학은 '향약'에 대해 자각하는 대자적 단계에 들어섰다. 의술의 측면에서는 적은 약재로 질병을 치료하면서[一病少藥論] 모든 사물이 향약으로 활용될 수 있다[萬物爲藥論]고 인식하였다.

이상과 같은 고려시대 향약의 발전 단계를 극복하는 것이 조선시대 향약의 과제였다. 조선 전기 향약의 과제란, 본초학 지식의 축적을 통해 향약재를 정선(精選)해 나가는 것과 질병에 맞춰 처방 약재를 확대(擴大)해 나가는 것이었다. 그리고 독자적인 방약(方藥)의 축적을 토대로 중국 의학과는 다른 독자적인 처방(處方)을 추구하는 것이었다. 향약으로 모든 질병을 치료할 수 있다는 의토성(宜土性)의 논리는 고려 의서와 조선 의서가 공통되지만, 향약의 자주성은 조선 의학에서 더욱 치밀해진다.

---

180) 金斗鍾, 1966, 「中世醫學史」, 『韓國醫學史 全』, 探求堂 ; 李德鳳, 1963, 「鄕藥救急方의 方中鄕藥目 硏究」, 『亞細亞硏究』 6권 1호, 고려대학교 아세아문제연구소, 11~24쪽.

VI. 결 론

　이 연구에서는 고려시대 의료의 형성과 전개 과정을 의료기구, 대민정책, 의학교육, 약재유통, 향약의서 등으로 나누어 살펴보았다. 크게 보면 고려시대 의료제도의 발전을 의료의 사회적 기능과의 관계 속에서 검토하는 한편, 의서 분석을 통해 고려시대 의술의 실상과 '향약(鄕藥)'의 의료사적 의의를 논의한 것이었다.

　이제 본문의 내용을 요약하면 다음과 같다. II장에서는 고려시대 의료제도의 배경을 살펴보았다. 신라 중·하대의 사회는 출생률과 사망률이 모두 높았다. 가뭄, 흉년과 함께 전염병이 신라인의 삶을 항상 위협하였지만 국가의 본격적인 대민의료는 없었으며 그저 진휼에 그칠 뿐이었다. 일상화된 질병과 죽음에 대한 의료적인 대응은 고려에 들어서야 가능했다. 그리고 삼국 의서의 기록에서는 토산약재가 치료에 사용되는 흔적을 발견할 수 있다. 이들 고유의서의 처방이 중국이나 일본측의 의서에 인용되어 현재까지 남아 있는 까닭은 당시에 동아시아 국가들의 의학교류가 활발하였기 때문이다. 고대 동아시아의료의 한 단면이었다. 한편 중국 의학을 이해하기 위해 수(隋)·당(唐)·송(宋)의 의료제도를 살펴보았다. 고려에 영향을 미치게 될 중국 의학 역시 끊임없이 변화 발전하면서 한의학(漢醫學)을 완성해나가고 있었다.

　III장에서는 고려시대 의료제도의 성립과 지배체제를 다루었다. 고려 전기의 중앙의료제도는 광종대와 성종대를 중심으로 살폈다. 고려의 국가

제도를 확립하는 데 크게 기여한 두 국왕은 의료에 대해서도 적지 않은 관심을 기울였다. 광종대에는 의업(醫業)으로 의관을 선발하였으며, 상의원(尙醫院)이라는 의료기구의 존재가 확인된다. 광종은 제위보(濟危寶)를 설치하여 의료기구로 발전시키기 위한 토대도 구축하였다. 한편 성종대의 의료제도는 유교적 바탕 위에서 정비되었다. 중앙의료기구는 태의감(太醫監)과 상약국(尙藥局)으로 분화되면서 고위 관원의 치료가 제도화되었고, 지방에서는 12목 설치에 맞춰 의학박사(醫學博士)가 파견되었다. 동시에 의창(義倉)을 통해 전국으로 구휼제도가 확대되고, 향례(饗禮)에서는 독폐질자에 대한 구휼과 지배층에 대한 약재 분급을 집행함으로써 의료제도의 발전을 보여주었다. 고려의 국가체제 정비에 부응하면서 대민지배력을 강화하기 위한 다양한 시책들이었다.

고려 국가체제의 정비에는 지방제도 개편이 빠질 수 없었으며, 지방의료제도 역시 지배체제의 일부로 자리를 잡아갔다. 대체로 보아 성종대에는 의학박사(醫學博士)를 주요 거점에 파견하고 의사(醫師)를 일부 배치하였는데, 현종대에는 의사가 의학박사를 대신하고, 주부군현 등의 일반 행정단위에는 약점사(藥店史)를 배치함으로써 이원적인 지방의료구조를 형성하였다. 그 후 문종은 의학(醫學)을 지방에 추가로 배치하거나 약점사를 세분화시켜 지방의료에 대한 지대한 관심을 표명하였다. 하지만 예종대 이후로는 약점사 계열(약점정, 부약점정, 약점사)만이 지방의료의 근간으로서 운영되었다. 전국적인 의료제도를 염두에 두고 지방의료제도의 편제를 검토하면 수도, 주요 행정거점, 일반 군현의 의료기구는 그 설립 시기와 위상에서 차이가 분명하였다. 의료기구들 사이의 위상 차이는 지방에 온전히 침투하지 못하는 중앙권력의 한계를 드러낸다.

한편 고려시대에는 제위보(濟危寶), 동서대비원(東西大悲院), 혜민국(惠民局) 등의 대민의료기구가 등장하였다. 그 연원과 변천 경위를 추적해 보면 대민의료기구들은 임시기구로 시작되었다는 점에서 조선과 다른 고려만의 역사성을 지녔다. 그런데 대민의료의 사회적 기능에 주목해 볼 때 고려의 대민의료는 존휼정책(存恤政策)의 근간이었다. 자연재해나 사회적 재앙이 닥쳤을 때 구휼 조치들과 함께 시행되어 일반 민들의 삶을 유지시키는 기능을 맡았던 것이다. 고려에 들어 의료는 구휼과 결합되어 '구료(救療)'의 수단으로 활용되었으며, 조금 더 시야를 확장하면 권농정책(勸農政策)과 함께 일반 민들의 삶을 안집(安集)시키는 기능을 담당하였다. 안집의 대가로 일반 민들에게는 수조(收租)와 취렴(聚斂)이 부과되었다. 시민여자(視民如子)는 국가와 일반 민들 사이의 관계를 설명하는 명분으로서 지배체제를 유지하는 데 필요한 논리였다.

Ⅳ장에서는 의료제도의 전개 과정을 의료관제의 변동과 의료 환경으로 나누어 살폈다. 의료관제로는 의직의 운용이나 의료기구의 추이를 먼저 들 수 있다. 전시과 및 녹봉제 기록에서 의직이 성종대의 골격을 유지한 채 고려 일대에 존속했음을 알 수 있으며, 태의감·상약국 같은 중앙의료 기구의 운영을 통해서는 의료기구가 국가제도의 일부로서 계속 변화하고 있음을 살필 수 있었다.

또한 의학교육의 확대에 따라 의업을 통한 의관 선발이 진행되었다. 대체로 의업의 응시자격은 확대되는 경향을 띠었지만 고려 말에는 향리의 의업 응시를 제한하였다. 의학의 위축을 무릅쓰고라도 신분제를 강화하는 방향으로 바뀐 것이다. 의업의 응시자격을 통해 보더라도 지배체제의 변동에 따라 의료제도가 유동하고 있음을 알 수 있다.

의료 환경의 측면에서는 먼저 약재 생산이 완만한 속도이지만 증가한다는 것을 이전 시기 및 외국과의 교역 기사를 통해 밝혔다. 약재는 다른 공물과 마찬가지로 지방의 행정단위에서 중앙의 의료관서로 공납되고 하사·분급의 형식으로 유통되었다. 약재는 민간에서도 적지 않게 사용되고 있었다. 앞다투어 장사치들이 인삼을 사들인다는 지적이 나올 정도였다. 민간의 약재 유통에 짝하여 민간의료도 활성화되면서 치료가 대중화되는 데 기여했다.

한편 문종대 이래 인종대까지는 송 의학이 본격적으로 유입되면서 고려 의료에 영향을 미치게 되었다. 11세기 재해와 질병의 급증은 송 의학의 적극적 수입에 대한 사회적 배경이었다. 예종대에 대방맥과(大方脈科)와 창종과(瘡腫科)를 전공한 의료인을 송에 요청한 것은 송 의학에 대한 이해의 심화를 단적으로 보여준다. 고려 국왕들이 의료에 깊은 조예를 갖거나 왕족 및 관원들이 약재를 수집하고 치료에 활용하는 양상도 자연스레 나타났다. 하지만 중앙의료기구의 전개나 의업 교과목·간행 의서 같은 의학교육의 내용을 세밀히 검토해 보면 송의 의료제도가 고려에서 전면적으로 수용된 것은 아니었다.

V장에서는 고려시대 의서의 분석을 통해 '향약(鄕藥)'의 성장과 그 의의를 다루었다. 향약은 위에서 살핀 의료제도와 의료 환경의 변화를 토대로 등장할 수 있었다. 향약의 실상과 발전 수준을 향명, 처방, 이론의 측면에서 드러내는 것이 향약의서이다. 『제중입효방』을 비롯한 향약의서의 간행은 의술의 대중화를 더욱 촉진하였다. 인종대에서 의종대 사이에 편찬된 『제중입효방(濟衆立效方)』은 김영석이 기존 의서를 구급방서로 편집한 의서였다. 간행 경위로 미루어 송 의학의 영향을 반영한 의서이지만, 남아 있는 처방을 살펴보면 토산약재를 이용해 치료하였다.

『신집어의촬요방(新集御醫撮要方)』은 최종준이 고종의 명에 따라 편찬한 일종의 관찬 의서였다. 이 책의 편찬 배경을 비롯하여 편제상의 특징, 처방의 지향, 사용 약재의 분포, 인용 의서의 비중 등을 검토하면 『향약구급방』과는 다른 계통의 의서라는 점이 드러난다. 즉 『신집어의촬요방』은 소수 지배층 중심의 의서로서, 중국 의서를 능가하는 복방(複方)을 구사하면서 다양한 당재(唐材)를 사용하였다.『신집어의촬요방』의 의학이론에서는 송 의학의 처방과 병인론이 고려 의학에 스며드는 광경을 볼 수 있다.『제중입효방』과『신집어의촬요방』을 통괄하면, 이 단계에서는 송 의서를 통해 의학에 대한 이해가 깊어지면서 대체약재를 찾아 사용하는 수준이었다. 그리고 일부에서는 중국 처방의 약재를 조금 더 엄밀히 규정하거나 복용법을 변용하고 있었다.

『향약구급방(鄕藥救急方)』은『신집어의촬요방』과 비슷한 시기에 간행되었지만, 여러 면에서 대비된다.『향약구급방』에서는 우리의 일상에서 볼 수 있는 질병을 중심으로 단방(單方) 위주로 대응하였다.『신집어의촬요방』과 달리『향약구급방』에서는 일반 민들을 위한 처방을 수록하였으며, 단방이나 일상 사물을 치료에 활용하는 당(唐)의 의서(醫書)가 유익하다고 간주하였다.

『향약구급방』에서는 책이름 그대로 토산약재(土産藥材)에 대해 '향명(鄕名)'을 부여함으로써 당재(唐材)에 상응하는 약재로 공인(公認)하였다. '향명' 부여를 통해 향약재가 당재와 동등한 약재로 취급되자 역설적으로 중국 의학은 고려에서 폭넓게 통용될 수 있었다. 따라서『향약구급방』은 중국 의학을 적극 소화하면서 고려 의학의 표준으로 역할하는 셈이었다. 『향약구급방』에서 주목되는 것은 청태즙처럼 일상에서 쉽게 구하는 사물이라도 천남성 같은 당재들보다 효과적이라고 자각한다는 점이다. 이것은 토산약재를 당재의 대체약재로 간주하는 데 그치는 것이 아니라, 토산약재의 약효를 적극 긍정하면서 '향약(鄕藥)'으로 치료하자는 의토성(宜土性)의 논리를 보여준다.

『비예백요방(備預百要方)』은『향약구급방』을 충실하게 따르면서도 지양(止揚)하였다. 의서의 계보를 정리하면『제중입효방』→『향약구급방』→『비예백요방』으로 고려시대 서민의학의 갈래를 잡을 수 있다. 치료술을 비롯하여 치료 병증의 대상, 의서로서의 체재, 병인론 등에서 『비예백요방』
은 이전 의서들보다 진전된 모습을 띠었다. 『비예백요방』에는 고려 향약의
성장 과정과 그 의료사적 의의가 의학론(醫學論)으로 집약되어 있다. 즉
의토성(宜土性)을 기본 전제로 하면서, 모든 사물은 향약으로 활용될 수
있으며[萬物爲藥論] 적은 약재로도 모든 질병을 치료할 수 있다[一病少藥論]
는 향약론(鄕藥論)이 고려시대 의학론의 핵심이자 고려 의술의 발전 단계
였다.

　이상에서 논의한 바와 같이 고려시대에는 의료제도 정비를 비롯하여
약재 생산의 증가, 민간의료의 활성화, 송 의학의 유입 등으로 의료가
새로운 단계에 진입하였다. 고려에 들어 대민의료기구의 등장과 의서의
간행에 따라 의료 대상이 다수의 사회구성원으로 확대된 것은 적지 않은
의료사적 의의를 지닌다. 하지만 지배층 우선의 치료라거나 개경 중심의
의료망 구축을 감안하면 의료제도는 신분계급과 지역에 따라 차별적으로
작동되었다. 뿐만 아니라 '향약(鄕藥)'을 분석한 결과에서도 차별적인 요소
들이 두드러졌다. 의학 지식의 공유 및 의술 혜택의 향유에서 향약의
운영은 고려의 사회질서를 반영하고 있었다. 의학 지식이나 사용 약재의
범위는 지배층과 일반 민들 사이에 큰 격차가 있었으며, 의서의 체재가
성인 남성 중심이어서 소아, 여성, 노인은 그다지 배려 받지 못했던 것이다.
그러므로 고려에서 의료 자체는 보편성(普遍性)을 띠어갔지만, 의료제도
의 편제와 운영은 신분계급・지역・성별・나이에 따라 계서적(階序的)이
었다고 결론지을 수 있다.

참고문헌

I. 史料

1. 國內 史料

(1) 歷史書
『高麗史』『高麗史節要』『三國史記』『三國遺事』『朝鮮王朝實錄』『經國大典』
『慶州先生案』『東文選』『麗韓十家文鈔』『新增東國輿地勝覽』『增補文獻備考』
『海東高僧傳』

(2) 金石文・古文書
『한글 대장경』 법화부(대한불교조계종 역경위원회, 1967).
『韓國中世社會史資料集』(許興植 編著, 亞細亞文化社, 1976).
『朝鮮金石總覽』上・下(朝鮮總督府 編, 亞細亞文化社, 1976).
『增補 韓國金石文大系』1~7권(趙東元 編著, 원광대학교출판국, 1979~2000).
『韓國金石全文』古代 ; 中世 上 ; 中世 下(許興植 編著, 亞細亞文化社, 1984).
『韓國上代古文書資料集成』(李基白 編著, 一志社, 1987).
『한국의 古文書』(許興植, 民音社, 1988).
『譯註 韓國古代金石文』 I~III(韓國古代社會研究所, 駕洛國史蹟開發研究院, 1992).
『高麗時代의 吏讀』(李丞宰, 太學社, 1992).
『한국불교전서』 고려시대편(동국대학교 한국불교전서편찬위원회, 동국대학교 출판부, 1994).
『校勘譯註 歷代高僧碑文』新羅篇 ; 高麗篇 1~4 ; 朝鮮篇 1(李智冠, 가산불교문화연구원출판부, 1994~2003).
『改正・增補版 韓國古文書研究』(崔承熙, 지식산업사, 1995).
『譯註 羅末麗初金石文』上・下(한국역사연구회 편, 혜안, 1996).

『韓國金石文論著總覽』(趙東元 編著, 성균관대학교출판부, 1998).
『韓國古代中世古文書硏究』上·下(노명호·박영제·박재우·오영선·윤경진·
　　윤선태·최연식·이종서, 서울대학교출판부, 2000).
『第三版 高麗墓誌銘集成』(金龍善 編著, 한림대학교출판부, 2001).
『韓國古代金石文綜合索引』(權悳永, 학연문화사, 2002).
『韓國의 古代木簡』(國立昌原文化財硏究所, 2004).
『고려시대 금석문 탁본전』(성균관대학교 박물관, 2005).
『개정판 역주 고려묘지명 집성』 상·하(김용선, 한림대학교출판부, 2006).
『高麗·朝鮮墓誌 新資料』(國史編纂委員會, 2006).
『다시 보는 역사편지 高麗墓誌銘』(국립중앙박물관, 2006).

(3) 文集
『桂苑筆耕集』『孤雲集』『東國李相國集』『西河集』『破閑集』『補閑集』
『拙藁千百』『亨齋李稷先生詩集』『冶隱集』『騎牛集』『謹齋先生集』
『陶隱先生文集』『松堂集』『三峯集』『牧隱詩藁』『松京錄』.

(4) 醫書
『新集御醫撮要方』『鄕藥救急方』『備預百要方』『鄕藥濟生集成方』
『鄕藥採取月令』『鄕藥集成方』『醫方類聚』『分門瘟疫易解方』
『韓國醫學大系』 50책(金信根 主編, 驪江出版社, 1992).

2. 外國 史料

(1) 中國 史料
『孟子』『書經』『禮記』『史記』『漢書』『周書』『隋書』『舊唐書』『新唐書』
『五代會要』『宋史』『元史』『資治通鑑』『續資治通鑑長編』『游宦紀聞』『談苑』
『寶慶四明志』『欽定歷代職官表』『高麗圖經』『元高麗紀事』『雞林類事』.
『中國正史 朝鮮傳 譯註』 1~4(국사편찬위원회, 신서원, 2004~2007).
『宋代麗史資料集錄』(張東翼, 서울대학교출판부, 2000).
『元代麗史資料集錄』(張東翼, 서울대학교출판부, 1997).
『黃帝內經』『肘後備急方』『神農本草經疏』『千金方』『外臺秘要』『太平聖惠方』
『經史證類備急本草』『普濟方』.

(2) 日本 史料

『古事記』『日本書紀』.

『日本古中世 高麗資料研究』(張東翼, 서울대학교출판부, 2004).

『일본 고중세 문헌 속의 한일관계사료집성』(김기섭·김동철·백승충·채상식·연민수·이종봉·차철욱, 혜안, 2005).

『醫心方』.

II. 硏究論著

1. 著書

姜晉哲, 1980,『高麗土地制度史硏究』, 고려대학교출판부.
具山祐, 2003,『高麗前期 鄕村支配體制 硏究』, 혜안.
權悳永, 1997,『古代韓中外交史－遣唐使硏究－』, 일조각.
旗田巍, 李基東 譯, 1983,『日本人의 韓國觀』, 一潮閣.
奇昌德 編, 2000,『一山 金斗鍾 博士 醫史學 論文集』, 아카데미아.
김갑동, 2005,『고려전기 정치사』, 일지사.
김기욱 외, 2006,『강좌 중국의학사』, 대성의학사.
김기흥, 1991,『삼국 및 통일신라 세제의 연구』, 역사비평사.
金斗鍾, 1966,『韓國醫學史 全』, 探求堂.
金斗鍾, 1979,『東西醫學史大綱』, 探求堂.
金庠基, 1986,『東方史論叢』, 서울대학교출판부.
김연옥, 1998,『기후 변화』, 민음사.
김영하, 2007,『新羅中代社會硏究』, 일지사.
金玉根, 1996,『高麗財政史硏究』, 一潮閣.
김용선, 2004,『고려 금석문 연구－돌에 새겨진 사회사－』, 일조각.
金容燮, 2000,『韓國中世農業史硏究』, 지식산업사.
김용섭, 2008,『東아시아 역사 속의 한국문명의 전환－충격, 대응, 통합의 문명으로－』, 지식산업사.
金日宇, 1998,『고려 초기 국가의 地方支配體系 연구』, 일지사.
金泰坤, 1983,『韓國民間信仰硏究』, 集文堂.
金翰奎, 1999,『한중관계사』I, 아르케.
김호, 2000,『허준의 동의보감 연구』, 일지사.
南權熙, 2002,『高麗時代 記錄文化 硏究』, 淸州古印刷博物館.

廖育群·傅芳·鄭金生 共著, 박현국·김기욱·이병욱 共譯, 2004, 『중국과학기술사(의학편)』, 一中社.
朴龍雲, 1990, 『高麗時代 蔭敍制와 科擧制 研究』, 一志社.
박용운, 1997, 『高麗時代 官階·官職 研究』, 고려대학교출판부.
박용운, 2008, 『고려시대사(수정·증보판)』, 일지사.
朴宗基, 1990, 『高麗時代部曲制研究』, 서울大學校出版部.
박종기, 2002, 『지배와 자율의 공간, 고려의 지방사회』, 푸른역사.
박종진, 2000, 『고려시기 재정운영과 조세제도』, 서울대학교출판부.
朴贊洙, 2001, 『高麗時代 教育制度史 研究』, 景仁文化社.
배기환, 1999, 『한국의 약용식물』, 교학사.
孫弘烈, 1988, 『韓國中世의 醫療制度研究』, 修書院.
宋芳松, 1988, 『高麗音樂史研究』, 一志社.
宋春永, 1998, 『高麗時代雜學教育研究』, 螢雪出版社.
신순식 외, 1995, 『韓國韓醫學史 再定立』 상·하, 한국한의학연구소.
申舜植 외, 1996~1997, 『歷代 韓醫學文獻의 考證』 I·II, 한국한의학연구소.
申千湜, 1995, 『高麗教育史研究』, 景仁文化社.
安秉佑, 2002, 『高麗前期의 財政構造』, 서울대학교출판부.
안상우·최환수, 2000, 『어의촬요연구 ─ 실전의서 복원총서 I ─』, 한국한의학연구원.
오일순, 2000, 『高麗時代 役制와 身分制 變動』, 혜안.
尹漢宅, 1995, 『高麗 前期 私田 研究』, 고려대학교 민족문화연구소 출판부.
李景植, 1986, 『朝鮮前期土地制度研究 ─ 土地分給制와 農民支配 ─』, 一潮閣.
李景植, 2007, 『高麗前期의 田柴科』, 서울대학교출판부.
李基白 編, 1981, 『高麗光宗研究』, 一潮閣.
李基白·盧鏞弼·朴貞柱·吳瑛燮, 1993, 『崔承老上書文研究』, 一潮閣.
李能和, 1927, 『朝鮮巫俗考』, 啓明俱樂部.
李能和, 1931, 「朝鮮醫藥發達史」(『朝鮮』, 朝鮮總督府, 1931년 6월호~12월호).
李成茂, 1980, 『朝鮮初期 兩班研究』, 一潮閣.
이영노, 2004, 『原色韓國植物圖鑑(改訂增補版)』, 교학사.
李仁哲, 1996, 『新羅村落社會史研究』, 一志社.
李貞薰, 2007, 『高麗前期 政治制度 研究』, 혜안.
이종찬, 2004, 『동아시아 의학의 전통과 근대』, 문학과지성사.

李鎭漢, 1999,『고려전기 官職과 祿俸의 관계 연구』, 一志社.
이태진, 2002,『의술과 인구 그리고 농업기술-조선 유교국가의 경제발전 모델-』, 태학사.
李興卓, 1987,『人口學-理論과 實際-』, 法文社.
李熙德, 2000,『高麗時代 天文思想과 五行說 硏究』, 一潮閣.
이희연, 2007,『인구학-인구의 지리학적 이해-』, 法文社.
장 클로드 세네, 박은태·전광희 옮김, 2008,『인구학 입문』, 경연사.
鄭慶均·金泳起·文昌珍·趙炳熙·金正善, 1991,『保健社會學』, 서울대학교출판부.
조동일, 1993,『우리 학문의 길』, 지식산업사.
조동일, 2005,『제4판 한국문학통사』, 지식산업사.
조지 M. 포스터·바바라 G. 앤더슨, 구본인 옮김, 1994,『의료인류학』, 한울.
조혜종, 2006,『새 인구론-인구의 공간적·사회적 접근-』, 푸른길.
蔡雄錫, 2000,『高麗時代의 國家와 地方社會-'本貫制'의 施行과 地方支配秩序-』, 서울대학교출판부.
千寬宇, 1979,『近世朝鮮史硏究』, 一潮閣.
崔吉城, 1978,『韓國巫俗의 硏究』, 亞細亞文化社.
崔南善, 1947,『朝鮮常識問答續編』(삼성문화재단 출판부, 1972).
최정환, 2002,『고려 정치제도와 녹봉제 연구』, 신서원.
최종성, 2002,『조선조 무속 國行儀禮 연구』, 일지사.
토마스 매큐언, 서일·박종연 역, 1996,『질병의 기원』, 東文選.
河炫綱, 1988,『韓國中世史硏究』, 一潮閣.
河炫綱, 1989,『韓國中世史論』, 新丘文化社.
한국학중앙연구원(한국정신문화연구원), 2000~2007,『고려시대연구』I~XIII.
한정수, 2007,『한국 중세 유교정치사상과 농업』, 혜안.
허흥식, 2005,『고려의 과거제도』, 일조각.
홍순원, 1981,『조선보건사』, 과학백과사전출판사(청년세대, 1989).
洪承基, 1993,『高麗貴族社會와 奴婢』, 一潮閣.
洪承基, 2001,『高麗社會史硏究』, 一潮閣.
홍원식·윤창열 편저, 2001,『증보 중국의학사』, 一中社.
홍희유, 1989,『조선상업사(고대·중세)』, 과학백과사전종합출판사.
후지카와 유우(富士川游), 朴炅·李相權 共譯, 2006,『日本醫學史』, 法仁文化社.
廖溫仁, 1932,『支那中世醫學史』, カニヤ書店.

陳邦賢, 1947, 『中國醫學史』, 商務印書館.
三木榮, 1963, 『朝鮮醫學史及疾病史』, 自家 出版.
旗田巍, 1972, 『朝鮮中世社會史の硏究』, 法政大學出版局.
呂宗力 主編, 1994, 『中國歷代官制大辭典』, 北京出版社.
魏子孝·聶莉芳, 1994, 『中醫中藥史』, 文津出版社.
龔延明 編著, 1997, 『宋代官制辭典』, 中華書局.
馬繼興 編, 1998, 『敦煌醫藥文獻輯校』, 江蘇古籍出版社.

2. 論文

姜到炫, 2004, 「高麗後期 性理學 수용과 疾病 대처 양상의 변화」, 서울시립대학교 석사학위논문.
姜仁求, 1975, 「瑞山文殊寺 金銅如來坐像腹藏遺物」, 『美術資料』 18집, 國立中央博物館.
兼若逸之, 1980, 「新羅『均田成冊』에서 推定되는 平均壽命」, 『韓國史硏究』 30호.
兼若逸之, 1984, 『新羅『均田成冊』의 分析을 통해서 본 村落支配의 實態』, 연세대학교 박사학위논문.
김경미, 1999, 「韓國 巫俗에 내재된 치병효과에 관한 연구」, 『한국미래춤학회 연구논문집』 5집.
金琪燮, 1993, 『高麗 前期 田丁制 硏究』, 부산대학교 박사학위논문.
金南一, 1999, 「『鄕藥集成方』의 인용문헌에 대한 연구」, 『震檀學報』 87집.
金南柱, 1988, 『高麗時代에 流行된 傳染病의 史的 硏究』, 서울대학교 박사학위논문.
金大植, 2003, 『高麗前期 中央官制의 成立과 六典制의 影響』, 성균관대학교 박사학위논문.
金東洙, 1989, 「고려 중·후기의 監務 파견」, 『全南史學』 3집.
金三顯, 1992, 「고려후기 場市에 관한 연구」, 『명지사론』 4호.
김수태, 2001, 「신라 村落帳籍 연구의 쟁점」, 『한국고대사연구』 21집.
김순자, 2007, 「고려시대의 전쟁, 전염병과 인구」, 『梨花史學硏究』 34집.
김영미, 2007, 「고려시대 불교와 전염병 치유문화」, 『梨花史學硏究』 34집.
金容燮, 1963, 「日帝官學者들의 韓國史觀」, 『思想界』 1963년 2월호.
金容燮, 1975, 「高麗時期의 量田制」, 『東方學志』 16집.
김인락·구환석, 2004, 「감초의 생리활성에 관한 본초의학적인 고찰」, 『東義韓醫硏』 8집, 東義大學校韓醫學硏究所.

金昌謙, 2000, 「高麗 建國期 流移民의 樣相」, 『韓國中世史論叢』, 李樹健敎授停年紀念 韓國中世史論叢 刊行委員會.
金澈雄, 2001, 『高麗時代 「雜祀」 硏究-醮祭, 山川・城隍祭祀를 중심으로-』, 고려대학교 박사학위논문.
金澔, 1996, 「朝鮮前期 對民 醫療와 醫書 編纂」, 『國史館論叢』 68집.
金澔, 1999, 「여말선초 '鄕藥論'의 형성과 『鄕藥集成方』」, 『震檀學報』 87집.
김호, 2002, 「미키 사카에의 『조선의학사연구(朝鮮醫學史硏究)』」, 『문헌과 해석』 19호.
김호, 2005, 「醫史學者 三木榮의 생애와 朝鮮醫學史及疾病史」, 『醫史學』 14권 2호.
金晧東, 1987, 「高麗 武臣政權時代 地方統治의 一斷面-李奎報의 全州牧 '司錄兼掌書記'의 活動을 중심으로-」, 『嶠南史學』 3집.
南豊鉉, 1999, 「『鄕藥集成方』의 鄕名에 대하여」, 『震檀學報』 87집.
盧明鎬, 1995, 「高麗時代 戶籍 記載樣式의 성립과 그 사회적 의미」, 『震檀學報』 79집.
대한의사학회, 1998, 『봄철 학술대회 초록집』(일산 김두종 선생 추모 심포지움).
文炯萬, 1985, 『高麗 諸司都監各色 硏究』, 동아대학교 박사학위논문.
閔泳珪, 1966, 「長谷寺 高麗鐵佛 腹藏遺物」, 『人文科學』 14・15합집, 연세대학교 인문과학연구소.
박경안, 1991, 「高麗時期 田丁連立의 構造와 存在形態」, 『韓國史硏究』 75호.
박경안, 2006, 「고려인들의 다양한 금기와 질병을 대하는 태도」, 『역사와 현실』 59호.
朴桂弘, 1969, 「巫가 中世社會에 끼친 影響」, 『한국민속학』 1집.
朴玉杰, 1997, 「高麗來航 宋商人과 麗・宋의 貿易政策」, 『大東文化硏究』 32집.
朴龍雲, 1978, 「高麗時代의 定安任氏・鐵原崔氏・孔巖許氏 家門 分析」, 『韓國史論叢』 3집.
朴龍雲, 2005, 「고려시기의 幞頭와 幞頭店」, 『韓國史學報』 19호.
朴晶禧, 2006, 『遼・金・元・明・淸代의 醫政史에 關한 硏究』, 동국대학교 박사학위논문.
朴宗基, 1990, 「12, 13세기 農民抗爭의 原因에 대한 考察」, 『東方學志』 69집.
박종기, 1993, 「예종대 정치개혁과 정치세력의 변동」, 『역사와 현실』 9호.
박종기, 1997, 「고려시대의 지방관원들-속관(屬官)을 중심으로-」, 『역사와 현실』 24호.
박종기, 1999, 「고려시대 부세수취와 속현」, 『역사와 현실』 31호.

朴鍾進, 1986,「高麗前期 義倉制度의 構造와 性格」,『高麗史의 諸問題』, 三英社.
박종진, 1997,「고려시기 경제운영의 단위와 지방제도」,『한국학연구』 7집.
박종진, 1999,「고려시기 '수취단위'의 의미와 속현의 지위」,『역사와 현실』 32호.
박종진, 2000,「고려시기 개경 절의 위치와 기능」,『역사와 현실』 38호.
朴平植, 2000,「高麗時期의 開京市塵」,『韓國史의 構造와 展開』, 혜안.
白上龍, 1994,「風의 本質과 醫學에서의 運用에 대한 考察」, 경희대학교 석사학위논문.
白上龍, 1998,『韓醫學과 西洋醫學의 疾病觀에 대한 比較硏究』, 경희대학교 박사학위논문.
백옥경, 2007,「조선시대 출산에 대한 인식과 실제」,『梨花史學硏究』 34집.
徐聖鎬, 1992,「高麗 武臣執權期 商工業의 전개」,『國史館論叢』 37집.
서성호, 2000,「고려시기 개경의 시장과 주거」,『역사와 현실』 38호.
孫炳胎, 1996,『鄕藥 藥材名의 國語學的 硏究』, 영남대학교 박사학위논문.
孫昌學, 1992,「三和子鄕藥方의 刊行時期에 對한 硏究」, 경희대학교 석사학위논문.
宋春永, 1996,「元 干涉期의 自然科學−醫學을 중심으로−」,『國史館論叢』 71집.
宋渟禎, 2000,「高麗時代 疫疾에 대한 硏究−12·13세기를 중심으로−」,『명지사론』 11·12합집.
신동원, 2005,「미키 사카에(三木榮)의 한국의학사 연구−성취와 문제점−」,『역사문화연구』 21호.
신동원, 2010,「한국 전근대 의학사 연구 동향」,『의사학』 19권 1호.
申榮日, 1994,『『鄕藥救急方』에 對한 硏究(復原 및 醫史學的 考察)』, 경희대학교 박사학위논문.
신영일, 1995,「高麗時代 醫學에 대한 考察」,『論文集』 7집, 동신대학교.
申採湜, 1997,「10∼13世紀 東아시아의 文化交流−海路를 통한 麗·宋의 文物交易을 中心으로−」,『中國과 東아시아世界』, 國學資料院.
安秉佑, 1992,「高麗時期 中央各司 公廨田의 設置와 運營」,『한신논문집』 9집.
안상우, 2000,「고려의서『비예백요방』의 고증−실전의서의 복원Ⅱ−」,『韓國醫史學會誌』 13권 2호.
安相佑, 2001,「高麗 醫書『備豫百要方』의 考證」,『書誌學硏究』 22집.
여인석, 1998,「一山 金斗鍾 선생의 생애와 학문」,『醫史學』 7권 1호.
양정필·여인석, 2004,「삼국-신라통일기 인삼 생산과 대외교역」,『醫史學』 13권 2호.

劉承源, 1981, 「朝鮮初期의 雜職-掌樂院의 雜職-」, 『震檀學報』 51집.
尹京鎭, 2000, 『高麗 郡縣制의 構造와 運營』, 서울대학교 박사학위논문.
윤선태, 1997, 「752년 신라의 대일교역과 「바이시라기모쯔게(買新羅物解)」-쇼소인(正倉院) 소장 「첩포기(貼布記)」의 해석을 중심으로-」, 『역사와 현실』 24호.
윤선태, 2001, 「신라촌락문서의 計烟과 孔烟-中國・日本의 戶等制, 年齡等級制와의 비교 검토를 중심으로-」, 『한국고대사연구』 21집.
尹一弘・韓相仁, 1986, 「韓藥材의 需給構造-大邱藥令市를 中心으로-」, 『새마을・地域開發研究』 7집, 영남대학교 새마을연구소.
尹章圭, 2004, 『『鄕藥採取月令』의 국어학적 연구』, 성균관대학교 박사학위논문.
이경록, 2000, 「高麗前期 銀幣制度의 成立과 그 性格」, 『韓國史의 構造와 展開』, 혜안.
이경록, 2005, 「이제마의 의학론과 그 시대적 성격」, 『醫史學』 14권 2호.
이경록, 2007, 「고려 전기의 대민의료체제」, 『韓國史研究』 139호.
이경록, 2007, 「고려전기의 지방의료제도」, 『醫史學』 16권 2호.
李京錄, 2008, 「고려초기 구료제도의 형성-광종대와 성종대를 중심으로-」, 『大東文化研究』 61집.
李京錄, 2009, 『고려시대 의료사 연구』, 성균관대학교 박사학위논문.
이경록, 2010, 「조선초기 『鄕藥濟生集成方』의 간행과 향약의 발전」, 『東方學志』 149집.
이경록・신동환, 2001, 「고려시대의 의료제도와 그 성격」, 『醫史學』 10권 2호.
李景植, 1988, 「古代・中世의 食邑制의 構造와 展開」, 『손보기박사 정년기념 한국사학논총』, 지식산업사.
李德鳳, 1963, 「鄕藥救急方의 方中鄕藥目 研究」, 『亞細亞研究』 6권 1호, 고려대학교 아세아문제연구소.
李德鳳, 1963, 「鄕藥救急方의 方中鄕藥目 研究(完)」, 『亞細亞研究』 6권 2호, 고려대학교 아세아문제연구소.
李萬烈, 1976, 「日帝官學者들의 植民史觀」, 『韓國의 歷史認識』 下, 創作과批評社.
이만열, 2007, 「일제 강점기 일본인의 한국사 연구」, 『한국 근현대 역사학의 흐름』, 푸른역사.
이미숙, 2001, 「高麗時代 醫官의 임무와 사회적 지위」, 『湖西史學』 31집.
이미숙, 2002, 「高麗 中央醫官의 職制」, 『白山學報』 63호.
李美淑, 2002, 『高麗時代 技術官 研究-醫官과 譯官을 中心으로-』, 상명대학교

박사학위논문.
李炳熙, 1998,「高麗時期 院의 造成과 機能」,『靑藍史學』2집.
李樹健, 1989,「高麗時代「邑司」硏究」,『國史館論叢』3집.
李佑成, 1961,「麗代百姓考」,『歷史學報』14집.
李宇泰, 1993,「新羅 西原京 硏究의 現況과 課題-村落文書를 中心으로-」, 『湖西文化硏究』11집.
이우태, 2001,「신라촌락문서에 보이는 촌락의 위치와 성격」,『新羅西原小京硏究』, 서경문화사.
李恩揆, 1993,「『鄕藥救急方』의 國語學的 硏究」, 효성여자대학교 박사학위논문.
이인재, 1990,「고려 중후기 지방제 개혁과 감무」,『外大史學』3집.
이인재, 1995,「촌락문서와 촌락지배」,『한국역사입문』2 중세편, 풀빛.
李仁在, 1995,『新羅統一期 土地制度 硏究』, 연세대학교 박사학위논문.
李正錄, 2007,「渤海醫學에 對한 硏究」, 경희대학교 석사학위논문.
이정숙, 2006,「고려사회와 전염병」,『한국문화연구』10집, 이화여자대학교 한국문화연구원.
이정숙, 2007,「고려시대 전염병과 치병의례」,『梨花史學硏究』34집.
李貞信, 1994,「고려시대의 상업-상인의 존재형태를 중심으로-」,『國史館論叢』59집.
李正浩, 1993,「高麗前期 勸農策에 관한 一考察」,『史學硏究』46호.
李正浩, 2002,「高麗時代 勸農政策 硏究」, 고려대학교 박사학위논문.
李正浩, 2007,「高麗前期 自然災害의 발생과 勸農政策」,『역사와 경계』62집.
李貞薰, 2000,「高麗時代 都監의 구조와 기능」,『韓國史의 構造와 展開』, 혜안.
李泰鎭, 1979,「新羅 統一期의 村落支配와 孔烟-正倉院 所藏의 村落文書 재검토-」,『韓國史硏究』25호.
이현숙, 2000,「신라 애장왕대 唐 의학서『廣利方』의 도입과 그 의의(1)」,『東洋古典硏究』13집.
이현숙, 2000,「신라 애장왕대 唐 의학서『廣利方』의 도입과 그 의의(2)」,『東洋古典硏究』14집.
李賢淑, 2002,『新羅醫學史硏究』, 이화여자대학교 박사학위논문.
이현숙, 2007,「고려시대 官僚制下의 의료와 民間의료」,『東方學志』139집.
이현숙, 2007,「전염병, 치료, 권력 : 고려 전염병의 유행과 치료」,『梨花史學硏究』34집.
이현숙·권복규, 2007,「고려시대 전염병과 질병관-『향약구급방』을 중심으로-」,『史學硏究』88호.

李惠玉, 1985, 「高麗時代의 守令制度硏究」, 『梨大史苑』 21집.
장동익, 2001, 「『宋會要輯稿』에 수록된 고려 관계 기사의 연구」, 『韓國中世社會의 諸問題』, 경인문화사.
張東翼, 2001, 「『元史』 高麗關係 記事의 語彙集成」, 『歷史敎育論集』 26집.
張東翼, 2002, 「『遼史』 高麗關係 記事의 語彙集成」, 『歷史敎育論集』 28집.
장인성, 2000, 「고대 한국인의 질병관과 의료」, 『한국고대사연구』 20집.
全完吉, 1987, 「高麗時代의 茶文化論(其一)」, 『民族文化硏究』 20호, 고려대학교 민족문화연구소.
全海宗, 2000, 「高麗와 宋의 交流」, 『동아시아사의 비교와 교류』, 지식산업사.
조경시, 2000, 「高麗 成宗代의 對佛敎施策」, 『한국중세사연구』 9호.
趙東元, 1974, 「麗代 科擧의 豫備考試와 本 考試에 對한 考察」, 『論文集』 8집, 圓光大學校.
채웅석, 1990, 「12, 13세기 향촌사회의 변동과 '민'의 대응」, 『역사와 현실』 3호.
채웅석, 1999, 「고려사회의 변화와 고려중기론」, 『역사와 현실』 32호.
崔永好, 2007, 「고려시대 송나라와의 해양교류-송나라출신 전문인력의 입국과 활동을 중심으로-」, 『역사와 경계』 63집.
崔在錫, 1982, 「新羅 統一期의 家族形態-新羅村落文書의 分析-」, 『東方學志』 34집.
崔在錫, 1993, 「日本 正倉院 소장 한약제를 통해 본 統一新羅와 日本과의 관계」, 『民族文化硏究』 26호, 고려대학교 민족문화연구소.
崔貞煥, 2000, 「高麗時期 外官祿의 整備」, 『韓國中世史論叢』, 李樹健敎授停年紀念 韓國中世史論叢 刊行委員會.
崔昌茂, 1986, 「高麗時代의 醫療救護에 關한 考察」, 『社會科學』 5집, 경북대학교 사회과학대학.
崔桓壽·申舜植, 1997, 「『醫方類聚』의 引用書에 관한 연구(1)」, 『韓國韓醫學硏究院論文集』 3권 1호.
하정용·이민호·권오민·안상영·안상우, 2008, 「崔宗峻의 年表 作成을 위한 역사적 고찰-『御醫撮要方』의 복원을 위한 선행과제-」, 『한국한의학연구원논문집』 14권 3호.
河炫綱, 1975, 「高麗初期 崔承老의 政治思想 硏究」, 『梨大史苑』 12집.
허흥식, 2000, 「朝鮮前期 紀行文으로 본 開京의 遺蹟化過程」, 『고려시대연구』 II, 한국정신문화연구원.
洪琦杓, 2006, 「高麗前期 詔書 硏究」, 성균관대학교 박사학위논문.
洪榮義, 1997, 「高麗後期 大藏都監刊 『鄕藥救急方』의 刊行經緯와 資料性格」,

『韓國史學史研究』, 나남출판.
奥村周司, 1985, 「医師要請事件に見る高麗文宗朝の對日姿勢」, 『朝鮮學報』117집.
三上喜孝, 2009, 「韓國出土木簡ちらみた古代東アジアの文化交流－慶州・雁鴨池木簡の檢討から－」, 『한국・일본・중국・몽골・영국 5개국 국제학술대회』자료집, 성균관대학교 사학과 BK21사업단 외.

<부록 1> 신라의 교역약재 일람표

출전	연대	교역약재
三國史記[1]	662년	頭髮, 牛黃
三國史記[2]	672년	牛黃
三國史記[3]	723년	牛黃, 人蔘
三國史記[4]	730년	頭髮
三國史記[5]	733년	牛黃, 人蔘, 頭髮
三國史記[6]	738년	藥物
買新羅物解[7]	752년	丁香, 華撥, 木患子[木槵子], 蘇枋[蘇芳], 紫董[紫根], 麝香, 朱砂[朱沙], 薰陸, 人蔘[人參], 密汁, 口脂, 沙蔘[糸參]
大日本古文書[8]	752년	麝香, 阿梨勒, 人蔘, 桂心, 大黃, 牛黃, 華撥, 甘草, 肉縱容, 遠志, 蠟蜜
種種藥帳[9]	756년	新羅羊脂
三國史記[10]	799년	人蔘
慶州 雁鴨池[11]	8세기	大黃, 黃連, 皂角, 靑袋(靑薰), 升痲, 甘草, 胡同律, 朴消, 靑木香, 支子, 藍淀
三國史記[12]	869년	牛黃, 人蔘, 頭髮
錦里耆舊傳[13]	910년	新羅人參

1) 『三國史記』卷6, 新羅本紀6, 문무왕 2년 2월. "至楊隩, 庚信遣阿湌良圖・大監仁仙等致軍粮, 贈定方以銀五千七百分・細布三十匹・頭髮三十兩・牛黃十九兩."

2) 『三國史記』卷7, 新羅本紀7, 문무왕 12년 9월. "兼進貢銀三萬三千五百分・銅三萬三千分・針四百枚・牛黃百二十分・金百二十分・四十升布六匹・三十升布六十匹."

3) 『三國史記』卷8, 新羅本紀8, 성덕왕 22년 4월. "遣使入唐, 獻果下馬一匹・牛黃・人蔘・美髢・朝霞紬・魚牙紬・鏤鷹鈴・海豹皮・金銀等."

4) 『三國史記』卷8, 新羅本紀8, 성덕왕 29년 2월. "遣王族志滿朝唐, 獻小馬五匹・狗一頭・金二千兩・頭髮八十兩・海豹皮十張."

5) 『三國史記』卷8, 新羅本紀8, 성덕왕 33년. "先時遣王姪志廉謝恩, 獻小馬兩匹・狗三頭・金五百兩・銀二十兩・布六十匹・牛黃二十兩・人蔘二百斤・頭髮一百兩・海豹皮一十六張. 及是授志廉鴻臚少卿員外置." 성덕왕의 조카인 김지렴이 당에 파견되어 선물을 바친 것은 한해 전인 성덕왕 32년(733) 12월이다.

6) 『三國史記』卷9, 新羅本紀9, 효성왕 2년. "於是, 王厚贈璹等金寶藥物."

7) 노명호 외, 2000, 「新羅毛氈附箋 買新羅物解」, 『韓國古代中世古文書研究』(上) 校勘譯註篇, 서울대학교출판부, 465쪽.

8) 『大日本古文書』卷3, 卷5, 卷25(崔在錫, 1993, 「日本 正倉院 소장 한약제를 통해 본 統一新羅와 日本과의 관계」, 『民族文化研究』26호, 고려대학교 민족문화연구소, 8쪽에서 인용). 최재석은 『大日本古文書』의 약재에는 신라산 약재들과 해외무역으로 얻은 약재가 섞여 있을 것으로 추측한다.

9) 『種種藥帳』(崔在錫, 1993, 「日本 正倉院 소장 한약제를 통해 본 統一新羅와 日本과의 관계」, 『民族文化硏究』 26호, 고려대학교 민족문화연구소, 6쪽에서 인용-).
10) 『三國史記』 卷10, 新羅本紀10, 소성왕 원년. "得人蔘九尺, 甚異之, 遣使如唐進奉, 德宗謂非人蔘, 不受."
11) 國立昌原文化財硏究所, 2004, 『韓國의 古代木簡』, 慶州 雁鴨池 出土 木簡 198호, 238~239쪽. 안압지 출토물은 8세기 유물로 판단되는데, 198호의 약재명 판독은 미카미 요시다카의 연구에 따른다(三上喜孝, 2009, 「韓國出土木簡ちらみた古代東アジアの文化交流 -慶州・雁鴨池木簡の檢討から-」, 『한국・일본・중국・몽골・영국 5개국 국제학술대회』 자료집, 성균관대학교 사학과 BK21사업단 외, 37~38쪽).
12) 『三國史記』 卷11, 新羅本紀11, 경문왕 9년 7월. "遣王子蘇判金胤等入唐謝恩, 兼進奉馬二匹・麩金一百兩・銀二百兩・牛黃十五兩・人蔘一百斤・大花魚牙錦一十匹・小花魚牙錦一十匹・朝霞錦二十匹・四十升白氎布四十匹・三十升紵衫段四十匹・四尺五寸頭髮百五十兩・三尺五寸頭髮三百兩."
13) 勾延慶, 『錦里耆舊傳』 卷2, 武成 3년. "大梁遣使, 通聘書曰,… 兼有微禮具在別幅, 謹白,… 藥物一十三味・茯苓一十斤・茯神一十斤・酸棗仁五十斤・玉鹽五斤・新羅人參一十斤・牛膝一十斤・枳殼一十斤・五味子五斤・赤箭一十斤・鹿茸一十對・顆棗一千枚・羚羊角五對・牛黃一百株." 이 기록에서는 고려가 건국될 즈음인 효공왕 14년(910)에 前蜀이 後梁에게 '新羅人參'을 보내고 있어 주목된다. 신라 인삼은 중국 내에서도 예물로 사용될 정도로 유명하였다.

<부록 2> 고려의 토산약재 일람표

* 이 표는 송과의 교역기사에 등장하는 고려의 토산약재를 정리한 것이다.
* 장동익은 『宋代麗史資料集錄』을 통해 송대 자료들에서 고려 관련 기록을 추출했는데, 의료 기록도 상당수 수록되어 있다(張東翼, 2000, 『宋代麗史資料集錄』, 서울대학교출판부). 여기에서는 가급적 『四庫全書』에서 원문을 찾아 정리하였다.

출전	편저자	연대	토산약재
五代會要[1]	王溥	929년	頭髮, 人參, 香油, 松子
高麗史[2]	鄭麟趾	945년	人參, 頭髮, 香油, 松子
五燈會元[3]	普濟	송대	附子
夢溪筆談[4]	沈括	송대	麻子
格致鏡原[5]	陳元龍	송대	石榴
格致鏡原[6]	陳元龍	송대	海松子
清異錄[7]	陶穀	송대	松子
觀林詩話[8]	吳聿	송대	五粒松子
淳熙三山志[9]	梁克家	송대	新羅葛
仙溪志[10]	黃巖孫	송대	新羅葛
宋史[11]	托克托	1030년	香油, 人參
宋會要輯稿[12]	徐松	1071년	人參, 硫黃, 松子, 香油
高麗史[13]	鄭麟趾	1072년	香油, 松子, 人參
宋會要輯稿[14]	徐松	1074년	人參, 松子, 香油
高麗史[15]	鄭麟趾	1080년	蔘, 松子, 香油
雞林類事[16]	孫穆	1103년경	人參, 松子
經史證類備急本草[17]	唐愼微	1108년	藍藤根, 人參, 細辛, 昆布, 雞白臠, 擔羅, 海松子
高麗圖經[18]	徐兢	1123년	松子, 人參, 茯苓, 硫黃[流黃], 白附子, 黃漆, 栗, 榛, 榧
游宦紀聞[19]	張世南	1124년	茯苓, 白朮[白術]
建炎以來繫年要錄[20]	李心傳	1132년	人參
茶山集[21]	曾幾	1136년경	松花, 松子
雲麓漫抄[22]	趙彦衛	1206년	人參
高麗史[23]	鄭麟趾	1221년	紫草, 紅花, 藍筍, 朱紅, 雌黃
寶慶四明志[24]	羅濬	1224년	人參, 麝香, 紅花, 茯苓, 蠟, 松子, 松花, 栗, 棗肉, 榛子, 榧子, 杏仁, 細辛, 山茱萸, 白附子, 蕪荑, 甘草, 防風, 牛膝, 白朮[白術], 遠志, 茯苓, 薑黃, 香油, 紫菜
諸蕃志[25]	趙汝适	1225년	人參, 水銀, 麝香, 松子, 榛子, 石決明, 松塔子, 防風, 白附子, 茯苓
高麗史節要[26]	金宗瑞	1231년	人參

---

1) 王溥, 『五代會要』卷30, 高麗, 後唐 天成 4년 8월. "夏遣廣平侍郎張玢等五十二人來朝,

貢,……頭髮・人參・香油・銀鏤・剪刀・鉗鈒・松子等."

2) 『高麗史』卷2, 世家2, 혜종 2년. "晉遺范匡政張季凝來,……人參五十斤・頭髮二十斤,……香油五十斤・松子五百斤事, 具悉."

3) 普濟, 『五燈會元』卷14, 靑原下七世 梁山觀禪師法嗣. "鼎州梁山巖禪師僧問, 如何是祖師西來意, 師曰, 新羅附子, 蜀地當歸."

4) 沈括, 『夢溪筆談』卷26, 藥議. "麻子, 海東來者最勝. 大如蓮實, 出屯羅島. 其次上郡北地所出."

5) 陳元龍, 『格致鏡原』卷72, 花類3. "榴花. 孔六帖, 石榴, 一名丹若. 格物叢話, 榴花, 其始來自安石國, 故名石榴. 又名安榴, 亦有來從海外新羅國者."

6) 陳元龍, 『格致鏡原』卷76, 果類3. "松子, 彙苑松, 有二種, 唯五葉者結子. 格物總論, 松子二種, 海松子生新羅, 如小栗三角, 其中仁香美, 東夷食之. 當果, 雲南松子巴豆相似, 味不及也."

7) 陶穀, 『淸異錄』卷上. "玉角香. 新羅使者, 每來, 多鬻松子, 有數等, 玉角香重堂棗御家長龍牙子, 惟玉角香, 最竒. 使者亦自珍之."

8) 吳聿, 『觀林詩話』. "唐人多作五粒松詩, 有以五粒爲鬢者, 大歷時, 監察御史顧愔. 新羅國記云, 松樹大連抱有五粒子, 形如桃仁而稍小, 皮硬中有仁, 取而食之, 味如胡桃, 浸酒療風. 然則松名五粒者, 以子名之也."

9) 梁克家, 『淳熙三山志』卷41, 土俗類3 物産. "新羅葛, 根甚大, 色靑白, 一名土瓜."(張東翼, 2000, 『宋代麗史資料集錄』, 서울대학교출판부, 390쪽에서 인용).

10) 黃巖孫, 『仙溪志』卷1, 果實. "新羅葛. 閩中記云, 藤似家葛, 根甚大, 甘味似蘿蔔, 解醒消煩渴, 一名土瓜."(張東翼, 2000, 『宋代麗史資料集錄』, 서울대학교출판부, 390쪽에서 인용).

11) 『宋史』卷487, 列傳246 外國3 高麗, 天聖 8년. "詢復遣御事民官侍郎元穎等二百九十三人, 奉表, 入見於長春殿, 貢金器・銀罽・刀劒・鞍勒馬・香油・人參・細布・銅器・硫黃・靑鼠皮等物."

12) 徐松, 『宋會要輯稿』199冊, 蕃夷7 歷代朝貢, 熙寧 4년 8월 1일. "高麗國遣使金悌奉表, 貢御衣・腰帶・金器・弓刀・鞍轡馬・銅器・布紗・紙墨・人參・硫黃・松子・香油."(장동익, 2001, 「『宋會要輯稿』에 수록된 고려 관계 기사의 연구」, 『韓國中世社會의 諸問題』, 경인문화사, 969쪽에서 인용).

13) 『高麗史』卷9, 世家9, 문종 26년 6월. "金悌還自宋, 帝附勑五道.……其四曰, 人使金悌至, 省所進奉,……香油二十缸・松子二千二百斤・人參一千斤・生中布二千匹・生平布二千匹事, 具悉."

14) 徐松, 『宋會要輯稿』199冊, 蕃夷7 歷代朝貢, 熙寧 7년 1월 26일. "高麗國遣使金良鑑・盧旦奉表來, 貢御衣・腰帶・金器・紅罽・裀褥・鞍馬・紙墨・弓刀・幞頭・紗色羅・生中布・人參・松子・香油."(장동익, 2001, 「『宋會要輯稿』에 수록된 고려 관계 기사의 연구」, 『韓國中世社會의 諸問題』, 경인문화사, 969쪽에서 인용).

15) 『高麗史』卷9, 世家9, 문종 34년 7월. "柳洪等還自宋, 帝附勑八道.……其五曰, 省所上進,……蔘一千斤・松子二千二百斤・香油二百二十斤,……具悉."

16) 陶宗儀, 『說郛』 卷55. "雞林類事.……地瘠, 惟産人參·松子·龍鬚布·藤席·白硾紙."
17) 唐愼微, 『證類本草』 卷6, 草部 上品之上. "藍藤根·人參·細辛"; 卷9, 草部 中品之下. "昆布……海藥云[謹按異志, 生東海水中, 其草順流而生. 新羅者黃黑色, 葉細. 胡人採得搓之, 爲索, 陰乾. 舶上來中國. 性溫, 主大腹水腫諸浮氣幷瘻瘤氣結等良]"; 卷19, 禽部 三品. "雞白蠹"; 卷22, 蟲部 下品. "擔羅"; 卷23, 果部 三品. "海松子."
18) 徐兢, 『高麗圖經』 卷4, 門闕 外門. "北昌門通三角山, 薪炭松子布帛所出之道也"; 卷23, 雜俗2 土産. "人參之榦特生, 在在有之, 春州者寂良. 又其地宜松而有茯苓, 山深而産流黃. 羅州道, 出白附子黃漆, 皆土貢也.……栗大如桃.……榛榧最多云."
19) 張世南, 『游宦紀聞』 卷6. "茯苓二斤·白朮二斤."
20) 李心傳, 『建炎以來繫年要錄』 卷53, 紹興 2년 윤4월 계사. "高麗國王楷, 遣其尙書禮部員外郎崔惟淸·閤門祗候沈起入貢, 詔秘書省校書郎王洋押伴, 楷獻金百兩·銀千兩·帛二百匹·紙二十匹·人參五百斤."
21) 曾幾, 『茶山集』 卷3, 七言古詩 謝柳全叔縣丞寄高麗松花. "謝柳全叔縣丞寄高麗松花. 幽人所住空山裏, 老松皆作虬龍起, 但知樹底聽松風, 不見風前落松子, 三韓華萼手自開, 其間瑣碎如嬰孩, 請因賈客詔君長, 二十餘年無使來. 이 기사는 1136년(고려 인종 14년, 남송 고종 소흥 6년)에서 1150년대 후반에 작성된 것으로 추측된다.
22) 趙彦衛, 『雲麓漫抄』 卷5. "福建市舶司, 常到諸國舶船,……高麗國則有人參·銅銀·水銀·綾布等, 大抵諸國産香㫺同."
23) 『高麗史』 卷22, 世家22, 고종 8년 8월. "紫草.……茳花·藍笋·朱紅,……雌黃."
24) 羅濬, 『寶慶四明志』 卷6, 郡志6 敍賦下 市舶. "嘉定十七年, 高麗乃棄金正朔,……人參·麝香·紅花·茯苓·蠟·麤色·大布·小布·毛絲布·紬·松子·松花·栗·棗肉·榛子·榧子·杏仁·細辛·山茱萸·白附子·蕪黃·甘草·防風·牛膝·白朮·遠志·茯苓·薑黃·香油·紫菜."
25) 趙汝适, 『諸蕃志』 卷上, 志國. "新羅國.……地出人參·水銀·麝香·松子·榛子·石決明·松塔子·防風·白附子·茯苓·大小布·毛施布·銅磬·瓷器·草蓆·鼠毛筆等, 商舶用五色纈絹及建本文字博易."
26) 『高麗史節要』 卷16, 고종 18년 7월. "宋商, 獻水牛四頭. 崔瑀, 給人參五十斤·廣布三百匹."

<부록 3> 『신집어의촬요방』의 처방 약재 일람표

* 이 표는 『新集御醫撮要方』의 약재를 135개 처방별로 정리한 것이다. 『어의촬요연구』(안상우·최환수, 2000, 한국한의학연구원)에서 정리한 132방에 『향약제생집성방』의 3방을 뒤에(133~135번) 덧붙였다.
* 약재명은 『신집어의촬요방』의 원문 그대로 기입하였다. 예를 들어 杏仁, 郁李仁, 生薑 등은 원문에 따라 杏人, 郁李人, 生姜 등으로 기입하였다.
* 이 표에서는 조제에 필요한 약재를 모두 수록하였으며, 포제하는 과정에서 효능을 위해 필수적으로 첨가되는 꿀, 소금, 식초 등도 약재에 포함하였다. 예를 들어 44번의 淸酒나 68번의 粟米도 조제에 필수적인 첨가물이므로 약재로 간주하여 기입하였다. 하지만 약과 함께 먹는 술, 물, 음료, 밥, 미음 등은 약재로 보지 않아 목록에서 제외하였다. 예를 들어 '상백피 달인 물', '소금 끓인 물로 먹는다', '생강과 귤피를 넣고 달인 물로 아무 때나 먹는다' 등의 상백피, 소금, 생강, 귤피는 약재로 처리하지 않았다.

번호	처방명	약재명 (처방약재수)	출전
1	小續命湯	麻黃 防己 人參 黃芩 桂心 附子 甘草 芍藥 芎藭 杏人 防風 生姜 (12)	『醫方類聚』 卷14 諸風門2 千金方1 諸風
2	靈寶丹	光明砂 硫黃 雄黃 自然銅 磁石 陽起石 長理石 紫石英 牛黃 龍腦 麝香 膃肭臍 龍齒 虎脛骨 鍾乳 生犀角 遠志 巴戟 苦參 烏蛇 仙靈脾 天麻 木香 肉豆蔲 鹿茸 桂心 延胡索 木胡桐淚 半夏 當歸 皂莢子人 川芒消 生地黃汁 無灰酒 童子小便 (35)	『醫方類聚』 卷18 諸風門6 聖惠方4 治一切風通用丸藥諸方
3	牛黃丸	牛黃 朱砂 麝香 龍腦 附子 羌活 白殭蠶 白附子 乾蠍 芎藭 天南星 當歸 桂心 木香 天麻 防風 檳榔 獨活 蜜 (19, 蜜은 첨가물임)	『醫方類聚』 卷18 諸風門6 聖惠方4 治一切風通用丸藥諸方
4	至寶丹	辰砂 生犀 麝香 牛黃 龍齒 玳瑁 金箔 人蔘 銀箔 雄黃 龍腦 琥珀 安息香 天南星 蜜 (15, 蜜은 첨가물임)	『醫方類聚』 卷19 諸風門7 和劑局方 治諸風
5	牛黃淸心圓	牛黃 官桂 金箔 麝香 蒲黃 犀角 當歸 雄黃 乾地黃 生腦子 山藥 大豆黃卷 阿膠 神麴 人蔘 乾薑 防風 黃芩 麥門冬 白芍藥 杏人 吳白朮 柴胡 桔梗 白茯苓 川芎 甘草 羚羊角屑 蜜 (29, 蜜은 첨가물임)	『醫方類聚』 卷19 諸風門7 和劑局方 治諸風
6	摩挲圓	玄蔘 地楡 天麻 烏頭 自然銅 木香 龍腦 烏藥 麝香 丁香 朱砂 烏犀 乳香 蜜 (14, 蜜은 첨가물임)	『醫方類聚』 卷19 諸風門7 和劑局方 治諸風
7	薄荷煎圓	川芎 縮砂仁 龍腦 薄荷葉 桔梗 甘草 防風 蜜 (8, 蜜은 첨가물임)	『醫方類聚』 卷19 諸風門7 和劑局方 治諸風
8	黑龍圓	自然銅 川烏 麻黃 黑附子 烏蛇 厚朴 防風 蒼朮 川芎 陳皮 白芷 白朮 紅芍藥 吳茱萸 南星 乾蠍 蜜 檳榔 生姜 (19, 蜜 檳榔 生姜은 첨가물임)	『醫方類聚』 卷20 諸風門10 簡易方

9	木香丸	檳榔 大黃 陳皮 木香 附子 人參 官桂 川芎 羌活 獨活 三稜 肉荳蔲 黑牽牛子 蜜 (14, 黑牽牛子 蜜은 첨가물임)	『醫方類聚』 卷22 諸風門10 衛生寶鑑 風中腑諸方
10	大靈寶丹	天麻 烏蛇 天南星 黑附子 白附子 川芎 僵蠶 蔓荊子 乾薑 肉桂 防風 麻黃 當歸 龍腦 麝香 朱砂 蜜 (17, 蜜은 첨가물임)	『醫方類聚』 卷24 諸風門12 御醫撮要
11	愈風丹	龍腦 薄荷 天麻 天南星 白附子 玄蔘 大川烏頭 麝香 皂莢 蜜 (10, 蜜은 첨가물임)	『醫方類聚』 卷24 諸風門12 御醫撮要
12	碧琳丹	生碌 硇砂 麝香 糯米 朱砂 (5, 糯米 朱砂는 첨가물임)	『醫方類聚』 卷24 諸風門12 御醫撮要
13	餠子急風丹	川烏頭 草烏頭 半夏 茯苓 天南星 白附子 乾薑 天麻 莘荑 秫米 朱砂 (11, 秫米 朱砂는 첨가물임)	『醫方類聚』 卷24 諸風門12 御醫撮要
14	宣補大黃丸	川大黃 白檳榔 郁李仁 大麻仁 牛膝 兔絲子 車前子 防風 獨活 山茱萸 枳殼 薯蕷 蜜 (13, 蜜은 첨가물임)	『醫方類聚』 卷24 諸風門12 御醫撮要
15	靈寶丸	天麻 天南星 白附子 獨活 白僵蠶 川烏頭 羌活 乾蠍 牛黃 麝香 龍腦 蜜 白礬 葱 薄荷 (15, 蜜 白礬 葱 薄荷는 첨가물임)	『醫方類聚』 卷24 諸風門12 御醫撮要
16	七聖丸	白檳榔 木香 川芎 羌活 桂心 郁李人 川大黃 蜜 (8, 蜜은 첨가물임)	『醫方類聚』 卷24 諸風門12 御醫撮要
17	香犀丸	烏犀 細辛 藁本 防風 芎藭 白附子 龍腦 薄荷 白豆蔲 縮沙人 藿香葉 皂莢 甘草 龍腦 麝香 蜜 (16, 蜜은 첨가물임)	『醫方類聚』 卷24 諸風門12 御醫撮要
18	菊花湯	菊花 甘草 人蔘 白茯苓 (4)	『醫方類聚』 卷24 諸風門12 御醫撮要
19	防風浴湯	防風 羊桃根 石南 秦艽 茵草 蒺藜子 蛇床子 白芷 枳殼 苦蔘 升麻 (11)	『醫方類聚』 卷24 諸風門12 御醫撮要
20	白虎湯	知母 甘草 石膏 桂心 粳米 (5)	『醫方類聚』 卷26 諸暑門2 御醫撮要
21	辟溫神明丹	- 처방명만 남아 있음	『醫方類聚』 卷63 傷寒門37 御醫撮要
22	神明丹	蒼朮 茯苓 人蔘 甘草 蜜 朱砂 (6, 蜜 朱砂는 첨가물임)	『分門瘟疫易解方』 鎭禳門 疫癘病候
23	三拗湯	- 처방명만 남아 있음	『醫方類聚』 卷63 傷寒門37 御醫撮要
24	駐景丸	兔絲子 車前子 熟乾地黃 蜜 (4, 蜜은 첨가물임)	『醫方類聚』 卷66 眼門3 聖惠方2 治眼昏暗諸方
25	細辛湯	細辛 皂角 川椒 露蜂房 荊芥 獨活 (6)	『醫方類聚』 卷73 齒門3 御醫撮要

26	荊芥湯	荊芥 川椒 塩 (3)	『醫方類聚』卷73 齒門3 御醫撮要;『鄉藥集成方』卷34 齒牙門 牙齒疼痛
27	鵬砂圓 (硼砂圓)	腦子 甘草 鵬砂 梅花腦 麝香 牙硝 寒水石 (7)	『醫方類聚』卷74 咽喉門2 和劑局方 咽喉
28	解毒雄黃圓	雄黃 鬱金 巴豆 醋 麵 (5, 醋 麵은 첨가물임)	『醫方類聚』卷74 咽喉門2 和劑局方 咽喉
29	金消丸	鬱金 馬牙消 甘草 山梔子 栝樓根 大黃 玄參 白礬 蓬砂 蜜 (10, 蜜은 첨가물임)	『醫方類聚』卷75 咽喉門3 聖濟總錄 咽喉 喉痺
30	含化龍腦丸	龍腦 丹砂 人參 白茯苓 羚羊角 犀角 甘草 升麻 惡實 麥門冬 馬牙消 黃藥 蜜 (13, 蜜은 첨가물임)	『醫方類聚』卷75 咽喉門3 聖濟總錄 咽喉 馬喉痺 龍腦丹砂丸方
31	止衄吹鼻散	麻鞋鞒 (1)	『鄉藥集成方』卷28 鼻衄門 鼻衄;『鄉藥濟生集成方』卷4, 鼻衄
32	消石膏	麒麟竭 鉛丹 消石 巴豆 蜜 (5, 蜜은 첨가물임)	『醫方類聚』卷78 耳門2 聖濟總錄 久聾 麒麟蝎丸方
33	耳膏	乳香 萆麻子 通草 附子 磁石 巴豆 杏人 桃人 松脂 蠟蜜 菖蒲 (11)	『醫方類聚』卷78 耳門2 御醫撮要
34	黃蓍湯	黃蓍 芍藥 甘草 芍藥 生薑 (5, 生薑은 첨가물임)	『醫方類聚』卷86 血病門3 御醫撮要
35	七氣湯	半夏 人參 肉桂 甘草 生薑 (5, 生薑은 첨가물임)	『醫方類聚』卷87 諸氣門2 和劑局方 一切氣
36	生氣湯	丁香 檀香 丁香皮 乾薑 甘草 胡椒 塩 (7)	『醫方類聚』卷87 諸氣門2 和劑局方 一切氣;『醫方類聚』卷105 嘔吐門2 御醫撮要
37	九痛丸	附子 生狼牙 巴豆 人參 乾姜 吳茱萸 蜜 (7, 蜜은 첨가물임)	『醫方類聚』卷92 心腹痛門1 金匱方 胸痺心痛短氣病證治
38	五京丸	乾薑 吳茱萸 白頭翁 白附子 牡蠣 當歸 芍藥 黃芩 椒子 狼芽 蜜 (11, 蜜은 첨가물임)	『醫方類聚』卷94 心腹痛門3 御醫撮要;『鄉藥集成方』卷23 心痛門 心腹痛
39	肉蓯蓉丸	肉蓯蓉 遠志 巴戟 免絲子 五味子 蛇床子 桂心 附子 牛膝 鹿角膠 山茱萸 熟乾地黃 蜜 (13, 蜜은 첨가물임)	『醫方類聚』卷96 腰脚門3 御醫撮要

40	補骨脂丸	補骨脂 鹿茸 肉蓯蓉 巴戟天 胡桃人 蜜 (6, 蜜은 첨가물임)	『醫方類聚』卷96 腰脚門3 御醫撮要
41	熟乾地黃丸	熟乾地黃 山藥 杜仲 五味子 牛膝 蓯蓉 免絲子 補骨脂 蜜 (9, 蜜은 첨가물임)	『醫方類聚』卷96 腰脚門3 御醫撮要
42	靑橘皮丸	靑橘皮 木香 牽牛子 (3)	『醫方類聚』卷96 脚氣門;『醫方類聚』卷98 脚氣門3 御醫撮要
43	澤瀉丸	澤瀉 木香 川巴戟 遠志 沒藥 草薢 附子 硇砂 木瓜 (9, 硇砂 木瓜는 첨가물임)	『醫方類聚』卷96 脚氣門;『醫方類聚』卷98 脚氣門3 御醫撮要
44	風脚黑豆煎	黑豆 桑白皮 穀樹皮 檳榔 生薑 紫蘇葉 淸酒 (7, 淸酒는 첨가물임)	『醫方類聚』卷96 脚氣門;『醫方類聚』卷98 脚氣門3 御醫撮要
45	理中圓	人參 乾薑 白朮 甘草 蜜 (5, 蜜은 첨가물임)	『醫方類聚』卷100 脾胃門2 和劑局方 脾胃
46	養脾圓	白茯苓 人參 大麥蘖 縮砂 乾薑 白朮 甘草 蜜 (8, 蜜은 첨가물임)	『醫方類聚』卷100 脾胃門2 和劑局方 脾胃
47	小理丸	人參 乾薑 甘草 白朮 蜜 (5, 蜜은 첨가물임)	『醫方類聚』卷102 脾胃門4 御醫撮要
48	橘皮丸	橘皮 桂心 乾薑 人參 甘草 白朮 蜜 (7, 蜜은 첨가물임)	『醫方類聚』卷102 脾胃門4 御醫撮要
49	化痰玉壺丸	天南星 半夏 天麻 白麵 (4)	『醫方類聚』卷102 脾胃門4 御醫撮要
50	沈香湯	沈香 烏藥 麥蘖 甘草 (4)	『醫方類聚』卷102 脾胃門4 御醫撮要;『醫方類聚』卷165 酒病門2 御醫撮要
51	六壹湯	白朮 甘草 人參 塩 (4, 塩은 첨가물임)	『醫方類聚』卷102 脾胃門4 御醫撮要
52	白朮湯	白朮 木香 靑橘皮 神麴 麥蘖 人參 赤茯苓 甘草 檳榔 乾姜 塩 (11, 塩은 첨가물임)	『醫方類聚』卷102 脾胃門4 御醫撮要
53	豆蔲湯	甘草 乾姜 桂心 白豆蔲 塩 (5, 塩은 첨가물임)	『醫方類聚』卷102 脾胃門4 御醫撮要
54	蔘香湯	人蔘 甘草 黃耆 吳白朮 茯苓 橘皮 檀香 乾葛 (8)	『醫方類聚』卷102 脾胃門4 御醫撮要
55	厚朴湯	厚朴 人參 陳橘皮 白朮 生薑 (5, 生薑은 첨가물임)	『醫方類聚』卷102 脾胃門4 御醫撮要;『鄕藥集成方』卷27 脾胃門 脾胃諸證

56	金粟湯	粟米 生姜 塩 草豆蔻 甘草 (5, 塩은 첨가물임)	『醫方類聚』卷102 脾胃門4 御醫撮要
57	高良薑理中丸	高良薑 白朮 官桂 甘草 (4)	『醫方類聚』卷108 霍亂門2 御醫撮要
58	白豆蔻湯	白豆蔻 白朮 人參 生薑 (4, 生薑은 첨가물임)	『醫方類聚』卷108 霍亂門2 御醫撮要
59	十全溫白丸	半夏 白朮 丁香 生薑 麵 (5, 生薑 麵은 첨가물임)	『醫方類聚』卷109 宿食門 御醫撮要
60	耆婆萬病圓	牛黃 黃芩 芫花 醋 禹餘粮 雄黃 芎窮 人參 紫苑 蒲黃 麝香 當歸 桔梗 大戟 乾薑 防風 黃連 朱砂 犀角 前胡 巴豆 細辛 葶藶 肉桂 桑白皮 茯苓 芍藥 川椒 甘遂 芫青 糯米 蜈蚣 石蜥蜴 蜜 (34, 醋 糯米 蜜은 첨가물임)	『醫方類聚』卷111 積聚門3 和劑局方 積聚
61	紫蘇子丸	紫蘇子 五味子 蘿葍子 桑根白皮 皂莢 酥 甜亭歷 蜜 (8, 酥 蜜은 첨가물임)	『醫方類聚』卷115 咳嗽門2 聖惠方1 咳嗽 治久咳嗽諸方
62	胡椒理中丸	款冬花 華撥 陳皮 乾薑 高良薑 甘草 細辛 胡椒 白朮 蜜 (10, 蜜은 첨가물임)	『醫方類聚』卷115 咳嗽門2 聖惠方1 咳嗽 治咳嗽短氣諸方
63	皂莢丸	皂莢 葶藶子 杏人 蜜 (4, 蜜은 첨가물임)	『醫方類聚』卷120 咳嗽門7 御醫撮要;『鄕藥集成方』卷24 諸欬門 欬嗽;『鄕藥濟生集成方』卷4, 一切咳嗽 嗽分六氣毋拘以寒
64	生犀丸	- 처방명만 남아 있음	『醫方類聚』卷120 咳嗽門7 御醫撮要
65	洗肝湯	- 처방명만 남아 있음	『醫方類聚』卷120 咳嗽門7 御醫撮要
66	人參煎	人參 栝樓 酥 蜜 (4)	『鄕藥集成方』卷24 諸欬門 久欬嗽
67	辰砂丹	朱砂 阿魏 乳香 砒霜 麝香 豉 (6)	『醫方類聚』卷122 諸瘧門2 聖惠方2 治一切瘧諸方 朱砂丸方
68	恒山丸	恒山 香豉 粟米 (3, 粟米는 첨가물임)	『醫方類聚』卷123 諸瘧門3 御醫撮要
69	海蛤丸	海蛤 甜葶藶 海藻 昆布 赤茯苓 漢防己 澤漆 桑根白皮 木通 蜜 (10, 蜜은 첨가물임)	『醫方類聚』卷127 水腫門2 聖惠方 治水氣遍身浮腫諸方

70	牽牛湯	牽牛子 白檳榔 (2)	『醫方類聚』卷129 水腫門4 御醫撮要
71	水脚黑豆煎	黑豆 郁李仁 檳榔 紫蘇子 生薑 牽牛子 桑白皮 (7)	『醫方類聚』卷129 水腫門4 御醫撮要
72	水腫黑豆煎	黑豆 穀樹皮 桂心 郁李仁 檳榔 桑白皮 生薑 商陸根 (8)	『醫方類聚』卷129 水腫門4 御醫撮要
73	十水腫散	大戟 當歸 陳皮 (3) - 원 처방명은 미상임	『鄕藥集成方』卷17 水病門 十水腫
74	神功圓	大麻人 人參 大黃 麵 訶黎勒皮 蜜 (6, 麵 蜜은 첨가물임)	『醫方類聚』卷135 大小便門2 和劑局方
75	麻仁圓	白檳榔 山茱萸 防風 枳殼 兔絲子 車前子 桂心 山蘋 郁李仁 大黃 麻仁 羌活 木香 蜜 (14, 蜜은 첨가물임)	『醫方類聚』卷135 大小便門2 和劑局方
76	梅連丸	烏梅肉 黃連 艾葉 黃蘗 乾薑 甘草 蜜 (7, 蜜은 첨가물임)	『醫方類聚』卷138 諸痢門3 聖惠方 治膿血痢諸方 烏梅丸方
77	內補丸	黃連 當歸 乾薑 阿膠 蜜 (5, 蜜은 첨가물임)	『醫方類聚』卷138 諸痢門3 聖惠方 治冷熱痢諸方;『醫方類聚』卷141 諸痢門6 御醫撮要
78	駐車丸	黃連 乾薑 當歸 阿膠 烏梅 蜜 (6, 蜜은 첨가물임)	『醫方類聚』卷141 諸痢門6 御醫撮要;『鄕藥濟生集成方』卷6, 冷熱痢
79	阿膠丸	阿膠 乾薑 木香 黃芩 黃連 當歸 龍骨 赤石脂 厚朴 生薑 蜜 (11, 生薑 蜜은 첨가물임)	『醫方類聚』卷141 諸痢門6 御醫撮要
80	栢葉丸	乾栢葉 黃連 地榆 阿膠 當歸 蜜 (6, 蜜은 첨가물임)	『醫方類聚』卷141 諸痢門6 御醫撮要
81	石榴皮湯	石榴皮 黃連 阿膠 乾薑 (4)	『醫方類聚』卷141 諸痢門6 御醫撮要
82	赤芍藥散	赤芍藥 黃蘗 蜜 (3, 蜜은 첨가물임)	『鄕藥集成方』卷37 諸痢門 赤痢;『鄕藥濟生集成方』卷6, 熱痢
83	艾葉散	艾葉 赤芍藥 當歸 黃芩 地榆 (5)	『鄕藥集成方』卷37 諸痢門 久血痢;『鄕藥濟生集成方』卷6, 熱痢
84	止瀉無比丸	巴豆 硫黃 胡椒 黃蠟 (4, 黃蠟은 첨가물임)	『醫方類聚』卷143 泄瀉門3 御醫撮要
85	八味圓	白茯苓 牡丹皮 澤瀉 熟地黃 山茱萸 山藥 附子 桂心 蜜 (9, 蜜은 첨가물임)	『醫方類聚』卷144 諸虛門2 千金方1 補腎
86	兔肝丸	兔肝 防風 玄參 白茯苓 羚羊角屑 人參 決明子 車前子 地骨皮 枳殼 黃耆 熟乾地黃 甘菊花 麥門冬 蜜 (15, 蜜은 첨가물임)	『醫方類聚』卷147 諸虛門5 聖惠方3 治虛勞目暗諸方

87	杞菊丸	- 처방명만 남아 있음	『醫方類聚』卷154 諸虛門12 御醫撮要
88	巴戟天丸	- 처방명만 남아 있음	『醫方類聚』卷154 諸虛門12 御醫撮要
89	椒紅丸	- 처방명만 남아 있음	『醫方類聚』卷154 諸虛門12 御醫撮要
90	補益石斛丸	- 처방명만 남아 있음	『醫方類聚』卷154 諸虛門12 御醫撮要
91	鹿茸丸	- 처방명만 남아 있음	『醫方類聚』卷154 諸虛門12 御醫撮要
92	黃耆丸	- 처방명만 남아 있음	『醫方類聚』卷154 諸虛門12 御醫撮要
93	蓯蓉丸	- 처방명만 남아 있음	『醫方類聚』卷154 諸虛門12 御醫撮要
94	茯神丸	- 처방명만 남아 있음	『醫方類聚』卷154 諸虛門12 御醫撮要
95	巴戟丸	- 처방명만 남아 있음	『醫方類聚』卷154 諸虛門12 御醫撮要
96	楮實丸	- 처방명만 남아 있음	『醫方類聚』卷154 諸虛門12 御醫撮要
97	鹿角膠煎	- 처방명만 남아 있음	『醫方類聚』卷154 諸虛門12 御醫撮要
98	摩風膏	- 처방명만 남아 있음	『醫方類聚』卷154 諸虛門12 御醫撮要
99	五補丸	- 처방명만 남아 있음	『醫方類聚』卷197 雜病門三 御醫撮要
100	人參丸	人參 遠志 茯苓 生乾地黃 棗肉 (5, 棗肉은 첨가물임)	『醫方類聚』卷158 驚悸門 御醫撮要 ; 『鄕藥集成方』卷15 驚悸門 驚悸諸證
101	定志圓	菖蒲 遠志 茯苓 人參 蜜 (5, 蜜은 첨가물임)	『鄕藥集成方』卷15 驚悸門 驚悸諸證
102	檀香丸	白檀香 菖蒲 犀角 天竺黃 生乾地黃 蘇合香油 桂 甘草 白茯苓 人參 遠志 天門冬 蜜 (13, 蜜은 첨가물임)	『醫方類聚』卷159 健忘門 聖濟總錄 心健忘
103	朱砂丸	朱砂 雄黃 麝香 附子 巴豆 蜜 (6, 蜜은 첨가물임)	『醫方類聚』卷161 中惡門2 聖惠方2 治中惡諸方
104	白乳湯	薯蕷 乾薑 杏仁 甘草 白芷 塩 (6, 塩은 첨가물임)	『醫方類聚』卷165 酒病門2 御醫撮要
105	草豆蔲湯	草豆蔲 肉豆蔲 人參 甘草 白檀香 茯苓 (6)	『醫方類聚』卷165 酒病門2 御醫撮要

106	金露湯	京三稜 薯蕷 生姜 麵 丁香 甘草 (6, 麵은 첨가물임)	『醫方類聚』卷165 酒病門2 御醫撮要
107	玉液湯	縮砂 薯蕷 甘草 豆蔲 龍腦 塩 (6, 龍腦 塩은 첨가물임)	『醫方類聚』卷165 酒病門2 御醫撮要
108	龍腦湯	縮砂 甘草 (2)	『醫方類聚』卷165 酒病門二 御醫撮要
109	參苓湯	人參 茯苓 藿香 乾姜 白芷 縮砂 甘草 粘米 (8)	『醫方類聚』卷165 酒病門二 御醫撮要
110	生薑湯	乾生姜 甘草 杏仁 白麪 塩 (5)	『醫方類聚』卷165 酒病門二 御醫撮要
111	內針牛黃丸	牛黃 木香 青橘皮 乾薑 川大黃 巴豆 猪牙 皂莢 蜜 (9, 蜜은 첨가물임)	『醫方類聚』卷178 癰疽門九 御醫撮要
112	萬靈膏	黃丹 皂莢 巴豆 麻油 白芨 白斂 槐枝 (7)	『醫方類聚』卷178 癰疽門九 御醫撮要
113	騏驎膏(騏驎竭膏)	騏驎竭 雄黃 蜜陁僧 亂髮灰 朱砂 雌黃 乳香 黃耆 白芍藥 牡丹皮 連翹子 丁香 木香 桂心 當歸 牛膝 細辛 白芷 松脂 麻黃 蠟蜜 黃丹 油 (23)	『醫方類聚』卷178 癰疽門九 御醫撮要;『醫方類聚』卷193「膏藥門一 聖惠方 治一切癰疽發背瘡腫潰後排脈膏藥諸方
114	附子膏	附子 巴豆 胡粉 麻油 (4, 麻油는 첨가물임)	『醫方類聚』卷178 癰疽門九 聖惠方 治丁瘡諸方 治丁瘡方
115	五方帛膏	五方帛 亂髮 黃芩 紫苑 茛菪子 倒鉤棘針 乳香 松脂 石塩 黃蠟 麝香 水銀 黃丹 胡粉 生麻油 (15)	『醫方類聚』卷181 諸瘻門 聖惠方 治久瘻諸方
116	蝟皮丸	蝟皮 槐子人 龍骨 槲葉 乾薑 熟乾地黃 當歸 茜根 附子 芎藭 檳榔 黃耆 吳茱萸 蜜 (14, 蜜은 첨가물임)	『醫方類聚』卷182 痔漏門一 聖惠方 治五痔諸方
117	軟玉膏	芎藭 白芷 苦參 黃丹 松脂 大黃 麝香 附子 椒 當歸 白蠟 巴豆 檳榔 酒 猪脂 小油 粉 (17, 酒 猪脂 小油 粉은 첨가물임)	『醫方類聚』卷193 諸瘡門六 御醫撮要
118	大黃泥	黃芩 大黃 黃連 梔子 芒硝 鷄子白 (6, 鷄子白은 첨가물임)	『醫方類聚』卷193 諸瘡門六 御醫撮要
119	香泥膏	丁香 青木香 白檀香 薰陸香 茵草 甘草 黃耆 芎藭 獨活 桂心 白芨 黃芩 亂髮 白斂 黃連 當歸 附子 雄黃 大黃 細辛 麝香 白芷 蠟蜜 松脂 猪脂 緜 猪油 (27, 猪油는 첨가물임)	『醫方類聚』卷193 諸瘡門六 御醫撮要
120	走馬膏	黃丹 巴豆 杏仁 乳香 桃枝 柳枝 當歸 麻油 (8)	『醫方類聚』卷193 諸瘡門六 御醫撮要
121	敗毒膏	巴豆 黃丹 清油 (3)	『醫方類聚』卷193 諸瘡門六 御醫撮要

122	白蠟膏	白蠟 麻油 當歸 (3)	『醫方類聚』 卷194 湯火傷門二 御醫撮要
123	神效貼灸膏	白芷 黃耆 細辛 防風 芎藭 芍藥 沒藥 乳香 茯陵香 血餘 黃丹 黃蠟 眞油 (13)	『醫方類聚』 卷194 湯火傷門二 御醫撮要
124	溫白丸	紫苑 吳茱萸 皂角 酥 乾薑 柴胡 桔梗 厚朴 茯苓 石菖蒲 肉桂 黃連 川椒 甘草 牛膝 當歸 巴豆 麩 葶藶子 烏頭 (20, 酥 麩는 첨가물)	『醫方類聚』 卷197 雜病門三 御醫撮要
125	七宣丸	大黃 枳實 木香 柴胡 訶梨勒 桃人 甘草 蜜 (8, 蜜은 첨가물임)	『醫方類聚』 卷197 雜病門三 御醫撮要
126	艾葉煎丸	艾葉 當歸 乾薑 (3)	『醫方類聚』 卷197 雜病門三 御醫撮要;『鄕藥集成方』 卷37 諸痢門 冷痢
127	乾地黃丸	乾地黃 芍藥 甘草 桂心 黃耆 黃芩 遠志 石斛 當歸 大黃 人參 巴戟天 菝葜根 蓯蓉 天門冬 蜜 (16, 蜜은 첨가물임)	『醫方類聚』 卷197 雜病門三 御醫撮要
128	薄荷湯	龍腦 薄荷 荊芥穗 甘草 (4)	『醫方類聚』 卷197 雜病門三 御醫撮要
129	人參湯	人參 白茯苓 橘皮 桑白皮 甘草 杏人 (6)	『醫方類聚』 卷197 雜病門三 御醫撮要
130	杏霜湯	杏人 甘草 粟米 塩 (4)	『醫方類聚』 卷197 雜病門三 御醫撮要
131	保生丸	金釵石斛 官桂 乾地黃 貝母 防風 糯米 甘草 乾薑 細辛 秦芁 當歸 蜀椒 大麻人 大豆卷 黃芩 石膏 沒藥 血竭 龍腦 蜜 (20, 蜜은 첨가물임)	『醫方類聚』 卷212 婦人門 通治三 御醫撮要
132	乳汁不通散	王不留行 土瓜根 (2) - 원 처방명은 미상임	『鄕藥集成方』 卷66 産後門 産後乳汁或行或不行
133	皂莢丸	皂莢 杏人 葶藶 蜜 (4, 蜜은 첨가물임) - 원 처방명은 미상임	『鄕藥濟生集成方』 卷4 一切咳嗽 嗽分六氣母拘以寒
134	人參煎	人參 栝樓 酥 蜜 (4)	『鄕藥濟生集成方』 卷4 一切咳嗽 嗽分六氣母拘以寒
135	內補散	黃耆 枳殼 側栢葉 (3)	『鄕藥濟生集成方』 卷6 腸風
총계	135처방	총 약재수 1,022개, 약재 있는 처방수 118개 1,022약재/118처방 = 8.66약재/1처방	

<부록 4> 『향약구급방』의 처방 약재 일람표

* 이 표는 『鄕藥救急方』의 약재를 처방별로 정리한 것이다. 약재명은 『향약구급방』의 원문 그대로 기입하였다.
* 슬러쉬(/)로 각 처방을 구분하였다. 예를 들어 상권 2 肉毒의 "薺苨 藍汁 大小豆 甘草煮汁"은 모두 단방인 데다 大小豆는 大豆로 小豆로 구분되므로 薺苨, 藍, 大豆, 小豆, 甘草 등 5건의 처방으로 처리하였다. 뜸으로 사용하는 쑥(艾灸) 같은 것도 치료 약재로써 여기에 포함되며 醋, 塩, 淨土 역시 치료를 위해 필수적인 경우에는 모두 기입하였다.

번호	출전	약재명	약재수/처방수	처방당 약재수
1	상권 1 食毒	黑豆 / 藍 / 薺苨 / 甘草 / 黃龍湯 犀角(2) / 馬尿 / 犀角	8/7	1.14
2	상권 2 肉毒	薺苨 / 藍 / 大豆 / 小豆 / 甘草 / 甘草 / 葱 / 藍 / 蘆根 / 生薑 / 葱 蒜 薑 芥 生醬(5) / 冬苽 / 人乳 / 狼牙 / 杏人 / 竈底黃土 / 猪脂 / 麵 塩(2) / 所食畜乾屎 / (地深三尺)下土	25/20	1.25
3	상권 3 菌毒	土醬 / 白朮 / 梨葉 / 甘草 / 生苽 油 甘草(3)	7/5	1.40
4	상권 4 百藥毒	硺豆 / 菖蒲 / 生薑 / 大豆 / 大豆 / 菖蒲 / 甘草 / 薺苨 / 大豆 / 小豆 / 藍 / 藍實 / 藍 / 靑布	14/14	1.00
5	상권 5 蟄毒	艾灸 / 人尿 / 獨頭蒜 艾灸(2) / 猪耳中垢 / 梳頭梳中垢 / 黍米 / 生鐵 / 靑布 / 杏人 / 韭根 / 蒼耳 / 艾灸 / 雄雞冠血 / (艾)灸 / 石灰 / 塩 / 生椒 / 猪血 / 地 / 母猪耳垢 / 人尿 艾灸 / -(약재 없는 치료) / 淳酒 / 石灰 / (艾)灸 / 羊乳 / 芫蔚草 醋(2) / 韭白 / 油麻 *약재 없는 처방을 빼면 31/29임	31/30	1.03
6	상권 6 骨鯁	鹿筋 / 故魚網 / 鸕鷀 / 筬 / 薤白 / 大蒜 / 皂莢 / -(약재 없는 치료) / 鸕鷀糞 / 東流水 *약재 없는 처방을 빼면 9/9임	9/10	0.90
7	상권 7 食噎	-(약재 없는 치료) / 榛子 / 大蒜 *약재 없는 처방을 빼면 2/2임	2/3	0.67
8	상권 8 卒死	塩 / -(약재 없는 치료) / 半夏 / 皂莢 / 薤 / 伏龍肝 / -(약재 없는 치료) / (艾?)灸 / 桔梗 麝香(2) *약재 없는 처방을 빼면 8/7임	8/9	0.89
9	상권 9 自縊	-(약재 없는 치료) / 皂莢 細辛(2) / 藍 / 雞冠血 / 雞屎白 / 皂莢 / -(약재 없는 치료) *약재 없는 처방을 빼면 6/5임	6/7	0.86
10	상권 10 熱渴	-(약재 없는 치료) / -(약재 없는 치료) / 蓼 / 生地黃 / 麵 / -(약재 없는 치료) *약재 없는 처방을 빼면 3/3임	3/6	0.50

11	상권 11 落水	(艾?)灸 / 塩 / -(약재 없는 치료) / 皂莢 / 石灰 *약재 없는 처방을 빼면 4/4임	4/5	0.80
12	상권 12 中酒	-(약재 없는 치료) / 葛花 腐婢花(2) / 麻人 黃芩 蜜(3) *약재 없는 처방을 빼면 5/2임	5/3	1.67
13	상권 13 斷酒	馬汗 / 虎屎中骨 / 鸕鶿屎	3/3	1.00
14	상권 14 墮折	烏雞 / 靑布 / 鼠矢 猪膏(2) / -(약재 없는 치료) / 蒲黃 當歸(2) / 乾藕 / 葱白根 / 生地黃 / 白馬蹄 / 生地黃 / 淨土 / 半夏 / 旋覆花根 / 生葛根 / 蟹 / 夜合花 / 天南星 防風(2) / 天南星 防風 童子小便(3) / 天南星 防風 小便(3) *약재 없는 처방을 빼면 25/18임	25/19	1.32
15	상권 15 金瘡	蒲黃 / 熟艾 / 車前菜 / 蓮根 / 蒲黃 當歸(2) / 牧丹根皮 / 葱把 / 人屎 / 女人月經布 / 牡丹根皮 白塩 / 苦蕒 / 桑白皮 雞冠血(2) / 白芍藥 / 白芍藥 / 新桑白皮 馬糞(2) / 新馬屎 / 石灰 / 炭 / 小麥 / 石灰 雞子白	25/20	1.25
16	상권 16 喉痺	反魂根 / 雄雀矢 / 靑艾 醋(2) / 艾葉 醋(2) / 蠡花 / 馬矢 / 馬藺子 / 木串子 / 桃核 / 皂莢 醋(2) / 桔梗 甘草(2) / 大豆 / 馬藺子 / 升麻 馬藺子 蜜(3) / 馬藺花根 / 牡蠣甲 玄蔘 麵糊 薄荷(4) / 射干 / 商陸	27/18	1.50
17	상권 17 重舌	蛇脫皮 / 伏龍肝 牛蒡(2) / 鹿角 / 赤小豆 醋(2) / 蒲黃 / 烸焰 醋(2) / 釜黑 塩(2) / 蘘荷 / 甘草 淸蜜 猪脂(3)	15/9	1.66
18	상권 18 齒蚛	皂莢 塩(2) / 柳枝 塩(2) / 雞屎白 / 牛膝 / 郁李根 / 雀麥 苦瓠葉 醋(3) / 桃人 / 馬夜目 / 牛糞中豆 / 生地黃 塩 白麵 麝香(4) / 松脂 / 皂莢 釅醋(2) / 醋 枸杞草(2) / 雌雞屎 雄雞屎 / 皂莢 生地黃 地(3) / 蘿葍子 人乳(2) / 牛蒡根 塩	31/17	1.82
19	중권 1 丁瘡	鐵液 / 艾灸 蒼耳根莖葉 醇醋(3) / 蒼耳根葉 小兒尿(2) / 獨走根 醋(2) / 荊芥莖葉 / 麵 苦醋(2) / 白薇 / 麥飯石 醋 萌蘆莖葉 老鼠屎 雌雀屎 猪脂(6) / 白苣 / 臘月猪頭骨 雞子淸(2) / 菊葉	22/11	2.00
20	중권 2 癰疽	(艾?)灸 / 大蒜 / 全豉 (艾?)灸(2) / 雞卵 人屎 / 石酢(2) / 鹿角 白斂 白麥飯石 醋(4) / 茴香草 / 雄雀矢 醋(2) / 石韋 光明鹽 鉛丹(3) / 茅錐 / 蠡實 / 葵子 / 人乳 麵(2) / 雞羽 / 故繩 臘月猪脂(2) / 萌蘆灰 石灰 / 黃蠟 / 人屎 醋(2) / 柳根皮 / 草決明 / 甘草(2) / 百合根	35/22	1.59
21	중권 3 腸癰	薏苡人 / 黃耆 / 䶞荸藶	3/3	1.00
22	중권 4 凍瘡	雉頭腦 / 落蘇根莖葉 / 猪脂	3/3	1.00
23	중권 5 惡瘡	馬齒莧葉 / 馬齒莧 臘(2) / 馬齒灰 / 牛膝 / 瞿麥莖葉 / 浮萍 / 桃葉 / 蘩蔞 / 蛇蛻皮 猪脂(2) / 薤 / 黃蘗皮 / 亂髮 雞子黃 苦蔘(3) / 粳米 油 / 竹葉 雞子中和黃(2) / 東壁乾土	21/15	1.40

부록   369

24	중권 6 漆瘡	漆姑 / 鐵水 / 薤 / 乾蓮葉	4/4	1.00
25	중권 7 湯火瘡	柳白皮 臘月猪脂(2) / 塩 灰(2) / 炭 / 芭蕉油 / 戒火草 / 白斂 / 胡麻	9/7	1.28
26	중권 8 丹毒癮疹	石 塩(2) / 商陸根 醋(2) / 生地黃 / 大豆葉 / 浮萍 / 藻葉 / 蘩蔞 / 萠藘 / 小蒜 / 桑皮 / 蒺藜葉	13/11	1.18
27	중권 9 代指瘡	黃蜜 松脂(2) / 地楡 / 甘草	4/3	1.33
28	중권 10 瘰疽	-(약재 없는 치료) / -(약재 없는 치료) / (艾?)灸 / 葵根 / 藍青 / 黃龍湯 / 牛糞 油(2) / 蔓菁子 猪脂(2) / 黃泥 *약재 없는 처방을 빼면 9/7임	9/9	1.00
29	중권 11 附骨疽	猪膽 楸葉	2/1	2.00
30	중권 12 癬疥癘瘡	鶴虱 油(2) / 蕳茹 油(2) / 藍 / 鼉矢 小童小便(2) / 楮皮 白 / 楮葉 / 猪脂 鶴虱 乾漆 蕪荑(4) / 頭髮 眞油 黃蘗皮 松脂 桃人 馬兜鈴(6) / 雞屎 油(2)	21/9	2.33
31	중권 13 箭鏃 木竹籤刺	白斂 半夏(2) / 小豆 / 生地黃根 / 糯米 / 牛膝根莖 / 鹿角	7/6	1.16
32	중권 14 痔漏腸風	熊膽 麝香(2) / 蒼耳莖葉 / (艾?)灸 / 鶴虱 乾漆(2) / 大豆 小豆(2) / 槐實 地楡 當歸 白芍藥(3) / 黃蓍 枳殼 塩(3) / 金屑 枳殼 羊脛炭(3) / 猬皮 生油 / 吳茱萸 / 枳實 / 枳實 蜜(2)	24/13	1.84
33	중권 15 心腸痛	-(약재 없는 치료) / 槐嫩枝 / 當歸 / 當歸 白芍藥(2) / 鶴虱 煉蜜(2) / 薏苡根 / 乾漆 鶴虱 蜜(3) / 當歸 蒜子 醋(2) *약재 없는 처방을 빼면 13/8임	13/9	1.44
34	중권 16 冷熱痢	牛糞 馬糞(2) / 乾柿子 油(2) / 車前子 糯米 / 生薑 麴末 / 黃蠟 雞卵(2) / 阿膠 黃蘗皮 梔子 當歸(4) / 地楡 赤小豆 當歸(2) / 亂髮 / 大蒜 黃蘗皮 / 薤白 粳米 清蜜	23/12	1.91
35	중권 17 大小便不通	大戟 澤柒 郁李人 牽牛子 蜜 塩(2) 葵子 葶藶子 棗肉 / 牽牛子 皂莢 白麵 獨顆蒜 醋(4) / 白礬 塩	16/11	1.45
36	중권 18 淋疾	麻根 / 石韋 當歸 白芍藥根 蒲黃(4) / 石韋 滑石 瞿麥 車前子 葵子(5) / 葵子 茯苓(2) / 滑石 石韋(2) / 牛陰頭毛 / 陳葵子 / 滑石 通草 葵子(3) / 蘧麥蕚 / 赤小豆 葱(2)	22/10	2.20
37	중권 19 消渴	黑豆 牛膽(2) / 浮萍 栝蔞 人乳(3) / 破古瓦 / 苦蔞根 / 竹瀝 / 桑根白皮 粳米(2) / 竹根 / 猪脂	12/8	1.50
38	중권 20 小便下血	茅香根 / 生地黃 生薑(2) / 蒲黃	4/3	1.33
39	중권 21 陰癩陰瘡	桃人 / 桃人 / 竈中黃土 雞子黃(2) / 雞子黃 蛇牀子(2) / 胡麻子 黃蘗皮 蜜 蟾蜍屎 杏人 猪肝 枳殼 / 蛇牀子 雞子白(2) / 小蒜 薤根 柳根(3)	18/13	1.38

40	중권 22 鼻衄	蒲黃末 / 山梔子 / -(약재 없는 치료) / 大蒜 / 茅花 / 香墨 / 白礬 面脂 *약재 없는 처방을 빼면 7/6임	7/7	1.00
41	중권 23 眼病	黃蘗皮 竹葉 古銅錢 鹽(4) / -(약재 없는 치료) / 牛溺 / 人有汁 古錢(2) / 黃蘗皮 桑白皮 / 古錢 / 決明子 蔓菁子(2) / 猪膽 / 雄雀屎 人乳(2) / -(약재 없는 치료) / 楓葉 / 生地黃 / 生地膚苗 杏人 人乳(2) / 羊筋頭 鹿筋頭 淸蜜 桑根白皮(4) / 蠐螬 / 大麥 / 書中白魚 人乳(2) / 蠶沙 / 書黑 / 塩豉 / 甑帶灰 / 蘘荷 / 蒼朮 塩 木賊 童子小便(4) *약재 없는 처방을 빼면 37/22임	37/24	1.54
42	중권 24 耳病	苦蔞根 猪脂(2) / 黃芥子 醋 艾灸(3) / 牛乳 / 白礬 燕脂(2) / 麻子 / 猪肉 / 桃葉 / 萆麻子 大棗(2) / 龜尿 / 杏人 / 塩 / 車轄脂 / 故綿 / 馬齒莧 黃蘗皮 / 地龍 葱葉(2) / 小蒜 / 椒 醋(2) / 藍 / -(약재 없는 치료) / -(약재 없는 치료) *약재 없는 처방을 빼면 26/18임	26/20	1.30
43	중권 25 口脣病	石膏 蜜(2) / 麥門冬 淸蜜 棗(3) / 東壁乾土 / 塩豉 / 大麻子 / 馬齒莧 / 羌螂 / 松脂 油(2)	12/8	1.50
44	하권 1 婦人雜方	牛屎 / 伏龍肝 / 萆麻子 / 伏龍肝 / 兔頭 / 乾地黃 芎藭 白芍藥 當歸(4) / 當歸 芎藭(2) / 荊芥穗 / 生地黃 生薑 / 蒲黃 / 紫蘇子 大麻子(2) / 甘草 小麥 大棗(3) / 生地黃 / 兔頭 / 蟬殼 / 夫陰毛 猪膏(2) / 伏龍肝 / 車前子 兔絲子(2) / 弓絃 / 楡白皮 / 雞卵中黃 / 當歸 / 葵子 / 土苽根 / 括蔞實 / 芥子 醋(2)	37/26	1.42
45	하권 2 小兒雜方	當歸 (人)乳(2) / 雄雞冠血 / 桃葉 / 猪血 / 礎子(2) / 甑帶 猪膏(2) / 東壁乾土 / 括蔞 淸蜜(2) / 當歸 / 百合 蜜(2) / 京三稜 / 棗 / 韭 酢(2) / 猪糞 / 苦蔞 醋(2) / 塩 / -(약재 없는 치료) / 黃丹 / 栗刺 / 栗木白皮 / 梨 眞椒 麵(3) / 橘子 / 胡桃 *약재 없는 처방을 빼면 30/21임	30/22	1.36
46	하권 3 小兒誤呑諸物	薤 / 羊脂 / 弩銅牙 / 蜜 / 羊輕炭	5/5	1.00
47	하권 4 水腫	葶藶 大棗(2) / 黑牛尿 / 大麻子 童子小便(2) / 牽牛子 / 商陸根 小豆(2)	8/5	1.60
48	하권 5 中風	括蔞 大麥麵(2) / 尤 / 威靈仙 蜜(2) / 楮葉 / 醋 葱白(2) / 故綿 醋(2) / 石灰 醋 / 釜底黑 / 松葉 塩(2)	15/9	1.66
49	하권 6 癲狂	苦蔘 蜜 薄荷(3) / 苦蔘 / 桑鵲家	5/3	1.66
50	하권 7 瘧疾	柴胡根 / 恒山苗 / 牛膝	3/3	1.00
51	하권 8 頭痛	當歸 / 黃蠟 塩(2)	3/2	1.50
52	하권 9 雜方	蛇脫皮 醋(2) / 醋 白朮 / 兔絲子 / 大麥苗 / 生薑 / 威靈仙 / 萠藘 石灰(2) / 萠藘紅熟子	11/8	1.37

53	하권 10 服藥法	*服藥法임	-	-
54	하권 11 藥性相反	*藥性相反임	-	-
55	하권 12 古傳錄驗方	生地黃 麵(2) / 桑枝 / 葱 / 驢尿 / 油 / 蘇 / 蒜 / 黃耆 防風(2)	10/8	1.25
56	기타[1]	冬麻子 / 藍漆 / 香附子 / 眞油 木麥(2) / 新牛屎 / 蓮花葉 / 大豆 紅藍花(2) / 蓮花葉 / -(약재 없는 치료) *약재 없는 처방을 빼면 10/8임	10/9	1.11
57	기타[2]	葡萄根 / 蛇蛻皮	2/2	1.00
총계		*약재 없는 처방을 빼면 754약재/526처방으로, 1.43약재/1처방임	754/549	1.37

---

1) 『鄕藥救急方』의 일실된 처방으로, 『鄕藥集成方』에만 실려 있는 9개 처방이다(『鄕藥集成方』卷11, 脚氣門 脚氣心腹脹滿 ; 卷24, 諸咳門 咳嗽 ; 卷29, 頭門 頭風 ; 卷62, 産難門 催生 ; 卷62, 産難門 産難子死腹中).

2) 『鄕藥救急方』의 일실된 처방으로, 『鄕藥濟生集成方』에만 실려 있는 2개 처방이다 (『鄕藥濟生集成方』卷4, 翻胃 ; 卷5 喉痺).

ABSTRACT

The Formation and Development of Medicine during the Koryo Dynasty

Lee, Kyung Lock

This study analyzes the medical history during the Koryo(高麗) Dynasty in two parts : the development of the medical system in the Koryo Dynasty related to the social functions of medical care, and the actual circumstances of Koryo Dynasty's medical care and the meaning of Hyangyak(鄕藥, Korean medicinal stuffs) by the analysis of medical books. It especially focuses on the social and historical background of the introduction and spread of Hyangyak.

This study discusses the formation and management of the medical care system in the early Koryo Dynasty. The formation of medical care system during the Koryo Dynasty is dealt with in the reign of Gwangjong(光宗) and Seongjong(成宗). In the reign of Gwangjong, medical examination system was executed to select medical officials, and there was a medical institution called Sanguiwon(尙醫院). Also, Gwangjong installed Jewibo(濟危寶, distress institution) to make a foundation of a medical care institution. The medical care system in the reign of Seongjong was consolidated on the Confucian basis. The central medical institution was branched into Taeuigam(太醫監) and Sangyakguk(尙藥局) to organize the care system for royal family and high-ranking officials. Uihakbaksa(醫學博士) were sent to provinces, and through Ueogwanchulkwanui(外官出官儀), medicinal stuffs were distributed all over the nation. The nationwide relief system was expanded by Uichang(義倉, distress institution), and the food and medicinal stuffs were distributed by Hyangnye(饗禮, government's party). These show the improvement of the medical care system. Such policies were to strengthen the control over the citizens at the time of national system consolidation.

Local medical care system of the Koryo Dynasty was also a part of national systems. In the reign of Seongjong, Uihakbaksa were sent to key points and Uisa(醫師) were posted. In the reign of Hyunjong(顯宗), Uisa replaced Uihakbaksa and Yakjeomsa (藥店史, local medical officials) were posted in the districts to form a dualistic local medical structure. Later, Munjong(文宗) showed his great interest in local medical care by posting more Uihak(醫學) to provinces and segmenting Yakjeomsa. However, since the reign of Yejong(睿宗), only Yakjeomsa existed as the basis of local medical care. If we study local medical system in consideration of national medical cares system, medical institutions of the capital, key administrative points and general counties show differences in the time of establishment and status.

In the Koryo Dynasty, public medical care institutions such as Jewibo, Dongseodaebiwon(東西大悲院, medical center for poor citizens) and Hyeminguk(惠民局, official pharmacy) were introduced. These public medical care institutions started as temporary ones. Their establishments and changes were different from those of the Choson(朝鮮) Dynasty. In terms of social functions, the public medical care of the Koryo Dynasty was the mainstay of the policy of stabilizing people. This system was executed with relief management at the time of disasters to maintain the lives of common citizens. Extending this view further, the medical care in the Koryo Dynasty combined with the relief system was used as a means of Guryo(救療, rescue and care). With the policy of promoting agriculture, it served a role of stabilizing the citizens' lives. In turn, common citizens had to support the national finances by paying heavy taxes. The idea of Siminyeoja(視民如子, considering the citizens as the children of the nation) was the explanation for the relationship between the nation and its citizens and the key to the maintenance of the control system.

ABSTRACT 375

It has a significant meaning in the medical history that the medical care was expanded to a large number of citizens in the Koryo Dynasty as the public medical care institutions were introduced. However, considering that medical care was first supplied to the ruling class and the medical network was installed mostly in the capital, the medical care system was operated differently according to different classes and regions. During the Koryo Dynasty, the medical care became universal, but its operation was hierarchically-oriented.

This study discusses the development of the medical care system in the Koryo Dynasty in connection with the change of government medical systems and the medical circumstances. The government medical systems include the employment of medical posts and the development of medical institutions. The records about Jeonsigwa(田柴科, land distributing system) and Nokbongje(祿俸制, salary system) show the maintenance of medical posts through the Koryo Dynasty with the structure set in the reign of Seongjong. Through the development of Taeuigam and Sangyakguk, the constant changes of the central medical institutions as a part of the government systems are found.

On the other hand, as the medical education was expanded, medical officials were selected by the medical examination. The applying qualifications for the medical examination showed the tendency of expansion, but in the late Koryo Dynasty, local officials were not allowed to apply for the medical examination. This means that in spite of shrinking of medicine, the status system was strengthened.

In the medical circumstances, the gradual increase in the production of the medicinal stuffs was shown through the previous records and the international trades. As a tributary payment, medicinal stuffs were paid by local administrations to the central government medical office and was returned by granting or distribution. However, medicinal stuffs were also dealt in the market. With the nongovernmental deal of medicinal stuffs, private medical care was activated and the treatment became popularized.

From the reign of Munjong to Injong(仁宗), medicine of the Song(宋) Dynasty was well introduced to give much influence to medical care. It was accelerated by the abrupt increase of natural disasters and diseases in the 11th century. Thus deep interest of Koryo kings in medicine and collecting medicinal stuffs of the royal family and government officials followed. However, examining the development of the medical institutions such as Taeuigam and Sangyakguk and the contents of the medical education including the medical examination subjects and published medical books shows that the Song medicine was not fully received in the Koryo Dynasty.

The historical meaning of the development of Hyangyak was investigated based on the medical books about Hyangyak. *Jejungipyobang*(濟衆立效方) between the reign of Injong to Uijong(毅宗) was the compilation of existing medical books as an emergency remedy book by Kim Yeongseok(金永錫). The context of the publication implies that the book reflects the influence of the Song medicine, but the remaining remedies contain domestic medicinal stuffs. The publication of *Jejungipyobang* reveals that the medical art became popularized through printing.

Sinjibeouichwalyobang(新集御醫撮要方) was a government medical book compiled by Choi Jongjun(崔宗峻) with the order of Gojong(高宗). The inspection of compilation background, stylistic characteristics, direction of prescriptions, distribution of medicinal stuffs and percentage of quoted medical books, etc. make it clear that this medical book is a different kind compared with *Hyangyakgugeupbang*(鄉藥救急方). In other words, *Sinjibeouichwalyobang* is a medical book for the small number of the ruling class. It contains complex prescriptions even better than those in Chinese medical books and various kinds of Chinese medical stuffs were used. The medical theories in *Sinjibeouichwalyobang* show how the prescriptions and the etiology of the Song medicine influenced the Koryo medicine.

Though *Hyangyakgugeupbang* and *Sinjibeouichwalyobang* were published in the similar period, they were contrasted in many ways. *Hyangyakgugeupbang* dealt with common diseases with single-medicine prescriptions. It also relied on Chinese medical books, but, unlike *Sinjibeouichwalyobang*, the remedy contained contents for common people. *Hyangyakgugeupbang* considered the medical books of the Tang(唐) Dynasty using single-medicine prescriptions and common articles proper.

Hyangyakgugeupbang suggested stable operation of medicine by calling domestic medicinal stuffs in Korean names and considering them same as the Chinese medicinal stuffs. Through *Hyangyakgugeupbang*, 'domestic medicinal stuffs' were recognized as 'Hyangyak' and the Chinese medicine could be widely used in Koryo. *Hyangyakgugeupbang* positively digested the Chinese medicine of the time and became the standard of the Koryo medicine. What is especially noticeable is that it considered the common everyday articles like juice of indigo plant as more effective than the Chinese medicinal stuffs. Not only replacing the Chinese medicinal stuffs with the domestic medicinal stuffs, but also it proved the effects of the domestic medicinal stuffs and showed the idea of care with Hyangyak.

Biyebaegyobang(備預百要方) faithfully followed the path of *Hyangyakgugeupbang*, but sublated it at the same time. The genealogy of medical books is *Jejungipyobang* to *Hyangyakgugeupbang* to *Biyebaegyogang*. This is the way how common medicine of the Koryo Dynasty developed. In view of the *Hyangyak* theory, *Biyebaegyogang* excelled the level of *Hyangyakgugeupbang*. Based on the idea of domestic medicinal stuffs being the best, the logic of *Biyebaegyogang* was that anything can be used as a medicine and that it is good to use the least medicine for a disease. It was the core of the Hyangyak theory during the Koryo Dynasty. The historical significance of *Hyangyakgugeupbang* and *Biyebaegyogang* is that they constructed the Hyangyak theory based on the self-consciousness of Hyangyak. Moreover, the Hyangyak theory was not just a theory. It was realized as the medical art with the prescriptions and medicinal stuffs of the Hyangyak medical books.

찾아보기

ㄱ

감초(甘草)　218, 268
감초(甘草)의 토산화(土産化)　307
『갑을경(甲乙經)』　213
강조동(江朝東)　234
검약(檢藥)　183
『경사증류비급본초(經史證類備急本草)』　80
『경주선생안(慶州先生案)』　117
『고려노사방(高麗老師方)』　57
공봉시랑(供奉侍郎)　93
공봉의사(供奉醫師)　52
공시성(共時性)　33
관약국(官藥局)　79
『구경(灸經)』　213
9과(科)　78
구료(救療)　86, 157
구료정책(救療政策)　114
국생(局生)　244
권농(勸農)　162
귀법사(歸法寺)　94
김두종(金斗鍾)　24
김연(金緣)　246
김영석(金永錫)　246, 254

ㄴ

『난경(難經)』　213

남줄(藍苗)　243, 244
낭실(莨實)　229
내공봉(內供奉)　52
내의(內醫)　197
노비안검법　99
녹읍제(祿邑制)　49, 108
녹읍제체제(祿邑制體制)　49

ㄷ

『당본초(唐本草)』　76
당(唐)의 의료제도　70
당(唐) 의학(醫學)　50, 297
『대동유취방(大同類聚方)』　56
대민의료　49, 142
도홍경(陶弘景)　76
동서대비원(東西大悲院)　145
동아시아의료　63, 331
두순거(杜舜擧)　243

ㅁ

마세안(馬世安)　234, 238
만물위약론(萬物爲藥論)　329
『맥경(脉經)』　213
『명당경(明堂經)』　213, 214
모개(牟介)　240
미키 사카에(三木榮)　21

ㅂ

「방중향약목초부(方中鄕藥目草部)」 289
백자인(栢子仁) 221
『백제신집방(百濟新集方)』 57
범지재(范之才) 240
『보제본사방(普濟本事方)』 81
『본초경(本草經)』 213, 214
『본초경집주(本草經集注)』 76
『본초괄요(本草括要)』 210
봉약(封藥) 227
봉의서(奉醫署) 194
부렴정책(賦斂政策) 165
부약점정(副藥店正) 132
『비예백요방(備預百要方)』 313

ㅅ

「사견의관교습표(謝遣醫官敎習表)」 246
사의서(司醫署) 183
상약국(尙藥局) 69, 70, 76, 102, 177, 181, 182, 193, 94
상의국(尙醫局) 196
상의원(尙醫院) 90, 182
상평의창(常平義倉) 107
상한론(傷寒論) 82
『상한론(傷寒論)』 210
생강(生薑) 220
서선(徐先) 234
선구보(善救寶) 226, 249
설경성(薛景成) 139
성상(成湘) 243
소경(蘇敬) 76
『소문경(素問經)』 213
『소심양방(蘇沈良方)』 81
『소아소씨병원(小兒巢氏病源)』 210
『소아약증병원일십팔론(小兒藥證病源一十八論)』 210
소원방(巢元方) 69
소화급(邵化及) 237
손사막(孫思邈) 75
손홍열(孫弘烈) 28
송(宋)의 의료제도 76
송(宋) 의학 233
수(隋)의 의료제도 69
수조(收租) 168
숙약소(熟藥所) 79
시민여자(視民如子) 159
식읍제(食邑制) 49, 108
『신라법사방(新羅法師方)』 58
『신라법사비밀방(新羅法師秘密方)』 58
『신라법사유관비밀요술방(新羅法師流觀秘密要術方)』 58
「신라촌락문서(新羅村落文書)」 39
신수(愼修) 240
『신수본초(新修本草)』 76
신심의료(信心醫療) 48
신안지(愼安之) 240
『신의보구방(神醫普救方)』 80, 239
『신집어의촬요방(新集御醫撮要方)』 260, 293, 303
심신(沈紳) 237

ㅇ

안마과(按摩科) 72
안부(安孚) 140
안집정책(安集政策) 153
약고(藥庫) 188, 226
약국(藥局) 244
약동(藥童) 183, 194
약사(藥師) 50
약원(藥員) 241
약원(藥園) 72
약전(藥典) 52, 181, 182

약점(藥店)   128, 229
약점사(藥店史)   105, 123, 129, 132
약점정(藥店正)   132
양인(楊寅)   247
양전(量田)   165
양종립(楊宗立)   242
어약원(御藥院)   77
여병(呂昞)   240
왕도(王燾)   75
왕유(王愉)   234
외관출관의(外官出官儀)   105
『외대비요(外臺祕要)』   75, 296
운기학설(運氣學說)   82
위령선(威靈仙)   60
「위방사료병(違方詐療病)」   232
『유연자방(劉涓子方)』   213
의과(醫科)   71
의사(醫師)   117, 121, 129, 134
의서(醫書)   209
의약화제국(醫藥和劑局)   79
의업(醫業)   88, 188, 199
의업식(醫業式)   213
『의옥집(疑獄集)』   210
의정(醫正)   183
의좌(醫佐)   194
의창(義倉)   106, 111
의침사(醫針史)   183, 194
의토성(宜土性)   306, 330
의학(醫學)   51, 131, 191, 244
의학박사(醫學博士)   104, 115
이법방약(理法方藥)   328
이안인(李安仁)   247
인삼(人蔘)   219
「인삼탄(人蔘歎)」   222
일병소약론(一病少藥論)   329

ㅈ

자율성(自律性)   34
잡업(雜業)   207
장의서(掌醫署)   196
『장중경오장론(張仲景五臟論)』   210
전시과(田柴科)   110, 175
전의시(典醫寺)   183
전정(田丁)   166
전주전객제(田主佃客制)   108, 110
『정화신수경사증류비용본초(政和新修經史證類備用本草)』   80
『제병원후론(諸病源候論)』   69
『제생방(濟生方)』   81
제위보(濟危寶)   93, 106, 111, 143
제위원(濟危院)   96
제위포(濟危鋪)   95
『제중입효방(濟衆立效方)』   254, 256
조간(趙簡)   232
조신(調信) 설화   39
존휼(存恤)   162
주금공(呪噤工)   183
주금과(呪禁科)   72
주금박사(呪噤博士)   183
주금사(呪噤師)   183
주금업식(呪噤業式)   213
주도능(朱道能)   237
주약(注藥)   183
『주후방(肘後方)』   210
『증보문헌비고(增補文獻備考)』   264
직문(直文)   93
진대법(賑貸法)   47
진이유(陳爾猷)   240
진종인(陳宗仁)   243
진휼(賑恤)   46

ㅊ

『창저론(瘡疽論)』   213
『천금방(千金方)』   75, 296

『천금익방(千金翼方)』 75
『천옥집(川玉集)』 210
천인상응론(天人相應論) 153
최사전(崔思全) 139
최승로(崔承老) 101
최종준(崔宗峻) 260
최치원(崔致遠) 53
취렴(聚斂) 168
취민유도(取民有度) 171
『침경(針經)』 213, 214
침과(針科) 72

화성(化城) 97
『황제침경(黃帝鍼經)』 239
『황제팔십일난경(黃帝八十一難經)』 210
후지카와 유우(富士川游) 26
『흠정역대직관표(欽定歷代職官表)』 67

_ㅌ

태의(太醫) 244
태의감(太醫監) 102, 177, 182, 183
태의국(太醫局) 78
태의서(太醫署) 69, 70, 181
『태평성혜방(太平聖惠方)』 80, 233
통시성(通時性) 34

_ㅎ

학수(郝洙) 247
한림의관원(翰林醫官院) 77
한의학(漢醫學) 63
향례(饗禮) 112
향명(鄕名) 298, 305
향약(鄕藥) 18, 235, 283, 304, 330
『향약구급방(鄕藥救急方)』 56, 259, 283, 293
향약론(鄕藥論) 328
『향약채취월령(鄕藥採取月令)』 290
형조(邢慥) 237
혜민국(惠民局) 79, 148
혜민전약국(惠民典藥局) 151
호적(戶籍) 166
호적제(戶籍制) 108

지은이 **이 경 록**

이경록은 1968년에 태어나 연세대학교 사학과에서 학부와 석사를 마치고, 성균관대학교 사학과에서 『고려시대 의료사 연구』로 박사학위를 취득하였다. 학부를 졸업한 후 지곡서당(한림대학교 부설 태동고전연구소)에서 한문을 공부하였다. 현재 한독의약박물관 관장으로 일하면서 유물을 매개로 의료사와 전근대 문화를 알리고 있다. 몇 편의 한국 의료사 논문과 번역서들을 냈다. 고려와 조선 전기 의료사를 주된 연구 대상으로 삼아, 한국 의료의 발전 과정을 실증하는 한편 전근대사회에서 의료가 갖는 사회적 함의를 탐구하고 있다.

동아대학교 석당학술총서 20
고려시대 의료의 형성과 발전
이　경　록

2010년　10월　29일　초판 1쇄 발행

펴낸이·오일주
펴낸곳·도서출판 혜안
등록번호·제22-471호
등록일자·1993년 7월 30일

㉾ 121-836 서울시 마포구 서교동 326-26번지 102호
전화·3141-3711~2 / 팩시밀리·3141-3710
E-Mail hyeanpub@hanmail.net

ISBN 978-89-8494-403-9　93510

값 27,000 원